Inhalt

Vorwort

Während ich das Vorwort zu diesem Buch schrieb, erhielt ich einen Anruf von Kristy, meiner Frau. Nichts Dringendes, nur das Übliche: »Wann bist du zu Hause, essen wir zusammen, steht noch was am Abend an?« Plötzlich hörte ich meine eineinhalbjährige Tochter Hanna im Hintergrund vor Schmerz aufheulen, die sich gerade selbst mutwillig ihren Schädel an der Tür einschlug, während meine andere Tochter Romy dazu brüllte: »Maaammmaaaa, ich bin fertig!« Meine Frau beendete das Telefonat daraufhin abrupt mit dem Satz: »Einer schreit, einer kackt, ich muss auflegen.«

Lässt sich für die Einführung in einen *Intensivkurs für Väter* eine trefflichere Formulierung finden als diese Aussage, die das Wesentliche unseres Alltags so fulminant auf den Punkt bringt?!

Willkommen bei *Papa To Go*. Diesmal in Rot.

Hast du den *Schnellkurs für werdende Väter* mit dem außergewöhnlichen Trip von der Schwangerschaft über die Geburt bis hin zum ersten Jahr als Familie erfolgreich absolviert, warten nun neue Herausforderungen auf dich. Erfahre, wie du eine erfolgreiche Karriere als charakterstarker, tadelloser Erziehungsberechtigter und verlässlicher Partner bei der Eingewöhnung in pädagogische Kinderaufbewahrungseinrichtungen hinlegst. Was können wir mit unseren Kindern spielen, wie entwickeln sich die Biester eigentlich in den nächsten Jahren weiter, und wie erfinde ich notgedrungen eine fesselnde Gutenachtgeschichte, kurzum: Alles, was vom ersten Lebensjahr an bis zur Einschulung in irgendeiner Weise wichtig, interessant und von Rang und Namen ist, findest du hier.

Es gibt Regeln für Kinder im Kindergarten, aber auch solche

für Eltern. Die erklärt dir nur offiziell keiner. Aber ich tu's. Den empfehlenswerten Verhaltenskodex, eine Kita-Checkliste und wie du dein Kind auf seine erste Arbeitsstelle vorbereitest, erwartet dich hier, und ebenso, was sich als Schultütenfüllung gut macht. Ein pickepackevolles Kapitel mit Spielideen, einer Anleitung, wie du gemalte Bilder deines Kindes interpretierst und welche Freizeitbeschäftigungen mit und für Kinder taugen, all das erwartet dich ebenfalls.

Während dich ein Teil des Buches also mit einer ganzen Menge Fakten um Erziehung und Entwicklung inspirieren und dabei begleiten soll, die einzigartige Zeit mit deinem Kind im Alltag zu erleben, stellt der andere Teil dich in den Mittelpunkt und knöpft sich all die munteren Veränderungen vor, die mit der Vaterschaft einhergehen: Bauch, Zölibat, Dienstleister. Um nur drei Möglichkeiten anzuführen.

Hier lässt sich einiges geraderücken und zugleich endlich diesem wichtigen Themenkomplex im Leben eines Mannes eine Plattform, ein warmes Zuhause, schenken, das unsere etwas aus dem Blickfeld geratene persönliche Wertschätzung wieder ein bisschen aufpoliert.

Du erfährst, wieso es keine gute Idee ist, täglich dieselbe Funktionskleidung wie deine Frau zu tragen, wie die Beziehung zu ihr nicht nur am Laufen gehalten, sondern wieder zu einer sündig-schmutzigen Affäre mit Beißen und Haareziehen wird, wie du deinen derzeitigen Job in einen echten Beruf mit schönen Aussichten verwandelst, und du bekommst endlich eine Erklärung dafür, wieso du auf drei Jahre alten Urlaubsfotos irgendwie geiler aussiehst als heute.

Diese pikanten Inhalte rund um deine Person in einem Buch, das sich vorwiegend dem Tun, Treiben, Fördern und Erziehen deines

Kindes widmet, klingen einerseits etwas weit hergeholt, andererseits gehören sie aber absolut dazu! Ich habe sowohl in meinem persönlichen Umfeld als auch an mir selbst beobachtet, wie nach einer gewissen Anfangszeit als Vater mit zunehmender Routine und vielen daraus erwachsenen, persönlichen Erkenntnissen über die eigene Haltung zu wichtigen Lebensfragen nachgedacht wird. Für mich Motivation genug, dieses Thema hier mit einfließen zu lassen. Ich halte die Vaterschaft folglich für das perfekte »Selbstcoaching«, für eine herzliche Einladung an jeden Vater, sich dank der vielen Eindrücke persönlich zu verändern, Weichen zu stellen und dadurch menschlich zu wachsen. Eine bessere Gelegenheit dafür findet sich nicht.

Seit unserer letzten Begegnung haben sich in meinem Leben ein paar Dinge geändert, wie sicherlich auch in deinem. Ich bin zum zweiten Mal Vater geworden. Grund genug, dich mit einem eigens dazu verfassten Kapitel freundlich zu drängen, ebenfalls ein zweites Kind in die Welt zu setzen. Kommt nämlich das zweite, zeigt es dir im Handumdrehen, dass Erfahrung und Routine selbst bei einem Abenteuer, das dasselbe Etikett trägt, am Phänomen Einzigartigkeit scheitern. Keine Chance. Ein ganz anderer Typ Mensch, wenn auch aus derselben Erbmasse wie sein Vorgänger gebastelt, verblüfft durch komplett gegensätzliche Eigenschaften, anderen Look, andere Ausstrahlung. Eine Bereicherung, die uns trotz extremem Mehraufwand gerade in der Anfangsphase doch seltsamerweise gelassen macht. Wir sind angekommen. Zu viert, das fühlt sich komplett an. Diejenigen, die zwei Kinder zu Hause sitzen haben, wissen, was ich meine. Und jene, die es »erst« auf eins gebracht haben: Du hast heute Abend ein Date mit deiner Frau!

Wie sein eleganter Vorgänger sind die einzelnen, deliziösen Abschnitte dieses Buches wunderbar kurzweilig gehalten, sodass du das leicht verdauliche Werk ideal zwischendurch, während Meetings, Beichten und Telefonsex studieren und auswendig lernen kannst, um am Abend deine Partnerin zu düpieren, bestenfalls bei direkter Anwendung des Erfahrenen. Ich unterfüttere zumeist eigene Erfahrungen mit Wissenswertem oder reichere Informationen mit eigenen Erlebnissen an, wodurch Alltagstauglichkeit aufgezeigt werden soll. Vieles davon ist sowieso individuell und subjektiv, wie jedes Kind, jede Schwangerschaft und jeder Nagelpilz. Dennoch habe ich bei der Recherche immer die »herrschende« Meinung oder die Ratschläge von Experten mit einbezogen, sodass du unabhängig von meinen Erfahrungen die Möglichkeit hast, selbst zu entscheiden, welchen Weg du wählen willst.

Wie du es aus dem ersten Teil gewohnt bist (oder auch nicht), sage ich dir alles direkt auf den Kopf zu und scheue mich auch nicht davor, Tipps und Ratschläge mit einem »Muss« oder »Soll« zu versenden. Das verleiht ihnen mehr Kraft, liest sich leichter und geschmeidiger und gibt dem Buch seinen würzigen Leitfaden-Charakter, der Halt, Struktur, Inspiration, Wissen und Freude spendet und damit schon mal mehr verspricht als ein Überraschungsei. Gut, die Schokolade fehlt. Du bist erwachsen. Du entscheidest selbst, was du davon annimmst und was nicht.

Ein Buch zu schreiben neben einer zwar freiberuflichen, aber geregelten Arbeit und einer Familie mit zwei Kindern ist zeitlich gesehen ein Grenzgang und führt die Idee, für die ich hier seitenweise werbe, nämlich ausgiebig Zeit mit seiner Familie zu verbringen, leider etwas ad absurdum. Es ist, wie es ist, und es war mir trotzdem wieder ein Vergnügen, die Augenringe waren es wert.

Ich möchte mich an dieser Stelle bei meinen barmherzigen Frau-

en zu Hause, Kristy, Romy und Hanna, für ihre wahnsinnige Geduld und unglaubliche Unterstützung bedanken. Wieder waren sie, wenn auch unfreiwillig, Versuchspersonen, Studierwerk und Rückhalt in Personalunion und überhaupt der Grund, wieso dieses Buch existiert.

Außerdem gilt mein Dank meiner Lektorin Birthe Katt für ihre formvollendete Art, mich hoch motivierend und Feedback erteilend glücklich durch den Schreibmarathon zu begleiten sowie all meinen Freunden und Kollegen, die mich mit viel Verständnis im »Schreibbüro« haben hocken lassen.

Bevor wir starten, kurz die Werbung. Und zwar für die virtuelle Welt des Buchs. Unter www.papatogo.de findest du (bislang noch) nichts über Väter aus Togo, sondern jede Menge über die Themen hier. Außerdem kannst du dort – Achtung, »benefit!« – unveröffentlichte Kapitel, die der Umfangbegrenzung des Buches zum Opfer fielen, nachlesen.

Jetzt aber los. Bevor noch einer schreit. Oder kackt.

Christian Busemann

Das zweite Kind

Zweiter Schuss, wieder Treffer! Kollege im Anmarsch

Dieser Intensivkurs spricht alle Väter an. Diejenigen unter uns, die »nur« ein Kind haben und es lieber dabei belassen wollen, sowie diejenigen, die gerade intensiv an »Version« 3 oder 4 arbeiten. Die Themen und Inhalte in diesem Werk betreffen vor allem die Phase von ein bis sechs Jahren, also von der ersten »Menschwerdung« bis zur Einschulung. Für viele Eltern rückt genau in dieser Altersspanne die Frage »Zweites Kind – ja oder nein?« in den Fokus. Und da die Nachwuchsverdopplung nicht nur eine dauerhafte erotische Massage der eigenen Lachmuskulatur bedeutet, sondern sich auch auf die Anzahl der von dir regelmäßig zu stopfenden Mäuler und den damit verbundenen Arbeitsaufwand im Binnenverhältnis bezieht, verdient diese sensationelle Duplizität der Ereignisse im Leben der Eltern ein eigenes Kapitel. Zukunftsträchtig, verführerisch und geradezu menschlich – die Teamerweiterung zu Hause gibt den Startschuss!

Manchmal ist es weder purer Egoismus noch reines Sicherheitsdenken und ebenso wenig Langeweile, die fruchtbare Paare dazu treibt, aus zweien nicht nur drei, sondern insgesamt vier Menschen zu zaubern. Es ist vielmehr das im Unterbewusstsein lauernde Problem mit der ungeraden Zahl Eins, die sich zwar mathematisch hervorragend teilen lässt, aber praktisch, in eine vertrackte Menschenwelt gezerrt, uns vor ein Problem stellt: Wie teile ich

ein Kind durch zwei Erwachsene? Das ist unmöglich! Also können wir täglich beobachten, wie sich zwei ausgewachsene und aufgeklärte Menschen ständig um das eine Kind rangeln. Oft klappt das prima, sieht harmonisch aus, und begleitet von einem sorgenfreien Familienglücksgefühl erleben alle zusammen herrliche Momente der Liebe und des Zusammenhalts, die ungefiltert aus der »Rama«-Werbung oder aus einer Episode der »Waltons« entsprungen sein könnten. »Gute Nacht, Grandpa!« »Gute Nacht, Jim-Bob!«

Oft klappt es aber auch so überhaupt nicht, ist man von der reinen Existenz seines Partners und dessen Launen entsetzlich genervt, gehen die persönlichen Vorstellungen von der idealen Sonntagnachmittagsgestaltung arg auseinander oder fühlt man sich überflüssig, weil der Sprössling ausgerechnet an diesem Nachmittag den anderen elterlichen Ansprechpartner bevorzugt, um ihn überbordend mit Liebe und Aufmerksamkeit zuzuschütten.

Meine Frau und ich sind uns schon ob unserer Doppelbesetzung im Kinderzimmer schier endlos auf den Senkel gegangen, weshalb wir in diesem Bereich lernen mussten, wirklich sauber zu kommunizieren und die Gemeinschafts- und Einzelbetreuungszeiten perfekt abzustimmen. So gab es in unserer Elternschaft mit nur einem Kind natürlich immer Phasen als Troika, aber auch als Duo in allen möglichen Kombinationen. Das tat jedem von uns gut, da Romy auf diese Art und Weise zu differenzieren lernte, worauf Mama oder Papa stehen, wer sich für welche Unternehmung und für welche Aktivität in den eigenen vier Wänden besser eignete.

Doch kann das Problem des Neids, der Eifersucht oder der Gefahr des Verhätschelns eines Einzelkindes, das sich dadurch später möglicherweise zum Diktator entwickelt, sehr einfach gelöst werden: Ein zweites Kind muss her!

Endlich hat dann jeder eins, und wenn es mal mit dem einen

keinen Spaß macht, tauscht ihr eben. Das ist super! Die Vier ist eine gerade Zahl, darüber hinaus die Zahl der Indianer, und sie vermittelt anhaltende Ausgewogenheit. Außerdem ist alles auf die Vier ausgerichtet: Urlaube, Autos, Restauranttische, Himmelsrichtungen, die »Fantastischen Vier«. Es gibt also offenbar nichts, was dagegen spricht, wenn es in erster Linie darum geht, dein Zuhause geradezurücken. Laut einer Studie fühlen sich Familien mit zwei Kindern am wohlsten und sind sehr zufrieden. Diese Truppenstärke ist nach wie vor Standard in Deutschland und wird es vermutlich auch bleiben. Selbst wenn sich mittlerweile viele Paare gegen ein Kind entscheiden und somit die Geburtenrate sinkt, gibt die Generation nach uns nämlich schon den Wunsch nach insgesamt zwei Kindern zu Protokoll. Wünschst du dir diesen Weg, um glücklich zu werden, will ich dir gerne ehrlich vermitteln, was dich erwartet, wenn du auf zwei Kinder setzt!

Ein Kind ist kein Kind und zwei sind wie vier – Eindrücke

Auch wenn dieser Spruch ein Affront gegenüber allen Eltern mit einem Kind sein mag, da ist trotzdem etwas dran! Zwei Kinder und mehr sind vom Arbeitsaufwand her gerade in den ersten Jahren die absolute Champions League in Sachen Vater- und Mutterschaft. Elternschaft bei einem Einzelkind dagegen ist – Entschuldigung – Kreisklasse! Geradezu lächerlich einfach dagegen wird der Geschwisterlose selbstständiger.

Zwei Exemplare bringen dich an die Grenze des Erfahrbaren sowohl in der Kommunikation, der Organisation als auch in Sachen Liebe. Ein Optimismus vermittelnder Trostspruch von Eltern, die diese Zeit mit mehreren Kindern überlebt haben, lautet

in etwa so: »Ihr müsst einfach nur die ersten zwei Jahre überstehen, dann wird's super.«

Und etwas nachdenklicher: »Jetzt zeigt sich wirklich, ob ihr eine Familie seid.«

Natürlich ist das Leben mit einem Doppelpack wie so vieles in der Elternschaft eine komplett individuelle Kiste, aber ein Plus an Anstrengung ist nicht von der Hand zu weisen. Bei all der Erfahrung mit dem Projekt »Kind eins« – auch hier betreten wir eine neue, für jeden von uns zuvor unerforschte Zone, in der wir uns wie schon beim ersten Abenteuer erst orientieren müssen. Das braucht Zeit. Ganz besonders das Zeitfenster für deine persönlichen Entspannungsphasen ist mit zwei Blagen noch knapper bemessen als früher. Doch gerade diese Inseln, diese Quality Time ist wichtig, um den Apparat am Laufen zu halten und dich selbst und deine Partnerin nicht in der vielen (Team-)Arbeit und dem Stress zu verlieren.

Deshalb aktiviere so früh wie möglich Unterstützung durch Familie, Verwandte, Freunde, Babysitter oder eben Nannys, damit ihr zwischendurch ein bisschen Zeit allein und auch etwas Zweisamkeit erleben könnt. Meine Frau und ich haben damit relativ spät begonnen, nämlich erst ein halbes Jahr nach dem Abstillen. Das muss nicht sein. Mal auf ein Abendessen um die Ecke gehen oder für zwei Stunden draußen sein, ein Glas Wein am See oder auf der Piazza zu trinken, wirkt sich garantiert harmonisch und erfrischend auf dich und deine Partnerin aus.

Das zweite Kind ist leichter zu managen

Bevor Hanna die Welt bereicherte, glaubten wir, Romy könne als Dreijährige, die schon jede Menge begreift und beherrscht, einfach so mitlaufen, während wir uns wie die aufgeschreckten Hühner um den Neuling kümmern würden. Falsch gedacht! Es war näm-

lich Romy, die uns beim Finden eines neuen Lebensrhythmus komplett überforderte, nicht »Newcomer« Hanna, die dadurch zum »Mitlaufen« verdonnert wurde. Für sie hieß es einige Male geduldig warten, panisch schreien oder weinen, ohne gleich getröstet zu werden, weil wir woanders gebraucht wurden. Damit hatten wir nicht gerechnet.

Wenn auch mehr Anstrengung vonnöten ist, fällt aber doch insgesamt die Versorgung eines zweiten Kindes leichter, da schon entsprechendes Know-how und ein erheblicher Erfahrungsschatz vorhanden sind. Dein Leben ist bereits auf Kind eingestellt, dir sind etliche Kniffe und Tricks für den Umgang mit Minimenschen geläufig, die Elternrollen habt ihr bereits eingenommen. Kurz: Ihr seid keine Neulinge mehr, und das vermittelt natürlich Sicherheit.

Aber ihr strahlt diese Professionalität beim zweiten Kind auch aus, und das bleibt nicht unbemerkt. Man registriert, wie gelassen und selbstbewusst ihr Schritt für Schritt alles angeht, und das vermittelt euch das Gefühl, ernster genommen zu werden. Darum geht es zwar nicht, aber ihr spürt es doch im Kontakt mit anderen Eltern, mit Kinderärzten, mit Erziehern oder den eigenen Eltern. Das nimmt Ängste und schenkt Kraft und Selbstvertrauen.

Die Zweiten sind stabiler

Viele Outdoorhandys sind IP67-zertifiziert, sprich wasserdicht, staubdicht und stoßfest. Ähnlich robust konfektioniert ist das zweite Kind. Sämtliche Viren, die überall lauern, rumkreuchen und -fleuchen und die Romy mit nach Hause schleppte, prallten an Hanna ab wie an einem norddeutschen Bollwerk der Gesundheit. Kein Wunder, denn Romys Viren-Tennisballmaschine ist ein spitzenmäßiges Immunsystemtraining. Die Einzigen, die sich davon noch anstecken lassen, sind Mama und Papa.

Was wir nicht auf dem Zettel hatten ...

Auf vieles konnten wir uns natürlich mental einstellen, das Einzige, was wir naiverweise unterschätzten, war die starke Inanspruchnahme durch beide Kinder. Und auch die Tatsache, dass die gesamte »Babynummer« buchstäblich von vorne begann. Mit allem, was dazugehört. Das hatten wir in unserer Vorfreude glatt übersehen. Im Nachhinein bin ich froh darüber, denn in Erwartung auf ein zweites Kind nur Nachteile für sich zu prophezeien, kann's ja nicht sein.
Während die Geburt Romys unser Leben 2007 um 180 Grad wendete und gute und notwendige Veränderungen mit sich brachte, von denen Kristy und ich auch in unserer persönlichen Entwicklung sehr profitieren durften, untermauert und verstärkt die Zweite, Hanna, das Familiengefühl, schränkte uns aber gleichwohl in den ersten Jahren in der Flexibilität arg ein. Jetzt mal eben Hü und gleich drauf wieder Hott, das ist mit zweien ein anderer Schnack. Ein längerer Anlauf. Zwar nicht unmöglich, aber extrem gewöhnungsbedürftig. Das stimmige Gefühl jedoch, als Familie endgültig komplett zu sein, mindert es nicht. Ganz im Gegenteil. Das überwiegt in jedem einzelnen Augenblick.

Vollausstattung

Musstest du zur Geburt deines ersten Kindes noch von Starterset bis Kinderwagen alles anschaffen, also leihen, schnorren oder kaufen, wirst du diesmal garantiert relaxter zu Werke gehen. Was sollst du auch noch groß besorgen, das Sortiment ist ja noch mehr oder weniger vollständig! Es sei denn, ihr habt euch zwischenzeit-

lich schon von dem einen oder anderen essenziellen Teil wie Stubenwagen oder Sitzschaukel verabschiedet. Vielleicht kannst du es erneut rekrutieren, vielleicht borgst du es dir bei Freunden aus, und notfalls musst du eben bluten und es noch einmal kaufen. Das lässt sich auch schwer umgehen, erwartet dich nach dem Sohnemann ein Töchterchen oder umgekehrt. Die eigene Bude ist nach wie vor entsprechend kindgerecht eingerichtet, Spielzeug gibt es haufenweise, sonstige UNISEX-Kleidung auch. Was dann noch ein bisschen was kostet, sind Anschaffungen wie ein zweiter Autositz, das zweite Bett oder der zweite Hochstuhl. Vielleicht könnt ihr das aber auch alles gebraucht bekommen.

Der richtige, falsche, richtige, falsche Geschwisterabstand

Zu welchem Zeitpunkt du mit blanker Lanze ins Gefecht ziehen solltest, damit Junior zwei direkt aus deinen Lenden über den Umweg Frau von den Störchen vor die Tür gestellt wird, ist eine höchstpersönliche Entscheidung von dir und deiner Partnerin. Im Grunde genommen gilt: Der richtige Zeitpunkt ist dann erreicht, wenn ihr das Gefühl habt, er sei erreicht!

Es gibt wie immer und überall tausend Meinungen dazu. Einige Pädagogen empfehlen, das Geschwisterchen in relativ knappem Abstand auf die Welt zu drücken. Ein gehöriger Aufwand für die Eltern in der Anfangszeit, doch dafür erlaubt die kurze Spanne der Mutter und/oder dem Vater nach einem länger andauernden, dafür aber kompakten Ausstieg aus dem Berufsleben wieder einen dynamischen Kick-Start zurück auf die Karriereleiter. Und das vermutlich ohne Rückfall, weil die Kinderplanung dann abgehakt ist. Es sei denn, ihr wollt noch mehr …

Auch die Tatsache, dass die Kleinen recht früh verstehen, dass der neue Konkurrent am Tisch nicht mehr geht und sie sich mit diesem wohl oder übel verschwistern müssen, ist ein Vorteil des geringen Altersunterschieds. Der Erstgeborene begreift seine drohende Demontage sachter. Noch klein und unerfahren, wird das neu angekommene Wesen nicht als existenzielle Bedrohung wahrgenommen, und nervtötendes Gezeter wegen strittiger Verhaltensweisen ist rar und nicht von Eifersucht getrieben wie bei dem Dreijahresunterschied, wie wir ihn zu Hause erleben durften.

Folglich raufen sich die Herrschaften früh zusammen und teilen ihre Freizeit in gemeinsamem Spiel, Gesang und Chaos.

Rein gynäkologisch wird übrigens nach einer normalen ersten Geburt eine Schonfrist von sechs Monaten empfohlen, bei einem Kaiserschnitt oder einer eher komplizierten Entbindung sprechen die Cracks von einem Jahr im imaginären Wartezimmer, bevor die Frau wieder schwanger wird. Ein kleiner Hinweis, falls für dich die Familienplanung bereits abgeschlossen ist: Nur weil deine verehrte Lebensgefährtin stillt, bedeutet das nicht automatisch, dass ausreichend Verhütungsschutz existiert.

Wir hielten uns für extrem lässig nachzulegen, als Romy trocken und windelfrei war. Mit drei Jahren verstehen Kinder schon so einiges, werden immer selbstständiger und sind in der Lage, auch ihr Scherflein zum harmonischen Wir-Gefühl einer Familie beizutragen.

Von daher erschien uns dieser Abstand als sehr gut geeignet. Auch Freunde von uns, deren Kinder ebenfalls in dieser Zeitspanne auf die Welt kamen, lobten die Liebe und Hingabe der Großen, die sich soooo über ihren kleinen Bruder freute. Doch schon mit dem ersten Besuch von Romy und mir direkt nach der Ankunft ihrer Schwester Hanna im Krankenhaus stand fest: Das hier wird

keine Selbstverständlichkeit, das wird die Zerlegung einer Hegemonialmacht, der feierliche Abgesang des Kurfürsten und die bittere Inthronisierung der Doppelspitze. Mit sichtbar gemischten Gefühlen schaute die Prinzessin ins Beistellbettchen und versuchte von dem Moment an zu retten, was noch zu retten war. Doch das wurde von Tag zu Tag weniger. Für Romy ein anfangs schwerer Einschnitt, wollte sie die Nummer eins bleiben.

Unabhängig von der enormen Eifersucht, wie sie sich bei uns abzeichnete und die ich später noch thematisieren werde, halten manche Eltern die Freizeitgestaltung eines Babys mit der einer Dreijährigen für äußerst schwer vereinbar, und zwar sowohl in der Themenwahl als auch in der Koordination. Klar, eine Interessengemeinschaft ist hier so weit entfernt wie ein Dax-Vorstand vom Waldorfschüler, doch meiner Erfahrung nach ist das kein Hinderungsgrund. Morgens, wenn die Große im Kindergarten ist, steht Hanna im Mittelpunkt des Spiels, nachmittags werden dann eher Unternehmungen bevorzugt, bei denen sich die Große austoben kann und die Kleine mit dabei ist. Viele von Romys Freunden haben mittlerweile Geschwister, sodass dann die Großen miteinander spielen, während die Kleinen erste Spielversuche starten. Konflikte gibt es eher bei Verabredungen mit Freunden, die nur ein Kind haben. Wollen die Großen die Kleine nicht mit dabeihaben, muss einer der Elternteile immer die Kleine betreuen, während die anderen die Zweisamkeit genießen. Das ist in der Tat blöd. Und natürlich werden auch die vermeintlich Kleinen schnell groß und entwickeln einen eigenen Kopf mit eigenen tollen Vorstellungen. Es ist nicht immer leicht, alle Strömungen unter einen Hut zu bekommen, aber – wie gesagt – auch kein Hinderungsgrund.

Laut einer Umfrage hält der Großteil aller Paare, die ein zweites Kind wollen, einen Abstand von eineinhalb bis zweieinhalb Jahren für clever. Das ist allerdings genau die Spanne, die die meisten

Konflikte mit sich bringt. Der herrschende King of Currywurst will nämlich nicht vom Thron gestürzt werden, da er trotz hoher Selbstständigkeit noch einen schnellen Zugriff auf den Fels in der Brandung braucht. Gerade der ist unterdessen in Gefahr, denn es droht die Geburt des Hofnarren, der da in Mamas Bauch heranwächst. Das Menetekel des Teilens, das ungebremst auf ihn zurast, lässt ihn folglich aufbegehren.

Aber, und hier gehen dann die Meinungen auseinander, ein Kind geht in dem Alter häufig bereits in den Kindergarten, besucht Freunde und Sportkurse unter der Woche und ist somit bereits nach außen orientiert. Es benötigt also nicht zwingend einen Dauercoach. Je nach individuellem Entwicklungsstand natürlich. Ein älteres Kind hat zudem den Vorteil, alles schon besser verstehen zu können und dadurch geduldiger zu sein. Die Bedürfnisse, auch die nach viel Liebe, Aufmerksamkeit und Zuwendung sind zudem anders geartet als beim Baby. Als Ergebnis dessen besteht eine nur milde bis verschwindend geringe Konkurrenzsituation zu Hause und ein glückliches Erstgeborenes, das sich sehr beachtet, geliebt und dadurch einzigartig fühlt.

Abstand hin, Abstand her, es gibt für alles Pros und Contras. Ich meine, ihr müsst dafür bereit und klar sein und nicht irgendeiner Eingebung folgen, die euch spontan geküsst und unfertig zurückgelassen hat. Und wenn ihr euch einig seid, dann ist die Anzahl der Jahre zwischen den Kindern auch völlig egal.

Die Rückkehr des lebenden Fleischballs – »Meat Loaf reloaded«

Da bist du froh, nach Monaten der Verwilderung und Verwahrlosung in den heimischen vier Wänden wieder mal als nettes oder hübsch anzusehendes Paar wahrgenommen zu werden, mitten im Leben stehend, den Alltag im Griff, ein Kind aus dem Allergröbsten raus – und dann erfolgt der lauwarme, sämige Treffer, und es startet erneut der gewaltige, zugleich perfide Akt der dualen Körpererweiterung. Diesmal unter anderen Vorzeichen: Weil der beanspruchte Leib deiner Frau bekanntlich schon einem Kind ein großzügiges Zuhause courtagefrei schenkte und das Baumaterial im Rahmen dieses kurzzeitigen Mietvertrags schon arg an die Grenzen seiner Dehnbarkeit stieß, sieht nun beim Nachmieter alles plötzlich gleich viel größer, mächtiger, wuchtiger und überdimensionaler aus. Glich sie in der ersten Schwangerschaft einer Einlieger-Wohnung, präsentiert sich ihr Corpus nun als 14-Zimmer-Villa nebst Anbau und Erker. Dank des trainierten Gewebes hat sie daher rasend schnell eine Wassermelone unter der Bauchdecke, der Appetit steigt wie üblich auf doppelte Portionsgröße und wird von perversen Fressattacken begleitet, die dich zur Tatenlosigkeit, maximal zur Beschaffung der Zielnahrung verdammen. Doch sozial, wie du auch bei dieser Schwangerschaft wieder einmal eingestellt bist, genießt du nicht nur den anmutigen Anblick des nachhaltig beeindruckenden Exempels, das die Natur anhand deiner Frau statuiert, nein, du lässt dich von der Muse der Morphose und physiologischen Verdopplung küssen und dazu verführen, in den Kanon einzustimmen, gemeinsam mit ihr Wagenladungen an Schokoladenschaumküssen, Toffifee, Choco-Crossies, Eis und Kuchen zu verschlingen – und das bei null verbrannten Kalorien, da kein Sport. Wann solltest du den noch in deinem zum Bersten

prallen Tagesplan unterbringen? Es geht, und das weißt du! Wie bereits in meinem Schnellkurs erwähnt, wird deine Frau nach der Geburt ruckzuck wieder stramm wie ein Würstchen aus der Dose im eigenen Saft stehen, während du wie einer der Typen aussiehst, die man beim 20-jährigen Abitreffen nicht wiedererkennt: Doppelkinn, Halbglatze, Wampe. Aber noch dasselbe Lachen. Beweg also deinen Hintern! Steh früher auf und mach Yoga, geh spät am Abend noch Joggen, sei aktiv, steig Treppen und fahre nicht Fahrstuhl, mach deine Besorgungen eher zu Fuß oder mit dem Einrad als mit dem Auto. Du wirst es dir danken, meuchelst du doch so den inneren Schweinehund.

Hoheitswissen rund um die zweite Schwangerschaft

Fruchtbarkeit ade

Mit 35 Jahren nimmt die Fruchtbarkeit der Damen rapide ab. Behaupten zumindest die »Halbgötter in Weiß« und stufen deshalb auch die Schwangerschaft von 35-jährigen und älteren Frauen als Risikoschwangerschaft ein. Eine wichtige Info, solltest du auf Zeit spielen, mit welchem Hintergedanken auch immer.

Es ist kein Gesetz, und es lässt sich auch bis heute nicht exakt nachweisen, aber offensichtlich haben es Mütter leichter, schwanger zu werden als Frauen, die noch kinderlos sind. Woran das liegt, weiß keiner. Es wird angenommen, Mütter gingen unverkrampfter ans Werk als Frauen, die sich auf Biegen und Brechen ein Kind wünschen. Die Psyche also als Zünglein an der Waage?

Einziger tauglicher Beweis dafür: Die Mütter, die mit großem Aufwand über eine künstliche Befruchtung Kinder bekommen hatten, werden beim zweiten Mal oft auf natürlichem Weg schwanger.

Die zweite Geburt schreibt eigene Gesetze

Auch die zweite »Meisterschaftssaison« und Geburt starten wieder bei null. Das Blatt ist weiß, die Uhren werden zurückgestellt, alles auf »Los«. Glich die erste Niederkunft also einer entspannenden Ayurveda-Behandlung in einem indischen Homosexuellen-Ashram, kann die zweite wie ein Halbmarathon bei Gegenwind, Schnee und Eis nach einer durchzechten Partynacht werden: einfach beschissen! Oder andersherum: Die erste Geburt eine Höllenfahrt, Schwangerschaft zwei und Entbindung ein Spaziergang im welken Laub der zärtlichen Herbstsonne.

Ähnliches gilt für den Kaiserschnitt, doch die Ansicht »einmal Kaiserschnitt – immer Kaiserschnitt« ist veraltet! Dem Kaiserschnitt kann durchaus die natürliche Geburt folgen. Aber nicht alle Frauen sind ganz frei von Altlasten. Manche Mütter nehmen wieder einige »stalkende« Begleiterscheinungen mit in die zweite Runde. Führend sind die Schwangerschaftserkrankung Gestose und die Schwangerschaftsdiabetes.

Meine Frau litt während der ersten Schwangerschaft mit Romy an Diabetes, bei Hanna wunderbarerweise nicht. Ebenso wuchs Hanna bis zu ihrem Stichtag kräftig weiter im Bauch, während Romy den Frühbucherrabattangeboten erlag und kurzerhand aus den Verhandlungen ausstieg. Dafür mussten beide Schwangerschaften eingeleitet werden, da die Wehen jeweils zu schwach waren. Ab da ging es allerdings jedes Mal relativ fix: Innerhalb eines halben Tages waren beide Kinder an Bord.

Einer Freundin meiner Frau, die eine furchtbare erste Niederkunft erleben musste, mit Saugglocke, Zange und so weiter, wurde beim Nachschlag ein versöhnendes Schwangerschaftserlebnis zuteil. Wieder eine andere hat dasselbe Drama des ersten Teils auch beim zweiten erleben müssen, es zuerst auf natürlichem Weg versucht und wurde schließlich mit Not-Kaiserschnitt entbunden.

Du siehst, auch die zweite Schwangerschaft ist wie ein Login bei »Chatroulette« – du weißt zwar nicht, was dich beim nächsten Match erwartet, aber vor der Kamera onanieren sie mehr oder weniger alle.

Nun stell dich mal nicht so an! – Routiniert schwanger

Du erinnerst dich an *Papa To Go* Teil eins: Der Bauch wächst, die lästigen Schwangerschaftsbeschwerden wirken sich auch auf dein Leben aus, und du versuchst mit unerbetenen, schlauen Tipps, schnellen Handgriffen und tröstenden Worten deine von einem kleinen Schneeball zu einer imposanten Schneewalze mutierte Partnerin bei Laune zu halten, ihr den Zauber dieser besonderen Phase aufzubereiten und dabei euch beiden das Leben auf einer Meta-Ebene erträglicher zu gestalten. Teil zwei sieht anders aus! Der extrem hohe Aktivitätsfaktor der Beteiligten und handelnden Personen rund um die erste Schwangerschaft fällt ins Bodenlose. Drastisch übersetzt: Keine Sau interessiert sich für die zweite Schwangerschaft! Alles bekannt, gesehen, erlebt, abgehakt! Jeglicher Glanz, jegliche Zerbrechlichkeit, selbst der das weibliche Wesen umschwirrende Heiligenschein ist verloren gegangen: Die Schwangere ist bereits Mutter, Vorkenntnisse werden vorausgesetzt und Tüten kommentarlos fünf Stockwerke zu Fuß hochgeschleppt.

Alles wird jetzt lockerer gesehen. Die erneute Kindsmutter verzichtet plötzlich keinesfalls auf ihren Kaffee am Morgen, nicht auf den Salamitoast oder den Rohmilchkäse auf den Nudeln. Auch wenn sie natürlich sparsamer dosiert.

Der Kindsvater findet sich nur noch beim Namensfindungsmeeting und zum Kreißsaal-Alarm ein, und der behandelnde Frauenarzt knüpft ausschließlich an die Erfahrungen aus der ersten Schwangerschaft an und endet stets mit den Worten: »Wie gehabt!«

Jeglicher Bewunderung und Verehrung entzogen, jeglicher Fürsorge beraubt, liegt es nun an dir, deiner Süßen auch die zweite Schwangerschaft zumindest ein bisschen als bewusstes und besonderes Ereignis näherzubringen.

Du kannst punkten, indem du sie anregst, nur für sich einen geburtsvorbereitenden Kurs zu belegen, wie zum Beispiel Schwangerschaftsyoga oder Walking oder einen Zweit-Mütter-Vorbereitungskurs. Viele »Rückfall«-Mütter, so damals auch meine Frau, jammern nämlich über die mangelnde Zeit, die ihnen zur Verfügung steht, um sich auf ihr Baby im Bauch einzulassen und sich mental darauf einzustellen. Damit du erst gar nicht in dieselbe Bredouille kommst wie ich, kannst du hier gleich vorauseilend und zuvorkommend mit derartigen Inspirationen glänzen.

So kann sich deine bessere Hälfte fern des Alltags mit einem Kind auch auf das zweite Baby konzentrieren und mal mit diesem eins sein. Und wie in meinem ersten Buch bereits erwähnt: Überschütte deine Frau mit Lob und Komplimenten – auch wenn sie schon Mutter ist, heißt das nicht, dass sie nicht mehr sensibel in den Spiegel schaut und bei all den Veränderungen keine kleine Seele in Mitleidenschaft gezogen wird. Deine Anerkennung, dein Sie-Sehen geben Kraft und gute Energie, von der ihr schließlich beide profitiert.

Ja, nein, jein – Gedankensalat um das zweite Kind

Es gibt diverse Aspekte, die du berücksichtigen solltest, rollst du dich von der linken Bettseite auf die rechte und bleibst zufälligerweise auf deiner Frau liegen.

»Wünschst du dir ganz ehrlich ein zweites Kind?«

Der Wunsch nach einem zweiten Kind kam ursprünglich nicht

von mir. Zu sehr freute ich mich darüber, unser Leben nach zweijährigem Elterndasein wieder einigermaßen auf der Spur zu sehen. All die Veränderungen, die vielen Opfer und dann dieser gleichwohl immense Zugewinn in Gestalt eines so wunderschönen Mädchens schienen im Alltag integriert. Alles floss! Als wir endlich zurück zu dem Rhythmus fanden, nicht immer nur Eltern, sondern auch wieder Liebespaar zu sein, überraschte mich meine Frau mit diesem Herzenswusch, obwohl sie nach der Romy-Schrei-Erfahrung (Anm.: Unser erstes Kind war ein Schreikind, worüber ich ausführlich in *Papa To Go – Schnellkurs für werdende Väter* berichte.) genauso wie ich an der Idee, Eltern zweier Kinder zu sein, zweifelte. Doch innerlich wandte sie sich nie vom hehren Ziel des Doubles ab. Konsequent hielt sie daran fest, während mir der Gedanke, noch mal alles von vorne mitzumachen, pure Angst einjagte.

Um mich vor der eigentlichen und aufrichtigen Beantwortung der Frage, ob ich ein zweites Mal Vater werden möchte, zu drücken, wich ich auf die Überprüfung von banaleren, dennoch nicht unwichtigen Kriterien aus, um somit die »Wer wird Millionär«-Ausschluss-Methode zu bemühen, ein finales Ergebnis zu erzielen.

Unter anderem schwirrten mir diese Fragen im Kopf herum:
Können wir uns ein zweites Kind finanziell leisten?
Wie können wir das mit der Berufstätigkeit vereinbaren?
Können wir die Wohnung behalten, oder müssen wir umziehen?
Passt das Auto noch?

Getreu meiner Dauerdevise »Alles geht« konnte ich mit diesem Ablenkungsmanöver wahrlich keinen Blumentopf gewinnen. Platz ist in der engsten Hütte, und wir kriegen alle durch, wenn wir wollen. Wir sind beide selbstständig, die Organisation hat bislang prima geklappt, und notfalls kaufen wir jetzt eine große Karre wie unsere Nachbarn. Dann grüßen sie uns vielleicht auch mal. Also keine Ausreden!

Wird unsere Ehe ein zweites Kind verkraften können?

Ja. Nein. Ich wusste es natürlich nicht und würde es auch nie erfahren ohne die Geburt einer Nummer zwei. Doch war mein Optimismus immer noch ungebrochen da, und zwar spürbar. Wir haben bislang als Team gut zusammengearbeitet, wir können gut und erprobt miteinander kommunizieren. Nein, das würde kein Problem werden.

Wird es wieder so gesund sein?

Eine sehr beängstigende Frage, aber sie tauchte auf. Klar! Es ist die Angst davor, vielleicht nicht noch einmal mit einem gesunden Kind beschenkt zu werden. Was machen wir, wenn das Kind behindert ist oder irgendwie krank? Was dann? Würden wir damit fertig? Ja, wir würden. Es bräuchte sicherlich seine Zeit, aber es gehörte dann zu uns, zu unserem Leben.

Man kann auf dem Reißbrett sämtliche Schreckens- und Glücksszenarien durchspielen, eine Pro- und Contra-Liste erstellen und eine aussagekräftige, statistische Erhebung im Freundes- und Bekanntenkreis starten – am Ende ist es immer eine Bauchentscheidung, die ihr als Paar treffen müsst! Nichts anderes.

Ihr braucht keine Beratung, keine Einschätzung anderer. Nichts ist absolut perfekt auf dieser Welt. Wir sind weder in Bullerbü noch so straff und beeindruckend organisiert wie Frau Ursula von der Leyen mit ihren vielen Berufen und ihren vielen Kindern. Bei jedem von uns ruft der Gedanke an zwei Kinder etwas hervor. Dem Gefühl musst du folgen, und dann wirst du von ganz alleine zu einem von dir gewählten Zeitpunkt eine Haltung dazu entwickeln.

Ich entschied mich schließlich für »Ja« und vertraute darauf, dass es gut ging. Mir war der Gedanke, mit einem Kind zu leben, total recht und lieb, der mit zwei Kindern zu leben entfachte mich jedoch. Kristy setzte die Pille ab und nach kurzer Zeit stand fest,

dass wir die nächste Stufe nehmen sollten. Des Abenteuers zweiter Teil begann!

Überlebenscamp für Erstgeborene

Im Trockendock der Gedanken haben wir die Vorbereitung auf das zweite Kind mit allem im Vorfeld dazu Wissenswerten für dich und deine Partnerin durchgespielt. Das restliche Infomaterial wabert noch vom Stammhalter Nummer eins im System. Verlagern wir unser Augenmerk daher jetzt auf den Erstgeborenen und seine legale Zwangsteilnahme am überlebenswichtigen Trainingscamp für große Geschwister. Wir wissen, was ein plötzlicher Mangel an Aufmerksamkeit, Liebe und Anerkennung aus Menschen machen kann: Sie gehen in Castingshows, ziehen für irgendein Hochglanzmagazin blank oder versuchen, im Dschungelcamp eine dümpelnde, nie stattgehabte oder gänzlich erloschene Karriere zu reanimieren. Und das sind noch die harmlosen Vertreter! Kümmern wir uns darum, kein neues, billiges Kanonenfutter für die Unterhaltungsbranche zu produzieren!

Kündigt sich ein Bruder oder eine Schwester an, droht der Glanz des ersten kleinen Stars zu erblassen. Bevor der A-Promi jedoch nach unten durchgereicht wird, lässt sich mit simplen Heile-Welt-Methoden Schlimmeres verhindern und das vermeintliche Auslaufmodell gefühlvoll und sanft auf den im Anmarsch befindlichen Co-Star vorbereiten!

Baby-Briefing

Die wachsende Kugel deiner Partnerin lässt sich relativ gut als Hinweis verwenden, dass sich offensichtlich in Mamas Bauch was tut. Ist dein erstes Kind sehr jung, erst ein oder zwei Jahre alt, ist

es noch gar nicht in der Lage, den Zeitabstand bis zur Geburt einzuschätzen. Dann solltest du deine Ankündigung näher an den Stichtag rücken. Ist dein Kind indes schon älter, dann raus mit der Supernachricht, wenn ihr es für passend haltet. Wartet nicht zu lange damit, denn Commander Naseweis spürt die Veränderung im ausgelatschten Pantoffel sehr schnell und könnte bei einer zu ausgiebigen Geheimhaltung mit den vier bösen Kinder-Aggregatzuständen reagieren: Aggression, Widerstand, Boykott und Sabotage. Habt ihr euch aufgerafft, eurem Kind den zukünftigen Weggefährten anzukündigen, bleibt bei der Wahrheit und stellt unbedingt Folgendes klar: »Aus Mamas Bauch wird kein sofort fertiggebackener Spielkollege im Anorak mit Schippe unterm Arm und ›Olchi‹-Rucksack herausspaziert kommen.« Vielmehr erwartet die expandierende Gemeinschaft ein brüllendes Knäuel, das alles zusammenschreit, viel trinkt, viel schietert und erst mal nur ratzt wie ein Siebenschläfer! Spielfaktor: minus 10! Im weiteren Verlauf des Baby-Briefings ist es empfehlenswert, sich noch mal gemeinsam Babyfotos vom Erstling zu Gemüte zu führen, kleine Filmchen anzuschauen oder Relikte wie den ersten Beißring oder den Rest der Nabelschnur zu präsentieren. Die Niedlichkeit sowie Einzigartigkeit des Ersten lautstark hervorzuheben ist hier sehr hilfreich, denn dadurch mag Nummer eins die Nummer zwei vielleicht eher akzeptieren und versteht, dass man den »anderen« auch durchaus lieb haben kann.

Im nächsten Schritt kann der bisherige Platzhirsch zärtlichen Erstkontakt zum kleinen Schwesterchen oder Brüderchen aufnehmen: mal das Ohr an den Bauch halten, dem Geschwisterchen eine Folge »Bibi und Tina« auf CD vorspielen, Kindsbewegungen per Handauflegen ertasten, ein Foto mit sich und dem Bauch machen oder einfach nur »Hallo« in den Bauch rufen. Abstrakt, aber durchaus interessant sind auch Ultraschallaufnahmen, die deine

Partnerin garantiert fleißig sammeln wird. Vielleicht lasst ihr ja zusätzlich bei der Nackenfaltenuntersuchung, sofern ihr eine veranlasst, ein 3-D-Bild knipsen, auf dem bereits erschreckend viel zu erkennen ist. Darüber freut sich dein Sohn oder deine Tochter natürlich auch sehr.

Von jetzt an könnt ihr euren kleinen Racker permanent mit in die Kommunikationskette mit dem noch Ungeborenen aufnehmen. Romy und ich haben zum Beispiel regelmäßig vor der riesigen Wanne hockend irgendein Lied geträllert und Hanna auf diese Weise mit unseren Stimmen vertraut gemacht. Inwiefern hier ein Zusammenhang mit dem gnadenlos ausgekosteten Aufenthalt Hannas in Kristys Bauch bis zum Stichtag existiert, lässt sich leise vermuten. Aber so schlecht singen wir wirklich nicht …

Kiste packen

Mit einem vermutlich ohnehin schon überfälligen gemeinsamen Ausmisten des Spielzeugs des oder der Großen läuten wir offiziell die aktive Vorbereitungsphase ein, die Mamas Schwangerschaft in ein phänomenales Gemeinschaftserlebnis verwandelt. Endlich gibt es einen triftigen Grund, mit der gnadenlos kriminellen Kaltschnäuzigkeit eines Goldkette tragenden Haushaltsauflösers das Refugium des Sprösslings zu entern, zu scannen und völlig emotionslos auszuräumen. Gemeinsam fräst du mit deinem kleinen Knopf durch die Schränke und Regale und zockst wie Jörg Dräger zu seinen besten »Zonk«-Zeiten, um für Überblick, Erleichterung und Orientierung in den eigenen vier Wänden zu sorgen. Für alle. Die Top-Hits gehen ins Töpfchen, der unbenutzte Rest ins Kröpfchen. Doch Vorsicht! Wenn du tagsüber unter der Woche nicht zu Hause bist und nur am Wochenende miterleben darfst, mit welchen Utensilien sich dein Prachtbursche verlustiert, dann kann rücksichtsloses Aussortieren zu ungeahnten Ausschreitungen und

emotionalen, möglicherweise irreparablen Schäden führen. Deshalb solltest du dir im Vorfeld schon einen gewieften Überblick verschaffen, welches Gerümpel »in« und welches »out« ist. Bei grenzwertigen, diskussionswürdigen Teilen lass starke Argumente siegen oder rücke im Zweifel von der Entsorgung ab und schweige für immer. Um des Friedens willen. Ist das muntere Durchstöbern final abgeschlossen, wird recycelt: Überflüssiges wird eingelagert, weiterverschenkt, in die Flohmarktkiste gestopft oder tatsächlich vernichtet, und gut erhaltenes, für den sich im Landeanflug befindlichen Steppke passendes Spielzeug liebevoll in eine eigens dafür vorgesehene Kiste geräumt. Und das ist ein feierliches Event, kein liebloses In-die-Tonne-Kloppen, Umschichten oder Aus-den-Augen-aus-dem-Sinn-Räumen. Nein, das kannst du mit deinem Kind Stück für Stück auskosten. Einmal den Gegenstand mit einem Lappen oder Handtuch abputzen und sich dann gemeinsam an den intensiven Einsatz des Spielzeugs erinnern – dankbar und voll Wertschätzung heißt es Abschied nehmen: Was hat dieses Teil aus einem gemacht? Wo habt ihr es schon vergessen, weswegen ihr wieder zwanzig Minuten mit dem Auto zurückfahren musstet, oder in welchen Pfützen und Flüssigkeiten hat es gelegen, in welchen Öffnungen und Klos dieser Welt gar gesteckt – ein Spielzeug kann seine eigenen abenteuerlichen Geschichten erzählen, und oft sind wir erleichtert, diese niemals erfahren zu müssen und zu wissen, dass sie allmählich im Gedächtnis des Kindes in Vergessenheit geraten werden. Danach haltet für eine Sekunde inne und verstaut das ausgediente Spielzeug in der Schachtel. Man sieht sich ja spätestens bei Gebrauch durch den Neuzugang wieder. Aus der Reihe »Manipulieren, aber richtig« drängt sich psychologisch ein sanftes Lebewohl von der ehemals heiß geliebten Reliquie der Spielfreude auf, die noch mal ein Erwachsensein des Erstgeborenen in den Vordergrund stellt und ihm somit suggeriert, »zu groß« für dieses

Spielzeug zu sein. Dadurch fühlen sich die Kleinen auch gleich um 100 Zentimeter länger, und mit einem Mal ist die Nummer noch schneller abgehakt als gedacht!

Shopping

Die Erledigungen im Vorfeld zum zweiten Kind sind einen Hauch unglamouröser als die doch sehr umfangreichen Proben und Vorbereitungen zum Auftritt der Nummer eins. Eigentlich ist ja schon alles an Bord. Denkst du! Denn siedend heiß fällt dir ein, dass ihr zwar hochzufrieden und erleichtert, leider aber fahrlässig, naiv und unvorsichtig ganz vielen, euch bekannten und auch über dreizehn Ecken eher vollkommen unbekannten Menschen aus eurem Umfeld, darunter Freunde, Bekannte, Verwandte, Arbeitskollegen und seltsame Online-Game-Partner, sämtliche Requisiten geliehen, aber niemals wiedergesehen habt.

Darunter befinden sich solche existenziell notwendigen Annehmlichkeiten wie der Stubenwagen, der Maxi-Cosi oder das »Baby-Bay«. Nun ist der große Moment gekommen, entweder selbst oder per Moskau-Inkasso die Sachen zurück ins Nest zu holen. Sind die Leihgaben tröpfchenweise wieder eingetroffen, gibt es trotzdem noch ein paar dringende Anschaffungen, die wir geschmeidig im Vater-Kind-Doppelpack erledigen können, wie zum Beispiel neue Starter-Bodys und Strampler in Rosa oder Blau kaufen oder gemeinsam ein Kuscheltier für den Neuzugang aussuchen. Alles bereitgestellt? Dann lautet das nächste Projekt: Her- und Einrichten des Bettchens. Und fertig!

Coaching

Erlebt das »große« Kind den Schwangerschaftsprozess hautnah mit, stellen sich ihm zwangsläufig tausend Fragen, die beantwortet werden möchten. Wir stillten Romys Wissenshunger, indem wir

ihr von hochpädagogischen Instanzen empfohlene Bücher vorlasen oder erfundene Geschichten von unseren Geschwistern erzählten, wie sie damals angeblich mit der Geburt ihrer Schwester bzw. ihres Bruders umgingen. Hätte sie außerdem zu diesem Zeitpunkt nicht längst zwei »Annabell«-Babypuppen besessen, hätten wir ihr in diesem Rahmen feierlich eine übergeben, damit sie mit professionellem Material den Windelwechsel nachempfinden, das Füttern oder das Schlafenlegen üben kann, um auch im direkten Babyumgang vollends präpariert zu sein. Doch die Abläufe rund ums Baby waren ihr bereits sehr geläufig, sodass ich hier nur noch mit einer Veredelung des Equipments überzeugen konnte. Zu den sich im Spielzeugrepertoire befindlichen Puppen erhielt sie daher eine Wickeltasche (vom Flohmarkt) und eine Wickelkommode (leider nicht vom Flohmarkt). Auf diese Weise trainierte sie den Umgang mit einem Baby spielerisch, und gleichzeitig bereitete sie sich dadurch selbst auf den Einzug des Winzlings in den Haushalt vor. Das ist schlau und wird bei Mädchen gleichermaßen praktiziert wie bei Jungs.

First-Mover-Option

Wenn du aufgrund deines Austritts aus einer GmbH deine Gesellschaftsanteile veräußern möchtest, haben deine Mitgesellschafter möglicherweise eine »First-Mover-Option«. Du verpflichtest dich damit, ihnen bei deinem Ausscheiden die eigenen Anteile an der Firma als Erste zu offerieren, bevor du sie Dritten zum Kauf anbieten darfst. Nachdem deine Partnerin in naher Zukunft den hauptamtlichen, aktiven Dienst in der Erstkind-Betreuung niederlegen wird, bist du demnach der »First Mover«, der jetzt die Chance erhält nachzurücken. Deckst du nicht ohnehin schon Teile der Morgenschicht, wie zum Beispiel den Kindergartenbringdienst, die Frühstückszubereitung, den begehbaren Kleiderschrank und

Anziehhilfe in einem und das Zähneputzen ab, und besetzt kostbare Zeitflächen am Abend als Märchenonkel, Hofbarde, Ballerina mit behaarten Beinen und Multifunktionsspielesammlung, bietet sich dir spätestens mit dem zweiten Kind die Möglichkeit, all diese Aufgaben als das Schweizer Taschenmesser unter den Vatertypen zu verrichten. Deine Partnerin ist nämlich derweil mit dem Neuen vollständig absorbiert, sodass einfach vieles an dir hängen bleibt. Das macht die Tage herrlich lang, die Haare grau und verschafft Augenringe, niedlich wie bei Pandas.

Netzwerkerweiterung

Solltet ihr als Familie ein gänzlich abgeschottetes Dasein fristen, weil ihr im vollgekachelten Keller seltsame Rollen-, Auspeitsch- und Fesselspielchen mit Billardkugeln im Mund absolviert, schweigsame Sektenmitglieder seid oder andere verprellt, beleidigt, denunziert oder über den Tisch gezogen habt, tut ihr nun gut daran, nie besessenes oder verloren gegangenes Terrain zurückzuerobern und das (ausge)dünn(t)e Netzwerk zu erweitern. Auch diverse Ausraster, Prügel-Prinz-Attacken und Satansbraten-Tyranneien des eigenen Kindes lassen sich im Nachhinein nach außen gut als »Meilensteine der Persönlichkeitsentwicklung« verharmlosen, um langsam, aber sorgfältig eine Reintegration in eine Art Freundeskreis zu ermöglichen. Verdrängt dich »Mitesser Nummer zwei« erst mal mit kräftigem Zug von der amtlich gefüllten Brust und entzieht dir somit erneut das exklusive Zugriffsrecht, benötigt ihr dringend euch wohlgesonnene Einsatzkräfte, die den Erstgeborenen gelegentlich »adoptieren«, ihn zum Sport oder zum Spielplatz kutschieren, mit ihm mal einen Nachmittag lang spielen oder um ihn in den Zoo einzuladen. Auch eine Babysitterin, eine Kinderfrau oder ein Au-Pair lässt sich bis zu diesem Zeitpunkt schon gut installieren. Gibt es vielleicht nahe Verwandte, wie zum Beispiel

die Schwiegereltern, die euch aufgrund der langen Anfahrt nicht so oft besuchen, könnt ihr intensiv darüber nachdenken, ob ihr sie nicht in eure Gegend zwangsumsiedelt, damit sie euch dauerhaft unterstützen können.

Im Hinblick auf das ältere Kind ist ein funktionierendes Netzwerk jedenfalls wirklich Gold wert und erspart euch gerade in den Phasen, wenn ihr beide mit dem Neugeborenen sehr involviert seid, viel Stress.

Stabilität

Um deinen Erstgeborenen nicht völlig zu überfordern, konzentriert ihr euch zu Hause auf die Geburt und den Neuzugang, die damit einhergehende Veränderung im Tagesablauf und die Verschiebung von Prioritäten und Ansprechpartnern – einfach auf eure familiären Belange. Jetzt auszuwandern macht sich vielleicht für das Fernsehen gut, nicht jedoch für dein erstes Kind. Fällt die Geburt des Frischlings möglicherweise in eine Phase der beruflichen Veränderung bei dir, alles schön und gut, aber es wäre günstig, weiterhin alle Serviceleistungen und materiellen Sicherheiten bereitzustellen. Von einem Kindergartenwechsel ist in dieser Zeit auch abzusehen. Alles, was also zu der ohnehin schon riesigen Veränderung daheim hinzukommt, könnte für den kleinen, schon seit ein paar Jahren bei euch lebenden Racker eine Überforderung bedeuten und die zarte Seele belasten. Ich plädiere hier nicht dafür, euer Kind in Watte zu packen, denn man bekommt im Leben auch nicht immer den idealen Rückhalt. Hier will ich dir lediglich Lust auf Familienklausur machen und dich dafür sensibilisieren, diese Anfangsphase so gelassen wie nur möglich anzugehen.

Die erste Zeit mit Nummer zwei

Kinder erleben gerade die erste Zeit mit dem Neuling zu Hause als Verlusterfahrung. Sie sind unsicher in ihrer Reaktion auf das Geschwisterchen und müssen ihren neuen Platz innerhalb der Familie erst mal finden. Ihre Eltern sind in der ersten Phase mit dem Baby im Dauerstress, dazu oft sehr ungeduldig und weisen besonders in erzieherischen Belangen den Erstgeborenen gerne auf sein bereits »fortgeschrittenes« Alter hin: »Du bist doch jetzt der Große, dann sei auch vernünftig.«

Ganz unbewusst entwickeln die Eltern plötzlich eine Erwartungshaltung, der das Erstgeborene gar nicht gerecht werden kann. Das ist zwar gemein, kann aber passieren. Es ist eine Art patzige Aufforderung, allein klarzukommen. Und das von heute auf morgen. Welches Kind packt das schon, und vor allem: findet das auch gut? Es beginnt sich in der Folge nach alten Babytagen zu sehnen, als es selbst noch im Kinderwagen lag, gefüttert und gewickelt wurde. Es sieht, wie der Konkurrent auf Rosen gebettet, verehrt, beachtet, verhätschelt wird. Und das Tag und Nacht. Der Sack! Kein Wunder also, dass die Mehrzahl der großen Geschwister für eine begrenzte Phase wieder in die Babyphase zurückfällt, ebenfalls ein lauschiges Plätzchen an der immer noch nahrhaften Brust fordert oder gefüttert werden möchte, obwohl sie bereits mit Messer und Gabel essen kann.

Versuche, das »Babyspielchen« nicht bierernst, sondern humorvoll aufzunehmen, lehne es nicht ab, nimm an dem Rollenspiel teil, aber begrenze es auf eine kurze Zeit am Tag. Diese Phase zieht vorüber wie die Hautirritation nach der frischen Rasur deiner Bikinizone. Und wenn das die einzige Reaktion deines Kindes ist, dann Hut ab! Mitunter fällt die Reaktion auf die Ankunft des

Geschwisterkinds heftiger aus, mit Aggression, Geheule oder sogar Einnässen am Tag oder in der Nacht im Gefolge. Romy wartete zeitweise mit allen Symptomen bis aufs Einnässen auf. Dazu sei hier kurz angemerkt, dass im Alter von drei bis vier Jahren Pipiunfälle ohnehin öfter auf der Tagesordnung stehen. Selten am Tag, aber ab und an mal in der Nacht. Kein wirklicher Grund zur Sorge.

Doch Romy hatte noch mehr auf Lager. Sie ließ uns ständig ihr kräftiges Desinteresse an Hannas Person spüren, indem sie sie einfach rigoros ignorierte. Hanna war für sie schlicht nicht existent. Zusätzlich trat sie in den Laufstreik, was dann problematisch wurde, wenn keine menschliche Sänfte zur Verfügung stand. Zum Lesen kramte sie ausschließlich ihre alten, schon für Hanna bereitgestellten Babybücher wieder heraus und um etwas drastischer Aufmerksamkeit zu erregen, bemalte sie die bis dahin »heilige« rosa Ziertapete in ihrem Zimmer mit Buntstiften, was ungefähr so schwer wiegt, als sprühte ein Pastor Graffiti an seinen ausklappbaren Flügelaltar. Dann flutete sie regelmäßig mit der Genauigkeit eines Bademeisters unser Badezimmer, die Küche und ihr eigenes Zimmer, damit wir es mit vielen Handtüchern, Eimern und Lappen wieder trockenlegen durften, oder stieß extra lautes Räuspern oder Husten ab, wollte Hanna schlafen. Und auch der Sabotage-Klassiker durfte nicht fehlen: Alles, was Hanna gehörte oder ihr zugeordnet war, von der Kleidung bis zu den Kuscheltieren, verschwand auf wundersame Art und Weise, um sich irgendwann hinter Schränken, unter Betten oder in Ritzen wiederzufinden. Wäre es nicht unser eigenes Kind gewesen, hätten wir laut gesagt: »Was für ein Arschloch!« So haben wir es uns nur gedacht.

Wir hatten versucht, alle Parameter bei der Vorbereitung zu berücksichtigen, aber Romy, die große Unbekannte in der Gleichung, düpierte uns. Sie lehnte offenbar Hannas gleichberechtigten Zugriff auf ihre Mutter ab, blieb jedoch im direkten Umgang mit

Hanna stets friedlich. Folglich mussten wir uns nicht sorgen, wenn wir die beiden mal alleine in einem Raum lassen mussten. Wird dir aufgrund der Reaktion deines Kindes auf euer Baby mulmig, behalte lieber ein Auge drauf und verzichte auf das gesellige Beisammensein eines zerknirscht blickenden Ausbunds an Missgunst mit einem wehrlosen, völlig naiven Bündel Mensch.

Die wirksamste Methode, die schaurige Verwandlung seines Kindes zu ertragen, besteht aus einer eleganten Distanz zur Problematik und einem Stiefel voll Gelassenheit. Wie sonst auch! Würzt du diese Perspektive noch mit einer Prise Verständnis, dann bist du mental schon mal gut eingestellt. Konkret aber bist du gefordert, die Reiseroute deines Sprösslings zum Drecksack-Charakter zu mildern, vielleicht sogar sie umzuleiten. Das funktioniert jedoch nur über eine besondere Intensivbehandlung des Erstgeborenen.

Extra-XXXXXL-Aufmerksamkeit

Wie ihr es in der Testphase vor der Geburt Nummer zwei bereits durchexerziert habt, kommt jetzt dein großer Auftritt! Während deine Partnerin die Brandherde in der Altersstufe null bis drei Monate austritt, umgarnst du dein großes Kind mit ganz viel Liebe, der Extraportion Milch, Aufmerksamkeit und, ganz platt gesagt, schnöder Unterhaltung. Ja, jetzt könnt ihr regelrecht zu den Bonny und Clyde des Spielzimmers zusammenwachsen, zu einem Cluster der innigen Liebe verklumpen, der sich im ausgelassenen Freudentanz eines kleinen, großen hüpfballähnlichen Menschen widerspiegelt, wenn du von der Arbeit nach Hause kommst.

Dieses Sich-dem-Kind-Widmen ist allerdings lediglich der erste Schritt. Durch Ablenkung aus der Schusslinie der Mutter genommen, sind zwar ein bisschen Eifersucht und Kränkung gemildert, das reicht aber nicht! Nun folgt der zweite Streich: Räume auftun,

und zwar Freiräume ohne Baby. In denen kann sich deine Partnerin voll und ganz dem älteren Kind verschreiben.

Du siehst, es ist das Ziel, in dieser emotional sehr aufrührenden Anfangsphase wie gewohnt die Beständigkeit der Liebe von Mama und Papa unter Beweis zu stellen. Eine Art Liebes-»Care«-Paket-Versorgung startet.

Teilhabe

Des Volkes Neugier ist ungebremst! Alle wollen das zweite Prachtexemplar aus eurem Hause bestaunen können, es erleben, preisen und beschenken. Kündigt sich die Schar an »Babygaffern« an, erlaube dir freundlich, von den Besuchern ebenfalls ein Präsent für dein erstes Kind als Pflichtgabe zu fordern. Winken nämlich nur dem Kind in der Krippe Gold und Weihrauch, könnte das bei dem Kollegen, der im Gegensatz zum Bettlägerigen die Keule schon halten kann, zu einer dummen Übersprungshandlung führen. Keiner soll hier traurig und eifersüchtig sein, beide Herzen dürfen lachen – das ist die Regel. Das ältere Kind kann durch Besucherfragen zum Neuling unter den Aufmerksamkeitsschirm schlüpfen. »Wo ist denn dein Bruder?« oder »Wie heißt er denn?« oder »Und hat er dir auch was mitgebracht?« oder »Kannst du noch gut schlafen, oder ist das Baby sehr laut?« etc. Das macht die »Großen« mächtig stolz und schließt sie in das Geschehen mit ein.

Das Geschenk aus dem Bauch

Um direkt mit einem Eins zu Null ins Spiel zu starten, empfiehlt sich die Taktik »Geschenk aus dem Bauch«. Die Idee dahinter ist so einfach wie genial: Das Baby hat ein Geschenk »dabei«, das zufälligerweise exakt dem Wunsch entspricht, den das Erstgeborene seit Wochen täglich beschwört. Woher das Geschenk tatsächlich stammt, das ahnen nur die Erstgeborenen, die schon nicht mehr

an den Weihnachtsmann, den Osterhasen oder den Bundespräsidenten glauben. Der Rest nimmt's dankbar an und versieht die Geburt des Geschwisterchen gleich mit einem imaginären Häkchen dahinter, für »gute Erfahrung«.

Der Begrüßungskatalog als Gegengeschenk

In freudiger Erwartung und Ehrerbietung für den Nachfolger kannst du gemeinsam mit der Nummer eins einen Begrüßungskatalog für Nummer zwei erstellen, der liebevolle Zeichnungen und Fotos der buckligen Verwandtschaft enthält sowie selbst gemalte Bilder oder Skizzen von Kuscheltieren. Das selbst gebastelte Oeuvre erhält der Neuling als offiziellen Begrüßungscocktail seines Bruders oder seiner Schwester. Damit kann der Winzling natürlich noch nichts anfangen, aber das muss er auch nicht, steigert diese Idee doch eher die Vorfreude des Erstgeborenen auf einen potenziellen Spielgefährten und bezieht ihn eng in diese Phase mit ein.

Ritualtreue

Es lohnt sich, den bisherigen ritualisierten Alltag beizubehalten, darin jedoch großzügige »Ausrasterflächen« fest einzuplanen, in denen der Erste nicht angepasst und erzieherisch angemessen funktionieren muss, sondern die Möglichkeit hat, sich mit der neuen Konstellation anzufreunden und seine Verlustängste auszuleben. Lustlosigkeit, Traurigkeit oder Zorn und Widerstand sind keine Seltenheit in dieser Zeit. Rücksicht und Verständnis nehmen wir uns dafür vor und erlauben unserem Widder, die Wände hochzugehen. Er kriegt sich schon wieder ein. Interveniere nur, wenn die »Anfälle« deiner Meinung nach grenzwertig sind.

Laberrhabarber

Klar dreht sich alles um die Mannschaft und den Teamgeist, aber jeder einzelne Akteur muss auch und ebendeshalb Raum für Entfaltung und Feedback zugestanden bekommen. Gerade im Umgang mit dem ersten Sprössling bieten diese unzählige Einzelgespräche. Eine intensive Kommunikation ist und bleibt das Nonplusultra, das Schmiermittel im Familienbetrieb für die kommende Zeit und danach. Immer wieder mal kurz nachfragen, Gedanken verstehen, nachvollziehen, was das Kind umtreibt und mit ihm drüber reden, das schafft Achtsamkeit, Vertrauen, ein Miteinander. Dein Kind wird Vergleiche zum Baby ziehen wollen, aus unserer Sicht banale Dinge fragen, wie, ob es auch den Schnuller ablehnte oder sich den Brokkoli ins Ohr steckte. Mit einem gemeinsamen Blick ins Fotoalbum oder einem kleinen selbst gedrehten Video von früher kannst du angereichert um Erzählungen gleich visualisiert Belege aus der Vergangenheit auffahren, die nicht nur versöhnen, sondern auch zur weiteren Akzeptanz beitragen.

Engagement im Pflegeteam

Romy war festes Ensemblemitglied im täglichen Baby-Impro-Abwicklungstheater: Schnuller oder Fläschchen aus dem Vaporisator holen, Mütze auf Babykopf setzen, die Hand eincremen, Windeln, Feuchttücher, Wickelunterlagen aus dem Schrank zaubern, die Haare (mit einer sehr weichen Bürste) kämmen oder auch mal ein bisschen Brei füttern – für sie alles machbare Aufgaben, deren Erledigung sie mit Verantwortungsgefühl und Stolz erfüllte. »Ich bin die große Schwester«, leuchtete da aus ihren Augen – tadaaahh! Wir mussten gleichzeitig aber auch immer ein Auge auf sie haben, damit sie nicht vor lauter Selbstbewusstsein komplett durchdrehte, wie damals, als sie Hanna hinstellte, obwohl diese nicht einmal sitzen konnte oder sie im Vierfüßlerstand von hinten

wie eine Lokomotive anschob und Hanna aufs Gesicht fiel. Romy ist von Natur aus der Typ, der gerne in Arbeitsabläufe involviert wird. Folglich mussten wir sie nicht nötigen, uns zur Hand zu gehen. Ist dein Kind eher eine Verpisser-Natur, ist auch das völlig in Ordnung, dann kannst du ihm das Baby-Zeitarbeitspaket nur schmackhaft offerieren, sein Interesse wecken und abwarten, was passiert.

Ein Erwachsener, zwei müde Kinder

Es wird etliche Abende geben, an denen ihr euch beim Zubettbringen der Kinder nicht unterstützen könnt. Ich kündige meiner Frau heute noch täglich nachmittags an, ob ich pünktlich abends zu Hause sein werde oder nicht. Wenn ich das Gefühl habe, meine Frau pfeift wegen eines extrem betreuungsintensiven Tages auf dem letzten Loch und braucht dringend Unterstützung, breche ich auch mal meine Arbeit ab und verlege sie in den Abend, nachdem die Kinder im Bett sind. Als Selbstständiger ist das gut möglich.

Wenn auch du so flexibel bist oder dein Arbeitgeber es dir ermöglicht, ist diese Freiheit für euer Familienklima ideal.

Wenn ich dennoch aus verschiedenen Gründen mal nicht mit dabei sein kann, bringt meine Frau Hanna ins Bett, während Romy entweder eine Kindersendung auf DVD sehen oder ein Hörspiel hören darf.

Mitternachtsjoggen

Weil es zum Basis-»Remmidemmi« nun mit dem nächsten Lebewesen den »Krawallzuschlag« gibt, fällt es vielen schwer, in der spärlichen bis nicht vorhandenen Freizeit noch Sport zu treiben. Bequemer sind da allemal Rotwein, Zartbitterschokolade und DVD gucken. Einmal abschalten, für sich sein, ruhen und entspannen. Diese Bedürfnisse sind auch mehr als berechtigt.

Natürlich kostet es ziemlich viel Überwindung und Kraft, sich gerade in der Anfangszeit zu viert körperlich zu mobilisieren. Oft ist es abends zu spät, oder die Nacht war zu kurz, der neue Rhythmus, die Arbeit, alles wie immer viel und gleichzeitig. Doch vielleicht tut sich ab und zu mal eine Lücke auf, und du wagst einen Mitternachtslauf, weil du wider Erwarten noch wach bist und Gedanken im Kopf kreisen. Oder du stellst dir den Wecker früher und treibst Sport. Die Bewegung, die Luft, die Geräusche der Natur, das Schwitzen, der Einklang von Körper und Geist – das tut dir gut, weckt deine Lebensgeister und sorgt für Ausgeglichenheit und Endorphine!

Buchtipps

In der Prä-Hanna-Phase haben wir mit Romy geburtsvorbereitende Bücher gelesen, die sich mit dem Baby im Bauch der Mutter, der Zeit nach der Geburt und dem neuen Geschwisterchen im Alltag auseinandersetzen und die großen Kleinen für das Thema sensibilisieren. Sie war begeistert davon. Am besten gehst du mal in eine Buchhandlung und lässt dir Werke mit dieser Thematik empfehlen, wie zum Beispiel *Wir sind jetzt vier!* von Sabine Cuno, aus der Reihe »Wieso? Weshalb? Warum? Junior« *Das Baby* oder von Gunilla Hansson *Ein Baby für uns alle!*.

Umgang mit Eifersucht

Nicht jedes Erstgeborene tobt vor Freude, ist der Bruder oder die Schwester erst da. Es weiß noch nicht mit der neuen Situation umzugehen und reagiert vielleicht eifersüchtig. Wie kannst du dich verhalten, nimmst du leiseste Anzeichen wahr?

Baby-Drücken

Drückt, boxt oder knufft dein »klitschkoeskes« Erstkind das Baby, schmeiße das Handtuch in den Ring und trenne die beiden voneinander. Selbst wenn keine Aggression im Spiel war, sondern »nur« ein aus Neugier motiviertes Doktorspiel stattgefunden hat, um die Reaktion des Babys zu prüfen, erkläre dem Älteren die möglichen Konsequenzen und die Gefahr von Verletzungen. Grenzen setzen ist wichtig. Mit dem Ertönen der Glocke geht's dann in die nächste Runde. Und jetzt behältst du die Nasen lieber im Blick.

Baby-Gucken

Reagiert dein großes Kind beim ersten Babybesuch im Krankenhaus eher ignorant auf seine Mutter, versucht diese Enttäuschung zu akzeptieren und gebt ihm ein paar Tage Zeit, die neue Situation zu verstehen und zu verarbeiten. Wer sieht schon gerne seine eigene Mutter mit einem fremden Baby im Bett? Würdest nicht auch du sparsam wie ein Eichhörnchen in die leere Walnuss gucken, wenn du deine Partnerin mit ihrer besten Freundin ertappst, dem transsexuellen DHL-Boten oder eurem Berner Sennenhund? Das muss doch erst mal sacken. Kleiner Tipp: Legt das Baby beim ersten Besuch in ein vom mütterlichen getrenntes Beistellbettchen. Diese Trennung gibt dem großen Kind die Möglichkeit, allein der Mutter nahezukommen.

Baby-Interesse

Du musst dem Erstgeborenen das Zweitgeborene nicht schönreden. Spar dir lieber die Energie. Soll er den Kollegen komplett bekloppt, langweilig oder als störend empfinden, der Wind dreht sich spätestens, wenn nach eineinhalb Jahren aus der kleinen Raupe ein ansehnlicher Schmetterling wird. Dann wird's täglich spannender und dein Masterplan, mehr Zeit mit deiner Partne-

rin zur Verfügung zu haben, weil die zwei miteinander spielen, geht auf.

Geschwister: Die unfreiwillige Kinder-Selbsthilfegruppe

Geschwister sind prädestiniert, echte Teamplayer zu werden, Menschen, für die Kooperation ein Genussmittel und kein Parasitenvernichter ist. Zudem verfügen sie über ein höheres Maß an Durchsetzungsvermögen; hier zahlt sich das ständige »Sparring« mit dem Geschwisterchen aus, wenn es darum geht, die eigenen Interessen irgendwie durchzusetzen. Diese Hindernisbahn des Sozialverhaltens ist erstens intensiver und zweitens von einer besonderen Qualität und damit den Auseinandersetzungen des Kindes mit einem Freund oder einer Freundin überlegen, mit denen das Kind darüber hinaus ohnehin noch nicht besonders viel Zeit verbringt. Beim Geschwisterfight hält nämlich das Familienleben als Hort und Plattform der Streitigkeiten her, und abseits vom Konfliktausgang, ob durch Konsens, Dissens oder Schlichtung durch Dritte, stärkt das Aneinanderreiben die Familienzusammengehörigkeit und lässt die noch kleinen Wesen das Zusammenleben in all seinen Facetten üben. Eine gute Schule für das weitere Leben also. Im Gegensatz zur Verweichlichung, zu der Einzelkinder und auch manche Erstgeborene neigen. Da sie jahrelang bzw. ausschließlich im Mittelpunkt standen, umgarnt und umsorgt durch die unsicheren Eltern, brauchen sie in schwierigen Phasen und Grenzsituationen eher Unterstützung und Zuwendung als die hartgesottenen Zweiten, die wie ein Apache einen Marathon mit einem Schluck Wasser im Mund absolvieren können, ohne ihn hinunterzuschlucken. Sie sind es gewohnt, dass erst nach dem dritten inbrünstigen Schreianfall irgendwann eine Gestalt

an der Bettkante auftaucht, die einen aus der vollgemüffelten Windel oder einem Body bis zur Halskrause voll mit Kot befreit. Prompt ist was anderes! Zweitkinder sind ergo entspannter.

Einzelkinder sind den Geschwisterkindern in der Entwicklung sowohl physisch als auch psychisch gleichgestellt, stehen demnach auch irgendwann mit beiden Beinen im Leben, ebenso wie die Kinderduos dieser Welt. Solokinder werden außerdem häufig intellektuell intensiver gefördert als beispielsweise Kinder aus XXL-Familien, die Scripted-Reality-Dokus für RTL2 über sich drehen lassen müssen. Es liegt aber auch auf der Hand: Je mehr Orgelpfeifen, desto weniger Zeit für das Individuum.

Das hat auch Folgen für den Wortschatz, der definitiv ärmer ist als das Wortgesprudel der Einzel- oder Zweifachkinder.

In Familien mit zwei Kindern helfen häufig die Großen den Kleinen bei den Schulaufgaben, aber auch in allen anderen möglichen Lebensbereichen, wie in der Freizeit beim Budenbauen, Handarbeiten, Uhrzeitlesen, später dann beim Mädchen- oder Jungs-Kennenlernen, Partys-Feiern etc. Der Erste macht's vor, der Zweite nach. Durch den Vorführeffekt entsteht ein viel angenehmeres Lernen für das Zweitkind, und wer selbst mit Geschwistern aufgewachsen ist, weiß, bei all dem Hauen und Stechen – das ist es wirklich wert!

Die Aussichten mit den zweien

Schwester vs. Schwester, Bruder vs. Bruder oder Bruder vs. Schwester – Konflikte sind vorprogrammiert. Geht gar nicht anders. Mit dem Ende des ersten Lebensjahrs des Jüngeren ist aus dem alles vertilgenden Klops ein munterer und beweglicher Haudegen und ansehnlicher Spielgefährte für die Nummer eins erwachsen.

Eigentlich! Doch nur weil der flinke Windelträger keinen Bock mehr auf sein Nichtschwimmerbecken hat, erlaubt ihm dieser Umstand noch nicht, jegliche Spielansätze des Großen zu sabotieren und sich überall mit einzuladen. Mitspielattacken von »Klein« ärgern »Groß« sehr und werden abgewehrt. Mitunter handgreiflich. Romy zieht Hanna einfach weg, setzt sie sich mitten im Spiel auf eine ihrer Puppen wie J.Lo mit ihrem Gesäß auf einen Fruchtzwerg. In einem anderen Angriffsversuch entwendet Hanna Romy exakt das Spielzeug, mit dem sie gerade glücklich und zufrieden spielt. Ein Eklat mit Schreien, Schluchzen und Schubsen. Bin ich Teil des Spiels, schiebe ich Hanna sanft zur Seite und erläutere ihr die Verteilung der Besitztümer. Geht es andersherum, dreht Romy durch.

Und wieder mal sind Geduld, Verständnis und eine gezielte Ansprache zu den Spielregeln erforderlich, mit denen diese immer wiederkehrenden Spannungen entschärft werden können. Allmählich entdeckt meine Große in Hanna einen potenziellen Spielkollegen, mit dem sie sich dann schon mal für zwanzig Minuten am Stück zurückzieht. Diese Lösung ist unser verdienter Lohn. Die zwei haben sich, und meine Frau und ich haben uns (wieder). Diese Ideen hatten wir schließlich auch im Auge, als wir uns für zwei Kinder entschieden haben. Wie bereits bemerkt, profitieren die Kinder intensiv voneinander. Das erstgeborene goutiert die Entwicklung des zweitgeborenen fürstlich mit dessen gnädiger Einbindung ins Spiel und nimmt sich seiner in Sachen Fortbildung und Schutz an. Gerne wirken die Großen dabei gelegentlich wie altkluge Eltern, weil sie vieles von ebenjenen in Sprache und Mimik nachahmen. Es ist zum Brüllen! Konflikte um die Vorherrschaft in puncto Aufmerksamkeit von deiner Seite und der deiner Partnerin aus wird es auch mit zunehmendem Alter der Kinder immer mal wieder geben. Eifersucht ist ebenfalls ein Dauerbrenner. Des-

halb halte den Ball lieber flach, lass dich nicht vor den Karren des jeweiligen Kindes spannen, sondern sieh jedes Kind für sich und lobe es für sein Tun, für seine Stärken. Vergleiche sind indes eher kontraproduktiv. Und sollten sich Bimmel und Bommel mal gegen dich oder euch verschwören, freu dich darüber, statt sauer zu sein. Hier wird gerade feierlich der Grundstein für eine enge Geschwisterbindung und -liebe gelegt, die vielleicht ein Leben lang hält. Und wir wissen ja: Blut ist dicker als Wasser!

Die Entwicklung deines Kindes

Auf in die nächste Spielrunde!

Wir müssen uns nichts vormachen – dein Spross ist längst auf der Welt, die gröbsten Abläufe im Alltag mit der dir zum Verwechseln ähnlichen Miniausgabe deiner selbst sind dir, soweit es geht, in Blut und Knochen übergegangen, deine Amtsgeschäfte hast du bereits wieder aufgenommen und eine regelmäßige, wenn auch nicht mehr so ausufernde Bettruhe ist auch wieder möglich. Der Nebel lichtet sich, der Alltag versucht zaghaft wieder im Rhythmus zu klatschen und ein bisschen was von dem Leben zuvor, ohne Kind, durchschimmern zu lassen. Du warst zwischenzeitlich schon ein paar Mal mit deiner Partnerin am Abend aus, Party, Hochzeit, Kino, Grillen etc., dank Schwiegermutter oder Babysitter, und selbst der Urlaub auf Malle ist allmählich wieder vorstellbar.

Ein bisschen klingt das wie: Der »Krieg« ist vorbei. Die Situation normalisiert sich, wir gehen wieder zur Tagesordnung über. Die Lage – du hast sie im Griff. Die Säuglingsphase ist somit ad acta gelegt, und es beginnt die Kleinkindphase.

Herzlichen Glückwunsch!

Wie üblich bleibt eben nichts für immer und ewig gleich. Das Leben hält, vor allem wenn es noch so jung ist wie dein Kind, immer wieder großartige Überraschungen parat. Aus unserem bisherigen »Pflegefall«, der ja ohne Hilfe völlig aufgeschmissen gewesen wäre, wird nun ein echter Mensch, der vor allem nach einem strebt, nämlich nach Selbstständigkeit, getreu der Devise: Was du kannst, kann ich auch.

Hat deine kleinere Hälfte all die Monate geschwiegen wie Helmut Kohl zu den »schwarzen Kassen«, nun wird sie bald sprechen. Vermochte sie zuerst nur mit deiner Hilfe zu sitzen, dann schaffte sie es alleine wie Buddha unterm Baum, wird sie alsbald kriechen, krabbeln, stehen, gehen. Musstest du den kleinen Scheunendrescher ständig füttern, will er jetzt selbst im Gladiatorenstil mit Löffel und Gabel antreten und den Brei wie Kamelle durch die Küche donnern.

Kurz: Dein Kind will mehr, will höher, will weiter! Und du kannst es dabei nicht aufhalten oder sein Tempo drosseln. Das Energiepaket gibt den Takt vor, wenn es sich von einer Raupe in einen Schmetterling verwandelt.

Die wichtigsten Spielregeln

In Zeiten großer Unsicherheit, ob finanziell, beruflich, astrologisch oder im Umgang mit dem eigenen Kind, will ich dir noch einmal liebevoll eintrichtern, dass jedes Kind seinen eigenen individuellen Anlauf nimmt, um Laufen, Sprechen oder andere Fähigkeiten zu erlernen. Die Universalklausel: »Jedes Kind ist anders«, nach dem alles vernichtenden Erfolg des Vorgängers »Jede Schwangerschaft ist anders«, hat an Kraft und Gültigkeit nicht verloren, denn jedes Kind hat dank seiner Ahnen andere Anlagen, Macken und Stärken, die hier natürlich zum Tragen kommen.

Folglich kann der eine flott reden, der andere lernt früher zu laufen, und wieder ein anderer ist in beidem ganz schnell oder ganz lahm oder zieht gleich mit einer Professur an der Uni Tübingen allen anderen davon. Trotz deiner vollendeten Weisheit und deiner beinah königlichen Attribute kannst du auf diesem Terrain weder etwas erzwingen noch den Turbo im Kind anwerfen – hier heißt es

hinten anstellen wie jeder andere auch. Doch du musst auch nicht tatenlos danebensitzen und die kostbaren Euros zählen, die der persönliche Kalligrafie-Trainer deines Kindes pro Unterrichtsstunde veranschlagt, auf dass es schon in frühen Lebensjahren mehr kann als alle anderen. Wie es beispielsweise bei Segelvereinen eine aktive und eine passive Mitgliedschaft gibt, können wir Väter im Vorzeigegewässer unserer Rolle bewusst »passiv« glänzen. Passiv bedeutet in diesem Fall, einfach anwesend zu sein, ohne sich immer einzumischen und sein Kind vorm Fallen zu bewahren. Eine sehr dankbare und für Väter schnell beherrschbare Aufgabe. Der persönliche Aufwand ist gering und liegt vor allem im mehr oder weniger geduldigen Zeithaben, Wartenkönnen und im Formulieren von schlauen, die Motivation anfachenden Kommentaren, wie »Übung macht den Meister«, »Nur die Harten kommen in den Garten« oder »Ein Indianer kennt keinen Schmerz«.

So sollte dein Abkömmling also viel Raum gewährt bekommen, um sich zu erproben, sich entfalten und verwirklichen zu können, kräftig Erfahrungen sammeln eingeschlossen. Alles, was der Amateur einigermaßen auf dem Kasten hat, wird von dir bitte schön lobend erwähnt, doch auch Aufmunterungen nach kläglichem Scheitern oder Durchhalteparolen bei Stagnation werden gerne gehört und sind der Entwicklung zuträglich. Damit bist du nun in die wichtigsten Spielregeln eingeweiht, die irgendwie nicht wie solche klingen, es aber trotzdem sind.

Entwicklungsbasics

Dein Kind ist die Backmischung aus dir und deiner Partnerin und dem gesamten Erbanlagenbrei von Oma, Opa und wiederum deren Vorfahren. Wie ein Smartphone über Standard-Apps verfügt, weist auch dein Kind diese von Herstellerseite automatisch integrierten Programme auf, und das sind in unserem Fall die geistigen, körperlichen und seelischen Veranlagungen. Mit diesen Basiseinstellungen bastelt die kleine Krönung deiner persönlichen Schöpfung nun an seinen Kenntnissen und seinen Fähigkeiten. Das Ganze beruht auf einer Art Drei-Säulen-System, welches aus dem biologischen Wachstum des Nervensystems, den dem Alter entsprechenden Impulsen von außen und den eigenen Erfahrungen, die gesammelt werden, besteht.

Haben wir uns etwas Neues wie ein paar schicke Schuhe oder einen Motorroller gekauft, wollen wir das Teil natürlich so schnell wie möglich aus- oder anprobieren. So geht es unseren Kindern auch. Verfügen sie von einem Moment auf den anderen über eine neue Funktion in ihrem persönlichen »Dashboard«, möchten sie sie prompt anwenden, um sich darin zu verbessern, aber auch, um das erhabene Gefühl auszukosten, es einfach zu können.

Instinktiv sucht das Kind daher ständig unterschiedliche Situationen auf und lechzt nach Erfahrungen, es will die neu erworbenen Fähigkeiten testen, sie sozusagen im Praxistest anwenden. Das ist einerseits total niedlich und herrlich mitzuerleben, oft auch ungewollt komisch, andererseits aber auch total nervig, wenn sie die neue Funktion, zum Beispiel Gegenstände tragen, eben noch sehr dilettantisch ausüben und neben dem Marmeladenglas auch die Fernbedienung und die Brille mit dran glauben müssen. Doch wie weit die kleinen Quirle das Spiel treiben, hängt von der individuellen Neugier ab.

Diese nämlich ist das Brennholz der kindlichen Entwicklung. Kreuzneugierig wollen sie wissen, warum die Bauarbeiter ihren Bagger über Nacht auf der Baustelle einfach so stehen lassen, Mama nicht ans Telefon gehen will, wenn der Tennistrainer anruft oder Papa sein iPad mit aufs Klo nimmt. Sie möchten Funktionsweisen verstehen, beobachten, was in die Maschine hineingeworfen wird und am Ende wieder herauskommt. Der Wissensdurst ist allerdings kein Selbstläufer, sondern wird stark vom aktuellen Entwicklungsstand deines kleinen Lernroboters beeinflusst und von den Fähigkeiten, die er aktuell im Trainingsmodus ausprobiert. Solltest du nicht so recht auf dem Schirm haben, was dein wissbegieriges Knäuel Leben brennend interessiert, hier ein kleiner Tipp: Das sind all die Beschäftigungen, denen es unglaublich konzentriert und zeitintensiv nachgeht, wie zum Beispiel: aufgerollte Kabel auseinanderziehen und sich um den Hals hängen, Erde aus frisch aufbereiteten Blumenbeeten mit einer Schaufel hinausbefördern und ganz meditativ auf dem gefegten Terrassenboden verteilen, mit einem Lieblingsspielzeug eine ganze Tageszeit verbringen, ein Buch lesen, treten, zerreißen, Steine stapeln, Muscheln reinigen, bürsten und katalogisieren oder aus Walnussschalen kleine Galeeren basteln etc.

Die heranwachsenden Wesen sind in der Tat eine Art »Extremtester«. Sie kennen kein Pardon, geht es darum, die Ideen, den Sinn und die Funktionsweisen von Gegenständen bis ins letzte Detail zu ermitteln. Dabei gehen sie recht sportlich und beharrlich ans Werk, drehen, wenden, klopfen, schlagen und schütteln ihr »Gerät«, bis die persönliche Schmerz- und die natürliche Haltbarkeitsgrenze des Teils erreicht oder überschritten ist. Erwachsene greifen auf Erfahrungen zurück, um Dinge einzuschätzen und fördern nur dann neue Funktionen von Gegenständen zutage, wenn sie diese einem cholerischen Anfall aussetzen – Kinder gehen immer ans Limit und

finden, lediglich vom Instinkt getrieben, somit die schmerzlich vermissten Antworten auf ihre Fragen. Manchmal benötigen sie dafür x Versuche, erleben zig Rückschläge, doch am Ende finden sie den entscheidenden Dreh. Dann sind sie total glücklich und stolz und bieten dir einen Grund, dich kräftig mitzufreuen. Das solltest du übrigens immer tun, wenn dein Kind in alter Sherlock-Manier etwas entdeckt oder etwas Neues gelernt hat. So kannst du gleich den Samen des Optimismus in ihm pflanzen und das Vertrauen in die eigenen Fähigkeiten stärken.

Wie siehst du denn aus? Körperliche Entwicklung bis zur Einschulung

Es gibt Kinder, die sehen schon mit zwei Jahren aus wie Erwachsene, nur eben so, als wären sie bei 90 Grad gewaschen worden. Würden sie in einem Restaurant zu einem an den Tisch kommen und nach dem Autoschlüssel fragen, weil sie schon mal nach Hause düsen wollen, um die kleine Perle, die daneben steht, zu vernaschen, gäbe es kein Zögern bei der Herausgabe des Schlüssels. Das sind Ausnahmen. Oder die Eltern haben derart stark ausgeprägte Gesichtszüge, dass kein Babyspeck es gewagt hat, diese scharfen Konturen zu mildern. Die Birne wird dann mit dem Erreichen des Kleinkindalters »entfleischt«. Musste man zuvor monatelang bangen, das Kind habe einen Wasserkopf oder versehentlich eine Wassermelone mit dem Strohhalm aufgesogen, macht sich allmählich Erleichterung breit, denn die Rübe wächst jetzt nicht mehr schneller als der Körper. Das Verhältnis spielt sich auf ein Fünftel zu vier Fünftel ein. Zur Erinnerung: Bei der Geburt betrug der Anteil ein Viertel zu drei Viertel. Nur noch einen Zentimeter wächst der Kopfumfang im Kleinkindalter, dann ist auch die »Turmspitze«

Das körperliche Wachstum

Wie groß wird der Eumel eigentlich, wenn er ausgewachsen vor mir steht?
Wird er oder sie später mit mir auf Augenhöhe sein oder eher in Richtung Dustin Hofmann bzw. Uma Thurman tendieren? Schluss mit schnöden Spekulationen, es gibt eine schlaue Faustformel zur Schätzung der erwarteten »Endgröße« von Kindern. Diese ausgetüftelte Schätzmethode für Esoteriker, Scheinheilige und Echtzeit-Väter legt die Größe der Eltern und den biologischen Durchschnittsunterschied zwischen Männern und Frauen von 12 bis 13 Zentimetern zugrunde. Und so sieht sie aus:

Beim Mädchen
Vater: 190 cm
Mutter: 175 cm
Rechnung: 190 + 175 : 2 – 6
Töchterchen wird etwa 176,5 cm groß.

Beim Jungen
Vater: 190 cm
Mutter: 175 cm
Rechnung: 190 + 175 : 2 + 6
Sohnemann wird 188,5 cm groß.

fertig. Mit Ende zwei ist übrigens die Fontanelle mit Knochenmasse gefüllt und somit die Dachluke dicht.

Was bei den bereits eingangs erwähnten eingelaufenen Erwachsenen schon früher der Fall ist, passiert dann: Nach und nach wer-

den die Gesichtskonturen klarer, die Fratzen großflächiger, reifer. Das dauert natürlich Jahre. Arme und Beine werden staksig lang, wachsen aber recht fix, die Proportionen verschieben sich erneut, das Kind wirkt langgestreckter, und der Gleichgewichtspunkt rückt weiter nach unten, weshalb es immer sicherer in der Koordination und Bewegung wird.

Mit vier Jahren kannst du schon ein bisschen was von deinen Erbanlagen in deinem Kind erspähen: Körperbau und Konstitution schimmern in Ansätzen durch. Die Muskeln wachsen, das Gewicht steigt und von der Belastbarkeit über Kraft, Temperament bis hin zur Gesundheit, da ist ’ne Menge Papa drin, wie du sehen wirst. Mit fünf Jahren wollen wir unseren Augen nicht mehr trauen: Aus der Raupe hat sich die erste Schmetterlingsstufe entwickelt, und nun mag es Kommentare hageln wie »Deine Tochter gleicht dir ja wie aus dem Gesicht geschnitten« oder »Mein Gott, hat dein Sohn ein Glück – er sieht aus wie seine Mutter!«. Wenn er nicht aufgrund von Vererbung noch ein bisschen länger dranbleibt, ist der weichzeichnende Speck aus dem Gesicht verschwunden und die Worte, die gewählt, die Blicke, die zurückgesandt werden oder das Verhalten, das die kleinen Großen nun an den Tag legen, lässt einen noch mal verwirrt im Reisepass nachsehen, wie alt das Kind wirklich ist. Viele Gesten und die Mimik erinnern an einen der Elternteile, und ein wenig Schulgeruch umweht die Kleinen auch schon, spätestens wenn einer der Zähne vorne fehlt. Hier hat einer seinen Ranzen gepackt, um sich noch ein kleines Stück weiter von zu Hause zu entfernen.

Mit verbesserten Körperfunktionen wächst in unseren Kindern der Bewegungsdrang. Keine Sorge, die Würmer sind enorme menschliche Springbälle, deren Körper aufgrund des größer werdenden Portfolios an Qualitäten immer stärker belastet werden können, sodass die Leistungsfähigkeit zwangsläufig gestei-

gert wird. »Kraftwerk« hierzu ist das Herz-Kreislauf-System, das vor allem durch viel Action auf Trab gehalten wird. Und ordentlich Tamtam macht wiederum fette Muckis, die bei Kindern aber nicht so mächtig und definiert im Öl glänzen wie zum Beispiel bei dir rechtzeitig zur Freibadsaison. Außerdem scheinen die Kinder den Begriff »Gummimensch« geradezu erfunden zu haben – das ganze Gehüpfe, Geklettere und Gelaufe schenkt ihnen eine schier unglaubliche Gelenkigkeit, die selbst Stürze von Klettergerüsten meistens glimpflich ausgehen lässt.

Die Macht der Nachahmung

Das Nonplusultra der Freizeitbeschäftigung unserer kleinen Herrscher über uns ist die Nachahmung. Wie wir telefonieren, wie wir reden, wie wir sitzen, dass wir am Computer sitzen und dass wir überhaupt am Computer sitzen – alles scheint so dermaßen spannend zu sein, dass wir sie permanent dabei ertappen, es uns nachzutun. Ein naturgegebener Impuls, dem sie folgen, selbst wenn sie unsere Handlungen gar nicht verstehen. So ahmen sie uns in Wort und Betonung nach, wenn wir am Telefon sprechen oder möchten plötzlich auch spülen oder abtrocknen, nur, weil wir es gerade tun. Es ist ihre Art zu lernen, sich etwas anzueignen, das sie interessiert. Ob bei der Anwendung bestimmter Gegenstände oder dem Ausdrücken von Gefühlen, ob es um Lösungen banaler Alltagsprobleme, wie »Wo ist der nächste Altpapiercontainer?« geht oder das Gelingen oder Misslingen des Zusammenlebens von Menschen und deren Umgang mit Ablehnung oder Zustimmung. Im Spiel lassen sie Puppen oder Stofftiere erlebte Situationen nachsprechen, stellen diese mit Playmobilfiguren nach oder kopieren einfach unsere Handlung parallel zu uns. Romy liebt Rollenspiele, und völlig

unzufällig haben ihre Puppen oder Kuscheltiere oft dieselben Pläne, Aufgaben oder Projekte, wie wir sie zu Hause auf dem Zettel stehen haben. Sie suchen zum Beispiel eine neue Wohnung, müssen zum Zahnarzt, oder ihre Mama ist krank, und der Papa muss alles alleine stemmen. Romy telefoniert auch ständig mit ihren Stofffreunden, denen sie dann irgendeinen nicht nachvollziehbaren Käse erzählt, geht es ihr doch nur darum, die Handlung als solche zu kopieren und sie mit einer Verabredung zu beenden.

Auch im Spiel mit anderen schult dein Kind sein Sozialverhalten. Es lernt in direkten Eins-zu-eins-Situationen, ob seine Aktion oder Reaktion punktet oder eher floppt, es der Super-Geburtstagsgast oder der Stinkstiefel des Jahrtausends ist. Deshalb lass es so oft wie möglich mit anderen spielen.

Gegenständliches können sie hingegen schlecht durch Nachahmung verstehen, oder hat dein Kind schon mal Brille, Kopfhörer oder Raspel gespielt? Also greifen sie hier zum guten alten Ausprobieren als Maßnahme und nehmen dabei unwissentlich in Kauf, dass das Teil auch durchaus kaputtgehen kann. Überhaupt besteht der andere Teil des spielerischen Lernens aus Austesten bzw. Learning by doing. Das kann mitunter sehr schmerzhaft sein, verfolgen die Kinder erfolgreich das Trial-and-error-Prinzip. In der nächsten Stufe folgen dann die Fragen und das Erforschen von Ursache und Wirkung. Jetzt ist der kleine Mensch von seiner Umwelt und den Dingen so fasziniert, dass er einen mindestens bis zur Einschulung ordentlich mit Fragen nach allem Möglichen löchert und sein Lernwillen sich ganz unvermittelt zeigt.

Die Lobmaschine

Kinder hören bereits den echten »Soul« aus unserer Stimme heraus, nämlich im Fall eines Lobes ihrer Taten. Ob unsere Worte sich dabei nur der Standardfloskeln bedienen, wie z.B. »Boah, das hast du aber super/toll/klasse gemacht« oder du wirklich regelrecht benommen vor Ehrfurcht und Respekt dem kreativen Geist deines Kindes gegenüberstehst, nehmen die Feinsensoren der Feingeister sehr wohl wahr. Nun ist es aber in der Realität oft der Fall, dass wir halbfertige, völlig stümperhafte Kunstwerke vorgelegt bekommen, die wir gefälligst toll zu finden haben. Kein Problem! Im Allgemeinen lohnt sich die Methode »Restaurant«:

»Soweit geschmeckt?« – kurze und knappe Antwort: »Ja«.

Selbst, wenn es wie Gülle geschmeckt hat, winken wir die Frage innerlich durch und nehmen uns vor, das nächste Mal sowieso nicht mehr dort zu speisen. Unserem Kind geben wir auch das Gefühl, dass seine Arbeit gelungen sei, widmen uns dann aber den Details, die wir für wirklich gut erachten und betonen diese, wie zum Beispiel »Mensch, der Drache sieht wirklich böse aus. Und der speit ja sogar Feuer! Toll!«. Durch das Benennen von Details nehmen die kleinen Racker dein Lob für bare Münze, und das wiederum steigert ihr Selbstvertrauen. Zu viel Lob ist der Sache indes abträglich. Haben die Minimeister das Gefühl, für jeden Furz über den grünen Klee gelobt oder vom familiären Feuilleton in den Himmel geschrieben zu werden, ist das dem Vertrauen in ihre Fähigkeiten abträglich. Konzentrier dich also lieber darauf, dein Kind in dem zu unterstützen, was es schon kann oder ausprobieren will. Erhält es von dir diese Beachtung, machst du alles komplett richtig, und die Winzlinge ergießen sich in künstlerische und handwerkliche Momente, die dich begeistern werden. Und die vor allem bleibenden Charakter haben.

Motorik

Der Walk

Der erste Walk ist ein Meilenstein in der körperlichen Entwicklung eines jeden Kindes. Damit ist das Tor mit einem Mal weit aufgestoßen, um die Welt zu beschreiten und noch ein Stück selbstständiger zu sein. Gelernt haben sie es ganz ohne Hilfe von Laufstegtrainer Jorge Gonzales von »Germanys Next Top-Model«. Sie feilten allein daran: erst aufsetzen, dann rollen, kriechen, krabbeln, hochziehen, stehen und schließlich gehen!

Manche gehen mit zehn Monaten, andere mit 14 und nur einer über Wasser. Spätestens mit 20 Monaten bei normalem Entwicklungsverlauf sind die Biester in der Lage, einem unfallfrei an den Hacken zu kleben oder stiften zu gehen. Voller Stolz werden dann sämtliche Gänge vollzogen, gerne auch mit Brülllauten angekündigt, und heimlich wird intensiv an weiteren Bewegungsfähigkeiten gearbeitet. Konsolidierung bei gleichzeitiger Innovation. Du gibst hier eher die Heidi und sorgst für unterschiedliches Geläuf wie heimischen Parkettboden, hawaiianischen Asphalt, Grönlandeis und Ösischnee, Südamerika-Steppe, Wimbledon-Gras, mal alles fest, dann alles weich und plötzlich nur noch wackelig. Das schult.

Ermögliche außerdem eine Bewegungsvielfalt, wie sie auf einem Spielplatz geboten wird und beim Erklimmen des Sofas, beim Ins-Bett-Klettern oder Erstürmen des instabilen Kuscheltierbergs drück ein Auge zu – hier übt einer fürs Leben! Mit der Sicherheit steigt die Lust, draußen alles zu besteigen, du kennst es von dir im Sommer. Kinder wollen hochklettern, hüpfen, springen, Treppen steigen oder mit Vier-, Drei- oder Zweirädern fahren. All das ist wichtig für die motorische Entwicklung, die jedes Kind für sich individuell und nicht nach einem Masterplan erlernt. Kein Druck also, nur weil dein Kind hinterherhängt. Alles zu seiner Zeit.

Fingerspitzengefühl

Nun können sie laufen, den Babystuhl hochklettern und schon gekonnt die Treppe runterfallen, ohne sich den Zeh zu brechen. Jetzt bleibt nur noch abzuwarten, wann sie dir nicht mehr die Gabel mit den aufgedrehten Nudeln in Tomatensoße in deinen rechtzeitig zum Frühlingsbeginn »geshapten« Oberarm rammen, obwohl sie doch nur die geöffnete Luke zum hungrigen Bauch treffen wollten.

Wie bei den ersten Gehversuchen müssen unsere Rohdiamanten viele Fähigkeiten und Funktionen durch stumpfsinniges Üben erlernen. Sie wollen das sogar, und solange du das Selbststudium nicht durch einen übertriebenen Reinlichkeitszwang im Kern erstickst, steht dem Friede-Freude-Eierkuchen-Prinzip der guten Laune nichts im Wege. Das harmonische Zusammenspiel von Auge und Hand bzw. Finger wird mit jeder Trainingseinheit, wie zum Beispiel dem Abendessen oder dem Mittagessen, stimmiger. Mit steigender Konzentrationsfähigkeit und der eigenen, persönlichen Versessenheit auf das Gelingen eines fließenden Bewegungsablaufs mit Besteck funktioniert die Nahrungsaufnahme von Happen zu Happen geschmeidiger. Und was sich mit Essbesteck schon gut anfühlt, kann mit Mal- und Bastelzeugs auch nicht verkehrt sein. Ob beim Halten eines Stifts oder beim Malen, emsig wie die Bienen entwickeln die Kinder auch diese Fertigkeit analog zur Speisechoreografie. Und weil die Finger allmählich mit Vorliebe in feinmotorischen Sphären zucken, klappt's jetzt auch zum Beispiel mit dem An- und Ausziehen.

Um aus deinem grobmotorischen Menschenklotz einen fingerfertigen Feingeist zu schnitzen, der später einmal hauchdünne Nervenstränge als Chirurg entknotet oder winzige Zahnräder als Uhrmacher einer Werkstatt in Glashütte installiert, lass dein erwachsenes Kontrollkonzept im Kopf einem Anarchiegedanken weichen, der deinem Kind den Freiraum und das Recht verschafft,

alles auszuprobieren, solange es nicht lebensgefährlich ist oder anderen weh tut. Selbst wenn du im Anschluss an diese kindliche Experimentierphase im schlimmsten Fall deine Küche neu streichen, dich von deinem Sofa verabschieden oder dem Hund seine alte Fellfarbe zurückfärben musst, es lohnt sich. Juble deinem Kind alle möglichen Gegenstände und Materialien unter, mit denen es seine Feinmotorik üben kann. Malen, Zeichnen, Werken sind immer gut, Basteln mit Schere, Papier und Kleber spitze, und wie wäre es mit Ketten zum Selbstkreieren mit Bändern und kleinen Kugeln, die aufgereiht werden müssen!? Ich weiß, das ist eine unglaublich geile Idee. Vor allem, wenn du einen Jungen hast.

Dann empfiehlt sich eher der Bau einer Murmelbahn aus leeren Klopapierrollen, die sich, als Romy und ich uns seinerzeit daran wagten, teilweise durch das gesamte Zimmer erstreckte. Ein Riesenspaß für uns beide, und sie musste durch das ständige Schneiden, Kleben und Ineinanderstecken der Rollen ihr Gefühl für die noch so kleinste Bewegung im Detail schärfen.

Entwicklung des Sehens und des Gehörs – Guckst du, hörst du!

Mit einem Jahr sieht ein Kind die Hälfte eines Erwachsenen, bis drei arbeitet es an einem besseren räumlichen Sehen. Doch erst zwischen sechs und acht Jahren kann ein Kind Unterschiede von verschieden großen Gegenständen erkennen. Nach wie vor hat dein Kind dann noch kein Sichtfeld, das deinem entspricht. Darüber verfügt es erst zwischen zehn und zwölf Jahren. Sieht dein Kind nicht scharf, droht also »Commander Vierauge« (auch Brille genannt), kann dies erhebliche Konsequenzen in der gesamten Entwicklung zur Folge haben. Deshalb lassen die Ärzte bei den U's

Stolperfalle

Es gibt Anzeichen in der motorischen Entwicklungsphase, bei denen vielleicht der Besuch eines Arztes sinnvoll erscheint. Lass es mich für dich so formulieren: Ab zum Arzt, wenn dein Kind länger bis dauerhaft Probleme in einem konkreten Bewegungsverhalten hat.
Ob es das Zuknöpfen der Jacke ist oder das Laufen. Hinterherhängen ist total normal, aber natürlich muss irgendwann Bewegung in die schlummernde Fähigkeit kommen, sie kann ja nicht ewig ruhen. Zu deiner Sicherheit sei hier angemerkt: Es gibt im Kindergarten in regelmäßigen Abständen sogenannte »Entwicklungsgespräche«, in denen die Erzieher ihre Einschätzung über den Lern- und Entwicklungsstand deines Kindes schildern. Zum anderen stehen regelmäßig die U-Untersuchungen an, sodass auch noch mal ein medizinischer Blick auf deinen Spross fällt.
Also eine Beobachtungssicherheit ist gegeben – schaust du auch noch genau hin, kann nichts anbrennen und alles rechtzeitig verbessert werden, sollte es irgendwo haken.

auch nicht locker und prüfen die Augen sehr genau. Werden eine Sehschwäche oder das Schielen rechtzeitig erkannt und behandelt, spricht in fünf bis zehn Jahren keiner mehr darüber, denn bis dahin hat sich die Sehbehinderung in Wohlgefallen aufgelöst. Also, Augen auf! Das gilt auch für dich, wenn dir auffällt, dass dein Kind Schwierigkeiten mit dem Erkennen hat.

Was für das Sehen gilt, gilt nicht minder für das Hören. Liegt eine Einschränkung vor, schlägt sich diese auf die Gesamtentwick-

lung des Kindes nieder. Vor allem das Sprechen hängt vom Gehör ab. Kein Wunder also, dass hier bei den Früherkennungsuntersuchungen genau geprüft wird. Du solltest auch immer wieder drauf achten.

Das Sprechen

Der eine schweigt, der andere brabbelt wie ein Wasserfall, und doch starten sie alle meistens mit »Mama« oder »Papa« als erstem Wort. Sprechen lernen ist der wohl unkalkulierbarste Akt in der Entwicklung, nirgendwo sind die Unterschiede so frappierend wie hier. Mädchen gelten generell eher als Frühredner, die teilweise schon vor Vollendung des ersten Lebensjahres ihr erstes Wort raushauen, während so mancher Knabe wortkarg in seinen Kindersitz furzt und sich erst mit fast drei Jahren bequemt, lauthals »Kekse« zu brüllen. Als erstes Wort!

Im Durchschnitt sind wir in der Range »12 bis 18 Monate« unterwegs – hier sollten sowohl die Schweigemönche als auch die Plaudertaschen mal ein Wörtchen über die Lippen gebracht haben.

Interessanterweise unterscheiden sich gleichaltrige Kinder weniger im Verstehen der Wörter als im Aussprechen derselben. Letzteres fällt dann doch schwerer und lässt uns Macher-Typen ohnmächtig zurück, da wir unsere kleinen Hosenscheißer das Sprechen definitiv nicht lehren können. Am Sprach-Equipment kann es zumindest nicht liegen, sollte das erste Wort deines Kindes noch ein bisschen auf sich warten lassen: Es ist fantastisch ausgerüstet und muss nur das richtige Zusammenspiel von jedem neu ankommenden Zahn, dem Gaumen, der Zunge und den Lippen finden, bis

Laute geformt werden, die plötzlich ein Wort ergeben wie zum Beispiel »Papa«.

Deine Wortwahl in den eigenen vier Wänden, lebt ein Kind darin, kann nicht früh genug von cholerisch-vulgär auf freundlich-geschmeidig umgestellt werden. Kinder picken unzählige Wörter aus ihrer Umgebung auf, vorrangig also solche, die ihr euch zu Hause um die Schädel zwiebelt, sie speichern Sprachmelodien, Betonungen, sämtliche Laute. Das ist auch der Grund, warum es bereits deine Frage nach »Hunger?« bejahen oder verneinen, aber noch nicht um freundliche Bezeichnungen wie »... du Penner!« ergänzen kann. Es versteht also den Inhalt, kann sich aber das Wort im Kopf noch nicht zurechtzimmern, geschweige denn es aussprechen.

Wie dein Kind Sprechen lernt, wird es wohl auf ewig für sich behalten. Jedes Kind macht es auf seine Art und Weise und entscheidet selbst, wann es dafür bereit ist. Aber es passiert – und plötzlich ploppt es heraus. Von da an hat der heimliche Lauscher im eigenen Nest immer mehr Freude daran, euch kräftig nachzuplappern, baut sich im Laufe der Wochen und Monate eigene Satzkonstruktionen, die ihm oft gehörig um die Ohren fliegen und erschließt sich allmählich das System der Sprache durch Gebrauch. Du kannst dein Kind sprachlich fördern, indem du es immer wieder mit Wörtern umgibst, mit ihm zusammen Bücher durchblätterst, vorliest oder die Bilder darin beschreibst und welche Gegenstände dort zu sehen sind. Auch andere Bezugspersonen sollten ständig mit dem jungen Menschenkind reden und seine Laute als Antworten auffassen. Aus eigener Erfahrung weiß ich: Es entstehen wunderbare Dialoge daraus. Zwar sind es hauptsächlich Selbstgespräche, aber wenn die Kleinen ihre bizarren Töne murmeln, dann verleihen sie diesen oft derart Nachdruck, als würden sie ernsthaft etwas erzäh-

len. Reagierst du auf ihr Kauderwelsch, fühlen sie sich bestätigt und verstanden, was sie motiviert weiterzubrabbeln. Dein Kind lernt noch besser Sprechen und flüssiges Reden, fühlt es sich gesehen und geliebt. Schenk ihm also deine Aufmerksamkeit und nutze seine Emotionen als wunderbare »Einprägsamkeitskanone«! Erlebt zusammen mitreißende Momente mit vielfältigen Eindrücken, wie zum Beispiel bei einem Besuch der Kirmes oder eines Spielparadieses. Die kindliche Wahrnehmung schlägt Purzelbäume, und all die ganzen Wörter bleiben besser im Hirn haften!

Kleine Sprachschule im Vorbeigehen

In unserer Funktion als »Sprachlehrer« unseres Kindes verhalten wir uns am besten höflich bis bedeckt. Es ist schön, wenn dein Kind Freude am Quatschen hat, und es ist trotzdem kein Beinbruch, meidet es jedes Wort wie der ostfriesische Schafzüchter den Smalltalk. Spricht es bereits, ist es okay, Wörter mal falsch auszusprechen oder einen gut gemeinten Satzbau zu verhageln. Der Nukleus der verunfallten Aussage hat immer Vorfahrt. Wie du den Esel zum Reden bringst, und wie du mit ihm umgehst, wenn er spricht – eine kleine Anleitung:

Umgang mit dem Schweigemönch:

- Bilderbücher gemeinsam anschauen und Bilder beschreiben
- Geschichten vorlesen
- Abenteuer starten, die seine Wahrnehmung rotieren lassen
- vielfältige Unternehmungen – von Pfützen springen bis Bootstour
- Mit ihm reden, als sei er ein echter Mensch!
- Ihn mit deinen alten, ausgelutschten Geschichten volllabern, die keiner mehr hören will, jeden deiner Kollegen die Augen rollen lassen und die deiner Partnerin mittlerweile schon mehr als un-

angenehm sind, da sie heimlich einen Demenz-Verdacht hegt. Jetzt kann sich der Wortlose noch nicht wehren!
- Lass ihn ausreden, brabbelt der Esel vor sich hin!

Umgang mit dem erwachenden Wortakrobaten:
- Beantworte grundsätzlich immer seine Fragen! Immer! Das schult seinen Kopf und lässt ihn nicht spüren, dass er eigentlich nervt.
- Lobe gelungene sprachliche Kreationen oder Versuche, das richtige Wort zu treffen und auszusprechen.
- Korrigiere jeden Sprachunfall, und wiederhole das falsch Gesagte gleich in der richtigen Fassung – »Ja, der Vogel ist tot!«
- »Entwicklungs-Stotterattacken« (Innehalten im Sprachfluss) sind im Alter zwischen zwei und vier Jahren weitverbreitet und können bis zu vier Monate andauern. Einfach ignorieren – das Kind fängt sich gleich wieder.
- Orientiere dich in deinen Reaktionen immer an der Mimik und Gestik deines Kindes – diese wiegen in der Kommunikation generell schwerer als Sprache.
- Konfuse Wortdreher, völlig falsche Begriffe und eine katastrophale Aussprache – deine Freunde würdest du vorführen, aber dein eigenes Kind ist niemals Opfer doofer, ironischer Sprüche.
- Diagnostizierst du bei deinem Winzling Unlust, Müdigkeit, Aggression – spar dir den »Erklärbären« à la Bastian Sick. Der kann das besser und würde in so einem Moment sein Kind auch gewähren lassen. Morgen könnt ihr ja weiterquatschen.

Normale Wortunfälle

Betrachtest du die Kinder, die bei euch ein und aus gehen oder mit denen dein Kind immer abhängt, dann wirst du schnell beruhigt sein, was die sprachliche Entwicklung deines Kindes angeht.

Die kleinen Verbalvergewaltiger geben Kreationen wie »reckig« statt »dreckig« von sich und ersetzen manche Buchstaben einfach durch einen anderen, zum Beispiel »traubig« statt »traurig« oder »wangweilig« statt langweilig. Da werden Silben knallhart umgestellt: »Nahmsausweise« statt »Ausnahmsweise«, und aus einem Wort darf auch mal eine Kurzform werden wie »Nane« statt Banane. Andersherum geht es aber auch. Aus zwei Wörtern gebären sie ein Wort. Statt »Dackel« oder »Pickel«, »Dickel«. Alles null Problem – hier ist eben noch einer mittendrin statt schon durch. Dein winziger Pressesprecher muss einfach nur ein bisschen üben.

Stottern

Das bereits beschriebene entwicklungsbedingte Stottern ist mit 80 Prozent unter allen zwei- bis vierjährigen Sprachneulingen ziemlich weit verbreitet. Die Kinder formulieren im Kopf ihren Satz und halten deswegen in ihrem Sprachfluss kurz inne. Nach spätestens vier Monaten sollte diese Phase vorbei sein, hält sie jedoch mindestens sechs Monate an, wird der Gang zum Logopäden fällig. Dann erhärtet sich der Verdacht, dass sich das Stottern verfestigt hat, weil das Kind fürchtet, wegen seiner mangelnden Aussprache ausgelacht zu werden.

Bei so kleinen Menschen ein Stottern festzustellen ist aber nicht so einfach. Oft reden die Kleinen in ihrem Drang, alles so schnell wie möglich herauszuposaunen, stockend und redundant, zum Beispiel, wenn sie sagen: »… und dann … und dann … und dann«, ohne zum Ende zu kommen. Das wird sich jedoch von alleine wieder legen.

Mentale Entwicklung: Alles wächst, auch der Geist!

Der Geist wächst parallel zu allen anderen Entwicklungsbereichen wie Beweglichkeit oder Sprache. Er ist die Heimat der Wahrnehmung, die mit allen Sinnen aufspürt, was das pralle Leben zu bieten hat. Zugleich ist er Anlaufstelle für die Verarbeitung der Geschehnisse im Alltag, aus denen Erfahrungen durch Eindrücke resultieren, die sich in einem komplexen und dennoch kindlich einfachen Denken ergießen. Bis zum Alter von eineinhalb Jahren hat dein Neunmalkluger in spe einen Gegenstand mit dessen für ihn ersichtlichen Eigenschaften im Kopf gespeichert und ist in der Lage, ihn zu finden, wenn er irgendwo im Raum versteckt ist. Räumlichkeit fasziniert Kinder von nun an, auch im Denken, was sich deutlich erkennbar im Füllen von Eimern, Bepacken von kleinen Taschen und Körben oder im Aufeinandertürmen von stapelfähigem und nicht stapelfähigem Material äußert. Von diesem Alter an und weit darüber hinaus begeistern sich die Kleinen für die Funktionsweise von Handys oder Brillen und hegen ganz sicher eine Vorliebe für Gegenstände, die einem persönlich sehr am Herzen liegen und andere. Gerne testen sie deine privaten Heiligtümer durch Nachahmung deines Umgangs damit aus. Das klappt leider nicht immer so gut, weshalb sich von mir u. a. ein iPhone, ein VHS-Videorekorder (Gut, wer hat so ein Gerät noch!?), ein Wecker sowie diverse Fotos, Bücher, wichtige Zeitungsartikel und vieles andere verabschiedet haben. Vielen Dank, Hanna, Papa hat dich lieb! Grrrrr …

Mit dem Zeitfenster zwischen eineinhalb und zwei kann dein Wunderkind Gegenstände aufgrund von Eigenschaften differenzieren und entsprechend sortieren. Auch greift jetzt die Fähigkeit, eine klare Vorstellung von einem Gegenstand oder einem Ablauf zu haben, weshalb dein kleiner Schlauberger beim Spielen nun mit

dem Element der Improvisation arbeitet, sollte er nicht über das besagte Teil verfügen. Plötzlich ist die Lampe eine Giraffe, und die Finger stellen die Piratenbande dar.

Genauso spult dein Wurm jetzt persönlich veränderte, seiner Fantasie entsprechende Alltagsszenen aus dem Gedächtnis ab, die dann im Spiel mit Puppen Gestalt annehmen. Er kann sich dabei auch bereits das Resultat einer Handlung vorstellen, ohne dass es diese tatsächlich gegeben haben muss. Hier unterlassen es die kleinen Fantasten jedoch oft, zwischen Realität und Fiktion zu unterscheiden.

In der Zeit vom zweiten bis zum dritten Lebensjahr geht dann die Fantasie mit den Kindern voll durch: Die Milchtüte spricht, der Weihnachtsmann ist keine Erfindung von Coca-Cola und Hexen, gute und böse Geister sowie Prinzessinnen in Märchenländern sind allgegenwärtig und nicht ausgedacht. Träume sind tatsächlich passiert. Ist das nicht schön? Ursache dafür ist der kleine Realitätsfremdling selbst. Für ihn existieren keine Zeitstrecken und auch keine anderen Weltauffassungen als die eigenen. So lässt es sich doch ewig leben, oder?!

Mit der Sprache kommt Struktur in die »Anschauungsbrühe«, Regeln und feste Abläufe werden verstanden, Maße und Symbole ziehen ins Kinderleben ein. Mit der wachsenden Selbstständigkeit bei zunehmenden Fähigkeiten löst sich dein Kind langsam von seiner alten Gewohnheit, alles selbst auszuprobieren oder beobachten zu wollen. Es kann jetzt einfach »nur« darüber nachdenken, im Kopf ein Bild entstehen lassen, ohne sich dafür die Finger schmutzig zu machen.

Mit drei bis vier Jahren beginnt die Phase des kleinen Sherlock Holmes. Der Schnüffler will wissen, wie die Welt funktioniert, seine

Lieblingsfrage lautet: »Warum?« Das logische Denken nimmt zu und sorgt für erste Tricksereien, geht es darum, seinen Eltern mehr Süßigkeiten aus dem Kreuz zu leiern. Der Fantasiepegel bleibt verblüffend hoch, obwohl jetzt zwischen Wirklichkeit und Fiktion unterschieden werden kann. Greift aber nicht immer, woraus dann seltsame Mischungen aus wirklich Erlebtem und Erfundenem entstehen, die mit Vorliebe bis ins Detail verbal ausgearbeitet werden. Was wahr oder falsch ist, können wir selbst dann auch nur erraten. In dieser Phase erfinden sich einige »Kreativdirektoren« einen imaginären Kumpel, den sie ansprechen, der sie zum Essen begleitet und auch abends mit ins Bett steigt. Sie sind deswegen nicht einsam oder haben einen Schlag weg. Nein, es beweist lediglich ihren Einfallsreichtum und das Vermögen, ihre Ideen in Worte zu fassen.

Zu mitunter unerträglichen Klugscheißern mutieren unsere Helden im Alter zwischen fünf und sechs Jahren. Sie verfügen auf einmal über Zeitgefühl, sind konzentriert, können Probleme durchdenken und lösen, lernen auswendig, schreiben, zählen und ziehen dich in Puzzles, Memory und sämtlichen Brettspielen locker ab – erste Schlaubergeranzeichen stehen an.

Mit sechs Jahren wird das logische Denkvermögen ausgefeilter, und allmählich nähern sich die bislang naiven Kinder einem erwachsenen Denken.

Wie in allen Reifedisziplinen ist das geistige Wachstum ebenfalls von Kind zu Kind unterschiedlich, heißt: Dein Kind ist vielleicht schneller als meins. Hängt es irgendwo, ist es durch Verzögerungen in anderen Bereichen bedingt, die eine geistige Weiterentwicklung verlangsamen. Wie auch immer: Erst mal entspannt bleiben, gehört dein Kind zu den »Spätentwicklern«. Der holt noch auf!

Emotionale Entwicklung: »I am so emotional, Daddy!«

Der emotionale Reifeprozess läuft in Abhängigkeit von der kognitiven, sprachlichen und sozialen Entwicklung ab. Dazu gesellen sich der Sozialisierungsaspekt und das von dir vererbte Gefühlskorsett.

Prägend ist deine Reaktion in alltäglichen Situationen. Überhaupt zu reagieren vermittelt den Kindern, ob ihr Tun oder ihr Gefühlsausdruck gerade für gut oder schlecht befunden wurde und gibt ihnen die Sicherheit, dass sie gesehen und ernst genommen werden. Fürsorge durch Papa? Ja! Reagierst du gar nicht, löst du Verunsicherung aus. Das Kind spiegelt unser Verhalten. Wie wir interagieren, auch mit anderen Bezugspersonen und Gleichaltrigen, formt den Umgang unseres Nachwuchses mit dessen Gefühlen, jedoch auch seine Beziehungsfähigkeit, sprich sein Vertrauen in Beziehungen.

Die emotionale Entwicklung nimmt gegenüber der auf anderen Gebieten eine Spitzenposition in den ersten sechs Lebensjahren ein. Mit eineinhalb Jahren kann dein Kind schon richtig sauer sein oder deine Nähe suchen, während es mit vier bereits komplizierte Gefühlszustände wie Stolz, Neid, Schuld, Scham, Verlegenheit oder Mitgefühl erlebt. Gerade im Alter um die drei Jahre lösen die kleinen Racker das Ticket für eine emotionale Achterbahnfahrt. Einerseits wollen sie beschützt und behütet werden, andererseits furchtlos durch Wände treten und die Welt erobern! Die Folge davon ist das Quälgeist-Quengel-Trotzkind. Extrem anstrengend im Umgang, da es zu ständigen Stimmungsschwankungen mit unvermitteltem Geheule und Gejammer kommt. Du weißt, wovon ich spreche, oder?!

Allein das zu wissen tröstet! Das Begreifen der eigenen Emo-

tionalität ist noch zu unausgeprägt, um mit den sowohl egozentrischen als auch sozial geprägten Gefühlen klarzukommen. Doch dafür bist du jetzt im Spiel! Deine emotionale Wasserbombe weiß nicht, wie es sein Stimmungschaos ausdrücken soll. Rausschreien? Den eigenen Bruder zerlegen? Mama vom Bordstein schubsen? Wo sind die Grenzen? Ich kann es dir sagen! Dort, wo du sie steckst!

Der kleine, rohe Prolet braucht dich als soziales Vorbild, als Kompass für ein freundlich-sympathisches Miteinander mit all den ganzen anderen Lebewesen in unserem Kosmos. Es gibt für einen Vater leichtere Aufgaben, als die Tobsuchts-Zornesröte des eigenen »Trappatoni« für angemessen und statthaft zu erklären, milde Toleranz walten zu lassen, und doch irgendwo den Pflock einzurammen, an dem die Spitze der »Ausrast-Skala« erreicht ist. Werft ihr zu Hause mit Tellern statt mit Komplimenten um euch, dürfte das mit dem Vorbildverhalten ein wenig kritisch werden. Wenn ihr aber alle lieb und behutsam seid, ist dieser eigene Umgang mit Konflikten und Problemen die beste Schule für dein Kind. Es gibt doch Alternativen zum Brüllen, Schlagen und In-die-Luft-Sprengen. Biete welche an, lass einen maßvollen Ausbruch auch mal zu und gib deinem Ausraster zu verstehen: Anfälle sind mal okay, aber wir arbeiten zusammen an einem Kompromissventil.

Wenn die Kinder begriffen haben, in welchen Situationen ganz konkrete Gefühle hervorgerufen werden, sind sie in den Wirkungskreis der Empathie eingetreten. In dieser erlesenen Runde ist es ihnen dann möglich, konkrete Gefühle anderer Menschen in bestimmten Situationen mitzufühlen oder mitzuerleben. Das macht das Leben manchmal sicherlich nicht leichter, ist aber eine außerordentlich wichtige Eigenschaft, die eben für jene Menschlichkeit sorgt, die wir alle meist an den Tag legen. Mit einem Jahr noch Vollegoist mit gemäßigtem, zivilisierten Diktatorencharakter, durchbricht das Kind mit sieben Jahren die Sozial-Schallmauer

und könnte bei Interesse sogar in die Fußstapfen Mutter Theresas treten. Nun kann es nämlich Zusammenhänge erkennen und Situationen, die Gefühle anderer Menschen, ihre Beweggründe oder Historie einordnen. Mit der Empathie und ihren Auswirkungen lernen die Kleinen, dass es sich gerade nicht empfiehlt, seine wahren Emotionen zu zeigen und man es besser sein lässt.

Schon als Säugling oder Kleinkind nimmt unser impulsiver Nachwuchs am inoffiziellen, inneren Emotionsregulierungsprogramm teil. Er beruhigt sich durch Nuckeln. Wird er älter, lernt er zum Beispiel durch den Rückzug ins eigene Zimmer oder durch Selbstberuhigungsaktionen wie Schaukeln oder Selbstgespräche, unangenehme Gefühle zu umschiffen.

Die Regulierung der Emotionen hängt sehr stark mit den Beziehungen innerhalb und außerhalb der Familie zusammen. Kinder, die in ausgeglichenen und friedlichen Beziehungen leben, beherrschen sich besser und können jederzeit aus der Bandbreite an Selbstregulierungsmaßnahmen das für sie Passende auswählen.

Über Gefühle sollte bei euch zu Hause immer offen und ehrlich auf Augenhöhe gesprochen werden! Auch das gegenseitige Reagieren auf Gefühlsäußerungen gehört zur Kultur des Miteinanders. Motiviere dein Kind deshalb, sich zu öffnen und Emotionen zu zeigen. Das klappt am besten, indem du selbst einen Einblick in dein Seelenleben ermöglichst. Verschließt sich der kleine Mensch, frag nach und hole dir Antworten, um einem möglichen Problem auf den Grund zu gehen.

Ein selbstverständlicher Umgang mit Gefühlen erleichtert dauerhaft den Zugang zum Kind und andersherum, und besagte Wutattacken können besprochen und gemeinsam bekämpft werden.

Trotzanfälle – Hallo, das bin ICH!

Mit fast zwei Jahren entdecken unsere Kinder sich selbst. Mit diesem Meilenstein in der Persönlichkeitsentwicklung beginnt eine sehr spannende, gleichwohl anstrengende Phase. Der kleine Tyrann weiß jetzt nämlich, dass es neben dem von dir vorgegebenen Weg noch weitere gibt, und sich diese ihm nur erschließen, wenn er es auch mal allein probiert.

Mit »Papa, Finger weg vom Löffel, ich kann selbst essen« oder »Mama, lass die Hose fallen, die zieh ich mir selbst an« klappt bekanntlich alles anfangs nur so lala, und schon ist die Stimmung im Eimer, und alle sind genervt. Das Kind ist enthusiastisch nach vorne geprescht und kläglich beim alleinigen Managen einer geplanten Mission gescheitert – das Ergebnis ist Enttäuschung und die Folge daraus wiederum: Plärren! Schlecht für deine Nerven!

Willkommen zur Eröffnung der »Trotzreaktions-Spielchen« – Spielzeit ab zwei Jahre, bis es keinen Grund mehr gibt, zu demonstrieren. Siehe Erwachsenenwelt!

Die Frequenz und Intensität dieser Trotzanfälle sind sehr individuell, nehmen aber mit der Zeit ab.

Glaubt Romy, es sei Wochenende, obwohl erst Mittwoch ist, und beweise ich ihr das Gegenteil, ist sie je nach augenblicklicher körperlicher und mentaler Fitness entweder kurz vorm Explodieren nebst Tränenalarm, oder nur kurz eingeschnappt und wieder recht fix psychisch stabil. Hinter Trotzreaktionen steckt immer eine nicht erfüllte Erwartung des Kindes. Sie kann nicht erfüllt sein, weil du es untersagst oder dein Kind diese Erwartung an sich selbst nicht erfüllt hat. Auch kann dein Kind, wie in dem Wochenendbeispiel, einer falschen Erwartung aufsitzen, oder etwas Geplantes wie ein Ausflug oder etwas Rituelles, zum Beispiel

das samstägliche »Sportschau«-Gucken, fällt weg, weil es ungeplant verändert wurde. Was selbst uns Erwachsene heute noch ärgert, wirbelt die Gefühlswelt von Kindern komplett durcheinander! Dein Zwerg hat aber keinen inneren Katstrophenschutz wie wir äußerlich das »Technische Hilfswerk«, wenn die Elbe über die Ufer steigt. Und so wird gezickt, gebockt, gepoltert, vielleicht geschlagen, vielleicht sich auf den Boden gelegt, oder dein Sprössling zieht sich schweigend in eine Ecke zurück. Unsere Kinder sind alle verschieden, ihre Reaktion auf Enttäuschung so unterschiedlich wie die Farben des Regenbogens. Einziger Trost in dieser Situation: Der Anschlag gilt nicht dir, sondern verdeutlicht nur die Hilflosigkeit deines Kindes im Umgang mit der Situation.

So alternativ und soft es jetzt klingen mag, aber diese Zerreißproben sind Pflicht! Dein Aufständischer kann sich so besser ablösen, lernt, Hindernisse zu überwinden, sich damit auseinanderzusetzen, daran zu wachsen oder sich dagegen zu wehren. Er folgt seinem Willen und will ihn durchsetzen. Grandios! Nach dem Streichen des täglichen »Schoko-Pops«-Frühstücks deines Kindes im Anschluss an die Lektüre dieses Buches mag der kleine Störenfried sich jetzt im Konflikt mit dir durchsetzen wollen. Und das ist gut so. Er trainiert für später. Und auch, wenn er jetzt den Kürzeren zieht, Übung macht den Meister, und Trainingsgelegenheiten gibt es noch viele. Wir kennen das ja auch als Erwachsene und kommen selbst heute immer noch bei Konflikten mit Kollegen oder Bekannten ins Stolpern.

Bei unseren Kindern sollten wir indes schon wissen, wie wir es machen sollen. Gut machen wir es immer dann, wenn wir nicht sofort auf die Temperaments-Lok aufspringen, sondern erst mal tief durchatmen. Wir bleiben cool und ignorieren all die Gaffer, zum Beispiel im Supermarkt oder im Restaurant. Verlass dich darauf, mindestens die Hälfte dieser Menschen leidet mit dir mit, weil sie

Situationen, in denen sich das Kind am Boden wälzt, aus eigener Erfahrung gut kennen. Wie im Flugzeug, wenn dein Kind zwar wie am Spieß brüllt, aber sich keiner beschwert. Hier fliegst du zwar weg, aber das Mitgefühl dir zu.

Eine tröstende emotionale Verbalzwangsjacke wie »Schatz, lass uns doch einfach ...« schlagen einem Aufständische meistens direkt aus der Hand, deshalb lass das »HB«-Männchen aushüpfen, -dampfen, -schreien. Wenn es dir gelingt, dein Kind auf ein »gesellschaftsfähiges« Niveau zu dimmen, gut, sonst musst du zur Not die Örtlichkeit verlassen, um den Heißsporn erst mal abzukühlen. Die oberste Regel bei Trotzanfällen lautet: gelassen bleiben und dem Treiben nicht zu viel Aufmerksamkeit schenken. Du darfst dich vom Zorn deines Kindes nicht anstecken lassen oder ihn persönlich nehmen und ernsthaft als Kritik an dir selbst betrachten. Ich weiß, dass das oft sehr schwerfällt und einem je nach eigener Empfindsamkeit und Tagesform auch mal die Pferde durchgehen. Ich persönlich mache dann mit Worten meinem Herzen Luft, egal, ob es meine Tochter versteht oder nicht. Danach fühle ich mich besser und kann wieder auf sie eingehen! Strafen oder Liebesentzug sind dumm und in keiner Weise zielführend, denn die Trotzanfälle werden dadurch auf keinen Fall gelindert, sondern nur verschärft. Dein Kind muss auch in Konfliktsituationen immer das Gefühl vermittelt bekommen, geliebt und nicht abgelehnt zu werden. Das ist fast noch wichtiger als die »Gelassen bleiben«-Regel, denn dann dürfen auch mal die Fetzen fliegen, ohne dass das Fundament angekratzt wird.

Manche Väter turnen in solch schwierigen Situationen aber auch die Rolle rückwärts, weil sie die Protestschreie des Kindes nicht ertragen und geben nach, indem sie ein zuvor ausgesprochenes Verbot wieder aufheben! Dramatisch. So lernt dein Kind: Los geht's mit Schreien, Heulen, Hauen oder Beißen, und schon

bekomme ich die Gummibärchen! Daher lautet die Parole: Durchhalten!

Sind der Ärger und der innerfamiliäre Krieg beendet, nimm dein Kind in den Arm, und vertragt euch wieder. Das ist ganz wichtig. Und niemals zerstritten zu Bett gehen. Steine im Herzen tun niemandem gut. Vielleicht kannst du ja nach dem Wirbelsturm, hat sich alles wieder beruhigt, noch mal mit deinem Kind über sein Seelenleben sprechen und ausloten, was genau passiert ist. Das könnte euch beim nächsten Konflikt helfen, es stärkt eure Beziehung, und das Kleine fühlt sich ernst genommen!

Ängste

Ängste sind die Special Interests des Entwicklungsprozesses: ein eigenes Thema, aber eins mit reißendem Absatz. Fürchten wir die Umsatzsteuervorauszahlung für das kommende Vierteljahr, den nächsten Schwangerschaftstest unserer Frauen, weil wir uns schon aufgrund der zu fütternden Mäuler am Tisch indirekt für das Attribut »asozial« beworben haben oder vor dem fauligen Mundgeruch unseres Zimmergenossen im Büro, bibbern unsere Kleinen zwischen einem und drei Jahren eher vor dem Alleinsein, vor Tieren oder vor der Dunkelheit. Ein Jährchen später jagen ihnen dann die Monster, Zombies, Gespenster, Hexen und seltsam böse dreinschauende Zauberer oder Elfen Angst ein, die in den Geschichten auftauchen oder die sie beiläufig irgendwo aufschnappen, weil sie in Geschäften, bei Freunden oder bei irgendeiner anderen Gelegenheit ihre Aufmerksamkeit fesseln. Viele Kinder verkriechen sich bei Gewitter oder Sturm unter der Decke oder hüpfen gleich zu Mama und Papa ins Bett, noch schneller sogar, glauben sie, Einbrecher zu hören. Hat dein Angsthäschen also einen triftigen Grund, bei dir

unter die Decke zu kriechen, schenke ihm Obdach und schicke ihn nicht weg. Ganz sanft solltest du ihm dennoch zeigen und beweisen, dass sich wirklich keiner in seinem Bau hinterm Schrank versteckt hat und es sich getrost auch in sein eigenes Bett legen kann. Gerät diese Angst nicht völlig außer Kontrolle, wirst du dir darüber keine Gedanken machen müssen. Das wird sich irgendwann von allein erledigt haben. Im Gegensatz zum »Fremdeln«. Taucht es im Babyalter im ersten halben Jahr auf und verflüchtigt sich dann wieder leicht, gibt es die volle Klatsche noch mal zwischen zwei und drei Jahren, bis es dann wie weggelutscht ist. Vielleicht ist oder war diese Phase bei deinem Kind nicht so ausgeprägt, bei Romy war das jedoch schon der Fall. Das ist wie immer von Kind zu Kind anders. Manchmal liegt es an der schlechten Tageskondition, manche Kinder haben schlechte Erfahrungen mit fremden Personen gemacht, und andere wieder achten ganz genau darauf, wie du mit der fremden Person umgehst, um sich dann erst zu öffnen, wenn dieser Mensch sich als wirklich so nett entpuppt, wie du es vermittelst.

Romy hat sich, bis sie etwa vier Jahre alt war, hinter meinem Bein versteckt, wenn ich sie morgens in den Kindergarten brachte und eine der Erzieherinnen oder irgendein Kind sie dabei direkt ansprach. Dasselbe war der Fall, wenn ich mich auf der Straße mit Fremden oder Freunden unterhielt, die sie nicht so gut kannte. Weder erwiderte sie damals ein »Hallo«, noch beantwortete sie Fragen. Mir war das zugegebenermaßen oftmals unangenehm, weil sie damit eben auch mir sehr sympathischen Menschen einen Korb gegeben hatte. Anfangs ermahnte ich sie noch und sagte so etwas wie »Komm, stell dich nicht an, sag mal Hallo!«. Aber je mehr ich sie drängte, desto stärker verkroch sie sich. Also ließ ich es sein. Ausnahmslos. Wenn sie sich dann versteckte, habe ich es nicht erwähnt, und siehe da – von Mal zu Mal wurde sie zutrau-

licher, bis sie schließlich einfach an meiner Hand blieb und nicht mehr die Flucht ergriff. Ihre Neugier war und ist nach wie vor riesig, dennoch benötigt sie immer noch etwas Zeit »zum Auftauen«, wie wir sagen. Im Kindergarten wissen sie schon, dass Romy jeden Tag erst nach einer Stunde ihr wahres Gesicht zeigt. Doch bis dahin sucht sie die Nähe von ihr vertrauten Kindern oder Erziehern. Nähe, die sie für ihre Entwicklung benötigt. Sie wird schon alleine wissen, wann es genug ist.

Entwicklung des Sozialverhaltens – Auf die soziale Tour

Gaffen ist verpönt. Auf Autobahnen, wenn der Laster facebookfotoreif brennt. In Sonnenstudios, durch das liebevoll aufwendig gebohrte Loch in der Wand oder am Fenster, wenn der Midlife-Crisis-Nachbar die Babysitterin einlädt, obwohl Frau und Kinder einen Kurzurlaub in Timmendorf verbringen. Alles, Verzeihung, Arschlöcher! Die einzige Fraktion, die auch in die Gruppe der Gaffer fallen und uns dabei äußerst sympathisch sind, sind unsere Kinder. Du kennst sicherlich den Anblick eines sich nach dem Sturz von der Schaukel am Boden krümmenden Opfers, während die gesamte kindliche Spielplatzbelegschaft mit versteinerter Miene völlig ausdrucks- und tatenlos und fern jeglicher Kommunikationsidee glotzt. Ah, der stirbt. Na und? Mit zwei Jahren geht die Unterlassung noch völlig in Ordnung, mit vier Jahren kann ein Kind indes schon eher Mitgefühl aufbringen und den menschlichen Alarmknopf spielen, indem es schnell zur (Opfer-)Mutter rennt und Bescheid gibt.

Sich einordnen, anpassen, sich durchsetzen oder Rücksichtnahme, das müssen unsere Rohdiamanten noch lernen. Am besten

eignet sich das Trainingscamp »Spielplatz« oder »Tagesmutter« oder »Krippe/Kindergarten« dafür, wo sich Gleichaltrige tummeln, Testobjekte zum Kneten, Schubsen, In-den-Arm-Nehmen, Küssen finden oder einfach nur zum Nebeneinandersitzen. Letzteres ist relativ häufig beim Anblick von Kindern bis zwei Jahren festzustellen, irgendwann passiert dann aber mehr! Bis dahin guckt dein Egoshooter überwiegend auf die eigene Nasenspitze, fühlt sich weder in andere hinein, noch kann er eine emotionale Regung beim anderen als Konsequenz seines Tuns verstehen. Vermutlich hält er es für Zufall, dass der Kollege einen Heulkrampf bekommt, als er ihm die Schippe vor der Nase wegschnappt.

Sind die Kinder schließlich etwas verständiger geworden, ist das Abgeben und später auch Teilen plötzlich möglich. Dann kann zu Ehren eines »Buddys« aus dem Kindergarten etwas gebastelt und auch zurückgesteckt werden, wenn ein anderes Kind aufgrund seines Geburtstags oder eines Festes bei sich zu Hause im Vordergrund steht. Mit drei Jahren erwacht allmählich das Interesse an den anderen und deren Aktionen und Reaktionen. Das heulende, das brüllende, das freche Kind – du wirst deinen Spross oft dabei ertappen, wie er die Verhaltensweisen der anderen Kinder intensiv studiert. Zunächst ändert dies nichts an seinem eigenen Verhalten zu Hause, aber ich konnte zumindest ein Abnehmen der Unnachgiebigkeit Romys erkennen, als sie ältere Kinder beobachtete. Das Kind lernt Verhaltensweisen, es kopiert sie, ist offen dafür und gewinnt dadurch auch enorm für seine soziale Entwicklung, wenn auch durchsetzt mit sprachlichen Quantensprüngen, nämlich, wenn »Scheiße« oder »geil« aus den Mündern der Stoppelhopser quellen.

Die muntere Kontaktbörse Kindergarten funktioniert gut. Die winzigen Singles bändeln im Sandkasten an, bei gemeinsamen Aus-

Teilen

Typisch: zwei Kinder, ein Gegenstand, Streit!
Erster Schritt: Sollen sie selbst klären! Müssen sie im Kindergarten auch.
Klappt das nicht – zweiter Schritt: Eingriff von dir mit dem Ziel, ein Sharing zu verabreden, erst der eine, dann der andere, das ist doch fair!
Schnappt einfach der eine dem anderen den Gegenstand weg, um die Diskussion hier abzukürzen, hol das Teil zurück, und erkläre dem Langfinger, dass er fragen muss! Verneint dann der rechtmäßige Besitzer die Ausleihbereitschaft, dann ist es eben so.
Und wenn final alle Stricke reißen: Zieh das Ding aus dem Verkehr.

flügen oder beim Spinnen von kranken Ideen, die die Erzieher zur Verzweiflung bringen. Zwar sind diese Spielverbindungen oft nur zweckorientiert und lose, dennoch lernt das Kind dabei, im Team an Stärke zu gewinnen sowie Integration und Orientierung in der Gruppe. Mit den anderen klarkommen heißt, seinen Platz in der Gruppe zu suchen und zu finden, sich an die Regeln zu halten und dem anderen nicht gleich eins auf die Mütze zu geben, wenn es gerade mal im Spiel nicht so läuft. Dass auch Rangeln, Schubsen und »Battlen« dazu gehören, versteht wohl jeder von uns, auch wenn wir unser Kind in diesen Situationen nicht unbedingt live erleben wollen. Der Spaß hat aber ein Ende, wenn einer der beiden Streithähne signalisiert, dass er nicht mehr will. Was gar nicht geht, sind Duelle zwischen großen und kleinen Kindern oder wenn

ein eher schüchternes und schmächtiges Kind gezielt zum Ärgern rausgepickt wird.

Nach einem Jahr der Kindergartenzugehörigkeit deines Kindes wirst du positiv überrascht sein, wie gut es sich dort integriert hat und erkennen, dass es jetzt tatsächlich Freundschaften aufgebaut hat, die offensichtlich ein Osterfest überdauern können. Mit viereinhalb und fünf Jahren nimmt dein Kind nicht mehr nur sich, sondern jetzt auch die anderen wahr. Im Tross von vier bis fünf Kindern werden je nach Gusto die favorisierten Rollenspielchen abgefeiert, reale Alltagssituationen, wie sie zu Hause von den Kindern erlebt werden, werden nachgespielt und dadurch ihre Persönlichkeit und ihr Charakter geformt.

Sexuelle Entwicklung – Der Oswalt Kolle in dir

Wenn du nicht wissen solltest, wer Oswalt Kolle war: Der Mann hat wie kein Zweiter in den 70ern die Männer und Frauen deutschsprachiger Länder sexuell aufgeklärt. Am bekanntesten sind seine Dokumentarfilme dazu, die aber gerne fälschlicherweise in Richtung Softporno gedrängt und in unserer Jugend gern bei RTL oder Sat1 samstagnachts ausgestrahlt wurden.

Als Eltern stehen uns ja noch die Gespräche zur sexuellen Aufklärung unserer Kinder bevor, denn sie pubertieren noch nicht. Aber, es ist dir vielleicht auch schon aufgefallen, das Entdecken der Sexualität hat längst eingesetzt. Es tritt vor allem früher ein, als du vermutlich gedacht hast – nämlich im Alter von sechs bis acht Monaten. Au weia, du sagst es! Keine Sorge, da sind noch sämtliche Zugänge in Richtung untenrum dank der Windel dicht, doch wir beide wissen, wie sehr sich die Kleinen darüber freuen, wenn sie mal »unten ohne« unterwegs sein dürfen. Erst recht, wenn sie

um die zwei Jahre alt sind. Mal am »Schlonk« ziehen, ihn auf den Tisch legen oder versuchen, ihn in ein Überraschungsei reinzudrücken, das sind die Sperenzchen, auf die du dich bei deinem Sohnemann einstellen kannst, ich musste ein paar Mal mit ansehen, wie meine Tochter vor einem Spiegel ihre Scheide auseinandergezogen hat, um »reinzugucken«. Hmmh! Bei der Tochter unserer besten Freundin war es noch heftiger. Sie hat sich schon im Kinderstuhl als Baby am Trennriemen zwischen den Beinen durch Auf- und Abbewegungen gerieben. Und nicht nur kurz, sondern ausschweifend. Sie tauften dieses »Tun« liebevoll als »Pökern«, dem man live und unfreiwillig bei einer Einladung zum Frühstück oder zum Kaffeetrinken beiwohnen durfte.

Welch seltsame Blüten es auch treibt, all diese Verhaltensweisen sind völlig normal und null beunruhigend. Ein Kind ist deswegen weder frühreif noch homosexuell, wenn es auch mit sichtbarem Genuss die anderen Jungs an der Flöte zieht. Kindliche Neugier wendet sich eben auch jenen Teilen zu, die unsererseits mit Scham, nicht mit Haar, behaftet sind oder eben ganz offen zu Hause gelebt werden. Die kleinen versauten Körper-Expeditionisten blühen richtig auf, wenn sie zu Hause eine entspannte und liberale Atmosphäre genießen dürfen, in der viel Liebe ausgetauscht und Streicheleinheiten verteilt werden, Nacktheit stattfindet und Entdeckungen am eigenen Körper nicht blöd kommentiert oder gar verboten werden. Ist das alles gegeben, lassen sie ihrer natürlichen sexuellen Neugier absolut freien Lauf. Bei sich und mit anderen. Daraus erwächst eine gute sexuelle Entwicklung, die wir nicht negativ sehen dürfen, sondern positiv betrachten müssen. Wenn die Kinder nämlich ihren Körper gut kennen, sind sie besser in der Lage, möglichen sexuellen Offensiven durch Dritte Einhalt zu gebieten und abzuwehren. Ebenso hat sich herausgestellt, dass sie im Falle einer sexuellen Belästigung eher den Kontakt zu Erwachse-

nen suchen, das Geschehene ansprechen, überhaupt darüber sprechen, um sich Hilfe zu holen.

Das eifrige Experimentieren führt zum Erlebnis der ersten Lustempfindung. Wie das Tasten, Gucken, Ziehen eher ein Ausprobieren ist, ist das gezielte Reiben und Berühren tatsächlich schon ein Lustspiel mit dem Ziel, »schöne Gefühle« zu erlangen. An dem ergötzen sich die kleinen Lustmolche entweder allein oder auch in Gruppen. Das Saatgut des Swingerclub-Phänomens – kleine, rohe, unfertige Menschen eben.

Was immer noch niedlich und nach Blümchenwiese klingt, so ganz harmlos und unpikant ist die stimulierende Angelegenheit nicht, denn im Kindergartenalter, dementsprechend noch vor Eintritt in die Schule, haben die meisten Fummelfische ein Interims-Reifestadium erreicht, das sich selbst mit kurzer Hand kurzerhand auf die Spitze treiben lässt, um nicht das Wörtchen »Höhepunkt« zu benutzen, aber zu meinen.

Von daher solltest du ruhig auch ein Auge auf die sexuelle Entwicklung deines oder deiner vermeintlich Kleinen haben. Selbst bei aller Toleranz und dem Verständnis für das Rumgewurschtel im Schlüpfer – im Restaurant, im Supermarkt oder während der Ballettaufführung mit der Tanzgruppe muss das wirklich nicht sein. Das ist Teil der persönlichen Intimsphäre und sollte bitte schön auch nur da stattfinden. Außerdem laufen da draußen so unendlich viele Psychopathen herum, die das vermutlich auch noch aufbockt. Deshalb ist es wichtig, dass du deinem Kind diese Regel vermittelst.

Noch ein Wort zu den auch unter Erwachsenen sehr beliebten Doktorspielchen: Das Spiel heißt ja so, weil »alles« untersucht werden muss. Das ist in Ordnung so und muss uns gar nicht sorgen. Doch verwenden die Kinder gerne irgendwelche Instrumente dafür und neigen dazu, in ihren Augen dafür geeignete Gegenstän-

de in Körperöffnungen zu stecken, was natürlich arg schmerzhaft sein und sogar Verletzungen verursachen kann. Deshalb gilt hier: Spielt gerne »Schwarzwaldklinik«, aber geguckt wird nur mit den Händen. Das hat Sascha Hehn auch so gemacht. Und der war auch kein Arzt.

Zu guter Letzt zum Thema peinliche Fragen: Im Zweifel sind sie beiden Parteien peinlich, die Fragen nach Penis, Scheide, Busen, Sex und so weiter. Dem Kind wie auch dem Vater. Bedenkst du aber, wie reichlich wir täglich mit frivolen Werbebotschaften und erotischen Fotos an jeder Hauswand beschenkt werden, kann ein Interesse deines Kindes an diesem Thema ab einem bestimmten Moment nicht ausbleiben. Stellt dir dein Lustmolch nun dazu Fragen, dann tu sie nicht leichtfertig ab, sondern gib ihm eine Antwort. Nicht ausschweifend und detailliert, sondern kurz, einfach, altersgerecht und auf den Punkt gebracht. Kinder mögen keine langen Erklärungen. Weißt du nichts drauf zu sagen, gibt es Bilderbücher, die einem die komplizierten Antworten abnehmen.

Das Ding mit der Windel

Du bist es hoffentlich, das Wetter in Hamburg ist es nicht immer und unsere Kleinen, die arbeiten ganz tapfer dran: am Trockensein. Wie alles, jedes und überhaupt stoßen wir wieder mal auf ein Kapitel, dessen Erfüllungszeitpunkt die Kinder für sich selbst bestimmen – wir sind hier Coach, Begleiter, Motivator und ansonsten Randerscheinungen. Meister der sauberen Hose zu sein ist natürlich auch für die Eltern ein Befreiungsschlag, der gleich 15 Kilo weniger abzüglich der planwagengroßen Wickeltasche bedeutet – ein Leben in T-Shirt und leichter Umhängetasche wird wieder denkbar. Doch solange der feine Herr bzw. die Dame noch

die Windel bevorzugt, muss eben der gesamte Hausstand mitgeschleppt werden.

Viele von uns sind deshalb regelrecht darauf versessen, dem »Gepamperten« die Existenzgrundlage zu entziehen und ihn mit hartnäckigem Auf-den-Pott-Setzen wie einen Welpen zur Stubenreinheit zu erziehen. Wie gehen wir also vor, um ihre Durchlaucht windellos in den Schlüpfer zu kriegen? Freundlich und heiter! Druck hilft nichts, denn dieser Reifeprozess wird im Nervensystem deines Kindes entschieden und nicht von Papas roter Birne am grünen Tisch: Machtübernahme von Blase und Schließmuskel. Erst wenn dein Zwerg diese Kollegen im Griff hat, was nach herrschender Urinierlehre erst ab zwei Jahren möglich ist, wird ein verstärkter Einsatz von dir als wandelnder menschlicher Latrinenkutsche gewünscht. Vorher ist's Zeitverschwendung. Wenn anatomisch die Basis geschaffen ist, gilt es für deinen zukünftigen Kloprinzen nur noch zu verstehen: Ah, Blase voll – die muss ich wohl entleeren –, gehe ich doch mal zur Toilette und kläre das! Dir muss ich nicht auseinandersetzen, dass du, um ein Geschäft zu verrichten, das Telefonat beendest, die Konferenz verlässt oder den Platz vor dem Fernseher räumst. Deinem Kind wird dies jedoch erst im dritten Lebensjahr geläufig, weshalb es des Öfteren zu ausufernden Pipipannen und diversen Kotfunden kommt.

Du weißt auch, was du auf der Toilette zu tun hast: weiterlesen, Fernsehen auf dem Tablet-PC gucken und ganz nebenbei die sagenhafte Entleerung, die selbst Hagenbeck-Elefanten respektvoll tröten lassen würden, beginnen. Dein Kind weiß das noch nicht, es sei denn, es wohnt deinen geweihten Sitzungen regelmäßig bei. Die Klo-Faszination treibt die kleinen Spanner doch regelmäßig vor die Tür, wenn wir uns dorthin zurückziehen. Das dortige Duft- und Klangerlebnis adelt ein Entertainment-Spektakel, das locker dem »Lord Of The Dance« die Mucke abdreht und

ihm den Boden unter den Füßen wegätzt. Zusätzlich laden kleine Abrollspiele mit der Klorolle ein, den eigenen Vater auf die Palme zu bringen. Wer würde hier freiwillig darauf verzichten wollen? Zwischen dem zweiten und dritten Lebensjahr interessieren sich die Fäkalien-Fans für die Feinheiten, die konkreten Ergebnisse in der Schüssel, den genauen Ablauf der Geschäfte. Was du kannst, kann dein kleiner Scheißer auch, nur weist er jetzt vielleicht zum ersten Mal mit zugehaltener Nase mit Worten auf den Füllstand der eigenen Windel hin: »Papa, voll!« Der erste Schritt ist getan – damit kann gearbeitet werden. Wie du weißt, funktioniert das System der Nachahmung äußerst erfolgreich. Folglich kannst du nun einen kleinen Thron kaufen, also einen Kindertopf, und deinen kleinen Auszubildenden an deinem Procedere teilnehmen lassen, indem er sich mit einklinkt und ebenfalls versucht, ein Resultat zu erzielen. Das wird ein paar Mal überhaupt nichts, doch plötzlich gibt es ein Erfolgserlebnis für beide, und wir gelangen auf die Zielgerade. Nach strenger Prüfung und einem kurzen Vergleich, wer mehr von sich lassen konnte, werden von nun an die »Treffer« nämlich regelmäßiger. Mit den ersten Erfolgen hat dein Kind Gefallen dran gefunden und ist stolz wie Bolle, wenn mal wieder rechtzeitig der Bob in die Keramikbahn gesetzt wird und nicht in die Windel. Auch im Spiel lernt es, plötzlich panikartig wegzurennen, um rechtzeitig die Hose runterzuziehen und das Werk zu vollenden. Es läuft von alleine, denn wenn die Zwerge eins wollen, dann so sein und alles können wie wir. Dies lässt sie unaufhörlich trainieren und selbst nach Rückschlägen ihre Arbeit daran stoisch fortsetzen. Romy forderte im Sommer oft eine zeitweilige Windelfreiheit. Zwar vergaß sie dann ab und an im Spiel, dass sie keine Windel trug, doch zum Großteil war dies von Erfolg gekrönt. Kinder nässen sich deshalb nicht ständig ein. Äußern sie das Bedürfnis, keine Windel zu tragen von allein, werden sie auch hartnäckig ver-

suchen, wirklich trocken abzuschließen. Natürlich musst du das in deiner Jürgen-Klopp-Motivationsfigur-Rolle ordentlich lobend befeuern. Und die Wickeltage, sie verschwinden allmählich in den Nebelschwaden des Vergessens. Mit drei oder vier Jahren sind sie bei dem Großteil passé. In der Übergangszeit von der Windel zum trockenen Schlüpfer kann ich dir nur raten, immer Wechselklamotten greifbar zu haben, damit dein Kind nicht in der Soße hocken bleiben muss, wenn ihr gerade am zehn Kilometer entfernt gelegenen Ponyreitstall angekommen seid.

Bei Romy hat sich das Thema damals binnen zweier Tage erledigt. Und zwar mit dem Eintritt in den Kindergarten. Sie fand es offensichtlich peinlich, noch eine Windel zu tragen und wollte nicht mehr bei der Größe und im Alter von drei Jahren von für sie zunächst Fremden gewickelt werden. Und so war die Nummer am Mittwoch nach der Eingliederung durch. Ein Traum. Nachts behielt sie noch die Windel bei, dann kam aber der Tag, an dem sie auch diese ablehnte. Wir führten daraufhin das sogenannte und sehr sperrig klingende »Sicherheitspipi« ein, eine Urinier-Einheit vor dem eigentlichen Zubettgehen. Wenn sie sich jedoch um die letzte Pipistation vor der Schlafautobahn drückte, dann wurden wir mit ziemlicher Sicherheit mitten in der Nacht überrascht. Ein Fauxpas, den sie genauso fürchterlich fand wie wir. Deswegen gibt es jetzt keine Ausnahmen mehr. Die Geburt ihrer Schwester und die anschließende Neustartphase als vierköpfige Familie hat Romy trocken überstanden. Derartige Veränderungen, zu denen auch Umzüge, Scheidung oder Familienstreitereien und Krankheiten gehören, forcieren das Einnässen am Tag wie in der Nacht plötzlich wieder, obwohl das Kind schon lange trocken ist. Am besten kannst du solchen Situationen damit begegnen, indem du sie vor deinem Kind gar nicht an die große Glocke hängst, son-

dern eher als nebensächlich, Versehen und absolut normalen Unfall abtust. Fertig. Die Phase reguliert sich von alleine nach wenigen Wochen.

Ein erneutes In-die-Hose-Machen kann aber natürlich auch ein rein körperliches Ding sein, nämlich dann, wenn dein Hosenmatz einen Harnwegsinfekt hat. Damit geht's zum Arzt, ist klar, oder?!

Immer mal wieder passiert Romy noch ein Malheur. Zum Beispiel plötzlich während des Spielens bei ihrer besten Freundin oder wenn sie kolossal müde und erschöpft ist.

Doch auch diese Phase geht spätestens dann ganz zu Ende, wenn die Pipiprinzessinnen und -prinzen etwa fünf oder sechs Jahre alt sind. Derlei Pannen sind dann wirklich selten.

Nachts sind alle Blasen gleich

Um eine Nacht windelfrei zu überstehen, sollte die Blase bereits ein anständiges Fassungsvermögen aufweisen können und von einer trainierten Beckenbodenmuskulatur gesteuert werden. Im Körper deines Kindes muss sich außerdem schon das Hormon ADH austoben dürfen, das die Pipiproduktion zur Schlafenszeit runterfährt. Erkennt dein Kind, auf welche Zeichen seines Körpers es achten muss, um rechtzeitig die Portion Wasser ins Töpfchen zu schmettern, ist das Thema auch für die Nacht durch. Nimm deinem Kind die Windel ab, wenn es das will, das ist wie beim Trockenwerden. Ansonsten haltet an der Nachtwindel erst mal fest. Ohne Windel empfiehlt es sich, einen Matratzenschutz unter das Laken zu legen, damit das Polster nicht nass wird und nach dem Trocknen wie drei Weltkarten aussieht.

Was kannst du neben der Klorolle, der »Gala« und der Zeitung im Pocket-Format deinem Kind noch mit an die Hand geben, um das »Trockenlegen« zu üben?

- Ein Töpfchen und/oder einen Klositz. Wir haben beides. Das Töpfchen ist ein Geschenk unserer Verwandten aus den USA und spielt eine Melodie, plumpst auch nur ein Tröpfchen hinein. Nach der Töpfchenphase kam der Klositz ins Spiel, für den wir dann noch einen kleinen Tritt gekauft haben, damit sich Romy auch alleine dort hinaufhangeln konnte.
- Wir haben bei einem Malheur nie mit Romy geschimpft. Das war und ist oberstes Gesetz, auch im Umgang mit Hanna. Kindern ist das selbst schon so unendlich peinlich. Passiert es an einem Tag mehrmals, ist die Gefahr zwar groß, dass einem die Hutschnur platzt, aber auch hier gilt: locker bleiben! Es ist ja nur Wasser. Stelle klar: Es ist nicht tragisch!
- Reduzierte Getränkeausgabe ab etwa 18 Uhr! Die größte Menge an Flüssigkeit sollte dein Schluckspecht bis zum Spätnachmittag verdrückt haben. Danach soll er natürlich immer noch trinken können, aber nicht jetzt erst mit dem Bechern beginnen. Das füllt die Blase. Wir kennen das vom Bier oder vom abendlichen Tee.
- Der richtige Dress ist in der Übergangszeit sehr wichtig, denn der Pipikönig muss sich im Falle des Falles fix untenrum frei machen können, um auf dem Töpfchen oder dem Klo zu performen.
- Analog zur Beleuchtung der Notausgänge im Flugzeug kannst du in der Nacht im Flur oder im Badezimmer das Licht eingeschaltet lassen, wenn dein Trockenaspirant ohne Windel schläft und vielleicht in der Nacht zur Toilette muss. Geht's noch aufs Töpfchen, dann kannst du das auch in seinem Zimmer neben dem Nachtlicht positionieren, auf jeden Fall so, dass er es finden kann. Die alte Uriniertradition des nächtlichen Weckens, um einem möglichen Bettunfall prophylaktisch zu begegnen, ist Käse, stört nur das Durchschlafvermögen des Kindes und bringt nicht wirklich etwas.

Gesundheit

Der Gesundheitsdreiklang

Dreierlei Zutaten bedarf dein Wonneproppen, um kerngesund, glücklich und ausgeglichen zu sein:

1. viel Bewegung, ganz gleich bei welchem Wetter – mindestens zwei Stunden raus an die frische Luft und »Action!«,
2. dazu eine gesunde Ernährung mit wenig Süßem und Fettigem, dafür viel frischem Obst und Gemüse,
3. täglich eine ordentliche Mütze voll Schlaf in einem gut gelüfteten Zimmer bei einer Temperatur von 18 Grad.

Mit diesem Rezept wird das Immunsystem hochleistungstrainiert und die eigenen Abwehrkräfte animiert. Zusätzlich könnt ihr ruhig mal ein paar Erledigungen zu Fuß unternehmen und nicht immer bequem mit dem Cayenne zum Lidl gleiten.

Im Sommer lass dein Kind viel barfuß laufen, das schärft die Sinne und trainiert die Koordination. Stecke es außerdem in witterungs- und jahreszeitengerechte Kleidung, ohne es zu warm einzupacken. Mit diesem Programm wirst du garantiert wenig Fehlstunden bei der Arbeit haben.

Das Kind ist krank!

Roter Kopf, schlechte Laune, müde sein, mehrmaliges Niesen, schlechter Schlaf – so kündigt sich eine Krankheit bei unserem Kind an, und das trotz Gesundheitsdreiklang. Ursache könnte die Falle gewesen sein, in die ihr am Sonntag nichtsahnend getappt seid, als Freunde nämlich den Schnupfen ihres Kindes verheimlichten, um nicht auf den Kaffeeklatsch bei euch verzichten zu müssen. Du hast zwar überlegt, sie mit ihrer miesen, kleinen Bazillenschleuder vor die Tür zu setzen, aber der Aufwand ihrer 45-minütigen Autofahrt hat dich dann doch schwach werden lassen. Vielleicht war es aber auch dein Spezi, der kleine Schreihals Justus, der morgens bei der Begrüßung im Kindergarten einen Hustenanfall durchlitt, bevor er dich wie üblich als Kletterbaum missbrauchte. Oder dein Kind hat sich tatsächlich über dich, über deine Frau, über euren Hund oder eure Katze angesteckt, oder es wurde Opfer von krankheitserregenden Bazillen, die an irgendeinem Gegenstand klebten. Fakt ist: Der Erbe ist krank, und einer von euch muss zu Hause bleiben und/oder mit dem Knilch zum Kinderarzt stiefeln. Dies hat eine Menge Folgen für deine Alltagsorganisation: Da müssen schleunigst Jobs, Meetings, Dates abgesagt und umdisponiert sowie Arbeit delegiert und das interne Unterhaltungsprogramm zur schnellen Genesung gestartet werden.

Krank = Keine Fremdbetreuung

Wenn dein Kind erkrankt ist, kann es weder in die Krippe noch zum Kindergarten und auch nicht zur Tagesmutter gebracht werden. Es bleibt stattdessen zu Hause und kuriert sich aus. Wer will auch mit einem müden Haufen Elend spielen, birgt er überdies die Gefahr, alle anderen anzustecken.

Bei Fieber, Erschöpfung oder Erkältung lass das Bazillenmutter-

schiff also zu Hause und ruf umgehend bei der Betreuungseinrichtung an, damit sie dort Bescheid wissen. Oft fragen die Erzieher konkret nach, woran der Patient herumlaboriert. Handelt es sich nämlich um stark ansteckende Erkrankungen, erbitten die Betreuer oft eine Mindestschonzeit von zwei Wochen vor Rückkehr in die Einrichtung. Je nach Schweregrad der Erkrankung solltest du oder deine Partnerin die Pflege des kranken Kindes übernehmen und nicht ein Fremder, selbst wenn es sich dabei um den Dauerbabysitter oder die Schwiegermama aus der Mongolei handelt. Die kleinen Rekonvaleszenten, hat es sie richtig erwischt, brauchen jetzt die eigenen Eltern am meisten und genesen so auch viel besser als unter fremder Führung. Diese kann jedoch bei allmählicher Heilung reaktiviert werden, damit Mama und/oder Papa wieder zurück zur Arbeit gehen können.

Krank = Bezahlter/unbezahlter Urlaub

Tolerante Arbeitgeber drücken bei kranken Kindern auch mal ein Auge zu und lassen die Mutter oder den Vater durchaus schon mal ein paar Tage der Arbeit fernbleiben, ohne viel Aufhebens zu machen oder Kohle vom Gehalt abzuziehen. Im Arbeitsvertrag ist diese Regelung allerdings seltener verankert als vielmehr die Vereinbarung, wie lange ein Elternteil pro Jahr unbezahlt die Maloche schwänzen darf. Ist das Kind unter zwölf Jahre alt, sind bis zu zehn Tage bedenkenlos drin. Habt ihr bereits mehrere Kinder, maximal 25 Tage. Wie bei der Systematik der Berufsunfähigkeitsversicherung greift die Krankenkasse mit bis zu 90 Prozent deines Bruttoeinkommens finanziell unterstützend ein, wenn das Kind sowie einer von euch Erwachsenen gesetzlich versichert ist. Ob du dann letztlich davon Gebrauch machst oder Urlaubstage dafür verbrennst, weil du den Arbeitgeber über alles liebst und so glücklich dort bist, bleibt dir selbst überlassen.

Krank = Sanftes »home-made« Entertainmentprogramm

Das Entertainment bei Krankheit: Mit einem kranken Kind lässt sich jetzt nicht das komplette Programm durchziehen, aber für ein sanftes Unterhaltungspaket sollte es wohl ausreichen. Dazu zählen gemeinsames Bücherlesen, ein bisschen Malen, Papierflieger basteln, Fotoalben durchstöbern, eigene Kindheits-Erkrankungsgeschichten erzählen, DVDs gucken und Hörbücher hören.

Krank sein bedeutet kein Süßigkeitenfest. Aber kredenzt du sonst vielleicht eher selten einen Kakao oder schmeckt die Schokolade jetzt noch besser als an normalen »Gesund-Tagen«, dann sind Ausnahmen in Ausnahmesituationen schon ein probates Mittel, den Genesungsprozess zu beschleunigen. Die Laune steigt und in guter Stimmung werden Kinder auch schneller gesund. Darin unterscheiden sie sich nicht großartig von uns Erwachsenen.

Wer krank ist, muss nicht zwingend still im Bett liegen. Ein kleiner Spaziergang zum Bäcker oder ein Nickerchen an der frischen Luft im Kinderwagen können dem kleinen Lädierten durchaus guttun.

Wir Eltern sind krank!

Unheil und Ungemach drohen, wenn am Horizont dunkle Erkältungsviren, grippale Infekte oder sonstige Pandemien aufziehen und sich unerbittlich in schier endlosen Armeen auf uns zubewegen. Sie lauern an Türklinken, in Zügen der Deutschen Bahn sowie den U- und S-Bahnen dieses Landes, auf öffentlichen Toiletten, in der Chefetage oder hocken in der Aura unseres Teamkollegen. Vor allem jedoch haben sie es auf ein bestimmtes »Vehikel« abgesehen, das wir garantiert und ständig herzen, umarmen und küssen, von dem wir selbst dann nicht lassen, wenn es nach Kacke riecht und

der karamellfarbene Schleim rund um die Nasenlöcher fast lackartig im Sonnenlicht glänzt, bevor er genüsslich von einer kleinen Zunge wie eine Fliege vom Frosch weggeschleckt wird. Du ahnst es: Die Viren erobern dein Kind! Mal heftig, mal sanft, auf jeden Fall aber nehmen sie es ein und belagern es. Im Regelfall ist der Genesungsprozess jedoch relativ schnell durchlaufen. Eine Woche aus der Kita genommen, dieser Brutstätte sämtlicher Saisonerkrankungen und auch sonst vergleichbar mit mittelalterlichen Pestdampfern, und diverse Honigbrote, Kuscheleinheiten, Mitbringsel und Ausnahmen später, geht es den Kleinen – welch Überraschung – schon erheblich besser. An dieser Stelle möchte ich dir noch sagen, wie verblüffend ich es finde, wenn Kinder trotz hohem Fieber noch fit, glücklich und hoch motiviert wirken, ungeachtet ihrer gesundheitlichen Angeschlagenheit die Welt auf den Kopf stellen oder neue Dauerhüpfrekorde auf dem Sofa brechen! Die Birne glüht hochrot, die Stimme überschlägt sich, und die süße kleine menschliche Bazille springt trotzdem wie ein Flummi auf und ab! Wir Erwachsenen, nein, wir Männer, sind da wenig, sagen wir mal, weniger resistent. Irgendwie wie Pferde. Kommen sie nicht mehr hoch, wird die Flinte rausgeholt. So auch bei uns. Bei 38,5 Grad Fieber lassen wir uns entweder standesrechtlich erschießen oder fordern in einem Zustand aus Leiden, Trance und imaginärem Teilabsterben eine fürsorgliche und selbstlose Rundum-Dauerbetreuung durch unsere Partnerin. Diese jedoch lehnt dankend ab, denn mit einem oder zwei Kindern zu Hause und/oder noch einem Job an der Backe kann man sich ja nicht vierteilen, und so vegetieren wir zarten Wesen in dem plötzlich so karg, kalt und ungemütlich anmutenden Schlafzimmer einsam vor uns hin, zum Lesen zu schwach, zum Schlafen alles zu laut, und außerdem war früher sowieso alles besser – da konnte man sich zumindest noch mal auskurieren und schließlich fit und gesund zurück zur Arbeit kommen.

Auch das Kranksein und die Genesung haben sich mit dem familiären menschlichen Zuwachs von Grund auf verändert. Holten wir uns einst kurzerhand einen gelben Schein oder irgendein dringend benötigtes Attest, um uns wieder auf den Damm zu bringen, beten wir mittlerweile flehend zum lieben Gott oder zu ähnlich Übersinnlichem, zumindest bitte noch aufrecht gehen zu können, um uns mit letzter Kraft und Mühe von zu Hause weg ins Büro zu schleppen. Dort kann der Genesungsprozess dann umgehend Fahrt aufnehmen. Selbstständige sind hier klar im Vorteil. Einfach hinlegen, notfalls auf die Isomatte und knacken. Wichtig: Handy lautlos schalten, eine automatische E-Mail-Abwesenheitsnotiz einrichten (»Bin heute bei dringendem Termin, melde mich später, blablabla …«), Decke nicht vergessen und für ausreichend Flüssigkeit sorgen.

Für Festangestellte sieht es da natürlich schlechter aus. Doch wird ein etwas dramatisch ausgesprochenes »Mir geht es heute überhaupt nicht gut« mit einem »Eigentlich wäre ich ja zu Hause geblieben, aber da komme ich nicht zur Ruhe« kombiniert, wird man weitestgehend in Ruhe gelassen. Hinlegen fällt bei dieser Art Therapie aus, aber zumindest kann man sich hinter seinem Monitor verkriechen und im Internet nach Heilungsmethoden recherchieren oder einfach vor sich hin wurschteln und die Zeit mit irgendwelchem Kram verplempern.

Mir sind in der Tat Väter bekannt, die sich nach der Krankschreibung durch den Arzt für einen Tag ein bezahlbares Zimmer in einem Hotel nehmen, um einfach nur in Ruhe zu pennen, ein bisschen Fernsehen zu schauen und dann weiterzuschlafen. Das ist schon echt die halbe Miete. Abends kommen sie dann kurz vor dem Zubettgehen der Kinder heim, drücken diese noch mal und stiefeln gleich selbst in die Falle – auch eine Möglichkeit.

Sollten wir uns bei der Partnerwahl nicht völlig vergriffen ha-

ben, gibt es dann doch noch einen Service ans Bett, der in heißer Zitrone, Wärmflasche oder einer stärkenden Suppe gipfelt. Ach, wie schön, wie bei Mutti, denken wir und ziehen die Decke hoch, räuspern uns kurz und knipsen das Licht aus, wie in der »Wick MediNait«-Werbung aus den Neunzigern. Bei dem Bett und der Laune von dem Typen wurde man fast traurig, wenn man selbst keine Erkältung hatte.

Gut, so sind wir. Doch jetzt kommen wir zum Super-GAU, zum unkalkulierbaren Ritt ohne Schlüpfer quer durch die Pampa, zum Schlag ins Gesicht ohne Deckung, obwohl du Geburtstag und beide Klitschkos wieder ausgeladen hast: Mama ist krank! Ein Turm wackelt, das Schlupfloch ist gefunden, die Bastion kurz vor der Auflösung, oder das Schiff hat leckgeschlagen und neigt sich bereits mit dem Bug nach oben. Was hier droht, seinen Lauf zu nehmen, nimmt ihn auch. Dringende Termine, wichtige Meetings, Dienstreisen oder Präsentationen, mühsam zusammengestellte, komplexe Planungen – sie alle müssen plötzlich der bloßen, ja beinahe banalen Realität zu Hause weichen. Geplante To-dos werden geschoben, Mails bleiben unbeantwortet, die Mailbox arbeitet im Akkord. Unsere Laune verfinstert sich ob der Mehrarbeit im Büro und der zu Hause, gibt es doch auch hier eine Vereinbarung zur Arbeitsaufteilung. Alles bleibt an uns hängen. Und wiederum liegen die Dinge anders, als wir es von früher kennen. Mimten wir kinderlos noch die männliche Ausgabe von Dr. Quinn, der Ärztin aus Leidenschaft, die die Partnerin auf Händen trägt und sie mit Heilung, Liebe und Aufmerksamkeit überhäuft, als gäbe es nur dieses eine Leben, welches niemals enden dürfe, und erst recht nicht so früh, tänzeln wir heute relativ leichtfertig auf einem schmalen Grat zwischen Menschenrechtsverletzung im Sinne der UNO einerseits und fahrlässiger Tötung gemäß dem Deutschen Strafgesetzbuch andererseits. Tatsächlich wird unser generell eher stark

ausgebildetes Mitgefühl nämlich durch unser plötzlich aktiviertes Selbstmitleid – »Ich weiß doch so schon vor lauter Arbeit nicht, wo mir der Kopf steht, jetzt auch noch zu Hause dieser Alarmzustand« – stark beschädigt, wenn nicht gar zeitweilig sogar außer Kraft gesetzt. Der Kranke ist der, sorry, »Kackstiefel«, wobei ihm, schon klar, Unterstützung gewährt wird, aber es ginge schon auch liebevoller, und das wissen wir. Dennoch bekümmert uns das Leiden unserer Partnerin besonders im Hinblick auf unsere persönliche Mehrarbeit. Sind wir deswegen unverschämt, mies oder gar schlechte Partner? Nein! Ich finde es nur allzu menschlich, sich zunächst erst einmal überfordert zu fühlen und latent vom Kranken genervt zu sein. Wer schmeißt schon gerne lang gehegte Pläne, vor Lichtjahren vereinbarte Termine oder intensiv vorbereitete Präsentationen kurzerhand über Bord. Es müssen ja auch nicht immer irgendwelche Jobangelegenheiten sein. Vielleicht hattest du mal vor, dich für einen Tag von allen Verpflichtungen frei zu machen, oder du warst mit einem Freund verabredet, oder es ist dein Saunatag, der in der letzten Zeit bereits dreimal ausfallen musste. Also, hier ist eine Grollzeit sowohl für den gesunden Papa, aber im Umkehrschluss natürlich auch für die gesunde Mutter durchaus vertretbar, eine, die auch mehrere Stunden anhalten darf. Wenn dann der erste Sturm abgeflaut ist, neigen wir im Normalfall ja allmählich doch wieder zum gewohnten Mitgefühl, das deine Partnerin schon immer so an dir geschätzt hat, ebenso wie du an ihr, und das einen schnelleren Genesungsprozess ermöglicht. Nur wer auch ein bisschen Liebe und Aufmerksamkeit erhält, gepflegt und verwöhnt wird, kommt früher auf die Beine. Das klingt jetzt vielleicht ein bisschen berechnend, ist aber definitiv nicht unbedingt so gemeint.

Bei uns zu Hause ist es anfangs immer ziemlich bitter für denjenigen, der krank ist. Der andere nimmt es fast emotionslos auf und stellt sich nüchtern den zu bewältigenden Aufgaben. Und das sind

bei zwei Kindern und einem Hund nicht wenige. Dumm, wenn die Krankheit auf ein Wochenende fällt, wenn die im Alltag greifenden Filter wie »Oma«-Montag oder Kita nicht verfügbar sind.

Habe ich mich jedoch erst einmal von der festen Struktur gelöst und auf die Pflegedienst- nebst Kinderbetreuungsfunktion eingestellt, macht mir dieser Ausbruch aus dem Alltag sogar regelrecht Spaß! Mamas grippaler Infekt mausert sich da fast zum Happening: Romy malt ihr ein Bild oder bastelt etwas, Hanna will auf dem Arm getragen werden, verhält sich aber dafür still. Zusammen unterstützen sie mich irgendwie bei der Zubereitung von Leckerem für die Kranke, und sei es nur, indem sie mich einfach in Ruhe lassen. Das ist ja bereits Unterstützung in ihrer reinsten Form!

Nicht selten bin ich am Ende eines solchen Tages dankbar für diese Erfahrung. Für die vielen intensiven Momente, in denen die Kinder nur mit mir zusammen waren und für das Entstehen eines immer wieder überraschenden, gänzlich anderen Verhältnisses zwischen uns, völlig losgelöst von der Mutter. Doch genauso dankbar bin ich, wenn sich wie von Geisterhand die Schlafzimmertür langsam öffnet, ein Mensch im Schlafanzug im Türrahmen erscheint und milde lächelnd sagt: »Es geht mir schon viel besser. Danke, mein Schatz!« Dann winke ich generös ab, mache aber im Inneren drei Kreuze und nehme meine Frau in den Arm. Ich werde dann nicht müde zu betonen, wie sehr ich mich freue, dass sie wieder fit ist und bekunde ihr in diesem Zusammenhang mehrfach meinen Respekt, wie genial sie zu Hause den Apparat mit zwei Kindern im Alltag stemmt, wenn ich nicht da bin. Wenn ich dann am nächsten Tag wieder in meinem Büro sitze und über meiner Arbeit brüte, gehe ich erstens echt ein bisschen entspannter und frischer ans Werk, weil ich kurze Zeit ausgesetzt hatte, und zweitens mit einem klitzekleinen Gefühl der Sehnsucht, weil ich die kleine Bande bei all dem Trouble drumherum natürlich ganz

doll lieb habe und mir die Augenblicke mit ihr immer wieder ins Gedächtnis rufe. Doch spätestens mit der terminierten Telefonkonferenz am Mittag ist alles wieder beim Alten. Da bleibt dann nur der Trost, dass sicherlich bald mal wieder einen von uns eine Erkältung heimsucht.

Früherkennungsuntersuchungen und Impfungen

Musiker scheffeln in erster Linie ihre Kohle dank ihrer Tourneen durch die Hallen dieses Landes. Ärzte verdienen indes mit denen, die durch ihre Behandlungszimmer touren, und das sind wir mit unseren Kindern! Im ersten Lebensjahr des Neuzugangs sind wir unfreiwillige »Dauerkartenbesitzer« für das Vorzimmer des Kinderarztes unseres Vertrauens. Von U1 bis U6 jagt eine Früherkennungsuntersuchung die nächste. Dazu gesellen sich außerplanmäßige Stippvisiten wegen Bronchitis, Grippe, Mittelohrentzündung, Hautausschlägen, Durchfall und weiß der Henker was.

Bis zur Einschulung folgen noch U7 bis U9, um die körperliche, geistige und soziale Entwicklung dem Alter des Kindes entsprechend vom Profi kontrollieren zu lassen.

Zu diesen Früherkennungsuntersuchungen in ihren festen Zeitfenstern vorstellig zu werden, ist ein Muss, da die rechtzeitige Erkennung und sinnvolle Behandlung von irgendwelchen Defekten oder Fehlentwicklungen nämlich nur in begrenzten Zeitspannen des Reifeprozesses möglich sind. Weil viele Eltern meinen, durch Kenntnis aller Staffeln von »Grey's Anatomy« und »In aller Freundschaft« sowie dem regelmäßigen Schmökern der »Apotheken Umschau« genau Bescheid zu wissen und im Notfall Auffälligkeiten selbst erkennen zu können, sehen sie keine Dringlichkeit, die letzten Früherkennungsuntersuchungen wahrzunehmen. Der

Die kleine IMPF-Box

Durch Impfungen wird dein Kind vor ansteckenden Infektions- und seuchenartigen Kinderkrankheiten geschützt. Das läuft folgendermaßen ab: Der kleinen menschlichen Trägerrakete werden abgetötete und milde Krankheitserreger in die Blutbahn gepfeffert, gegen die sich sofort Antikörper bilden. Wenn später dann echte, sozusagen scharfe und starke Erreger die Bude einrennen, um sich ihrer bemächtigen zu können, präsentieren die Antikörper, was sie in ihrem intensiven Training alles gelernt haben und wehren die Angreifer ab.
Die Erkrankung wird also verhindert, weil das Immunsystem sich auf diesen Fall vorbereitet hat. Klingt klasse, dennoch gibt es viele Impfgegner, die auf mögliche Nebenwirkungen angewandter Impfstoffe abstellen. Fakt ist allerdings, dass das eventuelle Risiko einer Impfkomplikation geringer ist als die fürchterlichen Schäden durch eine dieser bösen Krankheiten. Auch wenn ich mit der Pharmaindustrie keinen Pakt geschlossen habe, muss gesagt werden, dass die Stoffe allesamt mehrfach auf Wirkung und Verträglichkeit geprüft, von allen möglichen Instituten getestet und schließlich vom Bundesamt freigegeben worden sind. Ich als Papa vertraue dem, beide Kinder sind geimpft. Entscheide du, was du für dein Kind am besten findest – das ist auf jeden Fall der richtige Weg!
Im Zuge des allgemeinen Trends zur Zeitersparnis haben sich auch die Impfstoff-Firmen selbst ein Denkmal gesetzt und die Mehrfachimpfung entwickelt. Mit einem Schuss sind dann gleich mehrere Krankheitsschutzschilder intravenös aktiviert. Wer seinem Säugling seinerzeit diese Ladung hat

verpassen lassen, weiß, wie dieser teilweise ein bis fünf Tage lang neben der Spur lag, danach war das Thema aber auch gegessen. Die potenziellen Nebenwirkungen sind hier nicht größer als bei den Einzelimpfungen, denn sie werden immer durch die Begleitstoffe verursacht, welche hier nicht üppiger beigegeben werden als den anderen Injektionen.

Schnäppchenjahre auch für Impffreunde
Im zweiten und dritten Lebensjahr deines Nachwuchses, also im Kleinkindalter, sind sowohl die empfohlenen Impfungen als auch die Auffrischungen kostenlos – die Kasse übernimmt die Kosten!

Dagegen sollten Kinder geimpft sein!
Gegen die folgenden Erkrankungen ist ein Stoff gebraut, den dein Herkules, ob als Säugling oder eben jetzt als Kleinkind, an Bord gut gebrauchen kann: Hirnhaut- und Kehlkopfentzündung, Masern, Mumps, Röteln, Windpocken, Wundstarrkrampf (Tetanus), Diphterie, Keuchhusten, Hepatitis B, Kinderlähmung, Pneumokokken und die Kollegen der Meningokokken-Infektionen.

Warum ausgerechnet gegen diese Infektionskrankheiten und Erkrankungen geimpft wird, legt die »Ständige Impfkommission«, so nennt sich die Expertencrew des Robert-Koch-Instituts in Berlin, fest. Die Herrschaften beobachten, welche Bakterien weltweit gerade »modern« sind und aktualisieren die Liste bei Bedarf. Kinderlähmung ist in Deutschland derzeit sicherlich nicht verbreitet, wohl aber in anderen Ländern. Eine latente Ansteckungsgefahr ist immer gege-

ben. Menschen reisen um die Welt, infizieren sich und bringen statt Schneekugeln mit Buddha oder einem Regenrohr aus Bambus eine Ladung unfreundlicher Bakterien und Viren mit nach Deutschland, wo sich diese epidemisch schnell ausbreiten können, wenn sie auf dagegen ungeimpfte Menschen treffen. In diesem Zusammenhang kannst du dir ja auch mal den Abend mit dem Film »Contagion« von Steven Soderbergh versauen. Gibt's auf DVD. Das größte Drama daran: Gwyneth Paltrow stirbt gleich am Anfang.
Geimpft werden kann übrigens trotz leichtem Fieber, bei Erkältung oder allergischen Leiden. Der Arzt wird entsprechend erst eine Untersuchung vornehmen, bevor er den kleinen Fratz ins Fleisch piekst.

Kinderarzt wird daher nur aufgesucht, rasseln die Bronchien oder gleicht das Kind vor lauter Pusteln einem Streuselkuchen.

Das ist aber wirklich dumm, denn allmählich werden die Resultate dieser exklusiven One-on-One-Meetings immer spannender. Jetzt stellt sich heraus, wie es mit der Sprachentwicklung aussieht, wie beweglich die Kinder sind, wie geschickt sie schon basteln und malen können. Mag dein Kind teilen, spielt es vornehmlich lieber alleine oder liebt es die Herde und wirkt von ihr dennoch abgetrennt wie ein verirrtes Schaf auf dem Deich – diese Untersuchungen stellen alle Entwicklungsverzögerungen fest und schärfen dein Bewusstsein dafür. So besteht die Möglichkeit, sie eventuell noch bis zur Einschulung zu beheben. Deshalb ab zu den Früherkennungsuntersuchungen, die übrigens kostenlos sind. Es gibt keine Ausrede!

Tiere am Körper

Willst du einen kleinen knackigen Überblick über die gängigen Erkältungs- und Kinderkrankheiten bis einschließlich dem sechsten Lebensjahr, empfehle ich dir einen Klick auf www.papatogo.de oder auf eine medizinische Fachseite, wie www.netdoktor.de. Außerdem gibt es zu diesem breiten Thema unendlich viel Literatur – weshalb ich dir unterstelle, in diesem Sujet gut unterrichtet zu sein. Im Zweifel suchst du sofort einen Arzt auf. Konzentrieren wir uns in diesem Intensivkurs auf speziellere Erkrankungen, die durch Tiere, welche man so gut wie gar nicht sieht und die dennoch regelmäßig auftauchen und einen bei ihrer Bekämpfung in den Wahnsinn treiben.

Läuse

Du bist alarmiert, steckt sich dein Kind ständig seine kleinen Finger in den dichten Haarschopf, um sich zu kratzen. Es könnte sich dabei um den ungebetenen Besuch von nervigen und unangenehmen Blutsaugern, den Läusen, handeln. Mit viel Zeit, Adleraugen und einem Läusekamm durchforstest du in bester Pavianhäuptling-Manier gründlich das Fell deines Kindes und hältst Ausschau nach den kleinen Viechern, die dessen Lebenssaft absaugen möchten. Gehe Haarstrich für Haarstrich vor und kämme lieber das eine Haar zweimal als gar nicht. Nimm außerdem eine Lupe zu Hilfe, damit du wirklich erblicken kannst, was in den Haarbüscheln kreucht und fleucht. Besonders sorgfältig sind die Haare in der Ohren-, Schläfen- und Nackengegend zu untersuchen. Dort fühlt sich der kleine Parasit so richtig wohl, denn gerade bei längerem Haar herrscht hier seine Traumtemperatur, die ihn animiert, Spuren zu hinterlassen: die Nissen. Das sind die 0,8 Millimeter großen Eier der Läuse. Lebend sind sie weiß-gelb bis silbrig glänzend

und kleben richtig stark an einzelnen Haaren fest. Anders als eine Haarschuppe oder ein Gel- oder -Haarwachsrest. Abgestorbene Läuse sind braun und lassen sich leicht lösen. Die Nissen sind hart und knacken, wenn man sie zerdrückt. Ausgewachsene Nervbacken-Läuse haben eine rötlich braune Farbe, werden etwa 2 bis 3,5 Millimeter lang und besitzen sechs Beine. Die Läuse müssen ständig Blut saugen, denn tun sie es nicht, sterben sie. Das Pieksen hinterlässt bei uns Menschen Schwellungen, und der Speichel der Blutsauger sorgt schließlich für den Juckreiz.

Was tun?

VERNICHTUNG! In der Apotheke gibt es wunderbare Kopflauskiller, die man dem kleinen »Wirt« in die Haare schmiert. Danach die Leichen auskämmen und Haare waschen. Den Vorgang wiederholst du meistens dann noch mal nach einer Woche, und dann müsste das Thema durch sein. Die Prozedur hängt aber natürlich immer von der angeratenen Anwendung im Beipackzettel des Mittels ab!

Was du beachten solltest: Läuse können nicht fliegen, nicht springen, dafür aber wandern. Und so marschieren sie mir nichts dir nichts auf den Kopf des anderen, wenn Köpfe zusammengesteckt werden. Gerne halten sie sich auch auf abgefallenen Haaren auf, die dann zum Beispiel in der Bahn auf Kopfstützenbezügen oder in Kapuzen, auf Bettwäsche, Kopfkissen oder in Kämmen oder Bürsten stecken. Natürlich auch auf Kuscheltieren. Hat ein Kind im Kindergarten Läuse, können diese über die abgefallenen Haare kriechen, von Jacke zu Jacke, und so ständig weiterreisen. Zwar währt das Überleben der Laus auf einem solchen Haar nicht lange, aber für die nächste »Mitfahrgelegenheit« ist es durchaus ausreichend.

Zu Hause müssen also alle Familienmitglieder daher einer Laus-

Analyse unterzogen werden. Gegebenenfalls erfolgt danach das Entlausen und das wirklich sehr umfangreiche und zeitaufwendige erweiterte Programm startet, bei dem äußerste Sorgfalt gefragt ist: Alle Klamotten, Bettwäsche, Laken, Autositzbezüge etc., alles, an dem potenziell Haare kleben könnten, muss bei mindestens 60 Grad gewaschen werden. Bürsten und Kämme verfrachte man, in einen Tiefkühlbeutel gehüllt, für 48 Stunden ins Kühlfach. Ebenso all die Plüschtiere, die nicht gewaschen werden können. Die kannst du aber auch, dicht in einem Müllsack verpackt, für mindestens 96 Stunden nach draußen stellen. Geht auch. Danach ist alles parasitenfrei! Es gibt natürlich auch Insektizide zu kaufen – dafür frag aber lieber noch mal in der Apotheke nach oder den Arzt.

Würmer

Das Poloch juckt! Hinzu können noch Juckreiz, Schlafmangel, Übelkeit oder übelste Furzerei treten. Auch Appetitlosigkeit kann ein Erkennungsmerkmal sein – kein Wunder, Würmer sind ja auch ein ziemlich unappetitliches Thema.

Würmer werden über Nahrung, Sand oder Gegenstände, an denen Spuren von Kot wurminfizierter Tiere oder Menschen kleben, über den Mund aufgenommen. Die Übertragung kann aber auch durch den Staub, der mit den Wurmeiern verbunden ist und versehentlich eingeatmet wird, stattfinden. Der Bandwurm erhält über halbgares, mit Larven verseuchtes Fleisch Zutritt zum Körper unserer Kinder. Also lieber das Steak gut durchbraten lassen statt »medium rare«. Und der Madenwurm erfreut sich am Karussellfahren, da er durch das Kratzen am Po und anschließendem Finger im Mund seine Eier wieder zurückschickt. Einige reisefreudige Kerlchen dieser Gattung suchen vielleicht aber auch ein neues Zuhause und lauern dann auf den berührten Gegenständen, um einen neuen Wirt zu finden.

Was tun?

Du solltest dem Treiben nicht viel Aufmerksamkeit und Zeit widmen, sondern eine Fachkraft zum schnellen Vollzug auffordern. Ab zum Medicus. Dort wird ein Wurmmittel verschrieben und dann ist Schluss! Zukünftig kannst du folgende Regeln einführen: Noch intensiver Händewaschen, Fingernägel immer kurz halten, Sand-und-Gegenstand-Ablutsch-Verbot aussprechen, Salate und Obst besonders gründlich reinigen oder 30 Sekunden in kochendes Wasser aus dem Wasserkocher stecken, Fleisch und Fisch nur durchgebraten servieren und regelmäßig alle Spielzeuge, die sowohl innerhalb als auch außerhalb des Hauses genutzt werden, säubern. Und nicht vergessen: den Hund entwurmen. Ein Leben als Putzkraft – viel Spaß!

Zecken

Unser Hund hat sie regelmäßig, und das juckt ihn nicht die Bohne. Alles ist anders, klebt dem Menschen eine Zecke am Bein. Dann herrscht richtig Alarm. Wird es nach dem Winter allmählich wieder warm, tauchen sie wieder auf. Sie sitzen nicht, wie oft angenommen, auf dem Baum, sondern hocken im Gras, in Sträuchern und im Laub, wo sie auf warme Menschenkörper lauern. Das Perfide an den blutrünstigen Krabbeltieren ist das mögliche Übertragen der Meningoenzephalitis, einer besonderen Hirnhautentzündung, und der Lyme-Borreliose. Die Hirnhautentzündung wird durch bestimmte Viren ausgelöst, welche eher im südlichen Raum Deutschlands vorkommen, in Bayern und Baden-Württemberg, in Hessen, Thüringen und Rheinland-Pfalz. Es gibt eine Impfung dagegen, die jedoch nicht ohne sorgfältige Erwägung des Für und Wider Kindern unter drei Jahren verabreicht werden sollte.

Brutal ist hingegen die Borreliose, die überall in Deutschland durch einen Zeckenbiss übertragen werden kann. Gegen sie exis-

tiert noch kein Impfstoff. Im Erkrankungsfall ist dringend der Einsatz von Antibiotika erforderlich! Dabei ist der Zeitpunkt des Zeckenangriffs wichtig, da sich die Zecken ja am Körper festbeißen, bis sie sich mit Blut vollgesogen haben, bevor sie dann wie eine grün-rote Murmel aussehen und wieder abfallen. Je früher du eine Zecke am Körper deines Kindes entdeckst, desto besser. Das heißt also nach einem Tag in der Natur, im Garten oder wenn dein Kind einfach nur barfuß oder in Sandalen über den Rasen gelaufen ist – sprich jeden Tag im warmen Frühjahr, im Sommer oder bei mildem Herbstwetter –, abends im Badezimmer einmal den Körper nach einem kleinen schwarzen Punkt mit Krabbelbeinen abchecken! Bevorzugte Orte sind der Hals, der Kopf, die Kniekehlen, unter den Armen oder irgendwo am Bein und am Fuß.

Wenn dein Kind nach einem Zeckenbiss an Kopf- und Muskelschmerzen leidet, Fieber entwickelt oder es sich einfach schlapp fühlt, ist der Arzt aufzusuchen. Hinterlässt das Mistviech eine ringförmige Rötung am Körper, in deren Kreis es eher blass schimmert, dann ebenfalls auf zum Kinderarzt.

Zeckenentfernung für Rookies

Rette dein Kind und befreie es von dem unangenehmen Parasiten. Dafür setzt du eine Pinzette oder Zeckenzange unmittelbar an der Haut an, sodass der Blutsauger umfasst ist. So erwischst du auch den Kopf der Zecke, der sich festgebissen hat. Die Zecke nicht zu sehr quetschen, sonst können Bakterien oder Absonderungen des Schmarotzers ins Blut gelangen. Jetzt drehst du sie entweder mit oder gegen den Uhrzeigersinn so lange, bis sie sich automatisch löst. Meist geschieht das nach einer 360-Grad-Drehung. Danach bitte die Bissstelle desinfizieren und die Zecke vernichten.

Schlafen

Du wirst es sicher bestätigen können: Nach den kurzen Nächten in den ersten Lebensmonaten pendelt sich der Tag-Nacht-Rhythmus bei unseren Kleinen nach einem Jahr so einigermaßen im Bereich »menschlich« ein, sodass auch du nach einer nicht nur angedeuteten Nachtruhe wieder ausreichend Energie getankt hast, um dich weiterhin intensiv der Vaterschaft zu widmen. Aus eigener Vaterschaftserfahrung weiß ich, dass das immer besser wird, ab und an aber auch jäh von Rückschlägen unterbrochen wird. Trotzdem: Insgesamt geht es bergauf mit dem Schlaf!

Für die unangenehmen Aussetzer, die den Schlaf sabotieren, sind in erster Linie die sagenhaften Entwicklungssprünge in den unterschiedlichen Altersphasen deines Kindes verantwortlich. Neue Fähigkeiten gesellen sich zum bereits vorhandenen Funktionswerk dazu, bieten noch mehr Möglichkeiten im noch so jungen Leben als zuvor, und die Verarbeitung dieser fantastischen Erweiterungen und Neuerungen führt eben zu Einschlaf- oder Durchschlafproblemen.

Die Qualität der Schlafstörungen ist dabei von anderer Art als die aufgrund von zu viel Arbeit, Vielweiberei oder überhöhtem Kaffeekonsum entstandene. Hier ist es eher die Angst vor der eigenen Übermacht als selbstständiges Wesen, die nicht selten in Verlustängsten mündet, und in diesem Fall ist das »Alleineschlafen« natürlich keine gute Idee. Schwupps, liegt der kleine Wurm im elterlichen Bett und sucht Nähe. Wenn du nicht ohnehin schon eins installiert hast, kannst du über die Einführung eines Nachtlichts nachdenken. Gut ist es auch, die Zimmertür einen Spalt offen zu

lassen, damit dein Kind euch hört, und sein vertrautes Kuscheltier mit ins Bett zu legen, aber auch das gehört zum Standard. Den ungeplanten Besuch würde ich ausladen, indem du dein Kind wieder zurück in sein eigenes Bett legst, damit das Auswandern ins elterliche Bett nicht zur Gewohnheit wird. Wir haben zwei befreundete Pärchen, bei denen die Kinder jede Nacht ins Bett klettern. Nun haben sich beide Seiten bereits daran gewöhnt und unternehmen nichts mehr dagegen – für mich wäre das jedoch undenkbar, da ich sonst nie ausreichend Schlaf bekommen würde.

Eine Ausnahme habe ich bei Romy gemacht, und zwar, als ihre Schwester Hanna auf die Welt kam. Damals kroch sie jede Nacht um Punkt 3 Uhr zu mir ins Bett. Hanna lag im Babybay neben Kristy, und so entschied sie sich zielsicher für den Papa als »Geborgenheitsmaschine«. Das ging mindestens zwei, wenn nicht sogar drei Monate so. Erst dann schlief sie wieder durch. Dafür habe ich in dieser Zeit hartnäckig an meinem George-Clooney-Look gearbeitet. Zwar nicht vom guten Aussehen her, aber was die Anzahl der grauen Haare angeht. Schlafmangel war damals mein Zweitname.

Donnert also ein Geschwisterkind ins bisherige Familienidyll, steht eine Reise oder ein besonderer Ausflug an oder zieht's euch in eine neue Behausung, können all diese Aufregungen für die kleine Seele – und sie sind ja selbst für uns »Große« ein Brett – wie zehn Tassen Kaffee wirken. Die Folgen sind hinlänglich bekannt.

Diese Schwierigkeiten sind aber glücklicherweise nur als vorübergehender Besuch zu betrachten.

Für einen guten Schlaf sorgst du bei deinem Kind, wenn es sich ordentlich bewegt und es sich bei dir zu Hause auch gut aufgehoben und geliebt fühlt. Wer geht schon gerne ins Bett und denkt dabei »Was für Idioten« oder »Bin ich ihnen eigentlich wirklich sympathisch, oder tun die nur so?« Aber es spielen noch andere Faktoren hinein, die du vielleicht nicht auf dem Zettel hast.

Satt vom Tag und damit sehr zufrieden, sind Kinder natürlich nur, konnten sie sich ausprobieren, im Spiel, im Umgang mit den anderen Knalltüten aus der Nachbarschaft und wenn sie sich eine Portion Selbstvertrauen verdient haben. So etwas nehmen die kleinen Schlafmützchen nämlich auch mit ins Bett. Das macht's rund, das macht müde.

Euer Tag sollte im Ablauf einer festen Struktur folgen. Etwa eine Stunde vor der Schlafenszeit können allmählich alle »Aggregate« langsam runtergefahren werden. Konkret bedeutet das: nicht mehr Musik bis zum Anschlag aufdrehen und Kinder-Disco spielen, nicht mehr durch die Wohnung toben, spurten, brüllen – stattdessen solltet ihr ein Ritual zelebrieren, wie Abendbrot essen, Waschen, Zähneputzen, Schlafanzug an und noch eine Geschichte vorlesen. Mit diesen Grundzutaten ist deinerseits eigentlich alles getan, um ein wunderbares Schläfchen zu gewährleisten. Wann dein Nachwuchs zu Bett geht, kannst du selbst am besten entscheiden. Das hängt immer vom jeweiligen Kind und seinem Müdigkeitsstatus ab. Aber sieh zu, dass es immer derselbe Timeslot ist und nicht heute so und morgen so. Ausnahmen sind aber natürlich immer mal drin. Logo!

Treten die kleinen Einschlaf- oder Aufwachproblemchen in einer ausgereiften und hartnäckigen Dauerschleife ständig auf, empfiehlt sich der Schlafwandlergang zum Kinderarzt, um auszuschließen, dass eine Krankheit die Ursache ist. Denn dauerhafter Schlafmangel würde sich sehr ungünstig auf die Entwicklung deines Kindes auswirken. Nur mal zur Info: Kinder zwischen zwei und drei Jahren sollten etwa 12 bis 13 Stunden schlafen, Vier- und Fünfjährige so elf bis elfeinhalb Stunden. Da das Schlafen bei Kindern aber so eine individuelle Kiste ist wie bei uns Erwachsenen, bitte diese Info nicht in Stein meißeln, sondern nur als Orientierungswert verstehen und mit einer Toleranz von einer Stunde plus oder minus.

Zombies unterm Bett, Monsterschreck!

Ab zwei und bis zur Einschulung schlägt die Fantasie der Kinder Purzelbäume. Es empfiehlt sich deshalb, ständig ein Aufnahmegerät dabeizuhaben – die meisten Handys verfügen mittlerweile ja darüber – und all den Wahnsinn festzuhalten.

Alles kann reden, sprechen, hüpfen, Lebewesen erhalten seltsame Namen wie »Gluckschu«, »Hona« oder »Huckepack«, sie sprechen in Geheimsprachen, und überhaupt und immer ist alles mach-, denk- und vorstellbar. Realität und Fantasie fließen ineinander über, die Grenzen gibt es nur in unseren Köpfen, nicht in ihren. Wen wundert es da, wenn in der bunten Vorstellung deines Fantasiebündels mit einem Mal böse Hexen, fiese, gruselige Monster oder bizarre Schurken und Konsorten in den Ecken des Kinderzimmers auftauchen? Und das während des Einschlafens oder auch mal mitten in der Nacht.

Es wäre töricht von dir, die Ängste deines Kindes als »albern« abzutun. Die Furcht ist da, sie muss akzeptiert und am allerbesten beseitigt werden. Zeit, gegen die grauenhaften Monster vorzugehen!

Ein Monster neigt generell dazu, seine riesigen Klauen des Nachts auszustrecken, um nach seinem im Bett liegenden, im wachen Zustand kreischenden Opfer zu greifen. Manchmal schenkt es sich jedoch das zumeist etwas theatralische und überzeichnete Zugreifen und beißt direkt ins (Menschen-)Fleisch. Eine von vielen Vater-Kind-Gemeinschaften gerne übersehene praktische Abkürzung des Vertilgungsvorgangs. Von daher müsst ihr, um auf Nummer sicher zu gehen, im ersten Schritt eine Anti-Monster-Demarkationslinie durch das Zimmer ziehen, die eine klare Territorialregelung vorsieht. Damit ist klar, die Grenze darf und kann nicht überschritten werden. Für diesen Zweck eignet sich eine Tüte fein

gemahlener »Anti-Monsterdreck« (Mehl), der in einem gebührenden Sicherheitsabstand zum Bett in einer Linie auf den Boden gerieselt wird. Damit kann das Monster schon mal nicht ans Nachtlager herantreten. Um es ganz zu verscheuchen, lässt sich das weiße Pulver zusätzlich auf und hinter dem Schrank verteilen und natürlich auch in den Zimmerecken. Haben wir es mit einem ziemlich ignoranten und hartnäckigen Ungetüm zu tun, das regelrecht immun gegen euren Anti-Monster-Schirm ist, kann ich dir das echte »Anti-Monster«-Gift empfehlen, ein Zerstäuber mit Wasser, versetzt mit einem vermeintlich geheimen Mittel. Am besten schüttest du vor den Augen deines Kindes eine Prise Salz oder Kaffeepulver hinein, ohne dass dein kleiner Racker sieht, was es ist, und verkaufst es als »Kaninchenfußgehobeltes«, das bislang jedes grauenhafte Geschöpf auf der Welt verjagen konnte. Dieses kleine Fläschchen stellst du deinem Kind ans Bett – für den Fall der Fälle! Du wirst sehen, der Spuk ist bald vorbei, und dein Kind vergisst das Mehl und den Zerstäuber, den es ja die ganze Zeit dann doch nicht benutzt hat. Das sind die Papa-Tipps, die du deinem Kind als deine verkaufen solltest. Immer schlau und pfiffig ist es aber natürlich, sich gemeinsam mit seinem Kind einen Abwehrmechanismus einfallen zu lassen, wie zum Beispiel ein Wasserbassin als Stolperfalle für das Gespenst oder ein »Anti-Hexen-Lichtstrahl« – eine Taschenlampe, die du vorher zusammen mit deinem Kind in einem Wald an einem Baum mit »Hexen-Verjag-Energie« auflädst.

Ist die Illusion deines Kindes final in die Flucht geschlagen und hat es all seinen Mut zusammengenommen, um sich gegen den bösen Geist zu wehren und ihn schließlich zu verjagen, dann lass diesen Erfolg nicht einfach untergehen, sondern lobe den Ghostbuster 4.0. ausdrücklich. Feiert dann die Vertreibung des Untiers aus dem Kinderparadies mit einem kleinen Festmahl. Siege müssen genossen und gefeiert werden, und wer so einen ganz schön

coolen Geisterjäger bei sich zu Hause wohnen hat, der sollte ihm diese Lektion fürs Leben auch auf diese Weise mitgeben.

A Nightmare on Elm Street – Der Nachtschreck

Ein lieber Kollege von mir, der häufig so aussah, als würde er zu Hause von seiner Gattin drangsaliert, erpresst und im Käfig gehalten, erzählte mir, als ich noch kein Kind hatte, von einem Phänomen, das sich da des Nachts bei ihm zu Hause abspielte. Es schien das Geheimnis hinter seinem blassen Teint, den tiefen Furchen auf seiner Stirn und den Panda-Bär-Ringen unter seinen Augen zu sein. Seine Tochter wachte jede Nacht panisch schreiend auf, saß mit weit aufgerissenen Augen aufrecht im Bett, strampelte mit den Beinen, schlug mit den Armen um sich und ließ sich dabei weder ansprechen noch sonst wie beruhigen! Der schauerliche Moment dauerte jedes Mal etwa drei bis vier Minuten, dann verstummte sie wieder und schlief weiter.

Am nächsten Morgen wusste sie von nichts und schaute überrascht, wenn er sie darauf ansprach. Mich gruselte die Geschichte, und ich bot ihm mit Blick auf mein darbendes Helfersyndrom an, mich in Sachen »Exorzist To Go« schlauzumachen und den Priester meines Vertrauens aufzusuchen. Ich glaube, er dachte damals ernsthaft über mein Angebot nach. Seine Frau hat ihn dann aber wohl zu Hause wieder weggesperrt, und er flüchtete in die Väterzeit, ein drittes Kind kündigte sich an.

Der Nachtschreck ist ein Phänomen von Kindern zwischen zwei und sechs Jahren. Dabei kommt es zu dem oben beschriebenen Szenario, bei dem Trösten und Beruhigen stets ins Leere laufen. Dieser Ausschnitt aus einem Horrorfilm ist allerdings harmlos. Er zählt zu den Aufwachstörungen von Kindern, zu denen auch Alp-

träume oder Schlafwandeln gehören. Die Rede ist hier allerdings von einzelnen und nicht von ständigen Fällen, von solchen also, die sich nach einer kurzen Weile wieder verdünnisieren. Manchmal treten sie auch als Begleiterscheinung eines fieberhaften Infektes auf. Also: Lass das Kruzifix an der Wand hängen, der Teufel ist nicht eingezogen. Passiert's jedoch wider Erwarten regelmäßig, dass dein Kind einen Alptraum hat oder schweißgebadet und verängstigt aufwacht, dann check nicht erst seine Kopfhaut, ob irgendwo die »666« eingestanzt wurde, sondern macht euch gleich auf den Weg zum Kinderarzt.

Alpträume musst du immer ernst nehmen. Nimm den kleinen verstörten Menschen in deinen braungebrannten Arm, drück ihn liebevoll an dich, dass er Sicherheit und Geborgenheit spürt, und halte ihn so lange, bis er wieder eingeschlafen ist. Ein richtig saftiger Alptraum wirkt im Übrigen bei Kindern gerne mal nach. Der »Alptraumatisierte« kann sich möglicherweise mit Schaudern und Kopfeinziehen noch lange Zeit danach daran erinnern. Wurde dein kleiner Mitbewohner von so einem Kaliber erwischt, reiche ich dir unter der Hand einen Expertenrat weiter: Lass dein Kind die »bösen Gestalten« malen und die Geschichte erneut durchleben. Allerdings denkt ihr euch zusammen ein anderes Ende aus, ein »Happy End«, und dann verschwindet die angsteinflößende Erinnerung daran – und zwar für immer.

High Noon

Madame oder Monsieur benötigen noch ein Mittagsschläfchen? Okay, kein Problem, wenn die Herrschaften am Abend dann nicht »Springbreak«-ähnliche Feierattacken fahren und deine Bude in eine lasterhafte Schaumparty mit Puderzucker, Cocktailwürstchen

und Apfelschorle satt verwandeln, und das alles mit musikalischer Untermalung von Rolf Zuckowski, Michel Teló oder den Teletubbies – dann ist die Schlafeinheit am Mittag offensichtlich obsolet.

Du selbst kannst am besten einschätzen, wie viel Schlaf dein Kind benötigt. Spätestens mit drei Jahren haben die meisten keine Lust mehr, sich am Nachmittag in die Heia legen zu lassen. Dafür sind sie dann aber zum späten Nachmittag hin völlig Schrott und kämpfen mit dem Einschlafen, von dem wir sie, um unsere Abendruhe bangend, natürlich abhalten oder doch einen maximal 15 Minuten andauernden Power-Nap zulassen. Die Folge: große Quengelei.

Mit Blick auf unseren Abend, dem Heiligtum in unserer Partnerschaft, haben wir einen recht strikten »Schlafschnitt« eingeführt. Tanzte uns eins der beiden Kinder abends zu sehr auf dem Tisch, haben wir den Mittagsschlaf um jeweils 15 Minuten gekürzt. Daraus wurden dann letztlich 60 Minuten, manchmal auch 75, und das hat prächtig funktioniert.

Schaltet Hanna – Romy ist inzwischen aus diesem Deal raus – dann am späten Nachmittag wegen kurzfristigen Formtiefs runter, tragen wir sie für 30 Minuten auf dem Arm herum, blättern zusammen ein Buch durch oder schauen ein wenig aus dem Fenster und beobachten Vögel und Eichhörnchen. Irgendetwas Ruhiges ist dann wichtig, damit sie kurz chillt, bevor die letzte Strecke, das Abendbrot umfassend, noch ein Buch lesen, Schlafanzug an etc. ohne Gebrüll und Widerstand starten kann.

Der Freund zum Einschlafen

Arbeitet ihr noch mit Einschlafhilfen wie Händchen halten, den »Nussknacker« tanzen, im Bett der Eltern einschlafen oder täglich ein Hörbuch hören etc., wird dich das spätestens dann in die Bredouille bringen, wenn du keine Lust mehr hast, dein Händchen aufs Bett zu legen, die Pirouette hakt oder der iPod leer gehört ist.

Kinder sind auch Menschen, und wie wir Ausgewachsenen neigen sie zum Gewohnheitstierdasein, welches naturgemäß jene ach so angenehmen Umstände schnell liebgewinnt, die ihnen regelmäßig zur Verfügung stehen.

Und so schwappt manchmal ein schlimmes Ritual aus dem Urlaub mit in den Alltag zu Hause zurück. Romy gewöhnte sich im Urlaub ans Hörbuchhören vor dem Einschlafen. Zurück in Deutschland stellte sie es zur Bedingung, aber kann das sein? Nichts gegen »Conny backt Pizza« oder Bibi und Tina und die »Tierpension« zum Einschlafen, aber täglich, als Grundvoraussetzung zum Schlafen überhaupt? Nein. Das ist nicht drin. Jedes Kind sollte ohne Hilfsmittel in den Schlaf finden, von alleine ein- und durchschlafen, das ist Gesetz, denn alles andere macht aus dir eine Pappnase, die Utensilien ausgraben muss, um das Normalste auf der Welt zu ermöglichen. Also wagte ich mich mit Romy gemeinsam daran, die Einschlafhilfe zu verbannen und ersetzte den iPod durch einen Kuscheltierhasen, den wir gemeinsam kauften und »Harvey« nannten. Der ist nun Einschlafbedingung, aber das soll mir recht sein, denn es liegt wiederum in ihrer eigenen Verantwortung, dass er auch beim nächsten Trip mit dabei ist. Siehst du das ähnlich und stehst vor derselben Situation, kannst du natürlich auch über andere Gegenstände nachdenken, beispielsweise ein Schnuffeltuch oder ein bemalter Stein, irgendetwas, das aber ganz ohne irgendwelche Technik auskommt.

Wie erfinde ich eine prima Gutenachtgeschichte – Ein Schnellkurs

Gegen Abend verbringe ich einen Großteil der Vater-Kind-Zeit damit, meiner großen Tochter Romy Bücher vorzulesen. Diese sind durch die Bank weg unterschiedlich von »Was ist Was – Junior« zum Thema »Indianer« oder »Dinosaurier« über »Pipi Langstrumpf«, das »Mumpelmonster« bis hin zu »Was macht der Weihnachtsmann im Juli?« oder »Haie – Ein Bildband«. Zwischendurch waren einige Klassiker der Gebrüder Grimm wie »Schneewittchen« und »Aschenputtel« oder »Hänsel und Gretel« angesagt, mit der Geburt ihrer kleinen Schwester wollte Romy dann plötzlich wieder Bücher vorgelesen bekommen, die sie als Zweijährige favorisierte, und wenn sie heute noch manchmal rückfällig wird, fordert sie mich auf, mit ihr eines der »Wimmelbücher« durchzublättern.

Bringe ich sie danach ins Bett, ist für Romy der Tag noch nicht zu Ende erzählt. Es fehlt noch ihr obligatorisches fantastisches Sahnehäubchen des Tages, um das sie mich herzergreifend, beinah flehentlich bittet: »Papa, Papa, bitte noch eine Geschichte erzählen!«

Und ich sage: »Na gut, eine. Dann wird aber geschlafen«.

Bis hierhin wird dir der Verlauf sicherlich vertraut sein, oder? Nicht selten fragst du dich dann, was um Himmels willen du dir jetzt schon wieder aus den Fingern saugen sollst, um diesen unersättlichen Geschichtenfreak zu befriedigen? Und weil du nach deinem langen Arbeitstag geistig komplett erschöpft bist, erzählst du abermals die Nummer von dem kleinen Mädchen, das endlich mal wieder mit ihrem Papa spielen will, der jedoch permanent arbeitet und ihr einen Korb nach dem nächsten gibt. Ja, bis sie ihm

die Reifen vom Auto abmontiert ... Oder irgendeine andere Geschichte, nur so groß ist dein Repertoire auch wieder nicht.

Es mangelt dir teilweise an Einfällen? Dann habe ich jetzt für dich den ultimativen Geschichtenerzählkurs, der aus dir ratzfatz den Märchenonkel zaubert, welcher die halbe Nachbarschaft mit seinen Geschichten in den Bann zieht und der alles unter oder knapp über 100 Zentimeter zum Schlafen verführt, wenn seine sonore Stimme ertönt. So wirst du in Kürze auf ein Repertoire an absoluten Topstorys zurückgreifen können, das »Google.Books« alt aussehen lässt.

Mit etwa zwei Jahren fahren Kinder auf Geschichten aus dem Alltag ab, und damit nähern wir uns dem Erzählen ohne visuelle Grundlage. Einfach so. Beim Autofahren, am Bett oder am Tisch beim Essen.

In der kurzen Anekdote kann zum Beispiel das Kuscheltier deines kleinen Zuhörers der Hauptdarsteller sein, oder er selbst, oder du als Kind und eine Person, mit der du damals in den Kindergarten gingst, und die jede Menge Stoff birgt, wie der »dicke, böse Peter«, der dir immer die Schaufel weggenommen hat.

Der kurze Schwank sollte keine zeitlichen Sprünge enthalten und von Erlebnissen handeln, die dem Hörer bereits geläufig sind, wie zum Beispiel das Elefantenfüttern bei eurem gemeinsamen Zoobesuch, ein Erlebnis vom Einkaufen oder vom Spielen im Garten oder eins, das auf dem Spielplatz mit anderen Kindern stattgefunden hat. Dein Kind sollte also nachvollziehen können, wovon du da eigentlich redest.

Einmal eine simple Geschichte entworfen, kannst du sie übrigens sehr, sehr lange Zeit immer wieder erzählen, denn Kinder lieben die Vorhersehbarkeit einer Story, weil sie so wissen, was als Nächstes passiert und sich schon ganz doll vorfreuen.

Sorge dafür, dass die Geschichte nicht zu viele Darsteller enthält, personell also entschlackt funktioniert und auch in der Erzähldau-

er insgesamt kurz und knapp ausfällt. Da sie heiter zu Ende gehen muss, ich meine, du erzählst hier einem Winzling einen zwar einfachen, aber immerhin kompletten Handlungsverlauf, herrscht Happy-End-Pflicht. Hier und da mal inhaltlich und dramaturgisch variiert und leicht abgewandelt, schaffst du dir mit dieser Fassung einen immerwährenden Klassiker, der sich in Wartezeiten, als Einschlafhilfe oder zu Unterhaltungszwecken dauerhaft bewähren wird. Die Mühe lohnt sich.

Ist dein Kind bereits drei oder vier Jahre alt, betreten wir jetzt das interessantere, aber auch anspruchsvollere Terrain des »Storytellings«. Jetzt gibt sich dein Zuhörer nicht mehr mit lauwarmen Storys ab, die so viel Spannung erzeugen wie ein ausgelutschtes Käsebrot, nein, jetzt steht das Tor zur Welt der Ritter, Piraten, Prinzessinnen, Elfen oder Feen sperrangelweit offen. Jetzt darf sich mal ein bisschen gegruselt werden, jetzt gibt's Spannung, Schurken und jede Menge mutiger Helden.

Erschaffe einen Hauptcharakter, den dein Kind bewundert, einen, den es lieben lernt, an dem es sich orientiert und mit dem es sich auch identifizieren kann.

Er oder sie durchlebt diverse Abenteuer, in denen durchaus auch Gespenster, Monster oder Hexen und so weiter auftauchen dürfen, welche aber am Ende verscheucht oder vertrieben werden. Der Held oder die Heldin meistern jegliche Situation und erleben final natürlich ..., genau, ein Happy End!

Juckt der Bibeljünger in dir, kannst du nun auch Geschichten aus dem Alten Testament kindgerecht aufbereitet erzählen, ebenso Märchen der Gebrüder Grimm, die aber teilweise in der Originalfassung schrecklich hart und brutal sind. Es gibt überarbeitete, auch für kleinere Kinder geeignete, freundlichere Versionen der Grimm-Märchen, die, je nach Reife und Sensibilität des Kindes, vielleicht eher geeignet sind.

Baue deine Erzählausflüge in die Märchenwelt immer geradlinig auf, nicht zu komplex, und versehe sie mit der Tendenz zur Vorhersehbarkeit.

In diesen Gefilden landest du ohnehin früh genug, zählt dein Publikum nämlich fünf Lenze und mehr. Eine Geschichte lässt sich dann sowohl länger als auch auf zwei Ebenen erzählen, wie zum Beispiel: Der Hauptdarsteller versucht, den goldenen Schlüssel aus dem Erdloch zu fischen, während sein Zauberhund Karlo auf der Suche nach der magischen Katze ist, die weiß, wo das Schloss für den Schlüssel ist.

Jetzt darfst du die Zeitsprünge herauskramen, solange sie verständlich bleiben und dich allmählich an einen ehrwürdigen und ebenbürtigen Harry-Potter-Nachfolge-Hit wagen. Gute Unterhaltung!

Nur weil dein Kind fünf Jahre alt ist, solltest du die Daueralarmbereitschaft im Hinblick auf dessen Gefühlswelt noch nicht abstellen. Beobachte genau, wie dein Kind auf deine Geschichtensammlung und die einzelnen dramaturgischen Schritte reagiert. Kuschelt es sich plötzlich an dich, läuft ihm permanent ein Schauer über den Rücken oder fängt es an, am Daumen zu lutschen oder irgendwie mit den Fingern im Mund zu arbeiten, könnte es sein, dass du erzählerisch ein bisschen zu spannend geworden bist. Schalte dann ruhig einen Gang runter.

Ach, und wenn du mal nicht weiterweißt in deiner Geschichte – frag doch einfach mal dein Kind, was es glaubt, was der Held in der Situation getan hat oder tun sollte. So bindest du es ein, musst dich nicht weiter um Kopf und Kragen reden und kannst langsam den Deckel auf die festgefahrene Story stülpen.

So, und ist dann doch alles zu spät und nichts geht mehr, weil du dich auf mehreren Ebenen festgefahren hast, dann kann dein Held auch einfach einen Zauberknopf drücken oder seinen Ener-

gierucksack aufsetzen und alles ist wieder in Butter. Sozusagen deine Reset-Funktion.

Die Inspiration zu deinen Geschichten

- Geschichtenfundus Nummer eins: deine Kindheit
  Bediene dich deines eigenen Lebens und krame in deinem Hirn nach Begebenheiten von einst, also jenen, die dir selbst widerfahren sind. Vielleicht hat dir ein »Kindergartenmonster« stets das Gesicht in die Schüssel Milchreis gerammt, hast du schreckliche Angst vor dem Schulzahnarzt gehabt oder bist mal barfuß in einen Haufen Hundekot getreten, der warm und weich zwischen deinen Zehen hervorquoll – großartige, komplett authentische Geschichten sind das, die du, weil selbst erlebt, begeisternd und voller Emotionen vortragen kannst. Eigene Erfahrungen reißen immer andere mit, weil dabei die Eindrücke des Erzählers auf der Gefühlsebene einfacher nachempfunden werden können. Du hast garantiert ein paar Granatenstorys in deiner Gedächtniskiste schlummern. Bevor sie irgendwann mit dir unter der Erde landen, lass sie lieber jetzt raus und gebe sie an deine Kinder weiter. Die kleinen Erdenbürger finden diese Geschichten meistens ganz umwerfend.

- Geschichtenfundus Nummer zwei: die Kindheit der anderen
  Bei meiner Tochter ist mir aufgefallen, dass es ein paar Figuren in unserer Familie gibt, die sie besonders interessant findet. Das sind natürlich Mama und Papa, aber auch ihre beiden Omas, ihr Opa oder ihre Onkels. Allzu gerne hört sie daher Geschichten auch mit diesen Protagonisten in der Hauptrolle, wodurch sich dir im Handumdrehen also ein weiteres Universum an Unterhaltungsmöglichkeiten erschließt oder du kaltblütig die Storyrechte illegal um ein Vielfaches erweitern kannst. Nur ein Narr würde da

nicht zuschlagen. Taucht im Familienumfeld überdies eine Cousine oder ein Cousin auf, der vielleicht nur ein bisschen älter oder jünger ist, könnte auch dieser Verwandte zu einem Helden taugen, Sympathie und Interesse an ihm natürlich vorausgesetzt.

- Geschichtenfundus Nummer drei: die Erzählungen der anderen
  Die Geschichten anderer Geschichtenerzähler – schon sehr billig, diese Nummer, aber im Zweifel muss die Entscheidung immer für die gute Story fallen! Ungeachtet jeglicher Urheberrechte kannst du einfach den Plot erfolgreicher Kinderbücher übernehmen und diesen in deinen eigenen Worten wiedergeben. Selbstredend lassen sich diese Gassenhauer auch »pimpen«, hier noch ein Sirtaki tanzender Elch, da eine anfangs traurige Elfe oder analog zur bekannten Geschichte eine Parallelwelt entwickeln, sodass du zwischen beiden Welten erzählend hin- und herspringen kannst. Dann musst du beim Storyklau auch nicht so ein schlechtes Gewissen haben.

- Steilvorlage: dein Kind
  Ein eleganter Schlenker ist das Anknüpfen an eine von deinem Kind erfundene oder selbst erlebte Geschichte, die es dir selbst erzählt hat. Gelegentlich, wenn auch selten, lassen sich die putzigen Minimenschen doch tatsächlich dazu herab, einen Schwank aus ihrem Kindergartenalltag zu erzählen. Diesen »Vorfall« kannst du dann fiktional als Steilvorlage nutzen, um eine gute, alltagsnahe Rahmenhandlung zu kreieren, die der Zwerg hervorragend nachvollziehen kann. Darin eingebettet agiert dann dein Held, entweder dein Kind selbst oder eine abgewandelte Figur, die deinem Kind sehr ähnlich ist. Über diese pfiffige Grundstruktur kannst du ihm wichtige Werte vermitteln, wie Spielzeuge zu teilen, nicht zu lügen oder nicht zu hauen, wenn es um die

Auseinandersetzung mit fairen Mitteln geht. Über die mit den unfairen sprechen wir ja erst mal nicht. Das kommt dann später ganz von alleine.
Insgesamt ist es eine recht dankbare Variante, von deinem Kind selbst erlebte Geschehnisse in Storys einzubauen und sie einer erfundenen Figur zum Erleben und Lösen aufzutragen, auch weil du dabei sicher sein kannst, dass diese persönliche Thematik bei dem kleinen Racker ziehen wird.

Drei unterschiedliche Herangehensweisen, eine Geschichte zu erzählen

- Kopieren
  Beim Kopieren bedienst du dich einer bereits vorhandenen Geschichte oder ihrer wesentlichen Züge und erzählst diese im Grunde genommen nach, verkauft sie also als deine. So entstehen dem Vernehmen nach sogar Doktorarbeiten.

- Improvisation
  Du lässt dich überraschen, was kommt und spielst an sich »Schillerstraße« nach.
  Dein Sohn faselt etwas von Bananenquark, und schon wird ein Bananenquark-Kosmos geboren, in dem jede Menge Bananenquatsch mit Soße passiert. Die einzelnen Hürden und dabei zu bestehenden Abenteuer lässt du dir während des Erzählens einfallen. Da Geschichten für Kinder sowieso immer langsam erzählt werden müssen, kannst du dir auf diese Art und Weise Zeit lassen, bis dir die nächste kreative Schleife einfällt.

- Vorbereitet
  Du hast dir sowohl zwielichtige als auch anständige Protagonisten ausgedacht und weißt genau, wo die Reise hinführen und

wie die Geschichte enden soll. Zwischen Anfang und Ende hangelst du dich dann an erprobten Spannungsmomenten entlang (»Und plötzlich springt der Hund aus dem Gebüsch.«) und endest schließlich da, wo du landen wolltest, samt der entsprechenden Message.

So verkaufst du deine Geschichte

- Darbietung
  Geschichten haben natürlich einen stärkeren Eventcharakter und Entertainmentfaktor, wenn der Erzähler ein bisschen was zu bieten hat und mit jeder Haarspitze und jeder Gliedmaße ordentlich Dramatik auffährt. Hier können ausufernde Mimik und wilde Gestik schon die halbe Miete sein. Ideal sind außerdem verschiedene Stimmlagen, um die unterschiedlichen Charaktere voneinander abzugrenzen. Das Tempo kannst du mal anziehen, dann wieder genüsslich verlangsamen. Emotionen, die du benennst oder solche, die sich erwartungsgemäß beim Zuhörer einstellen, solltest du auch verkörpern, beim Erzählen über den traurigen Kater ebenso wie bei der Darstellung der hysterisch lachenden Bache. Auch wenn es abgedroschen klingt, aber ritualisierte Anfänge wie »Es war einmal …« oder »In einem fernen Land …« erfreuen die Kinder ungemein, weil sie dann auf das Folgende eingestimmt werden, und es vermittelt ihnen die Sicherheit, dass die folgenden Minuten vergnüglich werden. Hier paaren sich Vorfreude und gebannte Konzentration. Überhaupt ist auch das Verwenden von wiederkehrenden Worten, Satzwendungen und Sprachformen ein schlauer Schachzug, sein Kind in der Sicherheit zu wiegen, dass am Ende der Geschichte alles wieder gut wird. Die Sprache kann eine Mixtur aus Alt und Neu sein. Scheue auch nicht vor unmodernen Wörtern zurück, wie du sie eigentlich nur auf mittelalterlichen Spektakula hörst:

»die Base«, »des Königs Schergen«, »der Unhold« oder »es droht Ungemach« ... All diese Begriffe machen die Geschichte nur interessanter, dein Kind assoziiert vielleicht selbst oder fragt nach, muss also selbst aktiv werden, um für sich eine Übersetzung zu organisieren und bekommt darüber hinaus einen umfangreichen Wortschatz vermittelt.

- Dauer

  Zum Geschichtenerzählen braucht man ein bisschen Zeit und Muße. Wenn du dich dabei hetzt, besteht die Gefahr, dass der Höhepunkt der Geschichte in die Hose geht, und das wäre doch schade. Also, auch wenn du müde bist, diese Zeit solltest du dir nehmen und gelassen jede Sekunde deiner Story auskosten. Erzähle langsam, damit du die eine oder andere Sekunde kreativ nutzen kannst, um den nächsten dramaturgischen Punkt zu überlegen. Immer muss eine angefangene Geschichte auch zu Ende erzählt werden. Befürchtest du schon vor der Erzählung, die Story nicht beenden zu können, weil eine Telefonkonferenz mit Übersee ansteht, dann lass deine Partnerin mal was zum Besten geben. Auch wenn du eigentlich arbeiten müsstest und dein Handy permanent bimmelt, lass das Erzählen lieber bleiben. Sei immer bei der Sache, entweder bei der Arbeit oder bei deinem Kind, beides gleichzeitig zu wollen, nervt alle Beteiligten.

- Das Happening

  Ist dir das bloße Erzählen nicht genug, kannst du deine Märchenstunde natürlich in ein Wahnsinns-Happening verwandeln. Du schlüpfst dafür in ein Märchenonkelgewand, wofür eine Art Umhang (von Bademantel bis Lieblingstischdecke ist alles möglich) ausreicht, zündest eine Kerze an, und ihr kuschelt euch eng aneinander. Wenn das Ganze nicht vor dem Zubettgehen statt-

findet, könnt ihr euch einen Unterschlupf aus Stühlen und Decken basteln oder den gesamten Raum abdunkeln. Mit einem Becher Tee und leckeren Keksen im Gepäck erzählst du dann die Geschichte. Der Eindruck bleibt natürlich länger präsent, wenn dieses Happening schön präsentiert wird.

Geschichten erweitern den Wortschatz und die Ausdrucksfähigkeit unserer Kleinen. Sie geben ihnen ein Wertesystem vor, das ihnen die Welt ein bisschen vorsortiert und sie lehrt, zwischen Gut und Böse zu unterscheiden. Außerdem regen sie die Fantasie der süßen, eigentlich zum Einschlafen verdonnerten Zuhörer an.

Meine große Tochter sprudelt regelrecht vor Ideen und eigenen Kreationen. Ich glaube schon, dass dieser Einfallsreichtum sicherlich auch an den bunten und fantasievollen Geschichten liegt, die wir ihr erzählen. Vermutlich ist es aber auch das Einbeziehen von Fantastischem in unseren Alltag. Bei uns zu Hause kann vieles »sprechen«, die Tomate ebenso wie der Kühlschrank. Aus diesem spielerischen Umgang mit alltäglichen Gegenständen entstehen teilweise bereits unterhaltsame Welten, auch ohne dass wir eine Gutenachtgeschichte erzählen.

Erziehung

> ***Erziehung laut Wahrig-Wörterbuch***
>
> Erziehung ist die planmäßige und zielgerichtete Einwirkung auf junge Menschen, um sie mit all ihren Fähigkeiten und Kräften geistig, sittlich und körperlich zu formen und zu verantwortungsbewussten und charakterfesten Persönlichkeiten heranzubilden.

Die Super-Nanny geht, der Super-Nanno kommt

Die RTL-»Super-Nanny« hat nach gefühlten hundert Jahren das Schlachtfeld Kinderzimmer verlassen, um uns mit unseren ungezogenen Gören allein zu lassen. Die letzte Rettung, sie will nicht mehr Teil des mächtigen TV-Apparats sein. Väter dieser Welt, wir dürfen nicht verzagen, wir müssen selber zur Tat schreiten und uns ausbilden lassen zum »Super-Nanno«. Und den Grundstein dafür legen wir gleich jetzt!

Auch wenn wir entscheidungsschwache, zu sehr liebende und softe Väter sind, die ihre Kinder über alles vergöttern, so müssen wir unserem süßen Nachwuchs doch zeigen, wo es langgeht oder klarer formuliert, wo der Frosch die Locken hat.

Deshalb sind wir über kurz oder lang dazu verdammt, eine Art Erziehungsplan zu entwerfen, mit dem wir uns identifizieren können. Dieser bildet im Idealfall die Grundlage für die späteren vir-

tuosen Verhaltenskünste unseres Kindes, soweit wir denn Einfluss darauf nehmen können und wollen. Dieses geheime Strategiepapier sollte resistent sein vor Angriffen von Menschen um die Größe von einem Meter und dich dazu ermutigen, im Umgang mit deinem Kind immer wieder eindeutig Farbe zu bekennen. Fahren wir im ersten Lebensjahr noch mit einer erzieherisch angezogenen Handbremse, wird direkt nach Ablauf der »Schonfrist« ordentlich ausgeteilt: Kommentare, Anweisungen, Verbote, Strafen – jetzt geht's richtig los. Nicht nur du und ich kennen dieses konsequente Austreten aus dem »Weichspülwaschgang« – mit Wonne, Vergnügen und völlig frei von Schadenfreude erleben wir es auch bei anderen Vätern. Wie sie mit ihren Kindern reden, wie sie sie anweisen und steuern, lädt sogar unweigerlich zur Inspiration und zum direkten Vergleich ein. Gleichfalls mutet es dem heimlichen Lauscher viel Menschliches-Allzumenschliches zu, das unfreiwillig belustigt. Wie soll man auch reagieren, will ein Vater seine vierjährige Tochter von einem Bad im Planschbecken mit folgenden Worten abhalten: »Dann hast du gleich eine nasse Bikinihose und bekommst wieder eine Scheidenerkältung.« In diesem Sinne.

Erziehung-Eigenverantwortung-Klausel

Erzogen wird zu Hause! Nirgendwo anders! Also niemals die Verantwortung dafür bei anderen suchen, wenn dein Kind den Pudding an die Wand klatscht.

Goldener Mittelweg statt perfekter Erziehung

Es tut mir leid, aber ich muss dich enttäuschen: Die perfekte Erziehung existiert nicht! Der Grund: Es gibt zu viele kontroverse Auffassungen darüber. Die eine, auf alles anwendbare Matrix ist in der pluralistischen Gesellschaft von heute demnach ein Hirngespinst, allein deshalb, weil im Alltag ein und dieselben Erziehungsziele in unterschiedlichen Familien jeweils individuell realisiert werden. Jeder entwickelt zwangsläufig seinen eigenen Stil und setzt seine eigenen Prioritäten. Uniform ist also relativ wenig. Bleibt als gemeinsamer Nenner und allgemeines Grundgerüst »nur« der goldene Mittelweg, und der definiert sich in etwa so: Kindern wird, begleitet durch ihre Eltern und unter dem Aspekt, was sie individuell benötigen, ihre Entwicklung und Entfaltung ihrer Eigenständigkeit vollkommen zugestanden. Dieses weite Feld wird jedoch mit Grenzen eingezäunt und durch Regeln strukturiert. Da hast du es, das ist die Basis! Damit lässt sich arbeiten.

Die Top 10 der Erziehungsbasics

Der Intensivkurs ist kein Erziehungsratgeber, dennoch will er versuchen, dir die zehn edelsten Erziehungsbasics unterzujubeln, die dich souverän, liebevoll, konsequent und klar am Frühstücksbüffet stehen lassen, weil du dir sagen kannst: Mein Kind suhlt sich nicht in eurem Rührei! Also bitte konzentrieren!

TOP 1 – Ich sehe dich!

Wie für den Gerüstebauer vormittags der Kaffee und das Mettbrötchen mit Zwiebeln Pflicht ist und für den Puffbetreiber das Abkassieren in den frühen Morgenstunden, brauchen unsere Kin-

der von Liebe getragene Beziehungen, auf die sie sich immer verlassen können. Diese festen Bindungen geben ihnen Halt und Sicherheit wie Corega-Tabs und vermitteln ihnen das Gefühl, geliebt, akzeptiert und respektiert zu werden. Und zwar so, wie sie sind.

Dieses Grundbedürfnis ist unser Top1-Kandidat, denn Beziehungen, die Liebe, Verlässlichkeit und Schutz transportieren, sind der Tank für jede Menge Selbstbewusstsein. Nur wer sich gut aufgehoben fühlt, kann Selbstvertrauen gewinnen, sich austesten, erforschen, siegen und scheitern, offen sein für die Welt da draußen und wiederum neue Verhältnisse und Beziehungen entstehen lassen.

Das kannst du dafür tun:

Eine Beziehung will gepflegt werden. Erst recht die zu deinem Kind. Nimm dir also regelmäßig Zeit, so wie du sie dir einräumen kannst, und schenke ihm deine volle Aufmerksamkeit. Nicht mal kurz zwischendurch durchs Netz surfen, telefonieren oder schnell eine Mail schreiben. Das kann warten. Jetzt wird gelacht, getobt, Quatsch gemacht, getanzt und ordentlich Unfug getrieben. Ihr könnt tolle Unternehmungen starten, draußen, drinnen, auf dem Schlitten oder im Freibad. Natürlich geht auch die Chill-out-Abhäng-Nummer, allein im Kinderzimmer, Musik an, Limonade trinken, Kuchen essen und über Aktuelles quatschen. Du bist für dein Kind da, hörst ihm zu, lauschst seinen Geschichten, seinem Spaß, seiner Freude, seinen Sorgen, seinem Ärger, bist einfach offen für alles, was von deinem Kind kommt. Dabei ordnest du nicht gleich ein oder kategorisierst mit deinem Richtig-falsch-Filter, sondern lässt einfach Momente geschehen, in denen dein Kind spürt, dass du es so liebst, wie es ist. Unabhängig und frei von Stärken und Schwächen, die es ganz sicher haben wird. Streitet ihr euch mal, erschrecke dein Kind nie so sehr, dass es befürchten könnte, nicht

mehr von dir geliebt zu werden. Es muss wissen, egal, was auch passieren mag, der da ist immer für mich da und wird mich niemals aufgeben.

TOP 2 – Ich lasse dich!

Wie du als erfahrener Vater weißt, haben unsere süßen Erziehungsunberechtigten ungefähr 15 Hummelschwärme im Hintern, die sie ständig von einem Forschertrip zum nächsten treiben. Die Welt zu entdecken und dadurch tonnenweise Erfahrungen zu sammeln ist ein elementarer Teil der Entwicklung und sorgt für neue »Funktionen« und ein ausgiebiges Bad in der Selbstwertgefühl- und Selbstvertrauen-Wanne.

Das kannst du dafür tun:

Ermutige deinen Spross, die Initiative zu übernehmen, sich zu erproben, zu beschäftigen und Neues zu erkunden. Je mehr Erfahrungen er sammelt, umso besser für seine Entwicklung. Andererseits soll auch hier auf das rechte Maß geachtet werden, Überforderungen sollen vermieden werden, da sie Frustration erzeugen. Und es muss auch nicht das Spiel am Krokodiltümpel sein – sei lebendes Gefahrenschild und sorge für den nötigen Schutz. Es ist immer wieder ein Eiertanz, die Selbstständigkeit des Kleinen anzufeuern und gleichzeitig den Leibwächter zu spielen. Wie viel du deinem Kind an Entscheidungsfreiheit jeweils zumuten willst, kannst du abschätzen, indem du seine aktuellen Fähigkeiten, Stärken und Schwächen mit seinen Wünschen und Interessen, die es gerade verfolgt, vor dem Hintergrund der Gefahr und Herausforderung der Situation abwägst.

TOP 3 – Ich zeig dir was

Für dein Kind bist du der Kosmopolit im Schlafanzug. Mit Dreitagebart. Du bist der Held.

Und weil du bereits so viel von der Welt verstehst, zeig sie deinem Fan!

Das kannst du dafür tun:

Es muss ja keine Ballonfahrt über das Outback sein, eine kleine Fahrradtour im Kindersitz zum nächsten Waldspielplatz, ein Zoobesuch oder eine Besichtigung der Aussichtsplattform am Flughafen tun es auch. Wie wäre es mit einer Wanderung um den Wohnblock, um die Pflanzen zu betrachten oder Enten zu füttern – das Ausscheren aus dem Alltag ist eine Minifrischzellenkur, die neue Impulse und Reize von außen setzt, welche dein Kind für seine Entwicklung benötigt!

Dazu zählen natürlich auch Sportkurse am Nachmittag, Musikunterricht oder sonstige Freizeitaktivitäten, wie im Kapitel »Freizeit« beschrieben.

TOP 4 – Ich setze dir Grenzen

Bei aller Liebe für das Verwüsten eines Hotelzimmers, den liebevoll abgelegten Haufen Kot vor der eigenen Haustür oder die aufgedrehten Haare im elektrischen Milchaufschäumer – die wahre Anarchie von Kindern im Spiel, aus der so vieles erwächst, wie Unabhängigkeit, Eigenständigkeit, Kreativität und ein Selbstwertgefühl und Selbstbewusstsein zum aus den Nietenhemden Platzen im Lederwarenfachgeschäft, muss auch Regeln zu Hause und im Alltag ertragen können. Deine verlässlichen Gebote, die Routine ermöglichen und Strukturen erhalten, die allen Beteiligten Halt, Schutz und zugleich Freiheit bieten, vermitteln den Kindern Leitplanken und Orientierung.

Wenn du die vollständige Anarchie ablehnst, musst du mit Konflikten rechnen. Dein Kind wird sich nämlich gegen allzu gut gemeinte Reglementierungen wehren. Sie reiben sich daran, klagen, jammern, schreien, lenken ein oder bleiben uneinsichtig. Welches Ziel sie auch verfolgen, die Reaktion ist für sie ausgesprochen elementar. Der Konflikt aufgrund von Grenzsetzungen gehört zu der Entwicklung ihrer Persönlichkeit, es ist eine Art Selbstfindung für sie, für die wir als Erwachsene heute viel Geld in irgendwelchen Seminaren von Personal- und Business-Coaches bezahlen. Unseren Zwergen reicht der Ärger zu Hause. Daran könnten wir uns sicherlich ein Vorbild nehmen.

Das kannst du dafür tun:

Grenzgänge werden von dir mit einem klaren »Ja« oder einem völlig unmissverständlichen »Nein« kommentiert. Ein »Nein« muss auch ein »Nein« bedeuten und die damit verbundene Konsequenz mit sich bringen. Alles andere ist verwirrender Humbug. Daher kläre von Fall zu Fall mit deiner Partnerin, ob eine Grenzüberschreitung vorliegt, die geahndet werden muss oder nicht. Wenn ja, überdenkt kurz die Notwendigkeit des Verbots, bevor ihr es aussprecht. Tendiert ihr in unterschiedliche Richtungen, sprecht euch kurz ab, bestimmt den Überbringer der Nachricht, oder verkündet den Beschluss im Duett. Wenn du dann im Dialog mit deinem Ausbund an Aggression oder Verzweiflung bist, schalte deinen Geduldmodus ein und bediene dich deiner Empathie, sprich dein Kind so an, dass es auch bei ihm ankommt. Diesen Zauber trägt jeder Vater in sich. Du kennst dein Kind am besten. Du weißt, welche Ansprache bei ihm fruchtet und bei welcher es sich sofort verschließt oder noch mehr bockt.

In diesem Zusammenhang sei noch einmal darauf hingewiesen, wie wichtig die grundsätzliche Übereinkunft mit deiner Partne-

... und setze dir selbst Grenzen!

Hast du keine Grenze gesetzt, bist aber dennoch genervt von dem Verhalten deines Kindes, weil es zum Beispiel zusammen mit seinen Freunden auf der Anrichte tanzt, den Hund mit seltsam intensiven Umarmungen bedrängt oder mit den Playmobilfiguren eine Schaumparty auf dem Teppichboden spielt, dann greife ein und reagiere. Unternimmst du nichts, lässt es also förmlich über dich ergehen, spürst in dir aber eine vehemente Reizbarkeit auftreten, dann sei klar und ehrlich zu deinem Kind, indem du weitere Sauereien oder Überschreitungen untersagst. Die feinen Sensoren unserer Kleinen empfangen nämlich trotz deines Schweigens deine heimliche Ablehnung der Situation und verstehen sie als Ablehnung ihrer selbst. Sie sind noch nicht reif genug, derartige Momente zu differenzieren und begreifen dein Verhalten als Liebesentzug, der ihnen negative Glaubenssätze über sich selbst vermittelt. Denke immer dran: Du tust deinem Kind keinen Gefallen, wenn du etwas erträgst, das dir im Grunde genommen komplett gegen den Strich geht! Hier musst du, um dich selbst zu schützen, ebenfalls eine Grenze ziehen.

rin in Erziehungsfragen ist. Seid ihr klar, entschieden und teilt die Auffassungen zu diversen Erziehungsthemen, dann fällt es deinem Kind leichter, Grenzen und Regeln zu verstehen sowie diese zu respektieren. Versuche, die Einschränkung stets nachvollziehbar zu erklären, damit der Querkopf die Möglichkeit hat, deinen Gedanken zu folgen, und Einsicht üben kann.

TOP 5 – Ich sag dir, wie ich fühle

Gefühle werden nicht mit dem Fläschchen zugeführt, sondern durch viele Erfahrungen und gekonnte Aufführungen der Eltern erlernt und geübt. Wie wir bei Wut, Freude, Trauer, Hysterie, Humor, Stress, Schock etc. reagieren, zählt! Das wird von unseren Kindern für die Norm gehalten und im eigenen System eingepflanzt. Werfen wir einen kurzen Blick auf unsere eigenen Wutanfälle in Gegenwart unserer Kinder, stellen wir ziemlich schnell fest, dass wir nicht immer in der Lage sind, ihnen unsere Regungen nachvollziehbar zu erläutern. Stattdessen platzen wir einfach mit dem kryptischen Endergebnis einer emotionalen Kettenreaktion heraus! Die Kinder müssen denken, wir hätten ein Rad ab, wenn wir wütend losbrüllen. Aber wieso sind wir eigentlich wütend? Was steckt als Grundmotivation dahinter? Angst oder Enttäuschung?

Das kannst du dafür tun:

Statt gleich in einen Pöbelton zu verfallen, der nicht einmal notgeile S/M-Sklaven stimuliert, kneif dir beim nächsten Mal in deinen kleinen Finger, atme durch und sortiere den Schwall an Wörtern, bevor er herausbricht. Versuche danach, deinem Kind einigermaßen verständlich zu erklären, was bei dir abgeht, wie zum Beispiel »Ich bin immer traurig, wenn du nicht die Treppe benutzt, sondern an der Außenfassade ins Zimmer kletterst.« Dein Kind hat das Recht auf den offenen Gefühlsaustausch, so seltsam das klingt. Es lernt somit, Stimmungen für sich zu übersetzen, sie zu differenzieren und ihnen nicht schonungslos ausgesetzt zu sein. Es muss deshalb aber auch nicht seelisch bombardiert oder wie ein Gleichaltriger behandelt werden.

TOP 6 – Ich schlag lieber den Karton

Bei manchen Menschen verursachen Reizbarkeit, Überforderung und Stress extreme Aggressionen. Fatal im Umgang mit dem eigenen Kind, das meistens völlig perplex ist. Ohne Ankündigung und von null auf hundert erfolgt auf seine Aktion eine gewalttätige Reaktion. Es weiß deshalb immer noch nicht, wie es sich beim nächsten Mal anders verhalten soll, sondern wird mit seinem Schmerz alleingelassen. Schlimmer noch, es glaubt, an der elterlichen Überreaktion schuld zu sein und fühlt sich deswegen richtig schlecht.

Das kannst du dafür tun:

Läufst du einmal Gefahr, den Kopf zu verlieren und nur noch ein Haufen qualmender Muskeln zu sein, reagiere dich zuerst ab. Trinke ein Glas Wasser, atme tief durch, gehe in den Nebenraum, auf den Balkon, in einen Wald, auf eine Wiese, oder nimm dir ein Kissen und schreie, so laut du kannst. Das ist herrlich. Schreien hilft immer. Vielleicht tut dir auch ein Sandsack gut oder ein Stapel Pappe und Papier neben dem Kühlschrank zum Reintreten. Du musst dafür keineswegs funktionierende und kostbare Designer-Gebrauchsgegenstände zertrümmern, Tiere aus dem Fenster werfen oder deine Nachbarn durch den Briefschlitz ihrer Tür ausfallend beschimpfen. Irgendeine geeignete Deeskalationsidee fällt dir sicher ein. Etwas gelassener kannst du deinem Kind sodann wieder unter die Augen treten und ruhig und respektvoll die Situation noch einmal betrachten und erklären.

Fällt es dir indes schwer, die Kontrolle zu behalten, rutscht dir immer wieder mal die Hand aus oder neigst du zu seelischer Gewalt deinem Kind gegenüber, erpresst oder beschimpfst es und setzt es unter Druck, dann akzeptiere das für dich und definiere es nicht als Schwäche. Das ist der erste Schritt zur Heilung. Da-

nach besorge dir eine fachlich kompetente Beratung und Unterstützung, mit der du diese Situation in den Griff bekommst. Das Arbeiten daran lohnt sich, denn du bist dein Leben lang Vater deines Kindes und dein Kind dankt es dir, wenn du ihm weitere Pein ersparst.

TOP 7 – Ich rede Klartext

Viele Eltern kommentieren das Fehlverhalten ihres Kindes zum Beispiel mit »Du bist gemein« oder »Du bist böse«, obwohl das genau genommen nicht der Wahrheit entspricht. Sie formulieren ihre Gedanken also nicht klar und deutlich genug.

Das kannst du dafür tun:

Hat dein Kind etwas angestellt, das du als gemein oder aggressiv empfindest, dann artikuliere deine Haltung dazu möglichst genau, um keinen bleibenden Schaden anzurichten. Korrekt würde es heißen: »Die Luzie zu schubsen, war jetzt aber gemein«, sprich also das konkrete Verhalten an. Kinder und auch Erwachsene nehmen derartige Kommentare oft sehr persönlich und verstehen sie eher als Ablehnung ihrer Person statt des kleinen Fauxpas.

TOP 8 – Ich bestrafe fair

Arbeitslager, Isolationshaft oder Fingerkloppe, Eltern vergreifen sich oft in der Wahl der Mittel, wenn sie ihrem Kind einen Denkzettel für das Nichteinhalten der Hausordnung verpassen wollen.

Das kannst du dafür tun:

Oberster Grundsatz: Die Strafe muss angemessen und auch wirklich durchführbar sein. Es bringt nichts, wenn du nur drohst und es dann aber nicht konsequent durchziehst. Erziehungsnavi: »Sie haben Ihr Ziel nicht erreicht!«

Eine Bestrafung durch die Eltern sollte wie die strahlende Erkenntnis, ohne Sportzeug nicht am Sportunterricht teilnehmen zu können, in einem leicht nachvollziehbaren Zusammenhang zur Tat stehen. Boxt dein Kind im Kindergarten also den Kollegen, ohne lange zu fackeln, von der Wippe, hilft kein Süßigkeitenverbot! Dein Appell sollte eher das offensichtlich maue Sozialverhalten wiederherstellen und gegebenenfalls nachimpfen. Dazu ließe sich bei Erfüllung sämtlicher Straftatbestände in vollem Umfang ein Spielplatzverbot aussprechen oder, milder, lediglich ein Wippeverbot. Das wäre die auf unser Beispiel passend zugeschnittene Ahndung.

Konsequent sein ist alles, und das Einlassen auf daraus möglicherweise entstehende Konflikte mit dem »Gesetzesbrecher« bringt dich persönlich in deiner Entwicklung weiter. Es schult Selbstvertrauen, Stichwort »Vaterroutine«, und macht dich stärker. Wir müssen allerdings immer wieder aufs Neue daran arbeiten, vermutlich ein Leben lang. Dafür benimmt sich dein Kind aber auch anständig.

TOP 9 – Ich halte meine Versprechen

Wie schnell ist – vor allem im Affekt – seinem Kind etwas versprochen, und schon hat man ein Problem, denn es stellt sich heraus, dass am fraglichen Tag schon etwas anderes im Kalender steht als das geplante Zeltkaufen mit dem Kind.

Das kannst du dafür tun:

Deswegen fällst du nicht für immer in Ungnade. Das kann schon mal passieren, sollte künftig aber vermieden werden. Versprechen und Vereinbarungen sind generell immer zu halten. Wenn du das nicht tust, erschütterst du das Grundvertrauen deines Kindes, das dich beim Wort genommen hat. Triff geschickte Vereinbarungen

und setze sie in Bezug zu Variablen wie beispielsweise dem Wetter. »Wir machen die Radtour, wenn die Sonne scheint«, oder wenn es regnet, je nachdem, was euch mehr Spaß bereitet. Fällt die Aktion komplett ins Wasser, winde dich nicht wie ein Aal, verzweifelt nach Ausreden suchend aus der Affäre, sondern präsentiere eine gelungene Alternative, und die Sonne scheint am nächsten Tag auch für dich.

TOP 10 – Ich halte zu meinem Partner

Einer der größten Fehler besteht darin, den Partner vor seinem Kind für seinen Erziehungsstil zu kritisieren, während der kleine Satansbraten beide Elternteile gegeneinander ausspielen will. Das kommt einem erzieherischen Offenbarungseid gleich!

Das kannst du dafür tun:

Partnerschaftliche Erziehung setzt einen absoluten Zusammenhalt voraus und schließt abtrünniges, den Teamgeist verletzendes Verhalten der Feldspieler aus. Daher gilt: Augen auf und durch, und die Diskussion über die unterschiedlichen Ansichten über den strittigen Grenzfall dann im Anschluss mit deiner Frau ohne kindlichen Zeugen führen. Bei uns ist folgende Regel gültig: Derjenige, der mit dem Kind zusammen ist, vertritt das »Gesetz«. Sind wir alle beieinander, herrschen die grundsätzlich vereinbarten individuellen Erziehungsregeln. Geraten wir trotzdem in einen Meinungskonflikt, versuchen wir, uns kurz zu dem Thema auszutauschen und eine schnelle Lösung zu finden, was natürlich nicht immer gelingt.

Spezialitäten des Hauses – Erziehungsleckerbissen

Gemütlicher Grinsepapa zu sein ist einfach, aber wie lange wollen und können wir unaufgeräumte Zimmer, Dauernörgeln oder peinliche Sprüche über andere Menschen ertragen, bevor wir auf die Palme gehen und uns von der anderen Seite zeigen!? Am besten gar nicht. Widmen wir uns also den Spezialitäten des Hauses, den konkreten Erziehungsleckerbissen.

Aufräumen

Kinderzimmer aufräumen, obwohl das Spielen gerade so richtig rockt – geht's noch? Um unsere Kinder zum Klarschiffmachen oder wenigstens zum Mitanpacken zu animieren, müssen wir ihnen Etappenziele setzen.

Malt der Fünfjährige ein Bild, muss ihm einleuchten, dass er anschließend Stifte und Block wieder ordnungsgemäß verstaut. Die Regelkomparation lautet: spielen. Fertig gespielt. Wegräumen! Im Dauerloop gepredigt, läuft's irgendwann wie geschmiert. Selten fruchtet eine großkotzige Ansage wie »Räum mal dein Zimmer auf«, sitzt das Kind erst auf einer Müllhalde. Kleinkinder brauchen eine konkrete Aufgabe wie »Die Murmeln bitte zurück in die Dose«. Passiert gar nichts, hilf erst mit und zieh dich dann langsam zurück. Der Minimessi muss verstehen, dass das Aufräumen zum Alltag gehört wie das Ärgern der Schwester oder der Ritt auf dem Hund. Und auf diese Vision arbeitest du hin: Ist das Spielzeug benutzt, wird es erst wieder verstaut, bevor ein neues geholt wird. So sieht das nämlich aus! Da Kinder unter drei Jahren bereits liebend gerne sortieren, kannst du dir ihren Ordnungssinn zunutze machen und mit ihm festlegen, wo in seinem Zimmer zum Beispiel Puppen, Autos oder Stifte gelagert werden. Sucht der Knirps den

Platz selbst aus, achtet er später noch mehr darauf, dass sich die Dinge nach dem Großreinemachen wieder am angestammten Platz befinden. Und wo wir schon bei der Ordnung sind: Kinder ab drei Jahren haben sich an folgende Regeln zu halten: Klo und Bad müssen immer anständig verlassen werden, Jacke aufhängen, Schuhe ordentlich abstellen und die Schmutzwäsche in den Korb werfen.

Quengeln

Quengeln ist die unsichtbare Universalwaffe von Kindern gegen Erwachsene. Ein Quengelkind ist selten zu bremsen, aus dem Quengeln entsteht Jammern ohne Ende, während wir mit jedem Gejaule auf Oberschenkelhöhe immer genervter werden. Durchatmen! Gib dir selbst links und rechts einen leichten Klaps auf die Wange, streich dir einmal übers Gesicht, und dann geh in die Knie und frag den Nörgelprinzen, was sein Problem ist! Oft werden Kinder nämlich zu Jammerlappen, wenn sie ein unbefriedigtes Bedürfnis quält.

- Quengelei im Supermarkt: Sie wollen Schokolade und diesen Wunsch mit Nörgeln durchsetzen – nein! Klare unmissverständliche Ansage, ob mit oder ohne Kassenpublikum. Fertig. Knickst du ein, lernen sie, dass sie mit Jaulen Erfolg haben.
- Quengelei im Auto: Sie wollen nicht fahren, lieber spielen. Kindern fällt es schwer, ein dringendes Verlangen aufzuschieben. Deshalb macht viele Pausen und spielt im Auto Spiele (zum Beispiel die »Klassiker zum Zeitüberbrücken«, S. 243), oder hört Hörspiele und singt.
- Quengelei am Abend: Nach einer Folge »Bibi und Tina« wollen sie eine zweite Folge sehen. Aber es ist genug. Deshalb: Schluss ist Schluss. Der Deal lautete auf eine Folge. Und nicht mehr. Keine Diskussion. Hart bleiben! Sonst erlebst du morgen dasselbe.

- Grundloses Quengeln: Sie quengeln einfach so und ohne einen offensichtlichen Grund, aber dieser Eindruck täuscht. Dein Kind sucht deine Aufmerksamkeit. Weise es nicht zurecht, sondern prüfe, was sein Problem ist. Wenn ihr darüber gesprochen habt, findet ihr bestimmt einen Weg, das Quengeln abzustellen.

Selbstständigkeit

Die Hektik im Alltag weckt den Viehtreiber in uns. »Zieh dich doch bitte an! Frühstück ist schon fertig!« oder »Komm endlich, wir müssen noch Zähne putzen, Schatz, Papa hat's eilig!« Nichts liegt in solchen Momenten näher, als den Kindern 99 Prozent ihrer Aufgaben abzunehmen und ihnen glattrasiert Messer und Butterdose zu reichen, statt mit Vollbart der Zeremonie rund um den ersten Biss in das Brot beizuwohnen. Auch das Anziehen ist so eine Sache. Lieber stülpen wir der Dreijährigen die Hose über die Beine, als uns ihr nervenzermürbendes »Gliedmaßen-Tetris« anzutun. »Aber wir fahren mit dem Fahrrad in die Kita, Papa, ja?«. Nix, ab ins Auto! Selbstständigkeit ade, weil du es eilig hast? Nein, so geht das nicht. So viel Zeit muss sein. Kinder müssen sowohl Brotschmieren üben als auch das Zuschnüren der Schuhe, und überhaupt müssen sie sich ausprobieren – dafür brauchen sie Zeit und Unterstützung. Denn natürlich läuft das anfangs nicht von alleine. Sie müssen dazu angeleitet, bestätigt und gelobt werden, Teilerfolge sollen gewürdigt werden – all das gehört zum Selbstständigwerden dazu. Wenn dieses Ziel erstmal erreicht ist, profitierst auch du sehr davon: Dann wickelt dein Kind nämlich plötzlich die Hälfte der morgendlichen Aktivitäten alleine ab. Die Selbstständigkeit ist nah mit Verantwortung und Pflichten verwandt: Das Zimmer aufräumen, kleine Tätigkeiten im Haushalt übernehmen oder die Jacke aufhängen und die Schuhe ordentlich vor die Tür stellen – diese Verbindung von Pflichtenzuteilung und Vertrauen

in die Bewältigung der Aufgabe ist das Fundament der Selbstständigkeit. Mit dreieinhalb wird beim Backen dann schon der Rührstab gehalten und mit vier wäscht man sich komplett alleine. Mit fünf ist die väterliche Hilfe nur noch beim Zähne(nach)putzen und Haarewaschen vonnöten – den Rest managen die Kleinen allein. Und natürlich fahrt ihr dann gemeinsam mit den Rädern zur Kita.

Raus!

Manchmal hat man vor lauter Kindern, Stress und unbefriedigten eigenen Bedürfnissen keinen Schimmer, wie die noch verbleibenden fünfeinhalb Stunden bis zum Abendbrot gestaltet werden könnten, trotz reichlich Ideen und Spielvorgaben. Die Stimmung ist angespannt, die Kinder sind sich ausschließlich uneinig, der Partner kommt erst am Abend wieder. Die goldene Regel, die schon fast viel zu simpel ist, um sie überhaupt niederzuschreiben, lautet: Raus! Geht einfach raus. Packt die Kinder ein und hüpft in Pfützen, schaut euch sich paarende Marienkäfer an, plattgefahrene Tauben oder am Straßenrand abgelegte, zum Bersten gefüllte Hundekotbeutel – egal, was es ist! Hauptsache, ihr seid draußen. Fahrt Fahrrad, sitzt auf Baumwurzeln, streckt die Füße ins Wasser, trinkt oder esst irgendwo etwas, glaubt mir, die Lage entspannt sich sofort. Plötzlich hat man seine Kinder wieder lieb, bereut es doch nicht, einst mit blanker Lanze in die Schlacht gezogen zu sein und wagt sogar einen Ausblick auf die Gestaltung des nächsten Tages.

Fluchen

Blöde Pottsau! F*** dich ins Knie, du A…! Hui, da gehen mit einem beim Autofahren schon mal die Pferdchen durch. Und während wir elegant den Stinkefinger aus dem Fenster strecken, fällt uns siedend heiß ein: Ach, der Kleine ist ja auch noch da! Kein Problem. Man kann es gar nicht oft genug sagen: Immer schön locker

Manipulation hausgemacht:

Der Osterhasen-Trick

Erziehungsgurus, jetzt mal weghören, aber ein Kind, das morgens trödelt, nervt gewaltig, wenn ein wichtiger Termin, ein Berg an Arbeit, ein Meeting oder eine Präsentation anstehen. Alle bekannten und pädagogisch goutierten Tricks, angefangen beim liebevollen Zureden über das spielerische Initiieren des Bekleidungsvorgangs bis hin zur völlig unpädagogischen, gnadenlosen Erpressung, greifen nicht immer, ebenso wie dieses alltägliche Problem nicht unbedingt neu ist. Doch an einem Tag im Jahr schlüpft meine große Tochter ratzfatz in ihre Sachen, ohne dass es eines einzigen Wortes bedarf. Es ist, oh Wunder, nicht ihr Geburtstag und auch nicht Weihnachten: Es ist Ostern! Alles was sie antreibt, ist der Gedanke, so schnell wie möglich im Garten Eier suchen zu gehen!

Das hat mich jüngst auf die Idee des Osterhasen-Tricks gebracht, als mal wieder gar nichts bei den morgendlichen Ankleide- und Säuberungsaktionen vorwärtsging. So erfand ich den Bruder des Osterhasen, der eine so dödelige Schlafmütze ist, dass er sich nicht merken kann, wann es Zeit zum Verteilen der Ostereier ist. Und so verpasst er jedes Jahr seinen Einsatz, während der Streberhase die Lorbeeren einheimst. Trottelig wie der »Outlaw« unter den Schlappohren nun einmal so ist, glaubt er jedes Mal, wenn er geweckt wird, es wäre Ostern und er müsse Geschenke, Schokolade und Eier verstecken, egal ob im Sommer oder im Winter. Meine Tochter nimmt mir die Geschichte ab. Und während sie

sich rasend schnell anzieht und nicht einmal frühstücken will, schmeiße ich ein kleines billiges Spielzeug oder eine winzige Tüte Gummibärchen (die sie erst am Nachmittag verdrücken darf) sowie drei Plastikostereier aus dem Fenster in den Garten. Irgendwie schon gemein, aber manchmal ist das unser letztes Mittel. Und am Ende sahnt sie dabei ja auch noch etwas ab.

bleiben. Wenn du selbst gerne Assi-Deutsch-Begriffe verwendest, wird es dich sicherlich nicht stören, wenn dein Kind sich genauso asozial ausdrückt wie du. Passiert dir dies allerdings eher versehentlich, dann macht es schon Sinn zu überlegen, ob du dich nicht umerziehen und auf nettere Beschimpfungen übergehen willst wie »Du Knalltüte«, »Du Vollpfosten«, »Du Printe« oder »Du Eiernacken«, »Holzhupe« oder »Hirnfried«. Pädagogisch wertvoll ist es auch, wenn du dir auch mit deinem Kind gemeinsam Schimpfwörter überlegst, die ihr beide benutzt, wenn ihr böse seid. Beschimpft dich dein Kind mit anzüglichen Ausdrücken, erkläre ihm, warum ihr diese Wörter nicht benutzt und wie weh sie tun, wenn man sie hört. Bleibt es eher mal bei einmaligen Verbalausrutschern, ist es besser, gar nicht darauf einzugehen. Kinder wollen nur die Reaktion der Erwachsenen darauf austesten. Passiert nichts, verliert die Sache ihren Reiz! Dein Kind darf also durchaus mal fluchen, aber nur kurz im eigenen Zimmer, ansonsten empfiehlt es sich, auf eine angemessene Wortwahl zu achten. Du Sack!

Mangelndes Einfühlungsvermögen

Jedes heranwachsende Kind lebt auf seine ganz eigene Art und Weise Aufregungen aus. Das eine kommt vor lauter Vorfreude

nicht mehr vom Klo runter, ein anderes steht den halben Tag am Fenster, und wieder ein anderes teilt seine Freude mit, indem es munter mit verstellter Stimme Fragen nuschelt, die es persönlich witzig findet, nur leider kein anderer versteht. Überhaupt können aufgedrehte Kinder herrlich peinliche Dinge von sich geben, sodass einem die Schamesröte ins Gesicht steigt. Spare dir dann besser Verbote wie »Rede doch nicht so ein Quatsch« oder »Das sagt man doch nicht«. Bleib stattdessen cool und geh so seriös, aufrichtig und ehrlich wie möglich auf das Bekundete ein, selbst wenn es alberne Dummbatzfragen sind.

Anschließend solltest du aber pädagogisch wertvoll einstreuen, dass zum Beispiel komisch gestellte Fragen, die die Adressaten vielleicht nicht verstehen oder verwirren, Menschen verunsichern können, weil sie sich veralbert fühlen. Dieser Hinweis soll natürlich nicht einschüchtern, aber für Situationen wie die folgende sensibilisieren:

Im Schwimmbad hat Romy mir mal zugerufen: »Guck mal Papa, wie dick der Mann ist. Und der ganze Rücken ist ja voller Haare. Iiihhhhh.« Wie Recht mein Kind doch hatte … aber musste sie mir diese Information laut wie »Aale-Dieter« an den Kopf werfen, während sie unmittelbar neben dem Betreffenden stand!? Glücklicherweise verstand er offensichtlich kein Deutsch, vielleicht tat er aber auch nur so, ich hätte das vermutlich auch getan. So konnte ich ihr klar und deutlich, wenn auch grinsend, weil die Situation ja auch komisch war, zu verstehen geben, dass das bestimmt seinen Grund hat, warum der Mann dick ist und so viele Haare auf dem Rücken hat. Danach habe ich ihr aber auch versucht zu erklären, dass es ihn aber sicherlich auch verletzt, wenn so über ihn gesprochen wird. Das hat sie verstanden.

Behinderte stellen zu Beginn häufig eine Irritation für kleine Kinder dar. Auch hier sage ich klar und deutlich, was Sache ist. Genau-

so tat ich das, als mich meine Tochter einst in der U-Bahn fragte, wieso der Mann da schwarz sei. Dieser grinste nur und meinte: »Na, jetzt bin ich mal gespannt, was du antwortest!«

Die gesamte Kindheit ist komplett von mangelnder Empathie und fehlendem Einfühlungsvermögen durchsetzt. Die Fähigkeit, sich in den anderen hineinzuversetzen, entsteht erst im Laufe der individuellen Entwicklung und ist in der Entwicklungsgeschwindigkeit von Kind zu Kind unterschiedlich. Folglich kommt es immer wieder zu extrem unangenehmen Situationen aufgrund peinlicher Fragen oder schonungsloser und gefühlsarmer Aussagen deines Sprosses. Doch die Zeiten ändern sich glücklicherweise, und der Mangel an Einfühlungsvermögen lässt von Jahr zu Jahr zunehmend nach.

Halbvoll

Vielleicht hast du den übelsten Satansbraten zu Hause, den du nicht mal dem Typen an die Hacken wünschst, der dir mit 17 Jahren auf einer Party statt eines Glases Sekt seinen Urin mit Mineralwasser versetzt zu trinken gab. Ein Kind, das selbst im UNICEF-Kinderdorf mit zwei Wochen Müsli ohne Milch zum Frühstück bestraft werden würde. Aber das nehme ich doch nicht an. Jedes Kind hat neben seinen ständigen Schrei-, Wut- und Zerstörattacken auch seine guten Seiten. Es deckt den Tisch, es setzt dich in vier Zügen schachmatt, oder es streichelt den Hund still und heimlich und haucht sanft: »Ei, kleiner Hund!« Lass die Das-Glas-ist-halbleer-Sichtweise außen vor und mach dir die Halbvoll-Variante zu eigen: Rücke die positiven Eigenschaften und Talente deines Kindes stärker in den Vordergrund, und teile deinen Optimismus mit. Kritik an fehlerhaftem Verhalten zu üben ist immer leicht, sporne das Kind aber lieber an, wenn ihm etwas gelingt, gut oder richtig ist und reduziere auf diesem Weg systematisch dessen Feh-

ler. Dieser Stil macht sich übrigens nicht nur in der Kindererziehung gut, sondern auch in der Partnerschaftspflege und der Personalführung.

Elternaustausch

Zu den bevorzugten Beschäftigungen von Eltern zählen Verabredungen mit anderen Eltern. Die Kinder beschäftigen sich miteinander, und die Erziehungsberechtigten laben sich an dem freundschaftlichen Selbsthilfegruppen-Feeling unter Leidensgenossen. Der eine nutzt die Zusammenkunft als Erfahrungsaustausch, der andere will nur die Gewissheit haben, dass er es angesichts des Elends der anderen immer noch gut hat. Besuche von Freunden ohne Kinder können dagegen eher in Arbeit denn in Vergnügen ausarten, weil man ständig ein gelangweiltes Kind am Schürzenzipfel hat, uninspiriert wie eine Schüssel nicht steif gewordener Wackelpudding. Das nervt gewaltig, fordert es doch den Vater zur undankbaren Zwei-Fronten-Strategie auf, um keine Seite zu verprellen. Einerseits auf den Gesprächspartner interessiert und konzentriert wirken und gekonnt mit Wortbeiträgen jonglieren, andererseits aber das Kind bei Laune halten, Showeinlagen hinterrücks per Fingertheater spielen oder andere Ideen zur Unterhaltung entwickeln. Kein leichtes Unterfangen, aber wer behauptet denn, Vatersein sei leicht?

Dabei müssen Kinder nicht dauerhaft unterhalten werden. Ganz im Gegenteil. Sie sind schon mit drei oder vier Jahren durchaus in der Lage, sich auch mal alleine zu beschäftigen. Das mag vielleicht nicht immer dann gelingen, wenn du es brauchst, aber gut zu wissen ist es trotzdem. Spielst du immer den Animateur, beraubst du dein Kind seiner Eigenmotivation und der Kreativität, sich selbst Dinge auszudenken. Also, lass es mal drauf ankommen, und trainiere dir selbst deine Dauerunterhalterrolle weg.

Was du auch tun kannst: Du gibst deine Kinder in die Obhut deiner Partnerin oder kaufst hoch bezahlte Babysitter ein, wenn du mal in Ruhe richtige, erwachsene Gespräche führen willst. All das ist auch möglich. Wenn es aber wider Erwarten nicht geht, dann empfiehlt sich ein Treffen mit Kinderlosen an Orten, wo viel los ist. Dann ist dein Kind happy, und du kannst deine volle Aufmerksamkeit dem Freund widmen.

Erziehung im Burn-out-Modus

Der Burn-out-Modus – wirklich Burn-out-Erkrankte mögen mir diese Bezeichnung gerade nachsehen – beschreibt einen völlig zerfransten Zustand zum Ende eines langen, sehr langen 72-Stunden-Tages auf vier Beinen mit sechzehn Händen und fünf Köpfen im Spagat zwischen Beruf und Elternschaft. Ich meine die Tage, an denen du mit deinem Kind spielst und doch zwischendurch eine Telefonkonferenz abhältst, kurz die Mail vom Kollegen gegenliest, während der Babykot sich ausbreitet wie der »Blop« in dem gleichnamigen Film, oder mit dem Laptop auf dem Schoß beim Kinderarzt sitzt, während der Schädel deines Kindes genauso glüht wie der verdammte Akku. Das sind Momente zwischen Apfelschorle-Aufwischen, Kopf-an-Tischkante-Stoßen und ins Auge gestochenem Holzpuzzleteil. Schweißperlen zieren den oberen Teil der mit dem Alter immer höher werdenden Stirn, schönen Gruß von der Fleischmütze, das grüne T-Shirt zeigt großflächige Nässeflecken, und der Ton, sowohl ober- als auch unterhalb des Tisches, je nachdem, wo du dich gerade befindest, wird rauer. Ja, auch in diesen Situationen bist du der Papa, wie sie dich zu Hause lieben, der doch immer für ein Späßchen gut ist und so lustig tanzen kann. Doch jetzt gerade nicht. Jetzt so überhaupt nicht. Der Papa ist nämlich

ziemlich sauer, weil gereizt, weil mit seinen Kräften am Ende, weil der Papa einfach die Schnauze komplett voll hat. Aber erziehen tut er trotzdem.

Ausnahmsweise

Dass es Ausnahmen gibt, begreifen Kinder nicht. Daher treten immer wieder dieselben Missverständnisse auf, in denen die kleinen Erpresser stets denselben Genuss wie am Vortag einfordern, so zum Beispiel: »Aber gestern habe ich auch mit den Füßen den Frischkäse gegessen« oder »Wieso darf ich heute keins? Gestern habe ich doch auch ein Eis bekommen!« Darum: Das Ausnahmegerede verstehen Kinder einfach nicht, außer es geht mit einem Tapetenwechsel einher, wie: Immer, wenn ihr in einem Hotel schlaft, darf noch länger Fernsehen geguckt werden. Oder: Immer, wenn ihr im Urlaub seid, gibt es ein Eis. Oder: Immer, wenn ihr lange Autofahrten macht, darf es mal ein bisschen iPad-Gedaddel geben.

Diese Verknüpfungen sind verstandesmäßig gut nachvollziehbar, die anderen Außer-der-Reihe-Ideen sind es leider nicht. Und so ist es in der Tat schlauer, sie weitestgehend zu unterlassen. Überlege dir einfach ganz genau, aus welchen Situationen du einen Sonderfall bastelst und wieso. Und sei dir der Tatsache bewusst, dass, fällt der Ausnahmecharakter plötzlich wieder weg, du die Diskussionen und Heulerei am Hacken hast. Wenn dir das relativ egal ist, bilden Ausnahmen auch weiterhin die Regel.

Nein!

Nein heißt nein heißt nein heißt nein! Je erschöpfter du bist, umso schneller zückst du das »Nein«-Schild. Ist es aber wirklich so ein Drama, wenn die Mademoiselle in Rosa noch das eine Pixi-Prinzessinnen-Buch vorgelesen bekommen möchte, sie ihr Bett mit der neuen Bettwäsche bezogen haben will oder die kleine Rampensau

noch ein paar Minuten weiter zu Lady Gaga nackt tanzen möchte? Vermutlich nicht. Du hast halt den Kanal voll. Bevor du also ein Nein formulierst, denk noch mal kurz über die Bitte deines Kindes nach, ob es wirklich erzieherisch angebracht, fast zwingend ist, oder ob du den Antrag königlich durchwinken kannst. Bleibt es aber bei deinem Nein, dann sollte es auch wirklich dabei bleiben.

Und wenn gar nichts mehr geht ...

- Erzieherisch ist es ein Kardinalfehler, doch wenn du mental, körperlich oder überhaupt nur noch auf dem letzten Loch pfeifst, heilt ein Eis oder eine kleine Süßigkeit viele Wunden. Zehn Minuten durchatmen, runterkommen und erst, wenn alles vollgekleckert ist, das Taschentuch hervorkramen.
- Der Chef ruft an, die Präsentation muss heute noch raus, oder Menschen können nicht weiterarbeiten, weil sie auf dein Feedback warten, obwohl alle wissen, dass du zu Hause dein Kind betreust – it's DVD-Time! Von *Dschungelbuch* über *Lotta zieht um, Prinzessin Lillifee, Ice Age* 1 bis 4 oder für Mädchen natürlich *My Little Pony* – ich kenne kein Kind, das sich eine Extraportion Fernsehen selbst bei 30 Grad im Schatten freiwillig entgehen lassen würde. Wichtig: Dein Kind sollte sich dabei nicht gruseln, sprich, der Stoff muss kindgerecht sein, und es sollte nicht länger als eine halbe Stunde vor der Glotze hocken.
- Gemeinsam das Lieblingsgericht, selbst wenn es eine Süßspeise ist, kochen. Milchreis, Pfannkuchen oder Arme Ritter – voll Vorfreude sind alle dabei, die Wogen glätten sich, jeder kommt runter, und zufrieden lässt man es sich gemeinsam schmecken.

Papa, das Vorbild

Statt langem Gerede und epischen Erklärungen, die wir im Erziehungsalltag aus dem Ärmel ziehen, lernen unsere Kinder am allermeisten durch unser Tun beziehungsweise Nichttun. Die Nachahmung ist die Königin der Lernmethoden, bis die kleinen Spitzel etwa sieben Jahre alt sind. Mit der Bewältigung des Alltags geht das Lernen dann mehr ins Intellektuelle, weshalb aber das Kopieren nicht vollkommen verschwindet. Es bleibt der Evergreen für das Erwerben von Fähigkeiten. Daher sollten wir natürlich ganz genau darauf achten, was wir den ganzen lieben langen Tag so reden, unternehmen oder vermeiden. Fakt ist: Wir sind die Wichtigsten, denn wir sind am dichtesten am Kind und somit von höchstem Interesse.

Kinder übernehmen Einstellungen, ohne dass wir das bemerken. Gelebte Toleranz, Zuversicht, Materialismus, Spiritualität, Anerkennungsdrang etc., sei dir gewiss, dein Kind nippt an deiner Art, damit umzugehen. Hier besteht eine großartige Chance, unseren Nachkommen einen wichtigen Dienst zu erweisen und sie mit wirklich vorzeigbaren, positiven Werten zu beeindrucken.

Vermittelt dir der Vorbildjob hingegen gerade ein mulmiges Gefühl, dann tröste dich mit unten stehender Infobox und der Tatsache, dass wir immer eines der Leitbilder für unsere Kinder sind. Je älter sie jedoch werden, umso mehr nehmen andere Typen und Personen diese Vorbildfunktion ein, so kennt ja wohl jeder das Rihanna-Poster aus der *Bravo* an der Wand.

Unabhängig von den Idolen deines Kindes in naher und weiter Zukunft wirkt sich deine gesamte Lebenseinstellung auf dein Kind aus und wird es vermutlich in unbestimmbarem Maß beeinflussen. Wie definiert sich aber nun diese Lebenseinstellung,

Die Helden meiner Kinder

Von *Prinzessin Lillifee* bis *Spongebob,* unsere Kinder dürsten nach den Helden, die sie durch ihr Leben begleiten, sie amüsieren, ihnen Mut machen, an denen sie sich neben ihren direkten Bezugspersonen für den Umgang mit Alltagssituationen orientieren können. Gefühle, Wünsche oder Träume werden in diese fiktiven Figuren projiziert, die die Kindheit unseres Nachwuchses tatsächlich prägend mitgestalten. Sie leisten ihren Beitrag zur Integration unseres Kindes in die Gesellschaft. Und das wird auch von ihnen gefordert, will die Mehrheit der Kinder doch eine Anleitung im Umgang mit dem Miteinander und mit Problemen. Sie schauen sich bei ihren Helden die soziale Kompetenz ab, und solange das nicht im Übermaß geschieht, keine Einwände! Ganz im Gegenteil! Helden sind notwendig und gesund. Sie sind Bestandteil der persönlichen Entwicklung und begleiten Kinder mit Humor, Fantasie und Stärke durch ihr Wachstum.

Über 90 Prozent der Kinder entscheiden sich bei der Auswahl an Luschen in der häuslichen Realwelt lieber für einen erfundenen, attraktiven Helden, der dank seines Muts wahnsinnig aufregende Abenteuer besteht, jedoch auch chaotisch, ungeschickt oder ängstlich wie ein normaler Mensch agiert. Probleme und Schwierigkeiten meistert er stets auf seine eigene Art und Weise. Diese Methodik transportieren die Kinder in ihr Leben, und erhalten somit Anregungen für die eigene Problemlösung im Alltag.

Die Top 3 der Mädchen:
Kim Possible
Prinzessin Lillifee
Bibi Blocksberg
Gemeinsam sind diesen Figuren das Selbstbewusstsein, besondere Kräfte und dass sie allesamt trotzdem normale Alltagsprobleme haben. Alle engagieren sich mit Witz und Schläue für Freundschaft und das Friede-Freude-Eierkuchen-Motto. Das ist richtiger Mädchenstil.

Die Jungs bevorzugen:
Bart Simpson
Yu-Gi-Oh
Spiderman

Diese haben nun gemeinsam:
Jungs mögen Helden auf den zweiten Blick. Typen, die zwar welche sind, sich aber nicht so benehmen und dabei doch für Gerechtigkeit und Ordnung einstehen.
Humor ist wohl die wichtigste Eigenschaft, über die ein Idol für Kinder verfügen muss, und so wundert es kaum, dass deshalb auch der gute alte *Spongebob* nach wie vor der erfolgreichste Held sowohl für Jungs als auch für Mädchen ist.
Wie es für unsere Kinder also gute Vorbilder gibt, so können sie leider auch schlechten aufsitzen. Darunter werden die Typen verstanden, welche eine Problemlösung mittels Gewalt bevorzugen. Jungs, die so einem Strolch bedingungslos folgen, zeigen oft ein höheres Aggressionsmuster als andere Kerlchen.
Auch ein sexistisches Rollenbild oder die Verkörperung von

zweifelhaften Schönheitsidealen durch eine Heldin sind von der pädagogischen Seite her eher Bauchschmerz erzeugend. Über das, was die Attribute einer *Barbie* transportieren, wurde und wird heiß diskutiert. Mit den entsprechenden Filmen zur Figur der *Barbie* haben die Produzenten aber versucht, der makellosen Schönheit einen interessanten inneren Kern zu verleihen und ihr das Image einer schlauen und selbstständigen Frau verpasst statt dem des blonden Dummchens. Während bei Mädchen also oft und selbst bei *Lillifee* und Konsorten doch eher attraktive Geschlechtsgenossinnen Abenteuer bestehen, ist die Anzahl der männlichen Helden um ein Vielfaches größer und bietet somit auch dem verpeilten Nerd mit Topfschnitt und Brille irgendwo noch ein plausibles Vorbild, mit dem er sich identifizieren kann. Von dubiosen Negativhelden solltest du dein Kind fernhalten, so lange die Kaufentscheidung für DVDs oder die TV-Programmhoheit noch bei dir liegt. Das Leben produziert schon genügend miese Idole im Alltag, wieso sich die Knalltüten freiwillig auf die Mattscheibe holen? Zeig deinem Kind doch lieber alternative Lösungen, wie zum Beispiel dich ...

und welche Werte impliziert sie, die du deinem Spross weiterreichen möchtest?

Ich habe ein paar zentrale Fragestellungen für dich aufgelistet, die dich deinen Einstellungen näherbringen können, wenn du sie ehrlich für dich beantwortest. Es geht auch ganz schnell.

- Wie wichtig ist dir die Meinung anderer über dich?
- Wie gehst du mit Minderheiten um, und wie redest du über sie?

- Lebst du Umweltschutz und Nachhaltigkeit vor?
- Wie ernährst du dich und gehst mit dir selbst um?
- Treibst du Sport, oder hockst du lieber zu Hause im Trockenen?
- Hältst du Vereinbarungen konsequent ein oder biegst du dir manchmal auch ein Schlupfloch zurecht?
- Was bedeutet dir Gerechtigkeit?
- Wie redest du von dir und über andere?
- Wie reagierst du in Stresssituationen, in Momenten der Freude oder Wut?
- Welche Bedeutung haben materielle Dinge in deinem Leben?
- Welches Bild hast du von der Zukunft?
- Was sind deine Prioritäten im Leben?
- Wie ist der Umgang zwischen dir und deiner Partnerin als Paar?

Einen »Papapokal« als Supervorbild gibt es nicht zu gewinnen. Keiner ist perfekt, auch du nicht. Wir rasten alle mal aus, wir benehmen uns auch mal daneben oder vergreifen uns im Ton. Wir reagieren mal zu heftig, mal zu mau und auch mal überhaupt nicht, und selbst italienische Ministerpräsidenten oder Führungsriegen aus Versicherungskonzernen leben zumindest auf Reisen nach Budapest nicht wie reaktionäre Piusbrüder. Das ist auch vollkommen in Ordnung und in gewisser Weise sogar gut so, denn wir lernen durch unsere Fehler und bemühen uns, sie nicht erneut zu begehen, indem wir etwas verändern oder an uns arbeiten. Das nehmen unsere Kinder für ihr Leben genauso mit wie das Problem, ein Scheitern und eigene Schwächen zuzulassen oder sich einzugestehen. Dadurch begreifen sie auch, dass sie nicht perfekt sein müssen oder sollen und dass sie trotzdem liebenswerte und wertvolle Menschen sind.

Papas unnützes Wissen

- Einen schönen Gruß von deinem Unbewussten! Ist zu Hause in den letzten Wochen dein Durst auf Heißgetränke jeglicher Art ins Unermessliche gestiegen, könntest du dich wieder ein bisschen mehr mit deiner Familie beschäftigen. Mit einem Übermaß an Tee oder Kaffee gleichen wir nämlich mangelnde soziale Wärme aus. Überprüfe das mal bei dir.
- Harter Stuhl, harter Hund, weicher Stuhl, Weichei. Und ich meine mit »Stuhl« den Sitz, nicht den Darminhalt. Unsere Meinung, unsere Haltung zum Beispiel auch in (geschäftlichen) Verhandlungen ist fester, unnachgiebiger, eisern, wenn wir während der Besprechung auf einem harten Untergrund sitzen. Hocken wir indes weich gepolstert, sind wir in unserem gesamten Auftreten sanfter, kompromissbereiter und einlenkender. Noch milder stimmt uns übrigens analog zu Obigem der Genuss eines Heißgetränks. Dann sind wir für alles zu haben. Im Umgang mit unseren Kindern bin ich stets strenger, wenn ich auf einem unserer brettharten Küchenstühle sitze, als vom lümmeligen Sofa aus zu reagieren. Eine interessante Beobachtung, die dich dazu einladen soll, auch dein unbewusstes Verhalten zu betrachten.

Dein Kind ist einzigartig!

Die Backmischung, der dein Kind entsprungen ist, hast du mit deiner Partnerin zusammengestellt, und folglich gibt es diese nur so und nur ein einziges Mal. Zwischen Pasta und Fernsehen, Wickeln und Duschen oder Sex und Telefonkonferenz mit Übersee gönn dir doch mal eine kleine Weile Einkehr, und werde dir dessen gewahr, wie einzigartig dieses kleine Wesen jetzt schon ist und erst recht später sein wird, wie spannend es ist zu erkennen, welche Eigenschaften und Einstellungen der Wurm von welchem Elternteil oder Großelternteil übernommen hat. Die Besonderheit, die Unverwechselbarkeit deines Kindes solltest du immer berücksichtigen, wenn du es fördern und erziehen möchtest. Nimm Rücksicht auf seine Fähigkeiten, den Entwicklungsstand, seine Stärken, seine Schwächen, seinen Charakter, seine Persönlichkeit, wie es sich dir gegenüber darstellt und wie du es verstehst. Hier ist deine Empathie gefragt. Du bist der beste Übersetzer deines Kindes, der sein Tun in Gedanken und Wörter fließen lassen kann.

Was du aber ganz im Sinne deines Nachwuchses bitte niemals an den Tag legen solltest, ist falscher Ehrgeiz. Bastele dir nicht dein Wunschkind, das ausschließlich deine Vorstellungen leben soll. Du musst dein Kind sehen, es akzeptieren und respektieren, so wie es ist. Das ist die Basis. Ermöglichst du ihm jetzt genügend Freiraum, wird es von alleine wollen, dass du es auf seinem Weg nur begleitest und nicht ständig richtungweisend vorneweg stürmst.

Die eigenen Kinder mit hochroten Köpfen vor Freude quietschen und kreischen zu hören, wenn sie alles um sich herum vergessen und bis zum Umfallen toben – das ist ein sagenhafter Moment vollendeter Glückseligkeit. Das sind die Bilder, die sich in deinen Kopf einbrennen und die dir dieses warme, wohlige Gefühl von Familie geben. Das treibt die Glückshormone auf Spitzenwer-

te, analog zu denen der Kinder vor einem. Gäbe es diese Augenblicke des raum- und zeitlosen Glücks nicht, wäre die Menschheit vermutlich längst ausgestorben. Versuche, soweit du kannst, solche Situationen selbst zu schaffen und mit zu initiieren. Das gibt uns allen so viel Kraft, schenkt uns gute Gefühle und jede Menge Liebe. Dein Eso-Chris.

Kosmos Kita

Entlassung

Ein harter Schlag ins Kontor, aber auch dein kleiner Hosenscheißer darf irgendwann in den Genuss kommen, durch den Einfluss von Dritten geprägt zu werden. Wir halten fest: Erzogen wird zu Hause, dennoch ist es für das Sozialverhalten deines noch unbehauenen Klotzes empfehlenswert, auch mal mit anderen abzuhängen, als ständig die Visagen von Mama und Papa im Sichtfeld zu haben. Die ersten zärtlichen sozialen Bande hat dein Knirps bestimmt mit den Kindern von Freunden, mit Cousins, Cousinen oder versehentlich auf Stippvisite mit Kollegen auf dem Spielplatz geknüpft – aber das waren ja nur lockere, flüchtige Begegnungen, wie du sie aus dem Swinger-Club oder der Spielothek kennst! Jetzt wird das Ganze aber ernst, denn nun wird sich der Einsiedler in einer Gruppe von nie zuvor gesehenen gleichaltrigen Gestalten mit sogar ihm völlig fremden Erziehungspersonen behaupten müssen. Heißt: Er verabschiedet sich von der Haft in den offenen Vollzug, der mit dem täglichen Besuch der Krippe für dein Kind ein ganz schönes Brett bedeutet. Aber nicht nur für den Exknacki, auch für deine Madame und für dich ist damit eine Ära zu Ende gegangen. Monate des Hauens und Stechens, des Sich-Eingroovens, Aneinander-Gewöhnens und des Versuchs, gemeinsam das Leben wieder zu ordnen und zu strukturieren, all das ist passé, ihr habt es geschafft und euer gesamtes Spielsystem ohne Hilfe von Jogi Löw auf 1-1-1, Mann-Frau-Kind, umgestellt. Alles läuft, fließt, liebt sich, und jetzt marschiert der Typ hier einfach wieder raus? Yes!

Es gibt keinen Großen Zapfenstreich mit »Smoke On The Water« und abschließendem Flug nach Kanada, eher schnieft ihr beide zu »Nothing Compares To You« ins Taschentuch und kommt euch kurzfristig albern vor, denn es geht ihm schließlich gut, alles ist an ihm dran, und nun soll er sich mal gefälligst draußen bewähren, und zwar ohne euch als Helfer.

Die Fremdbetreuungseinrichtungen

Raus von zu Hause, aber wo geht's hin? In den Kibbuz, direkt ins Sabbatical oder erst mal auf Weltreise? Stopp. Darüber sprechen wir in *Papa To Go 5,* also nach dem Abgang als DAX-Vorstand. Jetzt bleiben wir erst mal im Kinderbetreuungsdorf, und das hält folgende Optionen parat:

Krippe: Krippenplätze sind legendär rar, und wir kennen alle die Mär von der schwangeren Frau, die ihren Fötus bereits auf die Warteliste diverser Einrichtungen setzen lässt, um sich rechtzeitig einen Platz zu sichern. Das ist aber keine Mär, vielmehr schlau. Also, so früh wie möglich umhören, Infos besorgen, Leute dazu befragen, die ihr Kind bei dieser oder jener Krippe angemeldet haben oder auch die Kindergärten selbst besuchen. Lasst euch überall auf die Listen schreiben und verfallt nicht in Panik. Ihr findet einen Platz, der euch und dann auch dem kleinen Auswanderer gefallen wird. Wenn ihr euch wirklich dahinterklemmt, funktioniert's auch. Der Kita-Ausbau auf Kommunenbasis läuft zwar eher etwas schleppend, dafür sprießen doch vielerorts private Kindergärten aus dem Boden, da dies durchaus auch ein lukratives Geschäftsmodell darstellt. Das wird sich in den kommenden Jahren sicher noch verstärken, was natürlich eure Chancen auf einen Platz erhöht.

Von deinem Konto wird monatlich eine Summe zwischen 300 und 500 Euro abgebucht, wenn dein Kind beispielsweise von 9 bis 15 Uhr ins Spiel- und Lernparadies unter Aufsicht von professionell ausgebildeten Fachkräften geht. Darin sind Frühstück, Mittagessen und auch kleine Snacks enthalten, ebenso Feierlichkeiten mit Muffins und Wackelpudding zum Geburtstag inklusive kleiner Aufmerksamkeiten oder Ausflüge mit dem Linienbus zum Super-Duper-Spielplatz oder mal in den Park. Der zu entrichtende Clubbeitrag ist von deinem Wohnort, deinem Gehalt und der Verweildauer deines Kindes in den heiligen vier Wänden abhängig.

Tagesmutter: Eine nicht zwingend eigens dafür ausgebildete Frau, die sich in ihren eigenen vier Wänden um die Kinder kümmert. Wie die Krippen, sind auch die Top-Tagesmütter, bei denen du mit gutem Gefühl dein Kind im Flur stehen lassen kannst, rar gesät. Also auch hier ruhig frühzeitig umschauen, wie der Markt bei dir in der Hood so bestückt ist. Im Gegensatz zu Krippen wird den Tagesmüttern nachgesagt, sich dank kleiner Gruppen intensiver um die Kinder kümmern zu können. Zudem herrscht oft eine größere Flexibilität, was das Bringen und Abholen der Kleinen anbetrifft, wenn mal etwas dazwischenkommt. Doch das hilft dir alles nichts, wenn du kein gutes Gefühl bei dieser Person hast. Problematisch außerdem: Bei Erkrankung der Tagesmutter macht der Laden dicht. Nix Fremdbetreuung.

Tagesmütter findest du über Empfehlungen durch Hörensagen, über das Jugendamt, Wohlfahrtsverbände oder den Tagesmutterverein – im Internet gibt es dazu auch jede Menge Adressen. Kurz: Du wirst erschlagen von der Fülle an Möglichkeiten. Hierbei besteht die Kunst aber darin, die Nadel im Heuhaufen zu finden. Der Stundensatz beträgt drei bis sieben Euro, der Tagesmütter-Bundesverband empfiehlt 5,50 Euro, inklusive Mittagessen. Frag mal

beim Jugendamt nach, inwieweit es sich an den Kosten beteiligt. Es wird ein Betreuungsvertrag abgeschlossen, der en detail individuell verhandelbar ist.

Wenig Einkommen = Unterstützung von Papa Staat.

Dabei winkt »wirtschaftliche Jugendhilfe«, die die Kosten für Kindergarten, Kinderkrippe oder die Tagesmutter manchmal sogar vollständig deckt.

Kinderfrau: Du denkst an eine Lolita, ich an die Kinderfrau für dein Kind.

Das klingt doch gut: Die Kinderfrau kommt zu dir nach Hause und betreut all deine Kinder. Und keine Missverständnisse bitte: nur diese! Den Umfang ihrer Tätigkeit handelst du mit ihr selbst aus. Der korrekte Stundenlohn liegt zwischen sieben und zehn Euro. Allerdings wirst du zum Arbeitgeber, wenn du sie fest bei euch installierst, und somit hast du ihr gegenüber nicht nur Rechte, sondern auch Pflichten, und zwar im arbeitsrechtlichen Sinn. Da ist die 400-Euro-Jobberin schon besser, die du bei der Minijob-Zentrale anmelden musst. Das ist schnell vollbracht, ergibt unter dem Strich ein bisschen mehr, was du plus Abgaben zu berappen hast, aber die Sache ist sauber. Kniffliger wird es bei über 400 Euro, denn dann startet die richtige Arbeitgeberrutsche mit Krankenversicherung, Lohnnebenkosten etc. Aber natürlich geht das auch, wenn du so etwas willst. Die Betreuung durch Kinderfrauen kann steuerlich geltend gemacht werden.

Au Pair-Mädchen: Du willst es international und häuslich, dann ist das Au-Pair-Mädchen genau das Richtige für dich. Bedenke, länger als sechs Stunden am Tag darf sie deine Kinder nicht betreuen, wer das auch immer kontrollieren mag. Und: Du hast sie immer in der Bude, was ab und zu natürlich auch nerven kann. Daneben darf sie auch leichte Hausarbeiten übernehmen. Sie erhält monatlich ein Taschengeld, das bei etwa 260 Euro liegt und muss von dir innerhalb von zwölf Monaten zwei Sprachkurse und einen Monat bezahlten Urlaub plus Monatskarte für die öffentlichen Verkehrsmittel bezahlt bekommen. Das Mädchen muss außerdem auch versichert werden. Da ein Au-Pair nicht länger als ein Jahr bleiben darf, ist danach Schluss. Wenn dich die Idee eines Mädchens aus dem Ausland interessiert, das in eurer Familie mitwohnt, ab ins Internet, z. B. auf www.au-pair-agenturen.de.

Family + Friends: Bleibt als Letztes noch die eigene Brut als tägliche Kinderbetreuung. Da wärest du, der mit seiner Partnerin im Sharing-Verfahren die Family-Kita übernimmt, und ihr stellt euren Beruf beide auf Teilzeit um. Machbar. Es könnten auch Oma und Opa übernehmen, die ja eigentlich eher Ersatzbank oder Aushilfe sind bzw. zum Babysitter-Pool gehören, aber auch das ist eine Möglichkeit, auch wenn sie einen eigenen Organisationsaufwand nach sich zieht. Sicherlich gibt es auch die Option, sich mit anderen Eltern zu verbünden, um im Fünf-Eltern-Rotationsprinzip die Kinder unter der Woche zum jeweils anderen Elternpaar zu fahren. Jede Elternpartei müsste nur einmal in der Woche einen von beiden zu Hause einsetzen, die Gang für dein Kind bleibt in der Besetzung erhalten, und die unterschiedlichen Spielzeuge in den jeweiligen Buden sind doch Anreiz pur. Du siehst, alles geht, ist erlaubt – jeder findet die Form der Betreuung, die ihm gefällt.

The Tagesmutter of Germany

Die zwei häufigsten Betreuungsformen sind Krippe bzw. Kindergarten und Tagesmutter. Auf den Kosmos Kindergarten kommen wir gleich noch ausführlich zu sprechen. Ich will dich aber nicht aus diesem Kapitel entlassen, bevor ich dir eine Kriterienliste präsentiert habe, mit deren Hilfe du dir ein besseres Bild von der potenziellen Tagesmutter-Kandidatin machen kannst. Bekommt sie am Ende ein Foto oder wird sie gar von dir zum Recall eingeladen – das entscheiden du und deine Partnerin. Diesmal seid ihr die Jury.

- Wie lässt sich der Weg zur Tagesmutter zurücklegen, lautet das erste, sehr wichtige Kriterium. Zu Fuß, per Rad, Bahn oder Auto? Wohnt die Frau meilenweit entfernt oder nur einen Katzensprung? Kommst du auf dem Weg zur Arbeit bei ihr vorbei oder gibt es einen akzeptablen Umweg dahin? Wenn du dann mit deinem Kind zum ersten Gespräch bei ihr bist, check doch gleich mal die Umgebung nach Parks, Spielplätzen und Grünflächen. Oder nach Beton und Stacheldraht.
- Beim Eintritt in die Behausung, was ist dein erster Eindruck von der Frau? Wie findest du die Wohnung/das Haus? Wie ist es eingerichtet?
  Wirst du auf Anhieb warm mit ihr oder herrscht Eiseskälte und zischen Blitze zwischen euren Augenpaaren hin und her?
  Wenn du an dieser Stelle schon abwinkst, kannst du dein Kind wieder einpacken und abdackeln. Findest du sie nett, aufgeschlossen oder bist du noch am Schwanken, kannst du jetzt hiermit weitermachen:
- Nun zu deinem Auftritt: Du erzählst von euch, von deiner Familie, dem Alltag, euren Grundideen/Regeln/ Erziehungsansät-

zen. Gibt sie sich interessiert, lässt dich ausreden und fragt nach, ist das immer ein gutes Zeichen. Passt ihr dann auch inhaltlich von euren Ansichten zusammen – dann ist sie eine Runde weiter.

- Dann ist sie dran: Wie lautet ihr erzieherisches Konzept? Wie geht sie mit Schreihälsen um? Wie reagiert sie auf Gequengel, auf Trotzhaltungen der Kinder? Stimmt das mit deiner pädagogischen Auffassung überein?
- Schließlich ist es auch wichtig, wie es mit der Versorgung aussieht. Sind Gläschen und Milchpulver oder Brei an Bord, oder sollst du die erlesenen Zutaten alle selbst mitbringen? Geht es um ältere Kinder – was kocht Madame zum Mittagessen? Alles bio, öko, Demeter? Oder böse Massentierwaren mit schlechtem Karma und schlechten Zusatzsubstanzen versehen? Auch hier können sich Abgründe auftun und kolossale Wissenslücken auf Tagesmutterseite erscheinen. Immer wieder spannend ist auch die Frage nach dem Umgang mit Süßigkeiten. Du selbst wirst deine Ansichten zu Snickers, Gummibären und Eis haben – wie sieht es mit ihren aus?
- Wie ist der Familienstand der Tagesmutter? Sie soll ruhig mal ein bisschen von sich erzählen, ob verheiratet oder geschieden, selbst kinderreich beschenkt oder kinderlos geblieben – und wieso sie Tagesmutter geworden ist, ob aus Not oder Passion etc. Es gibt dir ein gutes Gefühl, wenn du spürst, dass sie diese Aufgabe ausübt, weil sie sich dazu berufen fühlt. In diesem Rahmen leite auf ihre Vita über und frage sie, ob sie für diese Aufgabe ausgebildet wurde – wie sind ihre Referenzen? Hat sie Kontakt zu anderen Tagesmüttern, oder gehört sie sogar einem Verband an, der regelmäßig zu Weiterbildungen einlädt?
- Wie viele Kinder turnen dort während des Gesprächs um euch herum? Neun oder zehn? Dann lass es mal lieber und fahr wieder nach Hause. Bei den Kleinen sollten es nicht mehr als fünf

sein. Auch sollten die Kinder altersmäßig nicht allzu weit auseinanderliegen. Sprechen wir indes von einer Tagesmutter für ältere Kinder, sind dann doch auch mal bis zu neun Kinder denkbar. Allerdings ist das sehr grenzwertig für eine einzige Person.

- Wie sieht ein Tag im Wochenrhythmus der Tagesmutter aus? Geht sie mit den Kindern jeden Tag nach draußen auf den Spielplatz? Gehen alle zusammen einkaufen? Unternimmt sie auch mal was mit den Kindern? Inspiriert sie die Kleinen zum Malen, Singen, Instrumentespielen oder Basteln? Liest sie ihnen vor? Was für Spielzeug steht zur Verfügung? Wie geht sie vor? Welches sind ihre Ansätze? Lass dir alles genauestens erklären. Als mir eine Frau einmal erzählte, dass sie bis auf Kölner Karnevalslieder nichts mit den Kindern singt, war für mich als Norddeutscher klar, dass ich mein Kind hier nicht lassen werde. Für Freunde von uns war aber genau das der Grund, ihr Kind dorthin zu geben.
- Ist die Bude ordentlich, hygienisch und kindersicher eingerichtet? Wie wirkt das Spielzimmer auf dich? Ist es hell und geräumig und zeichnet sich für dich Spielfreude ab, wenn du dir dein Kind darin vorstellst?
- Betrachte das Spielzeug der Kinder: Bücher, Kassetten, Stofftiere, Bauklötze, Bastelzeugs ... schau genau hin, was die Tagesmutter zur Verfügung stellt. Vergiss nicht, es kann nicht so sein wie im Kindergarten, aber es sollte auch nicht an eine Bahnhofstoilette erinnern.
- Auch weitere Basics sind wichtig: Jedes Kind sollte einen eigenen kleinen Stuhl haben, einen eigenen Haken für ein Handtuch oder Regensachen, einen Platz zum Schlafen etc. Irgendwo sollte es eine Chill-Out-Area für die Kinder geben zum Kuscheln und Runterkommen und passend zu den kleinen Stühlen auch niedrige Tische.

- Gibt es ein Tier?
- Werden Feste wie Fronleichnam, »Sechs Richtige im Lotto« oder »Welthandytag« feierlich begangen, oder beschränkt sich Feiern auf Karneval, Ostern, Weihnachten und Erntedank?

Kann der Tagesmutter-Aspirant deine bohrenden, brutalen und verhörartig gestellten Fragen parieren, könnte sie eure »Tagesmutter of Germany« werden. Mehr dazu dann in eurem eigenen Leben.

Das Kind in der Krippe: Im Osten nichts Neues!

Führend auf dem Kinderbetreuungsmarkt sind die Kindertagesstätten mit eingebauter Krippe als Sammelbecken, sozusagen der sanfte Einstieg in die pädagogische Wildnis fern von zu Hause. Aufgenommen werden Kinder von drei Monaten bis maximal drei Jahre. Die Erzieher bevorzugen es in der Regel, wenn das Kind mindestens ein halbes Jahr alt ist, der Run auf die Plätze entsteht jedoch meistens erst nach seinem ersten Geburtstag: Das Elterngeld ist abgelaufen, vom Betreuungsgeld kann kein Mensch leben, und das Leben trotz der Ehre und wunderbaren Verantwortung vollständig in den Dienst der Vater- oder Mutterschaft zu stellen, ohne dem Beruf wieder nachzugehen, der einem doch so viel Freude bereitet, kommt gar nicht in die Tüte. Also zurück zur Arbeit und Kind in die Aufbewahrungsstelle mit Lernprogramm!

Es ist ein Anachronismus, dass die Krippe als Form der Kleinkindbetreuung noch nicht stärker vom Staat unterstützt wird, wie das in anderen europäischen Ländern der Fall ist. Dementsprechend sind Krippenplätze eher spärlich gesät – frühes Anmelden, am besten gleich nach dem positiven Schwangerschaftstest, ist rat-

sam. Auf dem Weg von der Toilette zur Krippe, wo das Anmeldeformular ausgefüllt wird, kann dem Kindesvater per SMS die gute Nachricht ja schon mal überbracht werden. Jedenfalls spart das Zeit. Der Osten des Landes hat es da etwas besser. Zu DDR-Zeiten gab es nämlich bereits ein professionell ausgebautes Krippennetz, in dem die Kinderbetreuungsstationen zum Beispiel auch nachts geöffnet waren, um den Schichtdiensten der fleißigen Eltern gerecht zu werden. Du darfst nicht vergessen: Fast alle Mütter waren damals gleichzeitig berufstätig.

Heute sind diese paradiesischen Zustände Geschichte, auch im Osten. Krippen gibt es selten nur in dieser reinen Form, meistens gehen sie in Kindertagesstätten auf, das heißt, dein Kind durchwandert Stufe 1, die Krippe, und entert mit drei Jahren Stufe 2, den Kindergarten, und verharrt dabei, behütet in einem Gesamtkonstrukt mit vertrauten Gesichtern um sich.

Der Betreuerschlüssel bei Kindern unter einem Jahr liegt in den meisten Bundesländern bei einem freundlichen Pädagogen pro drei Windelpupser. Befinden sich die Kinder in der Altersspanne eins bis drei, kommt ein Erzieher auf fünf bis sechs Kinder.

In einigen Krippen sind die Gruppen im Alter gemischt, wenn die Krippe zum Kindergarten gehört. Das heißt, hier hängen durchaus auch mal drei Monate alte Babys mit Sechs- oder Siebenjährigen ab, wenn darüber hinaus ein Hort angeschlossen ist, vielleicht sogar mit bis zu Zehn- oder Elfjährigen.

Es klingt zwar seltsam, doch durch das Nachahmen der Großen ist der Lernerfolg der Kleinen sehr groß. Die Lutten sprechen so früher und werden auch schneller sauber.

Wenn es auch den Anschein hat, als würden die Minis an sich nur zum Essen und Schlafen in die Krippe gehen, so täuscht das gewal-

tig. Natürlich sind diese beiden Programmpunkte elementare Anker der vergnüglichen Tagesgestaltung, doch wird hier auch motorisch durch Basteln, Spielen etc. gearbeitet, das Sozialverhalten mitgeprägt und an der emotionalen Entwicklung des Kindes gearbeitet.

Gibt es auch in der Diskussion um die richtige Methode der frühkindlichen Betreuung zwischen den Anhängern der »Lass-dein-Kind-zu-Hause«-Bewegung und der »Ab-in-die-Kita-mit-dir«-Partei böses Blut, sind die Verfechter letzterer Idee mittlerweile von dem Verdacht, Rabeneltern zu sein, freigesprochen. Eine durchaus seriöse Studie aus Norwegen, an der 60 000 Kinder teilgenommen haben, hat bewiesen, dass die frühe Fremdbetreuung keinerlei Auswirkungen auf Psyche, Sprachfähigkeit und Verhalten hat. Ganz gleich, ob in der Krippe, bei der Tagesmutter oder bei der eigenen Oma oder dem Herrn Papa – es gab keinen Unterschied bei den Kindern. Die meisten können laut Studienergebnissen mit zwölf Monaten bereits bedenkenlos eingegliedert werden. Leichter tun sich in der Regel die Mädchen, bei einigen Jungs traten in der Entwicklung mit etwa fünf Jahren geringfügig Sprachprobleme auf und leichte Verhaltensauffälligkeiten im Gegensatz zu den zu Hause Aufgewachsenen. Die Unterschiede waren jedoch so minimal, dass sie nicht weiter relevant sind. Auch Kinder, die vor ihrem zwölften Monat in die Krippe gebracht wurden, zeigten im Vergleich zu den Stubenhockern bezüglich ihrer emotionalen Reifung weder mehr Traurigkeit noch Ängstlichkeit. Dank der Studie konnte festgestellt werden, dass sich die Sprachentwicklung und andere Fertigkeiten in der Gemeinschaft mit anderen Kindern gut erproben und erweitern lassen. Auch der Umgang mit geistig oder körperlich beeinträchtigten Kindern kann schon früh geübt werden. Jedoch sind in Deutschland im Allgemeinen behinderte und nicht behinderte Kinder nicht zusammen in einer Krippe untergebracht, wie es in Norwegen der Fall ist.

Zuletzt aber noch ein Wort zu denjenigen, die ihre Kinder auf alle Fälle zu Hause behalten und betreuen: Sie sind nicht besser oder schlechter dran als die Krippenkinder und von der Entwicklung her auf dem gleichen Stand.

Kita-Checkliste

Wie du deine Tagesmutter gezielt mit einem randvollen Fragenkatalog löchern sollst, so ähnlich intensiv solltest du dich auch auf die Suche nach der richtigen Kindertagesstätte begeben. Noch mal zur Erinnerung: In den meisten Fällen »klebt« an der Krippe praktischerweise gleich der Kindergarten; für sich allein stehende Krippen sind immer noch eher selten. Das heißt für dich, dass die folgende Kriterienliste sowohl für die Auswahl der Krippe als auch für die Wahl des Kindergartens gilt, eben der Kita! Du wirst aber sehen, auch darin sind ein paar Bedingungen versteckt, die nur für die Krippe relevant sind. Insgesamt ist es eine sehr umfangreiche Liste, aber Abstriche kannst du später immer noch machen. Erst mal heißt es, die Messlatte ganz oben anzulegen:

- **Nähe:** Der Kindergarten sollte dir nicht nur von seiner Idee und seinem Konzept her nah sein, sondern auch räumlich. Erspar dir den Alptraum, täglich eine ellenlange Tour auf dich nehmen zu müssen, um das Kind abzugeben. Sieh also zu, dass du den kleinen Strolch in einer erträglichen und täglich stemmbaren Distanz von zu Hause und deiner Arbeitsstelle unterbekommst, sonst wirst du noch Autofahrer des Jahres. Perfekt wäre es, wenn der Kindergarten direkt auf dem Weg zur Arbeit liegt und sich auch mal mit dem Laufrad oder dem Buggy ansteuern lässt.

- **Öffnungszeiten:** Der Laden sollte analog zu deinen oder euren Arbeitszeiten geöffnet sein, sodass die Kinderbetreuung zeitlich komplett abgedeckt ist. Überprüfe auch, wann der Kindergarten in den Ferien schließt und ob es trotzdem eine Art »Notbetreuung« gibt.
- **Konzept:** Welches pädagogische Konzept verfolgt die Kita?
- **Happa-Happa:** Was gibt es zu futtern? Wie ist das Süßigkeiten-Handling?
- **Kosten:** Wie hoch ist die monatliche Gebühr und auf wie viel Euro belaufen sich Zusatzkosten wie Extrakurse, Ausflüge, Essen, Bastelmaterial etc.
- **Innendesign:** Wo wird geschlafen? Wo wird gekuschelt? Wo wird gelesen und zusammengehockt? Ist das gemütlich? Sind die Räume hell und freundlich? Gibt es eine Fußbodenheizung bei gekachelten Räumen?
- **Elternbeteiligung:** Einige Kindergärten bauen sehr auf die Einbindung der Eltern bei Ausflügen, bei besonderen Lerneinheiten oder bei Gemeinschaftsaufgaben wie dem Frühjahrsputz oder dem Weihnachtsbasar. Meistens besteht kein Zwang, aber es wird auch nicht gerne gesehen, wenn Eltern die Idee komplett missachten. Überschlage daher einfach mal im Kopf den Aufwand, den es dich kosten würde und/oder wie ihr euch als Eltern daran beteiligen könntet. Kannst du als Vater gestaltend im Kindergarten tätig werden und Aktionen und Ideen beisteuern?
- Gibt es regelmäßige **Entwicklungsgespräche** mit den Erziehern? Gibt es regelmäßig Elternabende und Elterntreffen?
- Werden **Feste** begangen, christliche Feste und wenn ja, welche? Wie werden die Rituale im Alltag und zu den Feierlichkeiten gestaltet?
- **Erlebniswelten:** Gibt es einen Spielplatz, ein bemerkenswertes Außengelände, Spaß und Spannung, oder spielen die Kleinen

in einem eingezäunten Streichelzoo auf Beton mit einem verblassten Plastikhaus und dauerhaften Taubenkotsalven als täglichem Highlight? Ein Garten, ein paar Spielgeräte, vielleicht sogar Tiere wie Hasen und Meerschweinchen sind schon etwas sehr Schönes für Kinder.

- **Gruppengröße:** Du hast ja auch keine Lust, mit fünf verfilzten Nylon-Altschweiß-Fahrradfahr-Backpackern in einem Hostel irgendwo in Thailand das Sechs-Mann-Zimmer zu teilen, wieso soll es deinem Kind also sogar noch schlechter ergehen? Die Anzahl der Kinder in einer Gruppe verdeutlicht, wie viel Zeit die Erzieher für dein Kind aufbringen können.
- Gibt es **Kooperationen** mit Grundschulen? Manchmal stellen Kitas auch den Hort für Schulkinder, wo die Schüler ihre Hausaufgaben erledigen und individuellen Interessen nachgehen, bevor sie dann um 16 Uhr nach Hause verschwinden. Gibt es eine Zusammenarbeit mit einer Musikschule oder anderen Institutionen?
- **Größe der Kita:** Wie groß ist die Bude bei wie vielen (kleinen) Menschen? Hast du den Eindruck, dass es räumlich kneift, oder verteilen sich die Kinder großzügig und gleichmäßig auf Westflügel, Ostflügel, Turmzimmer und Ballsaal?
- Ist es **sauber und hygienisch** dort?
- **Betreuer-Qualität:** Die Betreuer müssen liebevoll und warm mit den Kindern umgehen, man muss das Gefühl haben, dass es seinem eigenen Fleisch und Blut bei ihnen gut geht. Vertrauen ist hier das Stichwort. Verfügen sie darüber hinaus über eine sensationelle Ausbildung in diversen Therapeutenberufen oder sind sogar studierte Pädagogen – perfekt. Dann kommt zu den großartigen menschlichen Qualitäten noch die berufliche Qualifikation – eine ideale Kombination. Und wenn du den Laden mit deinen Fragen schon auseinandernimmst, dann frag doch gleich auch noch, ob sie auch regelmäßig Fortbildungen besuchen.

- **Ausflüge:** Mal ins Museum, einen der Papas bei seiner aufregenden Arbeit als Förster besuchen oder in einem Musiktheater mit allen Instrumenten spielen? Was wird den Kindern geboten? Wie ist das Lernprogramm? Was wird für die Entwicklung der einzelnen Fähigkeiten getan? Werden auch mal spannende, ungewöhnliche Anregungen serviert?
- Wie groß sind die **Altersunterschiede** in der Gruppe, und wirkt sie geschlechtlich ausgewogen?
- Wird in der Krippe auf die **individuellen** Schlafbedürfnisse der Kinder geachtet? Und ebenso auf ihre Vorlieben und Bedürfnisse, die sie sich angewöhnt haben?
- Betreuungsschlüssel: Wie **viele Erzieher** sind für die Gruppe da? Auf maximal 15 Kinder sollten immer zwei Erzieher kommen.
- Sind die Räume **sicher** für Kinder im Alter von eins bis fünf?
- Sind gerade kleinere Kinder immer mit **vertrauten** Personen und Spielgefährten zusammen?
- Haben die Kinder im Tagesablauf auch mal die Möglichkeit zur **eigenen Zeitgestaltung**?
- Sind die **Erzieherinnen liebevoll** und geduldig, wenn sie Windeln wechseln oder eher latent genervt und hektisch?
- Was **lernt** dein Kind in der Gemeinschaft? Selbstständigkeit, Streitigkeiten ausräumen und miteinander teilen und spielen?
- **Umgang:** Wie gehen die Erzieher mit den Kindern um? Wie reagieren sie auf Vorschläge und Ideen, auf die verrichteten Arbeiten und künstlerischen Werke? Sind ihre Worte von Respekt und Wertschätzung geprägt? Wie sehr lassen sie dein Kind an der Gestaltung, Planung und Vorbereitung des Alltags teilnehmen?
- **Equipment:** Du kennst deinen Gnom am besten – kann er sich in den Kindergartenräumen verwirklichen? Wie sind Garderobe, Klo und Essbereich gestaltet – verursacht es dir Wohlgefühl,

oder schaudert's dich eher? Gibt es Musikkassetten, Hörspiele, Bücher oder Kleidung, auch aus anderen Kulturen?
- Ist das **Spielzeug** für jede Altersklasse geeignet? Von einfachen Gegenständen für die Winzlinge bis zu anspruchsvolleren für die Älteren?

Mit einer derart anspruchsvollen Checkliste durch die Gegend zu ziehen ist schon ziemlich frech, doch in der Stadt und in Ballungszentren sind die möglichen Leistungen eher vorzufinden als auf dem Land. Dort ist man froh, dass es überhaupt einen Kindergarten gibt, und dieser wird auch, mangels Alternativen, widerspruchslos aufgesucht. In der Kurzfassung kann man sich auch auf eine *Shortlist* einigen:

- Konzept/Methodik
- Nähe
- Öffnungszeiten
- Gruppengröße
- Betreuer pro Gruppe

Diese Punkte sind abzuklopfen, wenn dir das ausführliche Befragen zu viel Umstände verursacht oder du sowieso nur eine Kita zur Auswahl hast. Alles natürlich unter der Voraussetzung, dass du ein gutes Gefühl und Vertrauen zu den Erziehern hast und auch dein Kind glücklich und zufrieden wirkt.

Wer hat's erfunden?

1840 hat Friedrich Wilhelm August Fröbel im thüringischen Bad Blankenburg den ersten Kindergarten gegründet. Das Wort »Kindergarten« wurde seitdem in über 20 Sprachen einfach so übernommen. Übrigens auch ins Englische.

Abnabelung – Eingewöhnung in die Kita

Wo wir unser Kind zukünftig »abgeben«, ist nun geklärt. Folgt noch das »Wie«!

Natürlich kannst du die Frucht deiner Liebe bei der von dir ausgewählten Kinder-Betreuungsstelle nicht einfach über den Zaun werfen, wie den Hund beim Tierheim zum Sommerferienstart oder es durchs Fenster reichen wie den Big Mac ins Auto, nein, hier muss deine Junior-Tüte mit sehr viel Einfühlungsvermögen deinerseits schrittweise zum Verbleiben in der Kita oder bei der Tagesmutter geführt werden, um den Einstieg schadenfrei für Körper und Seele zu überstehen.

Es folgt nun der dramaturgisch lückenlose, mit Eingewöhnungstricks gespickte Fahrplan zum Einstieg in die Fremdbetreuung der Krippe. Das ist, so gesehen, die Idealfassung. So in etwa wird es ablaufen, Abweichungen oder Nuancen werden sich automatisch einstellen, weil Kinder eben unterschiedlich sind und die Erzieher individuell nach ihrem professionellen Eindruck alle Eingliederungsschritte mit dir absprechen. Bei dem einen Kind geht's schneller, bei dem anderen dauert es eben länger.

Dieser Fahrplan ist ebenso auf Tagesmütter anwendbar.

- Das erste große Kennenlernen:
  Damit dein Kind weiß, wo der Hase zukünftig fern des eigenen Zuhause läuft, muss es Stück für Stück seine neue Aufenthaltsstätte kennenlernen. Deshalb geht ihr zusammen in die Kita, mit den Erziehern Bekanntschaft zu machen und euch alles anzuschauen. Das kann zum Beispiel einfach mal an einem Spätnachmittag stattfinden, wenn die Kita schon ein bisschen leerer ist und die Erzieher Zeit haben. Oft gibt es aber auch feste »Schnuppertermine« für die zukünftigen Krippenmitglieder, zu denen sich alle Neulinge einfinden und erste Witterung aufnehmen, die Erzieher sowie die neuen »Kollegen« kennenlernen und das Spielzeug ersten strengen Belastbarkeitstests unterziehen. Hier erfährst du von den Erziehern, welche Dinge du noch besorgen oder du dir rechtzeitig zum Einstieg ins »Krippen-Wonderland« bereitlegen musst, damit dein Star u.a. Wechselklamotten dort vorrätig hat, und vernimmst vieles über die Abläufe im Alltag. Einige Krippen legen den Eltern nahe, immer abwechselnd für ausreichend Windeln, Sonnenmilch oder Tierfutter, für den Fall, dass im Garten Hasen etc. gehalten werden, zu sorgen. All dies und mehr erfährst du bei den ersten Terminen. Zeitgleich hat dein Kind die Erzieherin als zukünftige Ansprechpartnerin schon mal beschnuppert, und ihr könnt beide schon mal ein Grundvertrauen herstellen (à la »die geht in Ordnung«) und habt schon erste Informationen zum Geschehen. Darauf lässt sich nun aufbauen.

- Je jünger dein Kind ist, umso mehr Zeit würde ich für die Integration bei den »Freunden« einplanen. Meistens sprechen die Eltern mit den Erziehern einen Plan inklusive Zeitfenster ab, der sich natürlich an der Reaktion deines Kindes orientiert. Das läuft sehr individuell ab, da die einen vielleicht völlig scheu reagieren und stärker fremdeln, während die anderen wie ein

Hansdampf in allen Gassen den Laden am liebsten gleich samt Belegschaft auseinandernehmen wollen. Amplitudenausschläge gibt es in beide Richtungen, die meisten Kinder liegen irgendwo dazwischen.
Im »Warm-up« wirst du nun drei Tage jeweils maximal zwei Stunden mit deinem Kind in die Krippe gehen, dort gemeinsam mit ihm abhängen und auch ansatzweise spielen, wobei du die anderen Kinder nicht als Top-Spielgefährte ausstechen solltest, ganz im Gegenteil. Ist euer Tagewerk beendet, zieht ihr wieder gemeinsam ab. So funktioniert das.

- Den ersten Ausreißversuch starten wir nach dem »Warm-up« in Absprache mit den Erziehern. Die Karte wird einfach gespielt, indem du dich für eine Minute kurz vom Kind verabschiedest, wie z.B. »Ich bin mal kurz auf der Toilette und sofort wieder da« oder »Ich muss kurz mit der Sarah was in der Küche besprechen«. Damit verdünnisierst du dich und simulierst somit die erste Trennung. Wichtig ist dabei, lediglich den Spielraum zu verlassen und nicht heimlich das Gebäude. Lass Jacke und Tasche daher auf jeden Fall zurück, sodass dein Kind weiß, der kommt gleich wieder. Du hältst dich natürlich an dein Versprechen. Schreit dein kleiner Kollege daraufhin die Bude zusammen, gehe trotzdem wie verabredet aus dem Raum, aber wirklich nur für eine Minute. Nicht länger.
  Je nach Reaktion bei den ersten Trennungsversuchen kannst du dir schon in deinem Online-Kalender entweder nur die laufende Woche markieren oder die kommenden drei Wochen, denn wenn ernsthaft protestiert wurde, könnte sich die Eingewöhnung unangenehmerweise noch ein bisschen länger hinziehen. Auch sollte der nächste Trennungsversuch dann nicht übers Knie gebrochen, sondern eher behutsam nach einer Woche gestartet werden.

Hat dein Kind dagegen kaum reagiert, weil es sich schon wohlfühlt – perfekt! Die Eingewöhnungszeit liegt dann vermutlich nur bei einer Woche und ein paar Zerquetschten, wenn überhaupt. In diesem Fall ziehst du einfach die Trennungszeiten kontinuierlich ein bisschen in die Länge, gehst mal um die Ecke einen Kaffee trinken, Zeitung lesen oder arbeitest mit dem Rechner draußen auf einer Bank. Ziel dieser Übung ist es, die Abwesenheitszeiten schrittweise zu verlängern und gleichzeitig doch in unmittelbarer Nähe zu verharren.

- Lässt sich dein Goldschatz auf zwei Beinen bei einem von Trennungsschmerz verursachten Schreianfall von den Erziehern trösten, ist der Weg ebenfalls schon zur Hälfte geschafft. Dann ist es endlich Zeit für die nächste Stufe: das Konsolidieren! Und auch du als Vater des schwieriger zu integrierenden Kindes kannst bei erfolgreichem Trösten durch die pädagogischen Dritten die Intervalle der räumlichen Trennung ausdehnen.
  Zum Ende der Eingewöhnung hin reicht es, wenn du telefonisch erreichbar bist, denn jetzt lässt du dein Kind morgens dort zurück und holst es später wieder ab. Weil die zärtlichen Beziehungen, die deine kleine Hälfte dort geschlossen hat, noch sehr brüchig sind, sei immer per Handy erreichbar, damit du im Notfall in die Krippe/zur Tagesmutter düsen kannst. Bis sich alles ein wenig eingespielt hat, bietet es sich an, wenn möglich, ein paar Tage von zu Hause aus zu arbeiten, wegen des schnellen Zugriffs.
  Ist dein Kind noch im besten Wickel- und Fütterungsalter, übernehmen die Erzieher diesen Job meistens erst, wenn ihr konsolidiert seid, bis dahin bist du während der gesamten Eingewöhnung noch dafür zuständig. In der Übergangsphase wohnst du dann aus Beruhigungsgründen der Wickel- oder Fütterzeremo-

nie bei, sodass sich dein kleiner Held auch wirklich wohlfühlt. Er kann sich dann einen eigenen Eindruck davon verschaffen, mit wie viel Geschick und Gründlichkeit die neue Wickeltruppe beherzt zur Tat schreitet.

- Bringe dein Kind immer zur gleichen Zeit zur Krippe – der stereotype und ritualisierte Ablauf am Morgen, der Übergang in die Krippe mit Morgenkreis und Frühstück etc. geben ihm Sicherheit und Vertrauen. Wenn es dir und deiner Partnerin möglich ist, dann platziert euren Wonneproppen anfangs erst mal nur halbtags in der Krippe, statt ihm gleich das volle Brett von morgens 8 bis 16 oder 18 Uhr zu verpassen. Als Fels in der Brandung und »Freund im Arm« gib ihm sein Kuscheltier oder Schnuffeltuch mit. Die meisten Krippen schlagen das selber vor – ab einem gewissen Alter der Kinder müssen die Plüschfreunde allerdings zu Hause bleiben.

Das sind die äußerlichen Faktoren, die es zu berücksichtigen gilt, sozusagen die »Spielregeln«. Die innerlichen transportierst nur du, und das ist: Vertrauen in die Institution, in den Sinn und in ihre Erzieher. Du musst dein Kind dort gerne und voller Überzeugung abgeben wollen, dann vermittelst du ihm auch ein gutes Gefühl, und du wirst sehen, der Plan geht auf. Haderst du mit der Entscheidung, findest du die Aktion verfrüht, magst du die Erzieherinnen nicht oder sorgt dich die Tatsache als solche, dann könnte die Eingewöhnung schwierig verlaufen oder sich eher länger hinziehen. Die persönliche Einstellung und Haltung steht meistens in direktem Bezug zum Erfolg.

Du und die Fremdbetreuung –

Eingewöhnen zum Ab- oder Angewöhnen

Ob du dein gerade mal ein Jahr altes Kind der Krippe oder einer Tagesmutter anvertraust oder es mit drei Jahren in einen Kindergarten integrierst – deine eigene Haltung ist entscheidend für den Verlauf dieses Prozesses. Es ist schön, wenn dich ein Gefühl der Wärme und Zufriedenheit erfasst, betrittst du die Räumlichkeiten der Tagesmutter, der Krippe oder des Kindergartens. Und wenn du die Erzieher magst oder schnell in dein Herz schließt, dann ist alles fein.

Sprießt indes auch nur ein Halm des Zweifels aus deinem Herzen, da du in den Pädagogen spirituell völlig verdrehte Vögel ohne jegliches Verantwortungsvermögen, politisch vergaloppierte Doktorarbeitsaspiranten mit militärischem Tonfall oder einfach ungeahnte Blödspaten mit Mangelerscheinungen jeglicher Art erkennst, die Erziehungsmethoden als hanebüchen erachtest, dann sieht's übel aus, und du solltest vielleicht noch mal die Wahl der von dir ausgesuchten Betreuung überdenken – es sei denn, es ist die »letzte vor der Autobahn«.

Das Bauchgrummeln kann auch unbewusst aus dir kommen, ohne dass es dafür offensichtliche Anreize von außen benötigt. Projektionsfläche bietet hier dein Kind, das sich einfach nicht in die Kita oder zur Tagesmutter bringen lassen will und die ausgestreckte Hand der Erzieherin nicht ergreifen oder auf ihren Arm klettern mag. Es ist gut möglich, dass du Angst davor hast, den Kontakt zu deinem Kind zu verlieren, oder du fürchtest, im Ranking bald nicht mehr der

ungeschlagene Tabellenführer zu sein, sondern einfach nur einer von vielen. Totaler Quatsch, aber das geht vielen so. Bei Romys Eingliederung in die Krippe ging es uns miserabel. Romy drehte sich monatelang demonstrativ weg, wenn wir sie der Betreuerin in der Kita entgegenstreckten oder klammerte sich an meinem Arm fest, nur um nicht übergeben zu werden. Natürlich war es mit Heulerei und Schreierei verbunden, und ich kenne auch den Anblick des brüllenden Kindes, das mir dramatisch flehend die Arme entgegenstreckt und von der Erzieherin weggetragen wird, während ich schwer schluckend die Kita verlasse und mich einfach nur mies und dreckig fühle. Rabenvater. Scheißtag!
Wie oft bin ich danach emotional aufgewühlt und deprimiert zur Arbeit getrottet, habe mir Vorwürfe gemacht, dass eine Krippe mit 14 Kindern in der Gruppe bei zwei Erziehern vielleicht für ein so sensibles Kind wie Romy nichts taugt, sie dort untergeht, nicht gesehen wird, nur eins auf die Mütze bekommt. In meinen schlimmsten Alpträumen sah ich sie vor meinem inneren Auge, wie sie verstört und entmutigt still in der Ecke hockt.
Aber nicht nur mir kamen immer wieder solche Gedanken, Kristy ging es genauso. Wir merkten nicht, wie viel wir in unser eigenes Kind wild hineininterpretierten. Wir malten uns das Schlimmste aus, weil wir selbst unsicher waren, ängstlich, sie nicht abgeben wollten. Von Romy selbst war nie ein Statement zu hören, sie schwieg zu ihrem Tagesprogramm wie ein Grab. Ein aufschlussreiches Gespräch mit der Lieblingserzieherin war schließlich Balsam für unsere Seelen: Romy macht mit, Romy bastelt gerne, kann sich toll kon-

zentrieren, lässt sich gerne etwas vorlesen etc. – sie ging keineswegs unter, sie stand keineswegs außen – sie war mittendrin!
Uns fiel ein Stein vom Herzen. Obwohl Romy weiterhin noch oft den Morgen boykottierte, nur um nicht in der Krippe bleiben zu müssen, konnten wir nun besser damit umgehen, bestärkt auch durch ihre großen, positiven Entwicklungssprünge, die wir beobachten durften. Wir stützten uns gegenseitig emotional und argumentativ, hielten täglich die Vorteile fest: Romy tut die Kita gut, der Umgang mit Gleichaltrigen, das Teilen, das gemeinsame Spielen und Essen, die Ausflüge, der warme Brei – so ein Programm konnten wir ihr unter der Woche morgens nicht bieten. Die Erzieherinnen sind nett, das Vertrauen ist da und außerdem: Wir haben auch ein Leben! Kristy war gerade selbstständig geworden, und die ersten Aufträge trafen ein, und auch ich war voll eingespannt. Es gab demnach auch kein Zurück. Wir mussten offensichtlich alle da durch und zuerst das Vertrauen in die Krippe, die Erzieher, den neuen Tagesablauf herstellen und uns an die große Veränderung gewöhnen. Der eine macht's im Handumdrehen, während der andere daran zu knabbern hat. Wir sind eben eher die Nager!
Eingewöhnungszeit für die Kinder bedeutet für mich daher auch Eingewöhnungszeit für die Eltern!
Ganz gleich ob du Seelenpein bei der Eingewöhnung in die Krippe oder in die Kita durchlebst, suche am besten immer das Gespräch mit den Erziehern. Das hat uns am meisten geholfen. Sie können dir die Sorgen sofort nehmen, indem sie von deinem Kind berichten. Außerdem kennen sie diese

Angst und Unsicherheit der Eltern nur zu gut und können hier für Klärung sorgen.
Bleibt das miese Bauchgefühl und kommst du weder mit Konzept noch Betreuern klar, dann solltest du lieber eine andere Stätte suchen oder ein alternatives Kinderbetreuungsmodell finden. Freunde von uns haben aufgrund der Wahl zwischen einer miesen und keiner Kita Letzteres vorgezogen und sich ein eigenes System mit Tagesmutter, Familie und zeitlich verlagerten Arbeitszeiten einfach selbst zusammengebastelt. Auch das geht.

Voraussetzungen für den Kindergarten-Einstieg

Nach der Kita ist vor der Kita, denn eigentlich geht es nach der Krippe nahtlos weiter mit der Betreuung. Es hat sich eine Menge getan in der Entwicklung der Kleinen, und jetzt mit drei Jahren sind sie der Minigruppe entwachsen und durchschreiten das Kindergartenportal.

Auch wenn wir es nicht dogmatisch betrachten wollen, haben Erzieher schon so ein paar grobe Bedingungen im Kopf, die dein Kind idealerweise erfüllen sollte, wenn es in den Kindergarten kommt, ganz gleich ob es vorher zu Hause, im Wohnwagen, in einer Kommune oder in einer Krippe aufwuchs.

Am besten ist der »New Entry« trocken, kann schon allein zur Toilette gehen, sprechen, mit anderen Kindern in Kontakt treten und sich an- bzw. ausziehen. Wie wir wissen, lassen sich all diese Fähigkeiten nicht zwingend am Alter festmachen, von daher gibt es Kinder, die mit zweieinhalb schon in den Tages-Spielpalast der

Freude wandern könnten und Dreijährige, die besser noch eine Reiferunde um die Babyrutsche drehen müssten. Das sind aber in etwa so die Funktionen, die dein kleiner Racker beherrschen sollte. Sprich am besten mal mit dem Kindergarten deines Vertrauens darüber. Romy war beim Übergang von der Krippe in den Kindergarten noch nicht trocken. Da sie aber in ein- und derselben Kinderbetreuungsstätte blieb, stand der Eingliederung in den Kindergarten nichts im Weg. Und siehe da, nach drei Tagen Vereinszugehörigkeit war Mademoiselle trocken. Sie guckte es sich einfach bei den älteren Kindern ab, und so wurde ihr die Windel offensichtlich zu blöd.

Eingewöhnung in den Kindergarten

Nachdem ihr einen Kindergartenplatz ergattert habt, folgen in der Regel zwei bis vier Vortreffen. Als erstes Treffen zähle ich allerdings bereits die Anmeldung, weil man dir bereits dort die wichtigsten Dinge mitteilt. Bei diesem Termin werden von den Räumlichkeiten über die Erzieher bis hin zum Tagesablauf, der Pädagogik und den Regeln noch mal alle entscheidungsrelevanten Kriterien des Kindergartens vorgestellt. Danach geht der Anmeldebogen rum. Ist das Kind aufgenommen, erwartet dich ein »Eltern-Kennenlern«-Nachmittag, bei dem sich alle Eltern der Neulinge beschnuppern dürfen. Meistens tummeln sich hier auch die Erzieher und die Kindergartenleitung, die noch einmal referieren, wie der Alltag sich gestaltet, welche Grundausstattung für die Kinder im Fach bereitliegen sollte (Regenzeug, Wechselklamotten etc.), und den einen oder anderen Tipp zur Eingewöhnung gibt es auch noch dazu. Wenn der erste Tag näherrückt, führst du noch einmal ein Gespräch mit einem Erzieher über dein Kind. Darin geht

es um die Eigenheiten deines Kindes, wie und wann es am besten schläft, ob es irgendwelche Erkrankungen gibt, auf die die Betreuer achten müssen usw.

Damit sich der kleine Prinz oder die kleine Prinzessin nicht abgeschoben und ausgesetzt fühlt, soll euer Hochwohlgeboren vorab die Räume, die Erzieher und die Kinder, die bereits im Kindergarten sind oder mit eingegliedert werden, kennenlernen. Oft nimmt sich dann ein Erzieher des Kindes an, der dann auch die Eingewöhnungsphase über Hauptansprechpartner bleibt.

Und dann geht's los. Entweder bist du oder deine Partnerin bei der Eingewöhnung mit dabei, dazu das Plüschtier deines Kindes oder das Schnüffeltuch. Mehr benötigt dein Spross nicht, um sich sicher zu fühlen. Ebenso müsste sich der kleine Racker nicht aufgeschmissen, sondern geborgen fühlen, weil ihm die Räume schon bekannt und die Erzieher nicht völlig fremd sind. Gelingt es dir jetzt noch, im Vorfeld des Kindergarten-Einstiegs diesen zu thematisieren, aus deiner Kindergartenzeit zu erzählen, den anstehenden Alltag schon mal zu beschreiben oder das Thema auch mit ein paar Büchern zu illustrieren, dann hast du wirklich eine gute Vorarbeit geleistet, die der Wurm dir dankt, wenn er sich vertrauensvoll in das neue Umfeld begibt.

Kränkelt dein Kind dagegen, hast du gerade Ärger mit deiner Frau oder wird dein Kind durch irgendetwas anderes belastet, wird die Eingewöhnung eher schwierig verlaufen. Wenn so etwas der Fall bei euch ist, thematisiere das ruhig im Vorfeld im Gespräch mit dem Erzieher. Vielleicht kommt ihr dann gemeinsam zu der Entscheidung, den Einstieg zu verschieben.

Wie für die Krippe gilt auch für den Kindergarten eine langsame Einführung des Kindes in den dortigen Alltag. Du und dein Stöpsel richtet zusammen mit dem Betreuer das Fach ein, schaut euch ganz gemächlich um, und dann bleibt ihr einfach zwei Stun-

den lang da, spielt zusammen, oder dein Kind spielt schon allein, beides ist möglich. Anschließend düst ihr wieder davon. Der Betreuer hält sich noch ganz bedeckt und tritt nur in Erscheinung, wenn er darum gebeten wird.

In den nächsten Tagen gebt ihr ein bisschen »Sozialgas«, seid beim Morgenkreis dabei, beim Frühstück oder Mittagessen, und Stück für Stück ziehst du dich in den Schatten zurück, aus dem zeitgleich der Erzieher in den Lichtkegel der Aufmerksamkeit tritt.

Nach drei bis vier Tagen hast du bereits den Status »Auslaufmodell« erlangt und überlässt dem Erzieher das Feld. Erst verschwindest du nur kurz aus dem Raum, dann immer länger und länger, bis du schließlich ganz weg und nur noch telefonisch erreichbar bist. Auch solltest du in den ersten zwei Wochen der Eingewöhnung trotz Berufstätigkeit die Möglichkeit haben, schnell in den Kindergarten gelangen zu können.

Der ganze Prozess wird immer jeweils für eine Woche für Kinder mit Betreuungserfahrung ausgelegt, für zwei Wochen aber eingeplant, damit kein Druck bei den Eltern oder Kindern entsteht.

Möchte dein Kind trotz dieser einfühlsamen und geschmeidigen Eingliederung nicht in den Kindergarten gehen, versuche erst mal mit Fragen herauszufinden, was da im Argen lieg. Trägt der Erzieher heimlich BHs der Kollegin? Ist das Klopapier nur zweilagig oder schmeckt der Tee so, wie die vollgepullerte Windel des einen oder anderen Neuankömmlings riecht – dann kannst du deinem Verweigerer dank deiner großen Redekunst sicherlich den Protest ausreden. Hat dein Kind aber Angst? Wird es schlecht behandelt, gehauen, gehänselt? Gibt es ein Kind, das es besonders fürchtet? Dieses Problem liegt natürlich viel tiefer. Aus eigener Erfahrung vermute ich, dass dein Kind nur bedingt auf diese Fragen antworten wird. Daher ist es auf jeden Fall ratsam, ein Gespräch mit dem Erzieher zu führen, der die Sache mit Sicherheit aufklären kann.

Wie bei Kristy und mir können aber auch die Feinsensoren deines Kindes bei der Kindergartenmüdigkeit eine gewisse Rolle spielen, weil es spürt, dass einer von euch oder ihr beide ein Problem damit habt, es loszulassen.

Eingliederungen in Kindergärten sind ebenfalls kein Brüller bei großen emotionalen Ereignissen positiver oder negativer Art, wie zum Beispiel der Tod von Verwandten, ein Umzug oder die Geburt eines kleinen Geschwisterchens. In diesen Fällen fühlen sich Kinder oft nicht beachtet und sind deshalb schon von Haus aus so verunsichert, dass sie Schwierigkeiten haben, sich im Kindergarten wohlzufühlen. Alles, was in diesen Momenten zählt: Reden! Sprich mit deinem Kind darüber. So könnt ihr das Problem gemeinsam aus der Welt schaffen. Notfalls kann die Eingewöhnungszeit entweder verlängert werden, oder ihr brecht die Eingewöhnung ab und verschiebt sie auf einen späteren Zeitpunkt, nämlich bis sich die Lage beruhigt hat und genügend Platz für Vertrauen und Wohlgefühl ist.

Überlebenstipps für Eltern

Nicht nur für die Kinder ist der Kindergarten neu und sehr speziell, nein, auch wir Eltern müssen uns erst einmal diesem Kosmos nähern, uns akklimatisieren und lernen, uns darin zu bewegen, ohne uns, unserem Kind oder der Menschheit zu schaden. Du lächelst, aber das kann schneller passieren, als du denkst.

Jeder Kindergarten hat sein Thema!

Nirgendwo offenbart sich die Seele eines Kindergartens so eindrücklich wie an einem Elternabend. Nimmst du zum allerersten Mal an dieser exklusiven Runde teil, möchte ich dir hiermit einen

Verhaltenstipp mitgeben, um alles aus diesem, deinem ersten Mal rauszuholen, was eben möglich ist: Wenn du einen richtigen Rund-um-Eindruck von dem Kindergarten, seinem Ensemble nebst Elternschar gewinnen willst, dann die gesamte Veranstaltung über Schnauze halten und zuhören!

Vergiss TV-Dokumentationen mitten aus dem Leben oder unangenehm drastische Meetings in deinem Berufsleben – das hier ist die pralle Realität in deiner Hood! Bist du wie auch ich ein bekennender Menschenfreund, der sich an der unterschiedlichen Art und Weise deiner Mitbürger laben kann, dann sind diese Abende in deinem immer noch so frischen Dasein als Vater wahre anthropologische Highlights. Menschen drehen total am Rad und an ihren vorher festen Schrauben im Kopf, tragen sie für kleine Menschen die Verantwortung, und wie sich das äußert – jeder will ja nur das Beste für sein Kind und … ja … auch … für die Gemeinschaft – das darfst du hier in seiner ganzen Pracht und Fülle hautnah in der Hocke oder auf Kinderstühlen sitzend erleben! Würde es Elternabende als TV-Sendung geben (ich schreibe ein Konzept dazu, versprochen!) – ich würde sie einschalten. Auch täglich!

Wie ein dramaturgischer Geniestreich hat so ein bunter Unterhaltungsabend aber zum Ende hin immer noch ein kleines Bonbon für dich in petto. Dieses heimliche Finale wird wider alle Erwartungen gar nicht zwischenzeitlich »angeteased«, sondern kommt ein bisschen wie »Kai aus der Kiste« just zum letzten Viertel. Es ist das sogenannte »Reizthema« des Kindergartens! Dieses dreht sich ganz individuell beispielsweise aufgrund von Lage oder Personal, Eltern, Kindern, Infrastruktur etc. stets um ein Ärgernis oder einen Missstand, dem offensichtlich nicht beizukommen ist oder der so viel Gesprächsstoff bietet, dass er bei jeder Elternversammlung immer wieder aufs Neue ausgebuddelt und diskutiert wird.

Wie eine illustre und aufgedrehte Meute Piranhas fallen alle über das Thema her, echauffieren sich wunderbar und finden glücklicherweise kein Ende. In unserem Kindergarten waren es lange Zeit die »Falschparker«, die morgens in der Kurve oder auf dem Gehweg alles blockierten, sodass sogar die Kinder gezwungen waren, über eine recht stark befahrene Straße auszuweichen. Sehr gefährlich und wirklich blöd. Einigt man sich im Kern schnell darauf, diese grobe Fahrlässigkeit im Konsens zu verurteilen, schließt sich doch überraschend unvermittelt eine Diskussion über die Größe und den Preis der Fahrzeuge sowie über die Fahrkünste der entsprechenden Fahrer/in an. Da rumort es gewaltig, da spaltet sich für einen Bruchteil eines Augenblicks der harmonisch verlullte Grinsebelag und offenbart seine hässliche Fratze der üblen Nachrede. Für uns zarte Vaterseelen zu starker Tobak.

Du hast es geschafft! Das zweite Mal kommt bestimmt – Zeit, nach Hause zu gehen!

Was passiert an Elternabenden im Kindergarten?

Meistens finden die ungewöhnlichen Treffen in den atmosphärisch fröhlichen Räumlichkeiten des Kindergartens statt und verfrachten einen mir nichts, dir nichts in eine XXS-Welt. Mit deinem Riesengesäß schiebst du dich auf einen der Kinderstühle und erinnerst mehr an einen trägen Elefanten auf einem billigen Schemel als an einen erhabenen Jonathan Rhys Myers als Heinrich der Achte auf einem glänzenden Thron. In der drängende Blähungen wahrlich nur schwer zu unterdrückenden Position knabberst du an Milchkeksen, trinkst lauwarmen Fencheltee aus Ikea-Plastikbechern und wirst mit wohlwollenden Blicken von der Übermacht der Mütter aufgenommen.

Bist du neu, darfst du dich vorstellen, den Namen deines Kindes nennen und vielleicht ein paar Worte über deinen süßen Knopf ver-

lieren. Wenn man bereits vollends akzeptiert ist, stellt man sich eigentlich immer nur kurz den neu dazustoßenden Eltern vor. Dann wird Pünktchen für Pünktchen durch die Agenda gerauscht. Auf der stehen zumeist die Termine des Jahres: Vom Karnevalsmotto über das »Papa-Kind«-Zelten in Dänemark bis hin zum Weihnachtsfest – alle wichtigen Ereignisse werden hier angesprochen. Des Weiteren werden die aktuellen Projekte der Gruppe vorgestellt, die sich zum Beispiel gerne an den Jahreszeiten und den dazugehörigen Entwicklungen in der Natur orientieren. An einigen Elternabenden werden den Eltern die Arbeitsmappen ihrer Kinder übergeben, in der alle Mal- und Bastelwerke des Kindes im Laufe der Zeit gesammelt wurden. Die Mappen können die Eltern mit nach Hause nehmen. Dann gibt es einen Ausblick, welche Themen zukünftig behandelt und wie umgesetzt werden, welche Materialien die Eltern ihren Kindern zum Beispiel für das anstehende Laternenbasteln mitgeben sollen usw. All diese Informationen diktieren sie dir hier regelrecht in den Block.

Gezielt zu jedem einzelnen Kind wird an Elternabenden nichts erzählt. Nicht, dass du dort mit falschen Erwartungen hingehst – dort geht's ums große Ganze. Nach den Projektständen und den Terminen sind oftmals Neuerungen im Kindergartenalltag Thema, wie zum Beispiel Änderungen beim »Hasendienst« (Fütterung der Hasen im Garten etc.) oder Leerung des Faches der Kinder immer zum Wochenende oder zum Ferienbeginn. Wie auch alles andere ist das jeweils von Kindergarten zu Kindergarten unterschiedlich. Was allen gemein ist, sind die diversen Appelle an die Eltern. So gibt es bei uns immer den Hinweis, anständig auf den dafür vorgesehenen Parkplätzen zu parken und sein Kind bis spätestens 9 Uhr morgens – da Morgenkreis – abzugeben. Oder die Kleidung der Kinder mit deren Namen zu beschriften oder die Mitnahme von Kuscheltieren zu unterbinden. Ist ja auch klar. Endlich haben

die Erzieher mal die Möglichkeit, die Eltern direkt zu packen – und diese Chance nutzen sie. Darauf kannst du dich verlassen.

Kursangebote

Ist der Kindergarten auch die zarteste Pflanze im Bildungssystem, treibt sie mittlerweile doch wirklich qualitativ hochwertige Blüten.

Englischkurse, Tanzen, musikalische Früherziehung, Malen, Basteln und Handwerken – da fehlen eigentlich nur noch Polo und Origami für Anfänger sowie Chinesisch und Esperanza auf Krankenschein. Die Kindergärten Deutschlands haben vielfältige Bildungsmöglichkeiten am Start, auch für die nicht mal vernünftig sprechenden Eleven ein echtes Freizeitparadies mit Mehrwert. In staatlichen oder kirchlichen Institutionen sind diese zumeist in der monatlichen Flatrate enthalten, und dein Kind kann an Angeboten teilnehmen, wonach ihm der Sinn steht. Anders dagegen in privaten Einrichtungen. Hier buchst du die Kurse dazu, und meistens schlagen sie mit »Aufwandspauschalen« von zehn bis zwanzig Euro im Monat zu Buche. Das lässt sich vielleicht bei einem Kurs noch verschmerzen, kommen indes zwei oder drei Kurse dazu, kann es auch schon mal ein bisschen weh tun. Bei zwei Kindern zeitgleich in der Kita dürfte dann das ein oder andere Tränchen deine Wange runterkullern, füllst du gedanklich den Überweisungsschein aus.

Prüfe also bei der Suche nach dem Kindergarten eures Vertrauens gleich dessen Handhabung von Kursangeboten und den möglichen finanziellen Mehraufwand. Bedenke, dass euer Kind gerne mit seiner besten Freundin oder dem besten Kumpel an einem Kurs teilnehmen möchte und dass vielleicht dessen Eltern ihm mehr oder weniger alle Angebote ermöglichen können, da sie finanziell unabhängig sind und der Kleine einfach alles belegen möchte, was geht. Infolgedessen könnte auch dein Kind vor dir stehen und den Antrag

auf Teilnahme an allen Kursen stellen. Hier empfiehlt es sich nicht, sein Kind durch Nichtanmeldung der Gruppendynamik zu entziehen, sondern ihm einen oder entsprechend viele Kurse zur Auswahl zu stellen und gegebenenfalls auch »Nein« zu sagen, wenn es gleich die ganze Hand will, nur weil sein Buddy überall teilnehmen darf. Es gibt eine Grenze, und du steckst sie ab. Diese lässt sich den Kindern auch erklären, selbst wenn sie ihnen abstrakt erscheint. Ein-, zweimal gemuckt, schon ist die Nummer vergessen, und kein Hahn kräht mehr nach dem »Sommelier«-Kurs für Dreijährige.

Elternvertreter

Kindergärtnerinnen, Kindergartenleiterinnen und Erzieherinnen haben ein absolutes Faible für launige Väter, die einsam und verloren an Elternabenden in der Schar der Hühner hocken, jedenfalls wenn es um die Wahl des Elternvertreters geht. Schnell »verschwestern« sich die Damen, leicht amüsiert über ihren radikal feministischen Pakt, konstruieren schonungslose Aussagesätze wie »es soll auch mal ein Mann sein, der sich um die Belange der Eltern kümmert«, und plötzlich und ungefragt bist du Kandidat und gewählt. Ohne offizielle Anfrage, Erklärung oder Abstimmung. Wahlen im Iran sind demokratischer! Passt du hier nicht auf wie ein Schießhund, wird der Mob der zweifellos zu Recht nach Gleichberechtigung strebenden Mütter an so einem Abend über dich herfallen und ohne dein Einvernehmen einfach über dich richten. Und dass die Wahl auf dich fällt, ist so sicher wie der Umstand, dass dich der Job bereits nervt, ehe du für diesen nicht zur Wahl standst. Mir ist es genau so passiert.

Was muss ein Elternvertreter tun? Jeder Kindergarten sieht ein eigenes »Jobprofil« vor. Meine Aufgaben lauteten: Geld sammeln für die Geschenke der Erzieher, Ansprechpartner für die Eltern sein, falls es ein Problem mit einem Betreuer oder mit anderen

Eltern gibt, Eltern zur Mitarbeit motivieren, an Kindergartenfesten teilnehmen, die Vorbereitung von Kindergartenevents mit übernehmen und vieles mehr. Lass dich nicht täuschen, die Vielzahl an Aufgaben wird in der Regel beim Ausloben des Postens des Elternvertreters arg runtergespielt, wenn nicht gar unter den Teppich gekehrt, sodass das Amt vermeintlich möglich, machbar und, ja, beinah verlockend wirkt. Typen mit Anerkennungsdrang fallen da gerne darauf rein.

Natürlich gibt es Männer, die darauf brennen, diesen Job an Land zu ziehen. Das ist super. Möchtest du dir aber partout die Schlinge vom Hals ziehen, dann gibt es nur drei Wege, deine Zwangskandidatur samt -ernennung zu vereiteln.

- **Erstens: Klare Abgrenzung**

  Trotz der vielen sympathischen, sogar auf Flirtebene ohne eindeutige Angebote abgefeuerten Komplimente der Frauen an dich und dem Runterspielen der diversen wahrzunehmenden Verpflichtungen: Bleib standhaft, und erhebe deine berufliche, derzeit überdimensionale Inanspruchnahme zum Kern deiner argumentativen Gegenoffensive. Versichere den Damen, dass sie eine weise Entscheidung treffen wollten, du dich aufgrund dieser Tatsache überaus geehrt fühlst, du aber dieses einzigartige und verantwortungsvolle Amt derzeit bei dem Stress nicht bekleiden kannst – und wer mag, Hand aufs Herz, einen Vater zum Elternvertreter »schlagen«, der sich nicht ernsthaft um die Dringlichkeit der Dinge kümmern kann.

  Sei dir gewiss, sie lassen dich in Ruhe.

- **Zweitens: Abwesenheit**

  Feige, aber effektiv ist das persönliche Fernbleiben vom Elternabend. Entsende stattdessen doch einfach deine Frau als offizi-

ellen Botschafter der Familie, der sicherlich gekonnter derartige Übergriffe auf das Seelenheil abwenden kann als ein Vater, der es per se immer allen recht machen will, getrieben vom schlechten Gewissen, zu wenig Zeit für seine Frau und Kinder aufzubringen, aber möglicherweise nun über den Job des Elternvertreters glaubt, allen ein bisschen was zurückgeben zu können. Du irrst! Also, wenn die Wahl ansteht, Frau hinschicken!

- **Drittens: Vertrauensbruch**

  Wie immer: Komplizierter geht's natürlich auch! Sich wählen lassen und durch einige (Fehl-)Entscheidungen des Amtes enthoben werden, ist bitter und klebt wie ein Makel an der lupenreinen Weste. Gibt es aber keinen alternativen Ausweg, ist die kalkulierte Bruchlandung ein ideales Schlupfloch für Typen, die sich im Kreis der Mütter am Elternabend irgendwie nicht aus der Vertreter-Affäre ziehen konnten.

  Der würdigere Ausstieg sieht folgenden Ablauf vor: Ein mangelndes Vertrauen der Elternschaft diagnostizieren und deshalb offiziell das Amt niederlegen. Zeitlich eine Spur aufwendiger, ist es jedoch erstens dramaturgisch aufregender und zweitens irgendwo noch eine Heldengeschichte.

  Einst wählte ich die letzte Version und entwickelte mit den drei Elternvertretern der anderen Kindergartengruppen die Idee, einmal 20 Euro gebündelt als Jahrespauschale von allen Elternpaaren einzuziehen, um damit genügend Geld für die Geschenke an Erzieher, für Feste usw. einzusammeln, zu denen bis dato jeweils gesondert Spendenaufrufe erfolgten. Das sollte jetzt mit einer Überweisung fur das ganze Jahr aus der Welt geschafft werden. Wir als Elternvertreter-Gemeinschaft hielten unsere Idee für genial, einige Eltern hingegen gingen auf die Barrikaden. Ihr Feedback: Die Pauschale sei zu hoch! Und so plumpste die ein oder

andere E-Mail mit beinah beleidigendem Inhalt in unsere Accounts. Aus dem gut gemeinten Vorschlag wurde ein Stürmchen im Wasserglas, das schlussendlich zur Farce geriet. Nach dem kurzen Aufbegehren und obwohl es sich ja bloß um eine Art Antrag gehandelt hatte, legten alle vier Elternvertreter einvernehmlich das Amt nieder. Ist das nicht eine geile Story?!

Sprich niemals über die Kinder von Dritten

Meine Frau Kristy verbrannte sich gleich zu Beginn unserer »Kita-Karriere« völlig die Zunge. Von unserem ganz persönlichen Problem, unsere Tochter Romy aus dem Haus in die Fremdbetreuung ziehen zu lassen, habe ich dir bereits erzählt. Als »Betroffene« hält man dann natürlich ungewollt Ausschau nach dem eigenen Kind ähnlichen Typen, um zu ermitteln, wie diese sich dort schlagen und diese Erkenntnis als Beruhigung zu nutzen. Natürlich war Romy nicht die Einzige, die keinen Bock auf einen ganzen Tagesabschnitt ohne Mama und Papa hatte. Schnell waren zwei weitere »Anti-Kitaisten« enttarnt, die ins selbe Horn stießen.

Teilt man ähnliche Erfahrungen, liegt es auf der Hand, eine »Leidensgenossenschaft« mit viel Dialog, Mitgefühl und Austausch zu bilden. Das tun Väter unter sich, Mütter unter sich und natürlich auch Elternpaare. Um also hier einen Brückenschlag zu vollbringen, ging Kristy eines Morgens, nachdem die Kinder bereits im »Dienst« waren, in ihrer offenen Art auf die Mutter eines kleinen Jungen zu, der in seinem schüchternen Wesen unserer Romy glich. Die zwei verstanden sich auf Anhieb gut. Nach einer Weile und bester Laune teilte Kristy der Mutter des Jungen völlig ungezwungen den Eindruck mit, den sie während Romys Eingewöhnung von dem Jungen gewonnen hatte: Er sei zurückhaltend wie Romy und beschäftige sich offensichtlich gerne oft allein mit Dingen. Gesagt, Problem! Welche goldene Regel Kristy übersehen hatte, war für

uns, die wir damals neu auf dem Gebiet waren, nicht sofort ersichtlich. Die Regel lautet: Rede niemals über die Kinder von anderen!

Jeder Mutter und jedem Vater ist daran gelegen, ein sozial gut verträgliches Wesen in die Welt zu setzen und keinen eingeschüchterten oder seltsam verstockten Einzelgängervogel. Wer möchte nicht, dass sein Kind ordentlich spielt, Freunde findet und beliebt ist!? Das Gespräch endete abrupt und mit einem Rest Verwirrung auf beiden Seiten, die binnen kürzester Zeit in einer Gesprächsbitte der Kindergartenleitung gipfelte, wie sie plötzlich an Kristy gerichtet wurde. Was war geschehen? Die Mutter des Jungen wandte sich in ihrer Sorge um dessen Wohlergehen an die zuständige Betreuerin und Gruppenleiterin. Diese ihrerseits räumte jegliche Bedenken aus dem Wege, fühlte sich jedoch in ihrer Arbeit, die Kinder zum Miteinander zu führen, angegriffen. Ihren Frust ließ sie wiederum bei der Kindergartenleitung ab, die deshalb Kristy noch mal sprechen wollte. Lange Rede: dumme Nummer mit offenkundigen Patzern auf allen Seiten. Es lehrt aber, sich, wenn nichts »Bemerkenswertes« ansteht, eher bedeckt mit Meinungen über oder Einschätzungen von Kindern zu halten, die nicht deinen Lenden entsprangen. Und sei so gut, gib den Tipp auch an deine Partnerin weiter. Das erspart euch einfach jede Menge Aufregung, ätzende Diskussionen und missverständliche Kommunikation.

Um die Geschichte zu Ende zu bringen: Die Eindrücke wurden relativiert, die Arbeit der Kollegin für gut befunden, und allmählich konnte sich alles wieder beruhigen. Seitdem reden wir mit Dritten zumindest nicht mehr über die Kinder der anderen und wenden uns im Falle eines Problems direkt an den Betroffenen selbst. Ansonsten alles super!

Freunde und Arbeitsstellen

Abgesehen von den Vorteilen eines Kindergartens für die Entwicklung des eigenen Kindes, messe ich dieser Organisation eine enorme, oftmals stark unterschätzte Bedeutung für das eigene, erwachsene Leben bei. Dank der Elternabende und der Festivitäten im Kindergarten trifft man nämlich Erwachsene in einem zwanglosen Rahmen, wie er einem im Alltag selten geboten wird. Alle sind mehr oder weniger in einer Altersklasse, sprechen also eine gemeinsame Sprache und können endlich mal wieder auf Menschen treffen, die nicht ihre Freunde oder Arbeitskollegen sind. Solche, die aus komplett anderen Ecken des Landes und fremden Branchen der Arbeitswelt stammen und einfach einen anderen Background haben. Wann passiert uns das noch? Im Urlaub vielleicht, aber sonst?

Das finde ich geradezu aufregend und attraktiv. Ich habe in unserem Kindergarten richtige, echte Freunde gefunden, mit denen ich teilweise mehr Zeit verbringe als mit den alteingesessenen. Spielen dann sogar noch unsere Kinder mit den Kindern der Menschen, die wir selbst sympathisch finden, krönt es die neuen Verbindungen und lässt sie zu festen Bestandteilen des Alltags und der Freizeit werden.

Kindergärten eignen sich aber auch als Jobbörse oder als Tummelplatz für Projektanbahnungen zwischen beispielsweise dem Papa von Lilli, der Geschäftsführer einer Werbeagentur ist und dem Vater von Lorenz, der in einem Unternehmen arbeitet, das auf der Suche nach einer Werbeagentur ist. Hier geht so einiges.

Und natürlich kommen auch die Alleinerziehenden auf ihre Kosten, wobei es hier auf die Quote der Scheidungen in dem Kindergarten ankommt. In unserem sind gefühlt alle nach wie vor ein Paar, in einem anderen mir bekannten Kindergarten ist

ordentlich Daten und Flirten von Trennungsvätern mit Trennungsmüttern angesagt. Der Kosmos Kita ist eine Bereicherung sowohl für die Kleinen als auch für die Großen. Der Möglichkeiten gibt es viele.

Schule

PISA, wir kommen!

Jetzt wird's ernst! Der Tag ist gekommen, an dem dein kleiner Sonnenschein in den Ernst des Lebens und des Zahnradsystems der Gesellschaft eingeführt wird.

Nach dem feierlichen Ausstieg aus dem Entspannungsbad Kindergarten droht nun nämlich der unvermeidbare Einstieg ins Ermüdungsbecken der Bewertung, der Leistung und der Anpassung. PISA, wir kommen, es ist Zeit für die Einschulung!

Nur – wer sagt dir, wann es so weit ist, und auf welche Penne sollst du denn deinen kleinen Analphabeten schicken, hat sich in den letzten Jahren dieser Markt doch radikal verändert: Nachmittagsunterricht, Abitur in zwölf Jahren, Einstellung des »Schulmädchen-Reports« auf Sat1, Schulgründungen von Nena oder Jörg Pilawa. Das ist schon allerhand.

Entwarnung! Dir flattert ein Brief ins Haus, in dem geschrieben steht, in welcher Schule für dein Kind ab wann ein Plätzchen reserviert ist. Von Amts wegen ist der Vorgang damit erledigt. Für dich vielleicht nicht, weil du möglicherweise das Gebäude grässlich findest oder Frontalunterricht aus religiösen Gründen verabscheust. Vielleicht betrachtest du dein völlig naturbelassenes Nachwuchstalent auch als zu Höherem berufen und möchtest es gleich auf eine Schule mit einem besonderen Schwerpunkt schicken statt auf eine öffentliche Penne. Außerdem soll dein Kind doch mit ein paar Freunden aus dem Kindergarten eingeschult werden und nicht als »Lonesome Ranger« bei Wind und Wetter

auf dem Schulhof vergammeln. Es gibt also diverse Gründe, warum einem die zugewiesene Schule vielleicht nicht so in den Kram passt wie erwartet.

Es funktioniert aber leider nicht bundesweit, den zugewiesenen Bildungsbunker einfach so zu umgehen und einen anderen zu wählen. Das Schulsystem untersteht nämlich dem Landesrecht, weshalb hier je nach Bundesland unterschiedliche Regelungen greifen.

In Hamburg gibt es sogenannte Stadtteilschulen, auf die dein Kind automatisch geschickt wird, es sei denn, du ziehst eine andere Schule vor. Ich kenne Menschen, die sich eigens für die Schulzuteilung umgemeldet oder eine Trennung vom Partner vorgetäuscht haben, um ihr Kind auf eine bestimmte Schule schicken zu können.

Möchtest du deinen Nachwuchs jedoch auf eine private, beispielsweise »Brecht«- oder Waldorfschule schicken, kannst du zwar seriös bleiben, dein Kind muss dort aber vielleicht noch eine Art Aufnahmeprüfung absolvieren. Bei sehr beliebten Schulen sind diese Tests nicht immer zwingend von Erfolg gekrönt, was natürlich in diesem Fall einen bitteren Einstieg ins Schulbusiness für das Kind bedeutet. In manchen Fällen erhalten auch diejenigen Kinder den Vorzug, welche das bereits von den Lehrern detailverliebt zusammengestellte »Klassentemperament« ergänzen. Sind schon relativ viele Schreihälse eingeplant, ist die Nominierung eines schüchternen Kindes eher möglich. Ebenso haben Kinder, die in der Nähe wohnen, gute Chancen bei der Auswahl.

In Bayern musst du einen offiziellen Gastschulantrag stellen, der aufgrund deiner Beweggründe und der Kapazitäten an der Schule entweder genehmigt oder abgelehnt wird. In anderen Bundesländern ist die Auswahl freigestellt oder wiederum anders geregelt.

Informiere dich am besten rechtzeitig, also mindestens ein Jahr vor der Einschulung. In Hamburg kann man sich zum Beispiel auf

der Internetseite www.hamburg.de informieren, welche Schule für einen zuständig ist. Außerdem steht dort alles über die Schulstruktur und das System. Sicherlich gibt es diese Informationen auch in deinem Ort oder Landkreis.

Schul-Checkliste

Trotz aller Fakten, die du im Laufe deiner Recherchen sammelst, trotz der Möglichkeiten an potenziellen Schulen, die dein Kind an eurem Wohnort besuchen kann, wirst du niemals eine hundertprozentige Gewissheit erlangen, ob sich dein zukünftiges Schulkind an seiner Schule wirklich pudelwohl fühlen oder alles nur fürchterlich finden wird. Und doch gibt es ein paar Kriterien zur Entscheidungsfindung, die dir dabei helfen können, ein gutes Gefühl mit deiner Wahl zu bekommen. Auf Schuljagd ist deshalb folgende Checkliste wichtig:

- Wie groß ist die Entfernung zur Schule? Fahrtzeit/Verkehrsanbindung/fahrradtaugliche Distanz oder sogar zu Fuß erreichbar?
- Welche Schulform? Grundschule, Privatschule oder Modellschule (Schule, an der neue Erziehungs- und Unterrichtsformen und neue pädagogische und organisatorische Konzepte ausprobiert werden)
- Ganztags- oder Halbtagsschule?
- Wie lautet das Konzept? Wo liegt der Schwerpunkt? Welche Angebote bietet die Schule insgesamt?
- Spielt Religion/Konfession eine Rolle?
- Welche Schule besuchen die Freunde oder Kindergartenkollegen deines Kindes?

Die von dir auserkorene Schule solltet ihr euch alle gemeinsam anschauen, vielleicht bei einem Schulfest oder an einem offiziellen Schnuppertag. Dann kannst du auch gleich in einem Abwasch den Lehrern auf den Zahn fühlen.

Welchen Eindruck hat dein Kind? Was sagt dein Bauchgefühl und das deiner Partnerin? Was löst das Betreten der Klassenräume in dir aus? Wie empfindest du die Lehrer in Aktion?

Versuche dir auch ein Bild von den anderen Eltern zu machen. Von denen, deren Kind bereits auf die Schule geht, sowie von denen, die mit euch bei den Ersteinschulungsveranstaltungen sitzen. Tummeln sich unter ihnen viele »Highflyer« und Durchstarter, die äußerst erfolgsorientiert sind und ihre Kinder mit zig Sprachen und exotischen Hobbyvariationsmöglichkeiten maximal fördern, könnte dies Folgen für das Leistungsniveau der Klasse haben, das vermutlich recht hoch sein wird. In die milderen Gefilde oder sogar entgegengesetzte Richtung kann sich das Level natürlich auch bewegen, meinst du eher entspannte Eltern ohne hohe Leistungserwartungen zu erkennen oder Prototypen, die die Institution Schule als lästig empfinden. Welche Sorten dir auch immer begegnen werden, sie erlauben Spekulationen über Anspruch, Qualität und Tempo in der von euch ausgesuchten Bildungsanstalt. Ein Gedanke darüber, bevor ihr das Anmeldeformular ausfüllt, ist nicht verkehrt. Was und wie viel wollt ihr eurem Neu-Eleven zumuten? Und: Fühlt ihr euch als Elterntyp zu der Schule passend, oder avanciert ihr dort zu den Außenseitern, weil alle anderen Oligarchenstatus besitzen oder Akademiker sind? Auch über diesen Punkt kannst du zu Hause mal mit deiner Partnerin sprechen und eure Eindrücke austauschen.

Sammelt so viele Informationen wie möglich, spiegelt gemeinsam das Für und Wider, und lasst eure tiefe Intuition mit in die Entscheidung einfließen. Erlebt ihr ein Wohlgefühl beim Gedanken

an die potenzielle Schule, kann sie für euer Kind niemals schlecht sein. Und wenn doch? Vergiss nicht: Nichts ist hier für immer und ewig. Erweist sich die Wahl am Ende als falsch, wechselt ihr einfach die Schule. Diese Möglichkeit gibt es auch. Liegt es am Pauker oder sind die Leistungen deines Kindes schlecht, aber die Schule ist trotzdem für alle »top«, dann wiederholt dein ABC-Steppke eben die erste Klasse und ist dann bei einem anderen Lehrer glücklicher. Es gibt immer eine Lösung, es gibt immer eine Wahl – ihr müsst überhaupt nichts, wenn ihr nicht wollt! Deshalb macht euch bloß nicht verrückt.

Und ganz im Ernst: Unsere Kinder müssen bereits innerhalb von zwölf Jahren das Abi durchziehen, da ist jedes weitere Schuljahr eher gesund als ein Beinbruch.

Ganz schön schulreif!

Dein Kind ist zwar süß, unglaublich helle und außerdem eine olympiareife Sportskanone, aber ist es auch schulreif? Mit sechs Jahren gehört der Knopf in Deutschland in die Schule. Ist das Früchtchen jedoch eher grün und sauer als rot und saftig, kannst du die Ernte um ein Jahr hinauszögern, indem du den Kindergarten um exakt diese Frist verlängerst, und erst dann zur Einschulung schreitest. Weise Gesprächspartner für die Klärung dieser folgenschweren elterlichen Aufgabe sind die Erzieher im Kindergarten und der Halbgott in Weiß, der dein Kind regelmäßig mit irgendeinem Bazillus vor sich auf dem Tisch sitzen hat. Diese Fachleute achten schon von Berufs wegen mit auf die Entwicklung der kindlichen Fähigkeiten.

Ich habe für dich mal einen Selbsttest zusammengestellt, dem die Voraussetzungen für die Schulreife zu entnehmen sind. Beim

Lesen wirst du vermutlich schnell erkennen, ob dein Kind fit für den Einstieg ist oder getrost noch ein Jahr damit warten kann.

- **Körperliche Entwicklung:** Kann dein Kind einen Ranzen tragen und steht es einen halben Tag in der Schule körperlich durch, ohne im Sachunterricht in das Bassin mit den frisch gefangenen Kaulquappen zu schnarchen? Das weißt du natürlich so jetzt noch nicht, weil es ja noch nicht zur Schule geht, du kannst es aber in etwa abschätzen: Wenn es nämlich den Tag im Kindergarten gut absolviert, ohne nachmittags völlig erschöpft einzuschlafen, dann passt das schon.
- **Intellektuelle Reife:** Kann dir dein Kind eine Story von Anfang bis Ende erzählen, sodass du dieser auch folgen kannst? Hört es dir immer gut zu und versteht meistens, was du erzählst? Oder wirkt es so, als würdest du die Geschichte gerade einer Murmel erzählen? Fragt es nach, wenn es etwas nicht versteht, und kann es dir deine Fragen folgerichtig beantworten, oder schliddert es inhaltlich dran vorbei?
  Erkennt es manchmal schon bestimmte Symbole, Logos, Schriftzüge oder sonstige Zeichen? Kann es diese bereits differenzieren, ist das sehr gut, weil damit eine Grundvoraussetzung fürs Lesenlernen gegeben ist.
- **Feinmotorik:** Dein Glück auf zwei Beinen muss nicht unbedingt das Innerste einer Brezel rauspulen können, ohne dabei den Rand zu beschädigen, um feinmotorisch für die Bildungsstätte Schule gewappnet zu sein. Basteln, kleine Teile aus Bögen ausschneiden oder Bilder ausmalen sollte es aber schon können.
- **Grobmotorik:** Einen Baum raufklettern und besetzen, damit er nicht gefällt wird, und anschließend vor Freude über die Rettung Seilspringen – und dein Kind wird im Club aufgenommen. Balancieren und Radfahren sollte es auch ein bisschen draufhaben.

- **Volle Konzentration:** Wenn sich dein Kind stundenlang nur mit einem Ast zu beschäftigen vermag, ohne ein Wort zu sprechen, könnte es sich bei ihm um die Wiedergeburt eines buddhistischen Linienführers handeln, aber nicht um einen normalen Minimenschen. Letztgenannten verlässt nämlich schon nach einiger, eher kurzer Zeit die Konzentration, und er wendet sich anderen interessanten Dingen zu wie deinem schutzlos daliegenden Blackberry, deinem vollen Becher heißen Kaffee oder deinen Steuerunterlagen, die dann als Ausmalbilderbuch herhalten müssen. Schafft es dein Kind dennoch, den Unfug konzentriert über die Bühne zu bringen, mag das zwar ärgerlich sein wegen der Kosten oder der Arbeit, die dir daraus entstehen, dein Spross erfüllt dafür aber eine wichtige Voraussetzung für die Einschulung: Er zeigt Ausdauer in Sachen Konzentration.
- **Beharrlichkeit:** Mit Blick auf unser Blackberry-Beispiel stellt sich folgende Frage: Wie schnell holt dein Kind Hilfe, um deinen Blackberry vorschriftsmäßig in seine Einzelteile zu zerlegen und dann im Klo runterzuspülen? Versucht es die Vernichtung alleine zu bewerkstelligen, verliert es schnell die Geduld, oder lässt es sich von Rückschlägen derart demotivieren, dass es Mittäter auf den Plan ruft? Die Frage ist auch: Traut es sich auch eine Nummer Größeres zu, meint in diesem Fall: die Zerstörung deines MacBookPro? Du siehst, Beharrlichkeit ist gefragt, aber auch eine gesunde Selbstwahrnehmung, die dem Kind signalisiert: Jetzt brauchst du Hilfe.

  Kann dein Kind außerdem mehrere Aufgaben erfüllen, die ihm auf einmal gestellt werden und die es dann hintereinander ausführen soll?
- **Heimweh:** Einige Kinder sehnen sich wie im Kindergarten schon nach kurzer Zeit nach ihrem Zuhause. Hält dein Knirps es für mehrere Stunden in einer Schule aus, oder drückt die Sehnsucht?

- **Ordnung:** Kräftig Partys feiern, aber hinterher nicht aufräumen – das sieht man nicht nur in Kinderzimmern, sondern auch in den Schulen des Landes ungern. Wie hinterlässt dein Kind seinen Maltisch, und räumt es abends sein Zimmer von alleine auf? Wie selbstständig ist es?
- **Sozialverhalten:** Ist dein süßer Fratz eher »Modell Eigenbrötler«, latent aggressiv, vermeintlich depressiv, mit pathologischem Eigensinn ausgestattet, soll sein Geburtstagskuchen tatsächlich unter Gästen verteilt werden, oder gibt er sein letztes Hemd fürs Volk und würde eher darben, statt satt mit einem wonnigen Wohlgefühl vom Tisch aufzustehen? Wie sieht es mit dem Einhalten von Regeln, Gesetzen und sonstigen Pflichten aus, die ihr bei euch zu Hause eingeführt habt, bei ihm aus – hält er sich dran? Sitzt er ruhig und fällt anderen nicht ins Wort? Wie oft hat er Ärger mit anderen, und wie verhält er sich im Spiel mit ihnen? Kommt er überhaupt mit anderen ins Spiel bzw. Gespräch?

Das »Kann-Kind«

Zur hochexklusiven Gattung der »Kann-Kinder« zählen all diejenigen, die nach einem bestimmten Stichtag, der je nach Bundesland variiert, sechs Jahre alt werden. Die meisten Länder arbeiten wie »Schwäbisch-Haller« Bausparverträge mit dem 30.6. Wer vorher durchs Ziel geht, muss ab Sommer in die Schule, wer erst danach das »Sixpack« komplettiert, kann den Joker ziehen und ein Jahr später den Ernst des Lebens beginnen.

Ein »Kann-Kind« trotz der möglichen Kindergarten-Extrarunde früher einzuschulen muss nicht immer clever sein. Es ist dennoch weitverbreitet und sicherlich kein Problem, wenn der Wurm

schon ein paar Grundlagen auf dem Kasten hat, wie beispielsweise eine Stunde lang still sitzen, sicher mit Schere und Kleber umgehen, ohne Eltern einen halben Tag verbringen, wenn er eine unübersehbare Portion an Aufgeschlossenheit mitbringt oder sich allein an- und ausziehen kann. Eine gewisse Selbstständigkeit und Konzentrationsfähigkeit sind also dem Einstieg zuträglich, ebenso wie fehlerfreies Sprechen und detailliertes Nacherzählen von Geschichten.

Langweilt sich euer Wurm im Kindergarten und fühlt sich unterfordert wie ein deutscher Fußballnationalspieler beim ausdruckslosen Ausschweigen der Nationalhymne vor laufender Steadycam, wäre sogar eine noch frühere Einschulung möglich. Gibt's aber selten.

Seid ihr trotz des oben angeführten Tests und der Beratung durch Erzieher und Kinderarzt immer noch arg verunsichert, was ihr mit eurem Genie in Kleidergröße 122 anfangen sollt, dann lässt sich über Erziehungsberatungsstellen ein Schuleignungstest durchführen. Dabei handelt es sich um eine Art Testunterricht, bei dem Psychologen mehrere Schulaspiranten sowohl auf die oben genannten Fähigkeiten hin »prüfen« als auch auf soziale Kompetenzen oder Kriterien wie den Augenkontakt bei der Verabschiedung und viele weitere Kleinigkeiten, die wir nicht einmal erahnen. Die Chancen, dabei unter dem gestrengen Blick der Supercracks negativ beschieden zu werden, stehen aber ziemlich gut. Trotz beispielsweise beeindruckendem Schnelldenken oder beinah aufopfernder sozialer Haltung des Kindes sind vielleicht einige wenige Fragen falsch beantwortet worden, oder es blitzte irgendwo eine winzige sensorische Schwäche auf. Das führt die Experten dann schnell zu der Empfehlung, diesen »Mangel« durch ein weiteres Jahr Kindergarten oder Vorschule zu beheben, um einen besseren Start in der Schule zu ermöglichen. Dieses »Urteil« ist jedoch nicht bin-

dend, und natürlich könnt ihr euer Kind einschulen lassen, wenn ihr meint, es handele sich um Lappalien, die nicht über Wohl und Wehe in der Schule entscheiden.

Flexibler Einstieg

Ob »Frühstarter«, »Pünktliche« oder »Kann-Kinder« – meist gelangen all diese Kinder gleichzeitig an den Start, sprich in die Schule. So manches Bundesland hat auf diese Tatsache für seine Verhältnisse relativ kreativ reagiert und die Idee des flexiblen Einstiegs in die Grundschule entwickelt, die ein Zusammenlegen der ersten und zweiten Klasse vorsieht und den Kindern eine dortige Verweildauer von bis zu drei Jahren einräumt, um sich je nach Entwicklungsstand zu akklimatisieren. Ein spannendes Modell, das sowohl die Schüler mit langer als auch diejenigen mit eher kurzer Leitung gezielt fördern soll. Nun mag die kritische Pädagogenseite in uns vielleicht die Frage aufwerfen, wie denn die Schüler dann per Notensystem beurteilt werden können. Falls du es verdrängt haben solltest: In den ersten zwei Schuljahren erhalten die Kinder noch keine Noten, sondern »Smileys«, alberne Häkchen und lustige Stempel für ihre Werke und Leistungen. Für die Eltern gibt es hingegen ein ausführliches Gutachten über ihre Kinder, dem der aktuelle Leistungsstand entnommen werden kann und das beschreibt, welche Fähigkeiten die Kleinen mittlerweile beherrschen oder worin sie noch unterstützt werden müssen. Darüberhinaus gibt sich der »ABC-Promoter« Mühe, deinen ihm Anvertrauten in seinen sozialen und emotionalen Kompetenzen schriftlich zu erfassen, was schließlich das Zeugnis im Schafspelz abrundet. Damit lässt sich auf alle Fälle arbeiten.

Gehirnjogging mit Dr. Papa

Deinem Zwerg schon vor Schulstart die Strebermütze aufzusetzen, gehört sich einfach nicht. Deswegen kannst du auch die von dir initiierten Privataudienzen zum Rechnen-, Schreiben-, Lesen-Bimsen streichen, das kaspern sie in der Schule noch auf allen Ebenen bis zum Erbrechen durch. Natürlich möchten Kinder mit Zahlen und Buchstaben umgehen und beherrschen ohnehin schon alle zur Einschulung das Alphabet, den 23. Psalm oder die Verknüpfung der Excel-Zeilen für Tabellenkalkulationen. Aber sie zu drillen oder ihnen sogar noch viel mehr abzuverlangen, nur damit sie schon gut gerüstet und vorbereitet sind oder die totalen Durchstarter werden, ist erwiesenermaßen Nonsens.

Was sich als viel lohnenswerter herausgestellt hat, ist eine unauffällige und doch intensive Arbeit an einem gesunden Selbstbewusstsein und -vertrauen. Und das Kerlchen wächst und gedeiht so prächtig, wie du es dir abends im Bett jahrelang voller Hoffnung in deinen Bart oder den deiner Frau genuschelt hast. Das bedeutet ein passioniertes »Sponsoring« solcher unterstützenswerten Spezifika wie Neugier, Versuchsfreude oder Pioniergeist und ein verstärktes Augenmerk auf eine Standhaftigkeit in der Problemlösung à la Mac Guyver. Erteilst du dem Anti-Streber diese Lektion, wird die Schule für ihn vielleicht kein unendlich leuchtender Dauerquell der Freude sein, ihn aber durchaus interessieren.

Konkretes Selbstbewusstseinspimping, um den Gulliver im Liliputaner zu wecken, sieht so aus:

- »Freiheit-Sessions«: Ausprobieren, Machen, Hinfallen, Leiden, Siegen, Erobern ... – dein Kind braucht Platz für Quatsch, für Praxistests, für Begegnungen. Die Vielfalt und Menge an Erfahrungen, die es daraus zieht, sind für die Reifung des Selbstver-

trauens so wichtig wie die sechsmonatige Lagerung eines mittelalten Goudas für die Würze des Geschmacks.

- Der Impulsgeber: Schenk deinem Abkömmling mit schöner Regelmäßigkeit neue Eindrücke, und setze Reize. Das kann mit dem Besuch eines Bauernhofs geschehen, um der Butterherstellung beizuwohnen oder mit dem Gang ins Museum oder in die Galerie. Immer klasse: S-Bahnfahren, ein Zoobesuch und ein Ausflug ins Theater. Auch ein Aufbrechen der Einkaufsgewohnheiten ist inspirierend, und so könnt ihr gemeinsam die Hamsterkäufe im Supermarkt vertagen und den Wochenmarkt im nächsten Dorf leerfressen und -kaufen.
- Quatscht dich dein heranwachsender Sprössling bereits in Grund und Boden, so stolpert doch der sprachgewandte Vater oft über die verbalen Ausrutscher und verhaspelten Satzenden. Hier lohnt die Liquidierung per alter, hanseatischer Kaufmannsregel: Lass dein Gegenüber immer ausreden! Auch dein Kind. So wie es umgekehrt auch dich ausreden lassen sollte.
- Das eine Kind will am liebsten 15 Dinge gleichzeitig tun und arbeitet hartnäckig an einer Karriere als Tausendsassa, während sich andere konzentriert ausschließlich einer Aufgabe widmen können. Hier lässt es sich üben, indem die Zappelheinis sich spielerisch auf Tätigkeiten fokussieren, die keinerlei Rumgehampel oder Gezucke erlauben, wie zum Beispiel das Bemalen von Ostereiern, das Basteln eines Flitzebogens oder einer Kette oder das Lesen eines Bilderbuches mit elektronischem Vorlesestab. Auch bei dem Lösen von analogen oder elektronischen Puzzles müssen sich die Wackeldackel konzentrieren, eine wichtige Grundvoraussetzung für potenzielle Schulkinder, da ohne Konzentration selten etwas in der Birne hängen bleibt.

Deutschland, deine Schulen

Das Schulangebot lässt sich locker in zwei Lager teilen: Es gibt öffentliche und private Schulen.

Klischeekiste auf: Private Schulen sind verpönt, weil dort nur die dummen Nachkommen reicher Bürger lernen, die notfalls noch mal ein Scheinchen nachschieben können, damit es mit dem Schulabschluss des hohlbratzigen Nachwuchses klappt.

Öffentliche Schulen sind hingegen die mit dem schlechten Ruf, Stichwort »PISA«. Die Doofen halten den Verkehr auf, die Schlauen werden als Rohdiamant nicht geschliffen, und das Niveau steuert gen Zerfall.

Beide platten Ansichten tragen sicherlich einen Funken Wahrheit in sich, mehr aber auch nicht.

Zu den sehr im Trend liegenden, privaten Schulen zählen die sagenumwobenen Internate von Schloss Torgelow bis Louisenlund, die konfessionellen Schulen, Montessori- aber auch Waldorf-Schulen. Die Einrichtungen reichen von superelitär mit Drill bis unauffällig und locker, und das trotz Schulgeld. Die Internate ausgeklammert, liegt der Clubbeitrag privater Schlaubergerfabriken bei 100 bis 800 Euro pro Monat, dafür werden Top-Equipment, kleinere Klassen, gefühlt mehr Lehrer sowie intensivere Betreuung und Förderung für die Schüler geboten. Zusätzlich trumpfen die Bezahlschulen mit Ritualen wie gemeinsamem Mittagessen auf oder haben extraordinäre Freizeitmöglichkeiten im Programm wie Segeln oder Reiten. Statt Noten werden gerne ausführliche individuelle Gutachten über Leistungen und Entwicklungsstand der Kinder ausgegeben. Außerdem werden viele Unterrichtseinheiten jahrgangsübergreifend durchgeführt, um eine Klassentrennung aufzubrechen, Verantwortung und Sozialkompetenz zu üben und die Youngsters mit den Oldies zusammen lernen zu lassen.

Private Schulen bieten dank ihrer guten wirtschaftlichen Möglichkeiten einen umfangreicheren Service, der sich in höherer Qualität bezüglich der Lernmaterialien, der Betreuung und der Fachkräfte niederschlägt. Doch trotz all der Extras gibt es natürlich auch hier keine Garantie für erfolgreiches Lernen. Die Bereitschaft, ob in privaten oder öffentlichen Schulen, muss von den Kindern ausgehen. Die öffentlichen Schulen arbeiten kontinuierlich an einer Niveauanpassung an die privaten Schulen, indem sie ihr »Serviceangebot« ausbauen und verbessern. Gezielte Schülerförderung wird intensiviert und professionalisiert, auch wurden bereits variable Einstiegszeiten für die Kinder in einigen Ländern eingeführt, also die erste und zweite Klasse zusammengelegt.

Völlig schnuppe, welche Schule ihr wählt, Hauptsache dein Kind fühlt sich dort wohl. Und das zeigt es euch auch, wenn es überwiegend Lust hat hinzugehen, sich zu integrieren und einzubringen. Du bist als Vater übrigens nicht zur einsamen Untätigkeit verdammt, sondern darfst dich für Ideen engagieren, die den Unterricht nach Hause in die Freizeit verlängern. Etwa die Kaulquappen, die im Unterricht gesammelt wurden, zu Hause zu waschechten Fröschen erziehen oder der Klasse deines Kindes einen Trip zu deiner Arbeitsstelle anbieten, sollte diese denn jugendfreier Art und auch irgendwie ein bisschen interessant für Kinder sein.

In der Kita meiner Kinder laden die Eltern regelmäßig reihum zu einem Ausflug in ihre Berufswelt ein, was immer super ankommt.

Lässt du dich also ein bisschen von dem aufkeimenden Lernbazillus deines Kindes, der plötzlich auch in dir wieder keimt, anstecken, motiviert es den neuen Bankdrücker natürlich noch mehr, sich dort zu engagieren, und du bringst ganz nebenbei deine eigenen grauen Zellen wieder ein bisschen auf Vordermann.

Die Einschulung

Schätze fürs Familienarchiv

Der große Tag steht vor der Tür, und zur Abwechslung solltest du dafür mal nicht nur dein Smartphone für Schnappschüsse aus der Alditüte kramen, sondern auch eine praktische Digitalkamera mit Foto- und Videofunktion.

Wie wir alle wissen, sind Einschulungsfotos stets süß, ausdrucksstark, legendär und richtungweisend und werden in einem ganzen Menschenleben diverse Male nachgefragt oder ungefragt herausgekramt und auf Hochzeitsfeiern oder auch in Klatschzeitschriften einer bewundernden Öffentlichkeit präsentiert. Bitte gib dir bei der Erschaffung dieses Werkes also besonders viel Mühe!

Gemeinsam mit deinem Schulkind kannst du diesen im Bild festgehaltenen erhabenen, einzigartigen Moment auch in ein schickes Album kleben und zusammen mit weiteren Fotoabzügen auch für Oma und Opa ein kleines Erinnerungsbuch basteln. Die freuen sich bestimmt sehr darüber.

Für das Familienarchiv produzierst du zusätzlich den Einschulungsfilm, ähnlich wie Wortmanns »Hochzeitsvideo« oder das »Blair Witch Project« ohne Wald, Hexe, Horror und Schauspieler, den du mit der besagten Kamera – dazu taugen dann sogar schon wieder die Smartphone-Kameras – drehst. Das Motiv ist klar, es empfiehlt sich bei diesem Doku-Dreh stets, nah dran zu sein und nicht aus der letzten Reihe zu filmen, es sei denn, du brauchst noch die Totale. Sollte ein anderer Verwandter oder Freund mit völlig ausreichendem Schmalspur-Technikverständnis der Veranstaltung ebenfalls beiwohnen, könnte er die zweite Kamera übernehmen, die den Film dann durch mögliche Bildwechsel aufregender gestaltet. Nach dem Dreh kannst du das gesamte Material mit wenigen Handgriffen und Klicks am Rechner zu einem Monumentalstrei-

fen, mit deinen oder den Lieblingsliedern deines Kindes unterlegt, fertigschneiden. Alles keine Hexerei – Schnittprogramme sind für alle möglichen Rechnertypen schon für wenig Geld zu erstehen, die Bedienung ist teilweise sogar selbsterklärend.

Der Schultüten-Terror

Die Beschaffung: Dein Opa hielt eine Schultüte im Arm, deine Mutter, du selbst, die »Pet Shop Boys« trugen sie auf dem Kopf, und auf dem ADAC-Übungsplatz stehen sie als Pylonen getarnt auf der Straße. Nun ist dein Kind an der Reihe. Im Internet lassen sich mittlerweile die abgefahrensten Spitztütenmodelle in allen Farben, Designs und Größen bestellen, und selbst bekannte Animationsfiguren aus Fernseh- und Kinofilmen und Zeichentrickhelden sowie sämtliche Comicwelten finden sich auf den Schultüten wieder. Ist dir eine Bestellung im Netz angesichts dieses sensiblen Themas allerdings zu heikel, weil ja dem Aussehen, der Qualität und der Gesamtwirkung überhaupt eine hohe Bedeutung zukommt, gibt es natürlich nach wie vor Schultüten in Schreibwarenläden und Kaufhäusern zu erwerben. Am meisten Spaß macht es aber, die Schultüte selbst zu basteln. Entsprechende Anleitungen findest du in Bastelbüchern oder zuhauf im Internet bei Youtube, Google Videos und Co. Wem das zu aufwendig ist, der kann fertige und erweiterbare Bastelsets, die auch noch bis zum Abwinken beklebt werden können, verwenden.

Der Inhalt: In Zeiten der zur Hässlichkeit neigenden Überästhetisierung und um sich greifenden Oberflächlichkeit ist das Design der Schultüte ein stilprägendes Element für den weiteren Lebensverlauf unserer Kinder. Doch für den kleinen Gierlappen zählen an diesem Tag eher die inneren Werte der Hülle, und das ist die Füllung. Aus meiner Schultüte ragte einst ein Schlumpfka-

russell heraus, mit integrierter Schweizer Spieluhr. Für mich als »Schlumpf-o-holic« glich das Präsent einem schlumpfigen Ritterschlag oder der freudigen Nachricht vom Abschied Gargamels ins Exil.

Schenke deiner oder deinem Süßen zur Einschulung etwas, worüber es sich wirklich aus ganzem kindlichen Herzen freut, und nicht etwa spaßbefreite Spielverderber-Utensilien wie sämtliche Bände von *Meyer's Lexikon*, den aktuellen *Duden* oder einen kunstvollen Rechenschieber.

Und doch: Vorbereitend auf den Schulalltag darf die eine oder andere Aufmerksamkeit schon sein, wie zum Beispiel der quietschrote Füller mit Namensgravur, der auch in vielen anderen Farben nach wie vor ein Hit ist oder besondere Federmäppchen, randvoll gefüllt mit bunten Stiften, Bleistift, Radiergummi und Anspitzer.

Dazu empfehlen sich Gaben, die eine neue Dimension eröffnen wie der eigene Haustürschlüssel mit Schlüsselanhänger oder ein »Meine Freunde«-Buch, in dem sich alle Mitschüler in der ersten Klasse eintragen. Auch Poesiealben sind zur Einschulung ein Dauerbrenner.

Ein paar Lieblingssüßigkeiten deines Kindes, aber so dosiert, dass es sie auch wirklich alle an seinem großen Tag aufessen darf, runden das Tütenpotpourri der guten Laune ab.

Da sie nach unten hin bekanntlich spitz zuläuft, lässt sie sich dort gut mit Papier ausstopfen. Willst du die Vorfreude steigern und den dramaturgischen Spannungsbogen etwas ausdehnen, verpacke alle Geschenke einzeln.

Weitere Ideen für die Befüllung der Tüte:

- Talisman/Glücksbringer: Alles ist neu und aufregend! Da kann eine kleine Plüschfigur oder ein Tier aus Holz oder Gummi, das

für die kleinen Kinderhände geeignet ist, tatsächlich Großes leisten und für Selbstvertrauen sorgen.

- Sammelaufkleber und Sticker – wenn dein Kind »Star Wars«- oder »Lillifee«-Bilder oder Ähnliches sammelt und sie sogar in ein eigens dafür angeschafftes Heftchen klebt, bist du mit ein paar Tütchen in der Tüte gut beraten.
- Trinkflasche und Brotdose für die Pausen sind immer eine gute Idee, weniger für die Schultüte als vielmehr für den Ranzen.
- Ein lustiger Wecker – es bimmelt nicht mehr nur bei Mama und Papa im Schlafzimmer, jetzt darf auch Junior rechtzeitig aufstehen. Als Training für Zeiteinteilung oder um morgens noch ein bisschen zu spielen, kann dein Kind sich fortan seine persönliche Weckzeit selbst einstellen.
- Wo ein Wecker tickt, ist auch die Armbanduhr nicht weit – welch schönes Geschenk.
- Eine Einweg- oder Kinderkamera: Kindern macht Fotografieren riesigen Spaß, und dabei kann dein Sohn oder deine Tochter das Event der Einschulung sogar aus eigener Sicht festhalten.
- Eine Packung »Russisch Brot«, die süßen Buchstaben
- Etwas fürs Hobby: ein kleiner Fußball, Ballettschläppchen oder ein Fernglas und ein Kescher
- Reflektoren für die Jacke und den Ranzen

Offizielle Schulzeugs-Checkliste

Der kleine Racker soll ja per Kickstart ins Business donnern und sich nicht mit peinlichen Ausstattungsschwulitäten rumschlagen. Sorgen wir also vor und arbeiten liebevoll und pedantisch folgende Auflistung bis zur Einschulung ab:

- Schulranzen
- Federmäppchen: absolut schultauglich, wenn darin zwei Bleistifte, viele Buntstifte, ein Lineal, ein Radiergummi und ein Anspitzer mit Auffangbehälter enthalten sind. Mädchen mögen vielleicht noch einen Glitzerstift, die Jungs einen von *Cars*. Einigen Grundschullehrern sind besondere Stifte wichtig – die lassen sich aber bei Bedarf schnell besorgen. Damit ist das Equipment für die erste Klasse komplett.
  Schere und Kleber würde ich nicht direkt mit in die Federmappe aufnehmen, da gerade der Klebstoff die Mappe verklebt. Deshalb ergänzen wir die Erstklässler-Ausstattung um einen eleganten Minifaulenzer, der das Bastelwerkzeug beherbergt.
- Mit einem Füller muss in der ersten Klasse noch nicht geschrieben werden. Beim Kauf ist allerdings zu beachten, ob das Kind Rechts- oder Linkshänder ist, da die Federn darauf abgestimmt werden können.
- Für den Unterricht werden klassische Hefte zum Schreiben und Blöcke benötigt. Das Papier gerade in den Erstklässler-Heften ist etwas dicker, weil die Kinder den Stift mächtig aufdrücken. Bei diesem Anblick mag man eher mit den Schreibutensilien als mit dem eigenen Kind mitleiden.
- Je nach Bundesland werden die Schulbücher von den Schulen gestellt. Damit diese nach Gebrauch auch noch an nachfolgende Schülergenerationen vererbt werden können, solltest du Plastikumschläge dafür kaufen oder sie ganz funky in witziges Geschenkpapier einbinden und dann mit selbstklebender Klarsichtfolie überziehen – ist individuell und stimulierender als der dröge Naturlook des Werks!
- Für die Pausen empfiehlt sich eine Brotdose aus Plastik, gefüllt mit belegtem Brot, Obst oder ein bisschen Gemüse. Außerdem eine Trinkflasche mit Wasser.

- Für den Kunstunterricht werden todsicher ein Tuschkasten und ein Malkittel vom Lehrer geordert. Warte lieber die Ansage des Maestros ab, ob es das alte Hemd von Papa oder der gekaufte Malschutz sein soll.
- Für den Turnbeutel: T-Shirt, Sporthose in kurz und lang plus Sportschuhe und alles ist geritzt. Für die Mädchen dann entsprechende Leggings und auch Sportschuhe oder Turnschläppchen. Mehr Anschaffungen lohnen sich noch nicht. Wartet auf die Lautsprecherdurchsagen.

Ein offenes Wort

Einschulung bedeutet Veränderung. Für dein Kind, für dich, für euch, für die Familie. Auch wenn es in der Grundschule naturgemäß spielerisch und leicht angeht, steigt dein Kind doch dort endgültig in das Bewertungssystem dieser Gesellschaft ein, in dem es lange Zeit verbleiben wird, mit dem es wächst, mit dem es ringt, das es hasst und liebt und mit dem es, auf welche Weise auch immer, irgendwann seinen Frieden schließen wird.

Das ist uns bewusst, und darauf beginnen wir uns einzustellen. Nach Jahren, in denen wir in puncto Erziehung eher großzügig ein Auge zudrückten, fühlen wir uns über Nacht plötzlich gezwungen, dem Verhalten unseres Kindes einen neuen Maßstab zugrunde zu legen, der auf Strenge und Pedanterie gründet – und garantiert anstrengend ist. Damit begegnen wir der Furcht, uns in der Vergangenheit vielleicht zu tolerant oder zu gleichgültig verhalten zu haben. Pünktlichkeit, Beständigkeit, Konzentration, Ausdrucksweise – überforderte Lehrer stellen deinem Kind darüber jetzt Zeugnisse aus. Gelten sie nicht auch für die Eltern? Zeigen sie nicht sogar eigene Verfehlungen auf?

Hochsensibel diagnostizieren wir daher nun sämtliche Patzer, peinlichen Übertritte und extremen Verhaltens- und Fähigkeitsdefizite, die noch zu Kindergartenzeiten spätestens nach Versöhnungseis und -gummibärchen irgendwo in den Gedächtniswindungen als nicht weiter diskussionswürdig versickerten.

Jetzt ist also alles anders. Und das ausgerechnet, während dein Kind gerade so rasend schnell reift wie ein spanischer Bankenchef in Zeiten des Fiskalpakts. Es erklimmt weitere Stufen auf der »Selbstständigkeitstreppe«, eckt möglicherweise mit einer Hausaufgabenrebellion oder einem generellen Benimmregel-Embargo zu Hause an oder zeigt auch sonstige alptraumhafte Verhaltensauffälligkeiten.

Welche seltsamen menschlichen Auswüchse auch immer am Ende auf beiden Seiten zutage treten, begegne der Anfangsphase der Schulzeit warmmassiert und berufsjugendlich-locker. Der Erstklässler in seinem Zimmer fühlt sich eventuell noch unsicher und teilweise überfordert. Er braucht Zeit, sich zu akklimatisieren und zurechtzufinden. Deswegen sei nicht zu streng, hab Nachsicht und versuche, viel mit ihm über seine Gefühle zu sprechen. Das ermöglicht ihm eine Orientierung, einen Halt, den er für die Schule gut gebrauchen kann.

An die neue Situation müssen sich aber auch die Eltern erst gewöhnen, und diese sind erwartungsgemäß natürlich voller Sorge um das Wohlergehen ihres Pennälers. Unvorstellbar, das eigene Kind fände keinen Anschluss in der Klasse oder stünde allein in der Pfütze auf dem Schulhof, während die anderen miteinander spielen und sich amüsieren. Auf Buddys ist kein Verlass: Die ehemaligen Freunde aus dem Kindergarten werden nicht zwangsläufig in dieselbe Klasse gesteckt wie unser Kind. Sie gehen in die Parallelklasse oder sind vielleicht aufgrund ihres Wohnbezirks einer anderen Schule zugeteilt. Und nun sitzt es doch da, krank und blass

vor Einsamkeit, zu einem Pazifikshrimp geschrumpft auf den weiten Fluren der so brutal realitätsnahen Schule.

Lass dich mit meiner »Alles-wird-gut-Lotion« einreiben und glaube erstens ganz fest an das Selbstbewusstsein deines Kindes. Wie oft werden wir von unseren Zwergen überrascht, wie stark sie sich beim Arzt, im Spiel oder beim Sport zeigen. Hier wird es genauso sein. Und bedenke: All die anderen Kinder in der Klasse sind in derselben Situation!

Zweitens: Glaube fest an seine Aufgeschlossenheit und sein Händchen dafür, neue Freunde zu finden! Jetzt ist es nämlich an der Zeit, die alten Konzepte im Kopf zu begraben und mit der Schule neue Kontakte zu knüpfen. Und du spielst dabei eine wichtige Rolle. Du kannst nämlich helfen, die noch jungfräulichen Bekanntschaften zu wahren Freundschaften zu schmieden, indem du zum Beispiel die Eltern des freundschaftlich anmutenden Kandidaten nebst seiner selbst zu euch nach Hause einlädst. Ein Treffen hier, ein gemeinsamer Sportkurs da, dann eine Geburtstagseinladung und fertig gebacken ist der neue Kumpel zum Pferdestehlen oder auf den Gehweg urinieren.

Wie bereits angedeutet, musst du nicht schon vor der Einschulung den Meisterlehrer spielen. Dein Kind kann völlig frei von Vorwissen die Schule besuchen. Das pädagogische Einsatzkommando beginnt bei der »Stunde null« und kaut mit ihm alles durch, was es dort für Geist und Körper zu bieten hat. Luxusprobleme drohen allerdings, glaubt dein Kind gebildet wie Günther Jauch zu sein, um sich daraufhin völlig unterfordert und furchtbar gelangweilt zu geben. Aber dann kannst du ja immer noch in Hochbegabtenclubs eintreten oder das Kind eine Klasse überspringen lassen. Doch, das geht auch in Deutschland.

Ebenfalls musst du dein Kind zu Hause nicht mindestens einen

halben Tag lang in Ketten gelegt unter dem Schreibtisch lagern oder mit einem Bein im Betoneimer am Esstisch halten – um das Problem, nicht stillsitzen zu können, kümmern sie sich in der Schule bekanntlich ja auch. Das sind Profis, die nur zu gut wissen, wie sie die Flegel festtackern.

Du kannst aber in eurer Behausung doch etwas tun, indem du für dein Kind eine kleine, schnuckelige »Arbeitsecke« einrichtest mit einem Stuhl, einer Lampe und einem Schreibtisch, an dem es in Ruhe seine Hausaufgaben erledigen kann, ohne von anderen oder durch Lärm ständig gestört zu werden.

Ganz sicher wird dein Kind vor der Einschulung schrecklich aufgeregt sein und den großen Tag kaum abwarten können. Vermutlich wird auch der Ranzen bei ihm im Bett schlafen, und natürlich ist von Tuschkasten über Federmäppchen bis hin zu Heften und Schreibblöcken bereits an alles gedacht worden. In diese Begeisterung mischt sich zudem sehr viel Stolz. Dein Kind freut sich, wagt mit dir den Schritt zur Schule.

All die – verständlichen – Gedanken, Sorgen und Ängste, die dich beschweren, die hat dein Kind nicht. Deswegen lerne doch auch in dieser Situation von ihm, blende den gesamten Gedankenmist aus und spring auf den gleichen Zug wie dein kleiner Racker, der sich ausschließlich auf den Augenblick konzentriert, weder voraus- noch zurückschaut. Vertraue ihm und gehe mit ihm zuversichtlich in diese neue Phase. Alles wird sich zurechtruckeln! Amen.

Spiele & Co.

Das Spiele-Kommando

Alles, was man sich für sein Kind wünschen kann, beinhaltet es: das Spielen. Der Zaubertrank für Kinder. Hier wird ausprobiert, gelernt, Selbstvertrauen getankt, Kreativität gefördert, Körper und Geist in Schwingung versetzt, Konzentration geübt, Nähe und Vertrauen aufgebaut und Sozialverhalten trainiert. Danach sind die Kleinen meist völlig beseelt und glücklich und können sich zufrieden wieder ihren alltäglichen Beschäftigungen mit Mama und Papa widmen.

Stehst du manchmal vor den aufgereihten Plüschtieren, dem »Autohaufen« oder einem Eimer voll Wasser, in dem Barbies baden, mag es vielleicht Fragezeichen und gleichzeitig Sinnfragen in dir auslösen, aber sei beruhigt: Es gibt kein sinnloses Spielen! Kinder leben ganz im Augenblick, ihnen geht es einfach um das Handeln als solches und den möglichen Lerngewinn dabei. Spielen und Lernen sind bei ihnen nämlich miteinander verbunden. Dabei werden Fähigkeiten entdeckt, geübt und schließlich in den persönlichen Funktionskatalog mit aufgenommen.

Welch hohe Bedeutung das Spielen für die Kinder hat, erkennst du auch daran, wie beharrlich, konzentriert und begeistert sie bei der Sache sind. Kinder setzen sich dabei immer mit Neuem oder Erlebtem auseinander, verarbeiten Träume oder Ängste – und sie tun es null ergebnisorientiert. Auf diese Weise erkunden sie ihre Welt. Sie lernen, Unterschiede in den Reaktionen auf ihr Tun zu erkennen. Sie lernen, Probleme zu lösen und neue Fähigkeiten sofort anzuwenden. Und sie loten ihre Grenzen dabei aus.

Neben diesem traumhaften »Entwicklungsbeschleuniger« lernen Kinder durch das Spielen die volle Bandbreite in diesem Alter erträglicher Emotionen kennen. Da dominieren natürlich Glück und Freude, doch stürzt der mühsam geschaufelte Staudamm am Strand ein oder will erst das Mädchen schaukeln, können auch schon Traurigkeit und Niedergeschlagenheit entstehen.

Das Spiel deines Kindes lässt seinen individuellen sozialen, körperlichen und geistigen Entwicklungsstand aufblitzen und gilt dir als sicherer Wegweiser bei der Einschätzung der Reife deines Kindes. Der zweijährige Gefäßausräumer und Turmbauer ist offensichtlich darauf erpicht, sein räumliches Verständnis zu professionalisieren, bevor er dann mit drei oder vier Jahren beginnt, für alles und jeden Gebäude oder Räume zu bauen. Ein Stall für die Pferde, ein Schloss für die Prinzessinnenbabys oder eine Supergarage für die Autos. Mit fünf ist dann die räumliche Vorstellungskraft so weit ausgereift, dass die Bastler unter den Kurzhälsen bereits eigene Gefährte basteln können.

Solospiel

Viel spielen und selbst mit seinem Kind spielen finden wir gut, dennoch arbeiten wir primär nicht auf unsere Vollbeschäftigung, sondern die Alleinbeschäftigung des Nachwuchses hin. Spielt ein Kind für sich allein, wird plötzlich und völlig unerwartet Zeit frei, die wir mit Steinesammeln, »Merengue«-Videos-Nachtanzen oder dem Zeugen eines zweiten, dritten oder vierten Kindes nutzen können. Doch das Alleinespielen ist nicht unbedingt jedem Kind in die Wiege gelegt. Während der eine Erbe stundenlang zwei Holzklötze von A nach B schiebt, in sich hineingrinst und innerlich ruht, da mit sich selbst in Frieden und Einklang, wird der andere nicht

Dein Spiel-Knigge!

Wenn du dich schon immer gefragt hast, ob du während des Spielens mit deinem Kind E-Mails beantworten, bei Facebook etwas »liken« oder neue Apps runterladen solltest, dann habe ich hier für dich deinen persönlichen Spiel-Knigge!

- Dein Kind gibt den Ton an und du spielst mit.
- Du räumst nicht ständig auf.
- Du erklärst nicht, wie es richtig oder besser geht, wenn dein Kind gerade voll aufdreht und sich gut beim Spielen fühlt.
- Du bist nicht der Animateur, der ständig mit neuen Ideen sein Kind anfachen muss. Kinder sind selbst voller Ideen und Inspirationen, sodass du einfach mit all deiner Aufmerksamkeit und Kraft auf sie reagieren kannst, ohne selbst den Anstoß zu geben.
- Du räumst deinem Kind in der Woche genügend Zeit zum Spielen ein und verplanst es nicht von Montag bis Freitag durch.
- Nicht mit Spielzeug zuschütten.
- Du hast Interesse am Spiel deines Kindes, surfst nicht parallel im Internet, und du verdrückst dich auch nicht, um Wäsche aufzuhängen, Essen zu kochen oder das Auto in die Waschanlage zu fahren – du bist voll dabei, übernimmst Rollen und ordnest dich dem Diktat des Programmdirektors unter: siehe Punkt eins.
- Du öffnest die Spielsituation auch für weitere Kinder, die dir einen Teilrückzug aus dem Kinderzimmer ermög-

lichen. Manche allerdings auch nicht. Sie fordern auch den Erziehungsberechtigten des Gastgeberkindes als Spielfreund.

- Du bist weder Feuerwehrmann noch Auffangdecke – solange dein Kind nicht an Klippen, mit loderndem Feuer oder einem 24-teiligen Messerset aus Solingen spielt, lass es hinfallen, sich einsauen oder im akrobatischen Moment verknotet sein – sie wollen Erfahrung, sie bekommen Erfahrung. Und nur wer ausprobiert, kann auch Sicherheit und Selbstvertrauen erlangen! Gleiches gilt beim Lösen von Aufgaben. Steht dein Kind vor einer Schwierigkeit, nimm ihm nicht immer gleich die Lösung ab. Lass es erst mal selbst herumprobieren. Nur so können Scheitern und Siegen gelernt und voneinander unterschieden werden.
- Der Spielraum ist geschaffen, doch trotzdem wirkt dein Kind planlos, unmotiviert, verloren. Dann kurz eine Idee reinwerfen und go!
- Der Spielraum darf überall sein. Wenn dein Kind nicht alleine im Zimmer bleiben will, um zu spielen, dann eben ab ins Wohnzimmer.
- Und natürlich bitten uns die Süßen, immer mal wieder etwas zu spielen, auf das wir null Bock haben. Dann ist es an dir, dich auch mal zu einem Spiel aufzuraffen und es aus purer Gefälligkeit für dein Kind zu spielen. Die leuchtenden Augen danken es einem ja doch sehr und wenn man sich erst mal darauf einlässt, dann geht es auch.

müde, seine Eltern mit ins Spiel zu integrieren und ohne diese den Heulbojenalarm zu aktivieren. Das muss nicht sein.

Ein- bis Dreijährige schaffen durchaus schon mal 30 Minuten Solospiel in Klausur, ältere Exemplare glänzen da sogar teilweise mit zwei- bis dreifacher Ausdauer, Basteln oder Malen sind ja auch wahre Zeitfresser! Demnach musst du deinem Kind auf sympathische Art und Weise verklickern, dass du lediglich ab und zu sein Spielgefährte sein kannst und darüber hinaus neuerdings Mitglied der Initiative »Hilfe zum Selbstspielen« bist. Das geht wie folgt:

Passive Hilfeleistung

Oberster Grundsatz: Spielt dein Kind tief selbstvergessen und konzentriert in seinem Zimmer – niemals den Raum betreten, niemals das Kind ansprechen, sondern sich lieber schnell mit einem Becher Kapsel- oder Krümelkaffee (weil's so schön schnell und leise geht) im Wohnzimmer verkriechen und Zeitung lesen. Selbst wenn aus der Ein-Mann-Zelle der erste Ruf nach Spielbegleitung laut wird, ignoriere ihn – manchmal liegt es lediglich an kleineren Problemen wie: Die Zugbrücke der Ritterburg hakt, oder die Babypuppe ist aus dem T-Shirt gewachsen. Auch mit Passivbleiben hilfst du deinem Kind, weil es so lernt, Probleme selbst zu lösen. Wirkt schöngeredet, ist aber so.

Hat dein Sprössling es nun geschafft, sich eine Zeitlang allein zu beschäftigen, werde nicht müde, ihm dazu zu gratulieren und würdige seine Leistung oder das Resultat der Bastelarbeit oder des Puppenstapelns.

Aktive Hilfeleistung

Die aktive Hilfeleistung ist ein wenig perfider als die passive. Während du bei Letzterer die Gunst des Augenblicks als Trittbrettfahrer genießt, musst du bei der aktiven Variante wie ein Rattenfän-

> **Kreative Knirpse**
>
> Lass dein Kind selbst auf neue Ideen kommen und liefere ihm nicht ständig fertige Programmpunkte. Du bist kein Animateur, und dein Kind hat genug Potenzial, die Phase der Langeweile als kreative Pause zu nutzen, um danach mit einem Feuerwerk an Einfällen durchzustarten! Erst wenn gar nichts mehr geht, du genervt von dem kleinen Menschen bist, der sich wie ein Mehlsack auf den Boden legt und minutenlang rumrollt, kannst du ein paar Anregungen streuen.

ger vorgehen, dein Kind in den Bann ziehen und in sein eigenes Zimmer locken. Dort drapierst du appetitlich und spielanregend die Top 5 seines Spielzeugarsenals und fingierst das Opening eines wahren »Spiel-Opus«, sozusagen die Rock-Oper unter den Eröffnungszeremonien. Nach fünf Minuten intensiver Initiierung vielfältiger Handlungsstränge ziehst du dich auf ein Kurz-mal-Wasser-Aufsetzen zurück. Wenn es gut läuft, nimmt dein Kind dies schon gar nicht mehr wahr und lässt dich ziehen. Läuft es richtig schlecht, sagt es darauf »Prima, ich komm mit«. Dann weißt du auf jeden Fall, dass das Spiel gerade nicht so richtig spannend ist. Manchmal kommen dir die kleinen Quälgeister in die Küche nachgedackelt. Alles kein Problem. Alleine spielen muss geübt werden. Also heißt es, wieder eine neue Anregung einwerfen und nach einiger Zeit erneut verpieseln. Und so weiter. Irgendwann ist es selbst deinem Kind zu doof, dir hinterherzulaufen, und es spielt alleine weiter. Steht es nach zwanzig Minuten wieder gelangweilt im Türrahmen, erklär ihm, du müsstest gerade eine berufliche Mail schreiben und es solle doch der Oma ein Bild malen, den Plüsch-

tieren Tee kochen und Kuchen backen oder das tiptoi ausprobieren. Oft ist ein Kind auf einmal von so einfach klingenden Ideen total begeistert und verschwindet schnell um die Ecke, während es dir davor mit fantasievollen Einfällen nicht gelungen war, es längere Zeit zu beschäftigen.

Wie Kinder spielen

Mit anderen Kindern zu spielen ist wichtig, fördert die Entwicklung und macht Spaß. Dir schenkt es zudem mal wieder ein paar Minütchen, um die Beine hochzulegen, parallel an deinem Burnout zu arbeiten oder um dich vielleicht dem anderen Vater zu widmen, sollte der Spielgefährte nicht allein bei euch zu Besuch sein. Ist dein Kind für derartige Sperenzchen noch zu klein oder wohnt ihr fernab jeglicher Zivilisation und Nachbarschaft, empfiehlt sich die Mitgliedschaft in einer Spielgruppe, der Besuch eines Spielplatzes, die Mitgliedschaft in einem Sportverein und natürlich dann irgendwann der Schritt in den Kindergarten.

Spielen mit einem Jahr

Sind die Kinder gerade mal ein Jahr alt, sitzen sie stumpf nebeneinander, reißen sich vielleicht gegenseitig den Schnuller raus, wollen dasselbe Spielzeug oder wirken so, als würden sie den anderen gar nicht wahrnehmen.

Spielen mit zwei Jahren

Die Akteure vermitteln nach wie vor den Eindruck eher unbeteiligt zu sein, nun kann es aber aufgrund mangelnden Erfassens der Situation und der Rechtslage bei kleineren Streitigkeiten, wie zum Beispiel, wer zuerst auf dem Bobby-Car sitzen darf, auch zu

gewalttätigen Ausschreitungen kommen. Damit hier nicht kleine Schädel gegen harte Tischkanten knallen, empfiehlt sich ein möglicher Eingriff deinerseits. Also weiterhin Augen auf!

Spielen mit zwei bis drei Jahren

Auch wenn gegenseitige Ignoranz und Streitsucht erhalten bleiben, kannst du in dieser Altersphase doch ein wenig aufatmen. Jetzt bietet man sich nämlich durchaus mal gegenseitig ein Spielzeug an und brabbelt miteinander.

Spielen mit drei Jahren

Nun wird miteinander gesprochen, und man verbrüdert sich bei Eventspielen wie »Verstecken« oder »Schatzsuche« auch offiziell. Die Kinder spielen zusammen, ziehen Puppen an und aus, unternehmen kleinere Wohnungserkundungen mit Piratenmaske und Matchbox-Autos. Irgendwie niedlich das Ganze, und so geht es auch weiter.

Spielen ab drei Jahren

Kreativer, verrückter, aber auch planvoller und damit immer besser nachvollziehbar wird das Spiel dann mit dem Eintritt in den Kindergarten, wenn die Kleinen über mehr Fähigkeiten verfügen, sodass sie nicht nur auf Bäume klettern, sondern auch in Rollen schlüpfen, in denen sie mit verstellten Stimmen sprechen und mit seltsamen Konstruktionen verblüffen. Jetzt sind sie auch in der Lage, zu mehreren in einem Team zu spielen. Im Spiel präsentieren sie ihre Rollenwahrnehmung von Mama und Papa, zitieren mit dem Gedächtnis eines Elefanten all deine weisen Sprüche und Kommentare, die sie aufgeschnappt haben und donnern sie einem arglosen fremden Kind an den Kopf. Wunderbar!

Mit diesem Schlaubergerschub entdeckt dein Kind auch ein In-

teresse an Brettspielen, von Computerspielen, die sie nun bereits ebenfalls begeistern, mal abgesehen. Ich habe Romy anfangs beim Spielen von Gesellschaftsspielen immer gewinnen lassen, damit sie erst einmal reinkommt und Bestätigung erfährt. Je älter sie wurde, desto weniger musste ich schwindeln. Kinder sollen ja auch mit Niederlagen umgehen lernen. Viele Kinderbrettspiele stellen aber Einzelsiege gar nicht in den Vordergrund. Oft spielen alle Teilnehmer gegen den »Hasen« oder »Raben«, also zusammen.

Auch was die Auslegung von Spielregeln anbelangt, habe ich gelernt, geduldig zu sein. Versteht dein Kind sie nicht, macht es keinen Sinn, das Spiel stur nach Regeln durchzunudeln. Manchmal ergibt sich durch die eigene Auslegung ein ganz anderes Spiel, das zwar für die Großen weniger spannend ist, den Kleinen dafür aber sehr viel Spaß macht. All das ändert sich, wenn die Zocker größer und zu echten Petzen und Regelspießern mutiert sind.

Kreativität ist alles

Zum fünfzehnten Mal hintereinander betrachten wir das Bauernhof-Buch mit den Klappen, in dem auf Seite zwei ein Junge mitten auf dem Hof auf dem Bauch liegt und weint. Offensichtlich gestürzt, der Depp, und den Eimer hat er auch noch fallen gelassen. Loser! Hanna zeigt zum fünfzehnten Mal auf den Jungen und sagt »Buhuhuhuuuu«. Das soll Weinen bedeuten. Und die Seite zwei ist ihre Lieblingsseite. Lesen findet sie genauso toll wie Malen bzw. Kritzeln, das eigentlich eher monoton im »Zermalen« eines Bildes liegt, welches in seine Einzelteile zerfetzt wird, weil Hanna mit zu viel Kraft den Stift aufdrückt, abrutscht und ihn wieder Richtung Blatt schiebt. So sieht Kunstterror aus. Sie mag gerne Tiere. Mich zum Beispiel. Auf allen vieren. Dann bekomme ich Holzobst ser-

viert, denn ich bin ein Pferd. Oder eine Kuh. Oder ein Schwein. Weiß aber keiner. Nur Hanna.

Der polnische Bauarbeiter von der »Sielerneuerung« in unserer Straße grüßt übrigens nur meine Tochter, weil sie seit zwei Wochen bei Wind und Wetter jeden Vormittag mit meiner Frau vor dem Bauzaun verbringt. Stalking mit Blickkontakt.

Spielen ist unendlich lustig, es gönnt dir Minuten und ganze Zeitabschnitte der sporadischen Abstumpfung. Tschüss Verstand. Aber zumindest weiß ich jetzt, dass es neben Löffelbaggern auch Rohrverlegebagger gibt. So sieht das Spielen mit meiner fast Zweijährigen aus.

Mit Romy als Fünfjähriger ist indes jegliche Freizeitbeschäftigung möglich, die du dir nur vorstellen kannst. Kinder in diesem Alter wissen jegliche Impulse und Aktionen zu schätzen, wollen schwimmen gehen, begleiten einen auch mal notfalls ins Büro und nerven nicht gleich, helfen beim Einkaufen, beim Tischdecken oder Spülen. Sie fahren Fahrrad, sie spulen Wissen ab, sie lassen sich für Expeditionen begeistern, wollen reisen, zelten, und einige wollen sogar Fremdsprachen sprechen. So entwickeln sie sich gut!

Spielideen

Du bist ja schon ein alter Hase im Spielgeschäft und hast für jedes Alter immer eine gute Idee zur Hand. Aber vielleicht finden sich bei meinen wahllos, dafür liebevoll zusammengestellten Ideen noch ein paar kreative Ansätze, die du noch nicht auf dem Zettel hattest. Wenn ja, ist das gut, wenn nicht, findest du vielleicht auf den Internetseiten im Kapitel »Kids online« auf S. 293 neue Impulse für dich.

Do-it-yourself-Puzzle für Puzzleköppe

Ein Bild von sich malen, die Landkarte von Borkum nachzeichnen oder das Bentley-Logo in deinem Fuhrpark abpausen, auf Pappe kleben und in wirre, runde Teile zerschneiden. Geht von zwölf- bis tausendteilig. Kostet wenig Zeit, macht Spaß und ist irgendwie, irgendwo kreativ oder so.

Steinmalerei

Schöne Steine sammeln und lustig mit Mund, Nase und Augen bemalen. Danach mit Wollfäden oder Papierschnipseln eine Frisur basteln. Idealer Gute-Laune-Briefbeschwerer für Mahnungen, perfektes Wurfgeschoss für Menschen, die man eigentlich respektiert, aber trotzdem nicht mag oder banales Ausstellungsstück für die Kinder-Hall-of-Fame auf der Fensterbank in der Küche oder im Wohnzimmer.

Pompon basteln

Ich weiß nicht, wie viele Pompons ich schon gebastelt und dann unter dem Namen »Romy« verschenkt habe. Ein Pompon ist eine Art Wollbommel, dem du Augen, Mund und Füße, Arme und Antennen anfügen kannst. Du schneidest aus Pappe zwei Kreise in etwa der Größe einer CD aus. Aus diesen Kreisen schneidest du dann noch mal einen Innenkreis raus, sodass du eine Art Donutring hast. Anschließend legst du beide aufeinander und umwickelst sie von innen nach außen mit einem Wollfaden. Ist der gesamte Ring mit Wolle bedeckt, schneidest du ihn entlang der Außenseite auf und verknotest den Bommel in der Mitte mit einem Faden, damit er nicht auseinanderfällt. Jetzt kannst du an ihm mit gedrehten Pfeifenreinigern Füße und Antennen installieren, mit Filz einen Mund basteln und mit Fertigaugen aus dem Bastelladen ein komplettes Gesicht verpassen.

Papierflieger

Du weißt, wie es geht, denn du hast in der Schule auch versucht, aus einem DIN-A4-Bogen den Flieger zu falten, der am längsten in der Luft bleibt. Jetzt kannst du diese Kunst neu entdecken. Solltest du es indes vergessen haben, schau mal hier nach: http://www.tecnopedia.de/mintlehren/special/flieger/bastelanleitungen/.

Murmelbahn

Aus leeren Küchentuch-, Geschenkpapier- und Klorollenpappröhrchen sowie jeder Menge Tesafilm und sonstigen Pappkartons wie Teebeutelschachteln kannst du mit deinem Kind eine Murmelbahn durch das gesamte Kinderzimmer konstruieren. Wichtig ist nur, dass sie stets eine Neigung hat, sonst bleibt die Murmel natürlich irgendwann liegen. Spaßgarantie!

Murmelfinder

Dein Kind fischt mit verbundenen Augen aus einer Tüte voller Kastanien die Murmeln heraus. Dazu packst du zu 40 Kastanien zehn Murmeln in eine kleine Tüte. Jetzt mal los!

Regenfänger

Jeder stellt einen Becher in den Regen. Nach fünf Minuten wird geguckt, wer am meisten Wasser gesammelt hat.

Bauklotzbattle

Ihr sitzt vor einem Berg von Bauklötzen. Mit verbundenen Augen soll dein Kind jetzt einen Turm bauen, so hoch wie möglich. Du reichst ihm die Klötze, das ist ja wohl klar. Stürzt er ein, bist du dran. Wer baut den höheren Turm?

Taschenlampentiere

Licht aus, Spot an. Mit Taschenlampe und Handbewegungen lassen sich die irrsten Tiere oder Gegenstände an die Wand zaubern. Na, das Krokodil bekommst auch du hin, oder? Einfach sind auch Tiere wie Hund, Schlange, Hase, Schnecke. Weitere Handpositionen und Tiere findest du zum Beispiel unter www.zzzebra.de.

Mikado aus Zweigen

Ab nach draußen und dort kleine Zweige und Äste sammeln. Zu Hause die Äste dann auf dieselbe Länge schneiden, bemalen oder mit bunten Klebestreifen (für die unterschiedlichen Punktzahlen), passend zu den Farben auf dem Farbwürfel (Rot, Gelb, Blau, Grün, Orange, Weiß) bekleben.

Selbst gemachter Brennnesseltee

Im Hochsommer Winterhandschuhe anziehen, eine gemeingefährliche Plastiktüte in die Hosentasche stecken und auf zur nächsten Brennnesselplantage.

Nehmt eine oder zwei Pflanzen mit nach Hause, reinigt sie (jetzt mit Gummihandschuhen!) vom Hundeurin und packt sie entweder zerschnibbelt oder als Ganzes ohne Wurzel zusammengedrückt in ein Teesieb, heißes Wasser drüber, zehn Minuten ziehen lassen – fertig! Euer erster Brennnesseltee! Lässt sich auch mit Honig süßen. Die Brennnessel enthält ganz viel Eisen, Vitamine und Mineralien. Außerdem erfrischt sie ungemein und eine Brennnesselteekur reinigt die gesamte Körperbude und lässt Papa Bäume ausreißen. Denk aber bitte nie an das Dixi-Klo, an dessen Seitenwand ihr sie gepflückt habt.

Löwenzahn-Pesto

Pflückt zusammen einen kleinen Spieleimer voll mit Löwenzahn. Legt diesen nach einer zärtlichen Reinigungsprozedur in lauwarmes Wasser, damit er an Bitterkeit verliert. Die Zeit, in der das Grünzeug badet, könnt ihr nutzen, um zwei Knoblauchzehen und zwei Möhren zu zerhacken. Salz und Pfeffer drauf, stehen lassen. Jetzt den Löwenzahn aus dem Wasserbad zerren und ohne Wurzeln klein schnibbeln. Einfach zu dem Möhren-Knoblauch-Mix geben. Jetzt noch einen Kaffeebecher voll Parmesankäse raspeln, dazugeben und über die gesamte Nummer eine ordentliche Rutsche Olivenöl gießen. Danach erfolgt der Ritterschlag: Stabmixer rausholen und alles miteinander zu einer Paste zerquetschen. Probier mal! Geil, oder? Ziemlich würzig und dank des Knoblauchs eine stinkende Angelegenheit, aber auf Nudeln ein Gedicht. Die Paste – wenn sie übrigens zu pappig sein sollte, noch ein paar Spritzer Olivenöl dazutun – mit Salz und Pfeffer abschmecken und in ein ausgewaschenes Marmeladenglas geben. Damit sich deine Kreation im Kühlschrank hält, schütte nach dem Einfüllen wieder Olivenöl drüber. Damit ist das Pesto versiegelt. Das war's. Erfindet zusammen ein Label, gebt der Leckerei einen tollen Namen, malt Etiketten und vermarktet sie im großen Stil.

Friseur spielen

Mit Bürste, Haarspangen und Zopfbändern Mamas, Papas, Schwesterchens oder das Haar der besten Freundin durcheinanderwirbeln oder stylen!

Klassiker zum Zeitüberbrücken

- Ich sehe was, was du nicht siehst, und das ist: *Farbe!*
  Nur die Farbe eines erspähten Gegenstands benennen. Der andere muss ihn erraten.

- Wörter raten
  Der eine denkt sich ein Wort aus, das der andere durch Fragen erraten muss. Wer es thematisch eingrenzt (Pflanzen/Tiere/Automarken etc.) hat gute Chancen, bis Weihnachten alles erraten zu haben.

- Ich bin … (Tier/Gegenstand/Beruf)
  Was der eine ist, muss der andere erraten. Schränkst du es in der Darstellung ein, wie z. B. nur über Geräusche seinen Beruf oder pantomimisch das Tier zu erklären, wird's noch lustiger.

Detektive

Romy und ich gehen einmal die Woche morgens vor dem Kindergarten zusammen frühstücken. Dabei beobachten wir gezielt die ein- und ausströmende Kundschaft, spekulieren über den Wunsch ihrer Bestellung und malen uns aus, was sie wohl nach dem Bäckereibesuch tun werden. Welcher Arbeit gehen die Kunden wohl nach, und was mag sich an dem Tag wohl Spannendes in ihrem Leben ereignen? Eher eine kreative Beschäftigung, die uns beiden allerdings sehr viel Spaß macht.

Wer ist der Größte?

Eine Papierrolle (gibt es zum Beispiel bei Ikea) auf dem Boden ausrollen. Kind drauflegen und nun mit einem Stift den gesamten Umriss aufzeichnen. Danach darf es aufstehen, und das nächste ist dran. Anschließend darf jedes Kind den eigenen Umriss ausmalen. Sieht das Werk gut aus, lässt es sich vielleicht an die Tapete oder Wand im Kinderzimmer kleben.

Zauberbusch

Nur drei Minuten von unserer Haustür entfernt wächst ein üppiges, riesengroßes Gebüsch. Im Herbst ist es immer noch so stark bewachsen, dass es sich stark von allen anderen kahlen Pflanzen unterscheidet. Romy und ich gehen dann mit Taschenlampen zum »Zauberbusch« und erzählen ihm, jeder für sich, einen Wunsch. Der Zauberbusch (dem ich heimlich meine verstellte Stimme leihe) bemüht sich dann um dessen Erfüllung. Eine prima Idee, wenn sich dein Kind den ganzen Tag nicht bewegt hat und du es noch mal anspornen willst, rauszugehen.

Disco

Die neuesten Tracks werden eingelegt, Licht aus oder an, Alltagsklamotten aus- und Verkleidungen anziehen, und schon startet die Discosause. Dazu mal einen Drink servieren aus Möhren- und Apfelsaft mit Strohhalm, verrückte Tanzmoves vortanzen oder verbotenerweise auf den Tischen und den Betten hüpfen. Eine Abwandlung davon ist die Modenschau! Zu heißen Rhythmen bedienen sich die Kinder aus der Kleiderkiste und präsentieren die neuesten »home-made« Styles!

Trommelclub

Jetzt wird es laut. Hole alle vorhandenen Töpfe aus dem Schrank. Positioniere sie wie bei einem Schlagzeug im Halbkreis um euch herum. Jeder nimmt zwei Holz- oder Plastiklöffel. Und jetzt trommelt um die Wette und was die Emaille aushält. So hat das Safri Duo auch mal angefangen.

Scharade mit Knete

Für dieses Spiel brauchen wir neben deinem noch zwei weitere Kinder. In der Mitte liegt ein Haufen Knete. Nun muss ein Kind eine Figur, Person, ein Tier oder was auch immer kneten, und die anderen müssen erraten, was dargestellt wird. Als Prämie winkt dann Süßes, ein Spielplatzbesuch im Anschluss oder ein neues Spiel, weil alles ab-, durch- und weggeknetet wurde.

Katalogisieren

Für zukünftige Weltreisende, Archivare oder Buchhalter ist hier ein toller Freizeitspaß geboten: Puppen und/oder alle Plüschtiere fotografieren, Maß nehmen und Namen aufschreiben. Außerdem noch wichtig: Herkunft, sprich, wer hat's geschenkt.

Die Fotos kannst du gut mit der Handykamera knipsen und auf Papier ausdrucken. Das Bild in ein kleines Heftchen kleben und daneben den Steckbrief schreiben. Das gemeinschaftliche Basteln an dem »Katalog der Plüschtiere« macht wirklich Spaß, und, erwachsen geworden, wird sich dein Kind die Nase abfreuen, wenn du ihm das Teil überreichst.

Naturfarbe

Gehe mit deinem Knirps nach draußen und sammele ordentlich Erde ein. Lasst sie auf Papier verteilt gut trocknen, bevor ihr sie dann einmal durchsiebt, damit keine Steine oder Hasenköttel mehr drin sind. Ein bisschen Erde in ein Glas füllen und so viel Wasser zugeben, dass sie cremig wird – fertig ist die Naturfarbe, mit der ihr nun malen könnt.

Piratenfahrt

Piraten fahren durch die Wohnung und klauen Gold, Nahrungsmittel und Rum. Dafür setzt ihr euch auf einen Teppich (das Schiff), und der Reihe nach muss jeder einmal davon runterspringen und irgendeinen Gegenstand aus den Tiefen des Wohnzimmers holen. Dabei besteht immer die Gefahr, von einem der Soldaten ertappt zu werden. Den Moment, in dem du einfach losprustest: »Schnell, da kommt einer«, bestimmst du selbst. Dieses Spiel lässt sich stundenlang spielen. Wird nur irgendwann sehr eintönig und kann Ärger mit weiblichen Hausdrachen erregen, wenn dabei sämtliche Bilderrahmen, Schalen, DVDs, Kerzen, Fernbedienungen, Tagebücher etc. verschwinden. Alternativ dazu könnt ihr »Fury« spielen. Du bist das besagte Pferd, und dein Kind sitzt auf deinem Rücken. So schleppst du dich auf allen vieren durch die Wohnung, während dein Kind ab und zu absteigt, dir Futter gibt oder dich zum Schlafengehen bettet. Und am nächsten Tag reitet ihr in ein neues »Land«. Und du suchst schon mal die Nummer deines Orthopäden im Handy.

Bechergeist

In einen ausgewaschenen 0,5 Liter-Plastikbecher (z.B. einen leeren Joghurtbecher) stanzt du im unteren Drittel ein kleines Loch für einen Strohhalm per Nagel hinein. Einen Knickstrohhalm reinstecken und nun einen Plastikhandschuh aus dem nicht mehr ganz so aktuellen Verbandskasten aus deinem Auto über den Rand des Bechers stülpen. Bläst du jetzt in den Halm, bläht sich der Geist auf und verschwindet, ziehst du die Luft wieder raus, wieder. Danach könnt ihr den Handschuh anmalen.

Popcornmaschine

Zeit für eine 30-minütige DVD-Rutsche am regnerischen Sonntag! Zur lauschigen Atmosphäre mit Decke und Tee darf das kinotypische Popcorn natürlich nicht fehlen. Dafür packst du 80 Gramm Mais nebst zwei Esslöffeln Zucker in eine heiße Pfanne mit Öl. Deckel drauf und fertig!

Wattegespenst

Einen Wattebausch in ein Papiertaschentuch einwickeln. Dann mit einem Faden abbinden. Gesicht draufmalen. Und schon kann der Spuk beginnen.

Dosentelefon

Der Vater des Telefon-Minimalismus war nicht Steve Jobs, sondern der mir unbekannte Erfinder des Dosentelefons. Zwei Dosen oder Plastikbecher werden für diese Konstruktion mit einem zehn Meter langen Paketband oder Baumwollfaden verbunden. Dafür stichst du unten in den Boden ein Loch hinein, schiebst den Faden durch, den du mit einem Knoten befestigst, sodass dieser nicht aus dem Loch rutschen kann. Fertig! Keine Strahlen, keine Kosten, aber möglicherweise Empfangsschwierigkeiten: Das Telefon funktioniert nämlich nur, wenn der Faden gespannt ist.

Knautschball

Statt nachts mit den Zähnen zu knirschen oder bei der Arbeit die Assistentin mit cholerischen Anfällen schockzugefrieren, kannst du dich und dein Kind mit den 100 000 Volt unter der Haube entspannen, indem ihr einen Knautschball bastelt. Die De-luxe-Edition sieht dafür Folgendes vor: auf einen Ballon ein Gesicht malen, danach eine Mischung aus Zucker und Salz und ein wenig Reis, damit die beiden Gewürze trocken bleiben, über einen Trichter ein-

füllen, bis der Ballon angenehm straff und gut in der Hand liegt. Fertig. Verschließen und beim Kneten entspannen.

Besser fühlt sich meiner Ansicht nach die Variante mit Sand als Füllung an.

Um dem Knautschball eine Frisur auf den Kopf zu zaubern, könnt ihr ihm mit Wollfäden ein paar »Haare« um den Ballonknoten binden.

Papphaus

Dank neuer Balkonmöbel haben wir einen Riesenkarton frei Haus geliefert bekommen. Im Kinderzimmer wurde daraus sofort ein Minihaus gebastelt. Gemeinsam lassen sich Fenster und Türen hineinschneiden und anschließend wie die Villa Kunterbunt anmalen. Also, die nächste Waschmaschine, der nächste Flat-HD-Screen oder das nächste Bettgestell kommen bestimmt. Sonst könnt ihr auch in Geschäften nach Riesenkartons fragen.

Klecksbilder

Mit Wasserfarbe Kleckse auf die eine Hälfte einer DIN-A4-Seite malen, dann zusammenklappen und wieder aufklappen – na, wie sieht der Klecks jetzt aus? Sieht er jetzt vielleicht einem Tier ähnlich? Lässt sich auch in ein Ratespiel verwandeln, bei dem der jeweils andere angibt, an welches Tier ihn der gespiegelte Klecks erinnert.

Kissenrennen

Aus der Reihe »Unbedenkliche Partyspiele«, die einen müden Mob zu einer schreienden Halligallimeute mutieren lässt: das Kissenrennen. Die Kinder gehen in den Vierfüßlerstand, bekommen ein Kissen auf den Rücken gelegt und müssen nun einmal um den Tisch krabbeln oder zum Bäcker, auf die A7 oder nur den Flur entlang.

Der Sieger erhält einen Preis. Rutscht einem das Kissen runter, muss derjenige zurück zum Start. Unsere Kinder mögen das.

Wiesenexpedition

Eine Wiese bietet diverse Beschäftigungsmöglichkeiten:

- Mit einem »Pflanzenführer« Pflanzen und Kräuter bestimmen
- Welche Blume stinkt am meisten?
- Fotos von Pflanzen und Blumen für einen Kalender zu Weihnachten knipsen
- Gleich aussehende Blätter und Blüten für ein selbst gebasteltes »Natur-Memory« sammeln, bei dem ihr auf gleich große Pappquadrattäfelchen Blätter und Blüten klebt. Diese müssen aber vorher getrocknet werden! Einige Pflanzen kannst du auch malen oder die selbst gemachten Naturfotos dafür nutzen.
- Im Herbst Blätter sammeln und sie gemeinsam in ein Heftchen kleben
- Blätter sammeln, trocknen lassen. Blatt auf Papier legen, eine DIN-A4-Seite drüber und abpausen

Frischkäse auf dem Brot statt Käsefuß im Gesicht

Wie man Brot bäckt oder Pesto selbst zubereitet, hatten wir schon. Jetzt geht es eine Stufe höher: Frischkäse selber machen. Dafür erhitzt ihr einen Liter Milch mit 3,5 % Fett auf 70 Grad, nehmt den Topf vom Herd und schüttet den Saft einer gepressten Zitrone hinein. Danach umrühren. Wenn die Milch flockt, schüttet ihr sie in ein Sieb, in das ihr vorher ein Tuch gelegt habt. Das Tuch zusammendrehen, bis eine kleine Kugel Käse drinwohnt. Fertig!

Zirkus

Dein Kind oder die Kinder schlüpfen in unterschiedliche Rollen: Manegen-Pferde, Artisten oder Löwen, und du bist der Zirkusdirektor, der ihre Nummern ankündigt, kommentiert und ausdrucksstark zelebriert. Dafür könnt ihr mit Musik arbeiten, Mama, Hund, Katze und Vogel sowie das Brüderchen als Publikum »zweckentfremden« und diverse Kostümierungen vornehmen. Ideale Locations: Kinderzimmer oder Wohnzimmercouch mit Zuschauerplätzen auf dem Boden. Vorhang auf!

Kinderkunst

Viele Spiele fördern die kreative Ader der Kinder. Das geht mit schöngeistigem Zeitvertreib aber noch viel gezielter. Hol den Pinsel raus, setz dir deine Daniel-Richter-Hornbrille auf, dazu Bruckner aus den Lautsprechern und ein Glas Rebenschoppen aus dem Tetrapak, Zeit für große Kunst!

Malen:

Die schönen Künste können gar nicht früh genug gefördert werden. Kauf dicke Buntstifte oder Wachsmalstifte, leg einen Stapel Papier auf den Kindertisch, und los geht's. Bei Kindern unter zwei Jahren endet das zumeist in ein paar Strichen, die mit viel gutem Zusprechen, Hoffen und Wünschen auf dem Papier und nicht auf dem Tisch oder der Tapete landen. Gerade jüngere Geschwisterkinder sind schon früh in der Lage, einen Stift zu halten, und in ihm nicht nur einen Schnullerersatz oder ein Q-Tip zu erkennen.

Mit Tusche, Plaka- oder Fingerfarben wird es dann ab zwei Jahren schon richtig kreativ. Dazu verpackt ihr euch in Malkittel oder zieht alte Hemden von dir an. Kleb den Esstisch mit einer Foli-

entischdecke ab, oder leg alte Zeitungen drunter, und schon kann die Schweinerei starten: Farben auf den Tisch, dicke Borstenpinsel in ein ausgespültes Marmeladenglas und alte Tücher, um die wässrige Farbe zu trocknen. Jetzt kann mit Fingern und Händen gemalt werden. Und wem das Sauberschrubben am Waschbecken anschließend nicht zu anstrengend ist, kann auch »Nasendruck« spielen und kleine Nasenabbilder aufs Papier pressen. Die meisten ziehen aber ihre Handabdrücke vor. Als Erinnerung für später oder Geschenke für die Familie.

Mit drei Jahren steckt dann schon mehr Potenzial in dem kleinen Künstler. Jetzt können richtige Motive entstehen, die du in deiner Vorbildfunktion einmal vorzeichnest. Bitte keine ganzen Märchenwelten aufs Papier schmieren, sondern mit Strichmännchen anfangen, vielleicht ein Haus malen und eine Sonne, einen Baum und eine Wolke.

Kreise, die einen Kopf darstellen sollen, bekommen einige Kinder mit drei Jahren schon hin, Romy war vier, als sie zum ersten Mal einen Kreiskopf aufs Papier gezaubert hat. Die Augen waren nur Punkte, die Arme gingen vom Kopf ab, ebenso die Beine. Vermutlich wird dein Kind in diesem Alter auch so malen, weil das einer normalen Entwicklung entspricht. Die Figuren sind »körperlos«. Kein Grund, sein Kind dafür zu dissen bzw. es zu korrigieren. Schnabel halten – ist richtig so!

Mit Plakafarbe lassen sich aus Klecksen Figuren malen, z.B. Elefanten oder Hunde oder Mama und Papa. Auch ein schöner Malspaß für Kinder. Die Kleckse bilden die Körper, an die die Kinder nun alles andere dranmalen. Hierzu dürfen sie auch wieder verschiedene Malutensilien verwenden, wie beispielsweise Bunt- oder Malstifte. Wenn ihr mit Plaka malt, ein kleiner Reinigungstipp:

Das Zeugs geht getrocknet aufgrund des »Kasein«-Zusatzes nicht aus Stoffen raus. Plaka lässt sich am besten rauswaschen, wenn es gerade frisch auf die Hose geplumpst ist. Ist wasserlöslich. Beste Grüße, dein Putzmann!

Beim Malen ist alles erlaubt. Dein Kind sucht und findet seinen eigenen Stil! Wie bei allem anderen, sei hier ruhig ein Vorbild und leite es an, wenn es dir sein Interesse signalisiert, dieses oder jenes Motiv zu malen. Kritisiere seine künstlerische Leistung niemals, sondern lobe sie ausdrücklich und setze sie für jedermann sichtbar in Szene. Die besten Schaustücke kommen an die »Wunderkind«-Wand, eingerahmt oder mit ins Büro. Auch Omas, Onkels, Tanten etc. lassen sich so schnell, praktisch und kostengünstig zu diversen Feierlichkeiten abspeisen. Genial!

Kunstkritik für Eltern mit Mehrwert

Kunstwerke von Kindern sind auch immer ein Stück weit ein Spiegelbild ihrer Seele. Daher sind wir Väter natürlich versucht, akribisch die Bilder zu studieren, dabei aber nicht der Gefahr der Überinterpretation zu erliegen. Das bedeutet, wir müssen immer auch andere Faktoren im Kontext mit der Werkerstellung in Betracht ziehen. Ein Bild kann beispielsweise nur deshalb in Rot gemalt worden sein, weil deinem Kind nur diese eine Farbe zur Verfügung stand und nicht, weil es ein Leben voller Verletzungen ertragen muss. Oft kritzeln Kinder auch völlig unbedarft Seiten voll, ohne dass sich dort irgendetwas spiegelt, außer der Lust, monoton Seiten vollzukritzeln. Hüte dich also vor vorschnellem Analysieren.

Wie Oskar, der ehemalige »Dalli-Dalli«-Schnellzeichner bei Hänschen Rosenthal seine Bilder im Entstehen kommentierte, tun dies auch unsere Kinder sehr gerne. So ändern sie kurzerhand die Idee der frisch gezeichneten Kreise und Kästen und Striche, während sie erklärend vor sich hin brabbeln und erwecken dabei den Anschein, als wären sie nur auf Durchreise und lassen deshalb aus einer Katze im Handumdrehen einen Wolf entstehen, oder aus dem Auto ein Haus. Sie tun es, weil sie mit ihrem Bild eine Geschichte erzählen wollen. Entweder in deinem Beisein oder danach, wenn du das Bild betrachtest. Fällt dir dazu nichts weiter ein, außer herzlos den Fisch in dem »verschwendeten« Papier einzuwickeln, lohnt es sich immer noch, aus der Situation erzieherisches Kapital zu schlagen, indem du die Farbenpracht oder die vielfältigen Formen der Zeichnung lobst. Derartige schlaue Kommentare sollen dein Kind animieren, etwas zum Bild zu äußern. Schlägt der Versuch fehl – nicht weiter schlimm. Der Fisch wenigstens freut sich.
Frag nie: »Was ist das?«, sondern hol dir lieber eine Antwort auf die Frage: »Welche Geschichte erzählst du mit dem Bild?«. Für besonders interessierte Väter empfiehlt sich auch die Bitte an die Kinder, Erlebnisse aus dem Kindergarten, dem Sportkurs oder vom Oma-Wochenende mit Mama Revue passierend in ein Bild fließen zu lassen.
In den Zeichnungen deines Kindes erkennst du das, was es wahrnimmt. Es ist vor allem in der Kindergartenphase keine Wiedergabe der Realität. Kinder malen, was ihnen wichtig ist. Dabei erhalten Gegenstände oder Körperteile durch ihre Größe und Farbe eine bestimmte Bedeutung. Auch die Rei-

henfolge, wann welcher Teil im Bild und wo er gemalt wird, sagt etwas über dessen Bedeutung für das Kind aus. Blumen, Tiere, Menschen, Bäume und Häuser sind auf Bildern von Kindergartenkindern Usus, vergleichbar den Autos und lächelnden Freundinnen in allen Variationen oder Sonnenunter- und -aufgänge im Fotoordner der männlichen Smartphone-Besitzer.

Kleine Analysekunde für Amateure mit schnellem Kunstblick:

Die erste Frage sollte immer lauten:
Wie wirkt das Bild insgesamt auf dich – fröhlich oder traurig?
Dann geht es weiter mit: Was fällt daran auf?
Zeigt es ein wiederkehrendes Thema, und hat es sich dein Kind selbst ausgedacht, weil es sich momentan am meisten dafür interessiert? Viele Motive werden durch das Umfeld beeinflusst, beispielsweise, weil der kleine Timo aktuell am liebsten Piratengeschichten hört oder Oma im Garten ständig die Hasen frei rumhoppeln lässt. Vielleicht gibt es auch eine Baustelle nebenan, oder ihr macht Urlaub auf einem Reiterhof. Die noch frischen Eindrücke fließen in der Regel dankbar in jegliche künstlerische Arbeit ein. Ein Kind, das nur Saurier, Löwen oder sonstige starke Tiere malt, sehnt sich vermutlich nach deren Kraft. Waffen und Autos entsprechen manchmal dem Wunsch nach Macht und Kontrolle, und Prinzessinnen suchen das Gefallen und die Liebe.
Ein vollständig bemaltes Papier bedeutet übrigens meistens nichts anderes, als dass dein Kind Freude am Malen hat und mit sich so weit im Reinen ist.

Häuser: stehen wie Autos für *Geborgenheit.*
Bäume: symbolisieren wie Blumen *lebendige Geschöpfe* (siehe auch Blumen) – erst mit vier Jahren werden sie genauer gezeichnet. Vorher muss man schon viel Fantasie besitzen, um in den Strichen einen Wald zu erkennen.
Blumen: Eine Sonne mit Augen am Stiel. Bedeutung siehe Bäume.
Tiere: werden mit etwa fünf Jahren wie Menschen gemalt mit am Kopf angebrachten Gliedern. Mit den Jahren werden die Feinheiten von den Kindern herausgearbeitet.

Wie stellt sich dein Kind in seinen Bildern selber dar: Ist es gleich groß wie die anderen oder kleiner? Steht es am Rand oder im Mittelpunkt? Welche Farbe benutzt es für sich, und in welchem Bezug steht es zu anderen Gegenständen oder Figuren?

Schüchterne Kinder malen sich anders als selbstbewusste Kinder. Ein Kind, das sich geliebt fühlt, glücklich in seiner Familie ist, malt sich in den Mittelpunkt, während sich Kinder, die keine richtigen Freunde haben, Tiere oder Gegenstände zur Seite malen.
Sich bedroht fühlende Kinder zeichnen ihr Unheil direkt mit hinein. So kann es allein im Regen stehen oder von einem Blitz getroffen werden, die Farben wirken bedrohlich, der Gesichtsausdruck ist ängstlich oder gar nicht vorhanden.
Im Kindergartenalter betrachten sich Kinder als Nabel der Welt. Sie malen sich mitten ins Bild und betonen dann noch bestimmte Körperteile oder Gegenstände, die ihnen wichtig sind. Außerdem malen sie sich schon richtig aus.

Gemälde aus Kinderhand verdeutlichen häufig das Verhältnis der Kinder zu anderen Menschen. Dabei ist deren Größe und Platz im Bild im Vergleich mit anderen ausschlaggebend sowie deren Farbe, Gesichts- und Körperausdruck. Romy hat ihre Schwester Hanna bis zu ihrem fünften Lebensjahr nicht gemalt. Auf den Zeichnungen waren meistens meine Frau und ich und sogar unser Hund zu erkennen, aber keine Hanna. Ihre kleine Schwester war in den ersten zwei Jahren für sie Störenfried, Streithahn, Konkurrent und Zwangsfreizeitpartner – das schreit nicht unbedingt nach Verewigung mit Pinselstrich auf Papier.
Die Verwendung und genaue Bearbeitung der Motive sagt darüber hinaus viel über die Gefühle des Kindes aus. In welchen Farben sind sie gehalten, herrscht Sonnenschein, ist das Bild wenig oder üppig bemalt?
Malen Kinder dauerhaft ohne einen »Boden« im Bild, oder ist es stark unterteilt, deutet dies möglicherweise auf ihre Beziehungslosigkeit hin. Ähnlich problematisch sind Bilder, auf denen die Gegenstände oder Figuren in keinem Verhältnis zueinander stehen und keinen gemeinsamen Hintergrund aufweisen.

Malt dein Kind nur noch Kreuze, die gen Boden zeigen, alles schwarz oder alle anderen Personen in seinem Leben, nur nicht sich selbst, dann fang nicht an, mit ihm darüber zu diskutieren, sondern such dir sofort professionelle Unterstützung. Auch wenn das hier ein wirklich spannendes Interpretierfeld ist, handele niemals nur aufgrund der Selbstdiagnose. Aber dreh auch nicht gleich durch und bitte auch

keine Überinterpretation. Einiges erledigt sich im Lauf der Zeit von alleine. Alarm ist nur im Verzug, wenn monatelang alles finster gemalt ist, wie oben beschrieben entsprechende Kriterien erfüllt sind oder sich die Malqualität deines Kindes gar nicht verbessert.

Kartoffeldruck

Es muss ja wirklich nicht immer nur mit dem Pinsel oder den Händen gemalt werden, wie wäre es zur Abwechslung mal mit dem guten, alten Kartoffel- oder Apfelhälftendruck? Romy liebt das. Apfel- oder Kartoffelhälfte einfach in Fingerfarbe eintunken und auf große Papierbögen drücken. Das war's. Dazu lassen sich auch hier wieder die Gliedmaßen wunderbar mit anderen Stiften und Mitteln zeichnen, sodass der dank Kartoffel mäuseähnliche Körper auch Schwanz, Nase und Ohren erhält. Für ältere Kinder kommt bereits das Bedrucken von T-Shirts, Servietten oder Papas Unterhosen infrage. Dafür solltest du dann aber Stofffarbe kaufen, damit die Kunst auch dauerhaft hält.

Mini-Michelangelo

In Bastelläden gibt es an der Luft trocknenden Ton, der sich wie Knete anfühlt. Damit lassen sich Kerzenständer, Tierfiguren oder Trinkgefäße formen und, wenn ihr die Muße habt, später auch noch anmalen.

Salzteig-Statuen

Um mit Salzteig anstatt mit Knete, Ton oder exotischen Lehmkombinationen zu arbeiten, benötigen wir zwei Tassen Mehl, eine Tasse Salz, eine Tasse Wasser und einen Teelöffel Öl. Zusammenmixen und fertig ist der Teig. Daraus könnt ihr jetzt Schlümpfe, Armleuchter, Brillenetuis oder Kaffeebecher formen und danach bei 150 Grad im Ofen backen. Nein, nicht essen! Nach dem Backen abkühlen lassen und bemalen. Lässt sich auch gut mit Lack besprühen.

»Little Gerhard Richter«

Gerhard Richter wurde vor einigen Jahren die Ehre zuteil, das 113 Quadratmeter große Südfenster des Kölner Doms neu zu gestalten. Er versah es ausschließlich mit bunten Pixeln. Bei euch reicht es vielleicht nur für das Küchenfenster, und der kleine Otto ist auch nicht gerade ein Gerhard Richter, aber auch er hat zwei Hände und jetzt die Möglichkeit, das gesamte Fenster mit Fingerfarbe zu gestalten. Viel Spaß.

Bastelbuch

Es gibt Unmengen an Bastelbüchern für Kinder jeglichen Alters. Es gibt sie themenbezogen wie »Schultüten basteln« oder breit gefächert wie »Alles ist zum Basteln da« (Topp). Und so haben wir im Laufe von ein bis zwei Jahren die unterschiedlichsten Bastelprojekte gestartet und uns in allen möglichen Disziplinen geschult wie Schneiden, Kleben, Trocknen, Pinseln, Hobeln etc. Entstanden sind so die weltberühmten Pompons, Laternen, Untersetzer oder Eiergesichter mit Frisur. Basteln – immer wieder gut und für mich ein kreatives Muss für die Freizeit mit Kindern.

Lied komponieren

Ich habe kein Instrument gelernt. Dafür habe ich mich irgendwann einmal mit dem vorinstallierten Musikprogramm auf meinem Computer befasst, das wirklich simpel funktioniert. Zusammen mit Romy habe ich dann ein Lied aufgenommen, das »Hallo, ich bin Romy« heißt und in dem sie nichts anderes ruft als diesen einen Satz. H.P. Baxxter von »Scooter« kann sich schon mal warm anziehen. Ich habe ausschließlich Beats und Sounds aus dem Programm benutzt und lediglich über das externe Mikrophon Romys »Gesang« aufgezeichnet. Sie fand es spitze. Wir planen jetzt eine ausgedehnte Konzerttour für den Sommer ...

Kinderbuch schreiben und malen

Ihr setzt euch miteinander an den Tisch und überlegt, wer der Held oder die Heldin eures Abenteuers sein soll. Dann malt ihr gemeinsam die Figur, gebt ihr einen Namen und spinnt dann weiter: Wer sind ihre Freunde? Auch die müsst ihr malen. Und dann startet die Geschichte. Vielleicht verläuft sich ein Freund und landet in einem Königreich, dessen König böse ist? Oder es stößt gar dem Titelhelden etwas zu, und er muss von seinen Freunden gerettet werden? Denk dir mit deinem Kind eine ganz einfache Geschichte aus, die keine halbe Seite lang ist. Und malt dann die Bilder dazu. Fertig ist euer erstes gemeinsames Kinderbuch!

Das Schöne an diesen gestalterischen Ideen ist das gemeinsame Erschaffen eines Kunstobjekts. Der eine malt die Mäusehöhle, der andere druckt deren Bewohner, der eine spielt eine Melodie, der andere denkt sich einen Text aus, der eine knetet eine Löwin, der andere den Löwen. Wenn man die mit seinem Kind verbrachte Zeit derart kreativ gestaltet, dann ist das wirklich für beide eine sehr wertvolle Erfahrung.

Kunstentsorgung

Für die gemalten Kunstwerke legen wir eine große Mappe an, damit du die besten davon aufbewahren kannst, während du die verbleibenden 90 Prozent Schrott über kurz oder lang verklappen musst. Und selbst die zehn Prozent, die du behältst, werden mit der Zeit einen ganzen Raum füllen. Versprochen. Zwischen vier und sieben Jahren schenkt dir dein Kind täglich annähernd zehn Bilder, was feinnervigen Kunstkritikern beinah wie ein Affront erscheinen mag. Du entsorgst die Stücke heimlich und nicht vor Ablauf einer Dreimonatsfrist. Wurde seitens des Künstlers keine erneute Werkschau gefordert, hat er es vergessen. Dann ist es gut so. Ab in die Altpapiertonne, aber bitte nach unten drücken und anderes Papier darüberlegen. Nicht, dass »Rembrandtjunior« plötzlich seinen Mann mit goldenem Helm, in diesem Fall allerdings wohl eher den Feuerwehrmann, lieblos zwischen Paketmaterialien und diversen abgelaufenen Werbebroschüren abgelegt entdecken muss.

Auch aus Betreuungseinrichtungen oder von dir finanzierten Kursen, in denen die Kinder basteln, werden selbstredend tonnenweise amateurhaft zusammengeschusterte Holzpflöcke, Nägel in Baumrinden oder bemalte Flaschen nach Hause gebracht. Das ist allerdings in derart gestapelter Form nicht länger als vier Wochen im Wohnzimmer tolerierbar, wenn du nicht Gefahr laufen willst, als »Messie« vor die nächstbeste RTL2-Kamera gezerrt zu werden. Lass die Mengen deshalb vorsichtshalber einfach nach einer kurzen Zwischenlagerung im Schrank verschwinden. Die guten Teile kannst du ja aufbewahren, aber der Rest wandert in den Mülleimer.

Beschäftigungstherapie

Kursangebote für dein Kind

Mit PEKiP fängt es an, setzt sich fort über Spiel- und Krabbelgruppen und mündet in sämtlichen musikalischen Früherziehungs-, Englisch- und Sportkursen – das ist organisierte Beschäftigung pur! Natürlich ist unser Kind von Anfang an und in der ersten Reihe mit dabei, sicher bereiten ihm Special Interests wie »HipHop-Klöppeln« oder »Gesichtspizza zum Selbermachen« eine derart große Freude, dass es freiwillig sein Zimmer aufräumt, vergnügt Zähne putzt oder des Abends freundlich auf seine Schlafenszeit selbst hinweist. Doch mehr als zwei Nachmittage in der Woche sollten diese positiven »Beschäftigungstherapien« für Kinder vor der Einschulung nicht in Anspruch nehmen, sonst fehlt es an der wichtigen Zeit für freies Spielen oder andere Verabredungen.

Musikalische Früherziehung und Instrumente lernen

Musik beschleunigt und intensiviert die Sprachentwicklung unserer Kinder, weil die Rhythmen und Klänge von Beginn an andere Gehirnzentren ansprechen als die für Sprache zuständigen. Sie verhilft dazu, die motorische Entwicklung voranzutreiben und gleichzeitig Spannungen abzubauen. Außerdem fördert sie die Gedächtnisleistung und steigert die Intelligenz. Die Kinder lernen Musikstücke auswendig, die sie auch abrufen und singend oder auf einem Instrument präsentieren können. Wie du weißt, wirkt Musik, je nach Komposition, belebend oder einschläfernd. Das gilt auch für unseren Nachwuchs.

Das Klanggefühl erlernen Kinder, indem sie eine Verbindung zum Rhythmus herstellen. Sobald sie zu laufen beginnen, versuchen sie dann im Tanz ein eigenes Rhythmusgefühl zu entwickeln. Daher ist es so unendlich klug, bereits im Kindergarten oder in Musikgruppen Tanz-, Klatsch- und Singspiele zu veranstalten.

Du siehst, eine musikalische Früherziehung vor dem fünften oder sechsten Lebensjahr ist absolut lohnenswert. Mit vier Jahren könnte es mit dem Erlernen eines Instruments weitergehen, das Fundament dafür ist auf jeden Fall gelegt. Klavier ist dabei leichter und mit schnellerem Erfolg zu erlernen als Geige, die ein komplexes motorisches und feinmotorisches Können voraussetzt. Außerdem kann man für das Klavierlernen ein E-Piano kaufen, welches auch mit Kopfhörern funktioniert und die guten nachbarschaftlichen Beziehungen so erhält.

Sind Mädchen eher an Blockflöten interessiert, neigen Jungs gerne mal zum arg unterschätzten Schlagzeug, das bereits eine relativ schwierige motorische Koordination von Fuß und Hand abverlangt. Mit weniger als zehn Jahren schon den Phil Collins an der Trommel raushängen zu lassen – ambitioniert!

Wenn sie dich bis heute regelmäßig in Karaoke-Bars mit Bierdeckeln und Pappbechern steinigen, hast du doch in deinem Kind ein fast wehrloses Wesen, mit dem du bis zur Einschulung und darüber hinaus mindestens 15 Minuten täglich von Kinderliedern bis Charthits alles performen kannst, was dir und deinem Kind gefällt. Begleitet ihr euch dabei noch selbst mit Trommeln und Mundharmonika oder Blockflöte – großartig. Und zack folgt »Schnappi – reloaded«!

Zum Musizieren gibt es übrigens eine Flut an Kassetten, CDs und Büchern, mit denen ihr arbeiten könnt. Achte aber darauf, dass, je kleiner die Wutze sind, desto mehr Tanz geboten sein muss.

Mini-Einstein-Kurs

Es gibt schon für Vierjährige naturwissenschaftliche Kurse, in denen den Kindern von Ebbe und Flut über Honig und Bienen bis zum Winterschlaf und Schlafentzug im Schlafanzug die wissenschaftliche Seite des Lebens erklärt wird. Was »Willi will's wissen«, »Checker-Can« oder Ranga Yogeshwar inhaltlich nicht abdecken oder gerade erst behandelt haben, können die Kleinen in solchen Kursen erlernen. Dabei stellt sich natürlich die Frage, ob du nicht selbst in der Lage bist, deinem Kind das entsprechende Know-how angedeihen zu lassen, statt irgendeine Flitzpiepe, die wie die Reinkarnation Peter Lustigs dahermarschiert, einzusetzen. Aber diese Angebote existieren, und sie werden gerne angenommen. Und für dich bleibt ja immer noch die Rolle des »Mac Guyver«.

It's a kind of Wackelpudding – English For Runaways

Die eigene Brut mit dem Erlernen einer zweiten Sprache zu konfrontieren ist heutzutage sehr en vogue. Ob denn Englisch vom noch nicht mal das Deutsche richtig beherrschenden Köpfchen aufgenommen werden kann?

Doch, und da wäre sogar noch genug Platz für anderes wie beispielsweise: Börsenjargon, Nato-Alphabet oder Klingonisch. Aber wir wollen ja keinen Druck ausüben oder die Kleinen überfordern. Die beste Zeit für Kinder, eine Sprache zu erlernen, liegt in den ersten acht bis zehn Jahren, für Grammatik und Phonologie (Funktion der Laute für das Sprachsystem) empfiehlt es sich sogar, damit zwischen drei und fünf Jahren zu beginnen. Kinder sind beim Erlernen einer Fremdsprache herrlich unbefangen, und es bereitet ihnen viel Freude. Sie fassen es noch nicht so leistungsorientiert oder mit einem Pflichtgefühl versehen wie in der Schule oder als Nachzügler im Berufsleben auf. Und doch solltest du zweierlei beim Erlernen einer Fremdsprache beachten:

Erstens: Gibt es bei euch zu Hause eine enge Verbindung zu der Sprache, weil ihr sie zum Beispiel selbst sprecht, ihr regelmäßig in ein Land reist, in dem diese Sprache gesprochen wird, oder ist sie sonst irgendwie für euch wichtig? Nur, wenn dein Multilinguist den Nutzen des Lernens der Sprache spürt, ist sie für ihn selbst auch positiv besetzt, so empfindet er es als sinnvoll investierte Zeit.

Dann stellt sich die nächste Frage: Wo soll dein Kind diese Sprache lernen? Es gibt den besagten Englischkurs im Kindergarten – einmal die Woche. Bringt es dein Kind in dem Erlernen der Sprache weiter? Sagen wir es so: Es schadet ihm zumindest nicht, denn so wird sein Gehirn schon für unterschiedliche Sprachmuster sensibilisiert. Zudem setzt so ein Kurs deinem Sprachschüler den Floh ins Ohr, sich für eine Sprache zu interessieren und Spaß am Sprachenlernen zu entwickeln. Aber da die Didaktik vorsieht, den Kindern über Reime und Lieder die Sprache näherzubringen und der Kurs nur einmal wöchentlich stattfindet, kannst du nicht erwarten, dass euer kleiner Lord beim nächsten London-Trip sich das English Breakfast selbst rauf und runter bestellt.

Die andere Variante wäre der bilinguale Kindergarten, in dem dein Kind binnen kurzer Zeit die Sprache auch lebt, denn hier spricht meistens ein Erzieher Deutsch und der andere die Fremdsprache. Folglich wird das neue Kommunikationsmittel für dein Kind dadurch alltagsrelevant, es trifft dort regelmäßig und ungezwungen mit Muttersprachlern zusammen. Dies ist die beste Art, eine Sprache zu erlernen.

Wie in Sprachkursen werden in bilingualen Kindergärten die Sprachen gut und leicht über kleine Merkreime gelernt oder über Lieder. So bekommt das Erlernen etwas Spielerisches, es entsteht ein Sprachgefühl, und durch das ständige mantraartige Wiederholen der Reime prägen sich die Wörter ein und machen Lust auf

neue Vokabeln. Allerdings ist dieser Kurs auch sehr viel intensiver als der Wochenkurs.

Eine zweite Sprache zart angetragen zu bekommen ist sicherlich eine gute Sache, und je früher sie dem Kind vermittelt wird, desto beherzter werden die kleinen Einsteins sie dann irgendwann auch annehmen und vielleicht akzentfrei sprechen können. Aber du musst dich deswegen jetzt auch nicht verbiegen. Denn ehe du einmal die Woche quer durch die halbe Stadt tingelst, um dein Kind zum Englischkurs zu bringen, nutze die Zeit lieber für andere wichtige Dinge. Ja, das Sprachlerntalent besteht, aber ein Wochenkurs macht den Kohl nicht fett. Deshalb: nur kein Stress. Dein Kind wird die Sprache auch ohne Vorschulenglisch gut lernen. Ganz sicher!

»The Return of the Turnbeutelvergesser« – das Kinderturnen

Ja, verdreht nur die Augen, liebe Box-, Fußball- und Hammerwurffans, aber wer das Turnen und dessen Beutelträger nur müde belächelt, ahnt nicht, wie wertvoll für Körper und Geist diese Bewegungsform ist. Beim Kinderturnen kümmern sich therapeutisch ausgebildete Profis um eine unterhaltsame, Kinder auf vielerlei Art und Weise herausfordernde Bewegungsmöglichkeit, die sich in wechselnden Parcours-Situationen darstellt. Das macht Spaß und ist abwechslungsreich. Hier können sich die Wirbelwinde eine Stunde lang auf höchstem Niveau austoben, rennen, schreien, klettern, hüpfen, springen – alles geht! Dazu gibt es manchmal Musik, kleine Spiele und einen gemeinschaftlichen Ein- und Ausstieg.

Kinder profitieren mehrfach vom Turnen. Es trainiert ihre Grobmotorik und Koordination. Sie entdecken spielerisch und in Bewegung, mit Erfolg und Niederlage umzugehen und lernen dabei, einen gesunden Ehrgeiz und Stolz zu entwickeln. Wie alle Sportar-

ten fördert das Kinderturnen die Selbstständigkeit der Kinder und stärkt ihr Selbstvertrauen immens. Körperlich sorgen die komplexen Bewegungsabläufe für mehr Ausdauer und dank der guten Durchblutung für bessere Konzentrationsfähigkeit.

Die Kurse sind meistens in Gruppen von Gleichaltrigen gestaffelt. Die Teilnahme wird vermutlich nicht umsonst sein, da sie meistens in Turnhallen von einem Sportverein stattfinden, dem du dann beitreten musst. Allzu teuer sind die Mitgliedsbeiträge sicher nicht. Weitere Infos dazu findest du in einem Sportverein unweit eurer Wohnung.

> Die Weltgesundheitsorganisation (WHO) fordert: Jeden Tag sollen sich Kinder mindestens eine Stunde lang so intensiv bewegen, dass sie ins Schwitzen kommen!

Die richtige Sportart

Computer aus, Glotze aus, heute gehen wir zum Sport! Dieser wird nämlich immer wichtiger, damit auch dein Kind wesentliche motorische Fähigkeiten erlernt. Einmal pro Woche Sport, im Freizeitkurs oder in der Schule, ist zwar schon ganz gut, reicht aber nicht. Eine regelmäßig praktizierte Disziplin muss gefunden werden und zwar etwas zwischen Einradfahren, Base-Jumpen und Wasserballett. Von einem Zweijährigen kannst du noch keine klare Ansage verlangen, aber eine Fünfjährige sollte dir schon mitteilen können, auf welche Form der körperlichen Ertüchtigung sie abfährt.

Gib deinem Nachwuchs-»Bobbele« die Chance, alle erdenklichen Sportarten auszuprobieren, und rede ihm nicht ein, er hätte

Spaß daran, nur weil du meinst, hier könne Karriere plus Vermarktungschance rausspringen – für dich!

Dein Kind muss Spaß haben und dir eindeutig zu verstehen geben, diesen Sport zukünftig weiter ausüben zu wollen. Erst dann bitte die Top-Ausrüstung kaufen oder die Überweisung der Aufnahmegebühr oder des Mitgliedsbeitrags in Auftrag geben. Später ärgerst du dich sonst schwarz über verschwendete Investitionen, wenn die Sache schon nach zwei Trainings komplett ihren Reiz verliert und dein Nachwuchstalent erste Ermüdungserscheinungen zeigt.

Wenn du es geschickt anstellst, jubelst du deinem sportlichen Erben bis zu seinem achten Lebensjahr ordentlich komplexe und vielfältige Bewegungsabläufe wie zum Beispiel Hangeln, Balancieren, alle Ballsportarten, Klettern, auf Rädern oder Rollen gleiten etc. unter. Meistens sind die Kleinen bis dahin so sehr vom Sportfieber infiziert, dass sie auch als Jugendliche nicht auf ihren Sport verzichten wollen.

Mannschaftssportarten mit Bällen sind in der Regel immer zu empfehlen. Nicht die im Swinger-Club natürlich, sondern für Kinder jene im Sportverein. Dabei wird der Körper nämlich nicht einseitig beansprucht, sondern es finden komplexe Bewegungsabläufe statt. Natürlich ist das Gruppending auch für die Entwicklung sozialer Kompetenz sehr geeignet. In einem Team muss man sich einordnen, man muss sich absprechen, das Siegen und Verlieren schweißt zusammen, Bindungen entstehen und gehen irgendwann wieder auseinander. Ein gutes Komplettpaket und eine runde Sache für Kinder.

Herrscht Sportmuffelalarm auf deinem Sofa, versuch es doch mal mit dem Besuch eines Sportevents wie eines Fußballspiels, eines Tennismatchs oder eines Judokampfs. Das entfacht das Sportfieber und begeistert. Wir besuchen jährlich ein Springreitturnier

bei uns in der Gegend. Der Funke ist schon früh auf Romy übergesprungen. Heute antwortet sie jedem auf die Frage nach ihrem Berufswunsch, sie wolle Reiterin werden!

Und deshalb möchte sie auch ständig zum Reiten ...

Und wenn du selbst Sportevents meidest, weil du den Schweißgeruch, die viel zu sportlichen Menschen oder eben all diesen Mannschaftsgeistquatsch nicht erträgst, dann wecke den Sportler in dir und betreibe selbst eine Sportart, von der du freudestrahlend zurückkehrst. Kinder sind kreuzneugierig und wollen auch immer das haben, was man selbst hat, dass sie plötzlich hoch motiviert fragen: »Kann ich beim nächsten Mal mitkommen?« Logo! Und schon schnappt die Falle zu.

Die meisten Kinder nehmen ab vier Jahren alleine an Sportkursen teil. Seit wir Kinder waren, haben sich die unterschiedlichen Interessen von Jungs und Mädels nicht wirklich verändert. Die Mädchen möchten nach wie vor gerne zum Ballett und die Jungs wollen bolzen gehen. Während Ballettunterricht an ausgesuchten Schulen richtig ins Geld rauscht, bieten alternativ auch Sportvereine Ballett oder Kindertanzen an. Im Regelfall unterrichten sie »breiter«, eben nicht nur Balletthasen, und funktionieren weniger elitär und gezielt. Zwar haben die Kinder in diesen Kursen nicht die professionelle Exballerina vor sich stehen, doch den ersten Sprung ins Metier schafft man damit locker. Und unter uns gesagt: Die Aufbereitung der Lektionen im Sportverein sind oft viel kindgerechter.

Fußball geht natürlich klar. Hier kannst du – wie prominente Kollegen auch – dein Kind richtig fördern und jedes Wochenende bei Spielen mit einem Nervenzusammenbruch am Rand des Fußballfelds stehen und die Mannschaft deines Sprösslings anfeuern. Du kannst aber auch einen Gang runterschalten und nicht so ein Bohei darum veranstalten. Wirst auch so noch früh genug Fah-

rer und Mannschaftswart in einem sein. Judo ist ebenfalls nach wie vor beliebt. Auch bei Mädchen. Gerade schüchterne Mauerblümchen holen sich hier den Biss einer selbstbewussten Lisbeth Salander.

Im Folgenden findest du eine Liste von Sportarten plus Infos:

Fußball: Die Nummer eins für Jungs. Jeder dritte ist bereits im Verein.

Start: ab 4 Jahren

Das bringt's: Ausdauer, Teamgeist, Schnelligkeit, Kraft, Konzentration, und über kurz oder lang beschert es weibliche Fans am Seitenaus.

Investition: Vereinsbeitrag (50 bis 70 Euro) und Ausrüstung: Fußballschuhe, Hose, Trikot, Stutzen (alles zusammen 70 bis 100 Euro) und Zeit (noch ohne »Groupies«) am Spielfeldrand plus Fahrservice am Wochenende

Ballett: Alle Mädchen träumen davon. Dein Junge auch?

Start: Getarnt als tänzerische Früherziehung bereitet es den Nährboden für den »weißen« und den »schwarzen« Schwan zwischen drei und vier Jahren.

Das bringt's: Konzentration, Koordination, Muskelaufbau und Körperhaltung. Sieht obendrein elegant aus.

Investition: je nach Schule oder Verein. In Sportvereinen sind die Kurse meistens billiger als an Ballettschulen und über den Jahresbeitrag im Verein abgegolten.

Turnen: Guck dir Fabian Hambüchen an – so ein ausgeschlafener Typ kann man werden, wenn man sich schon früh in Steghosen zwingt, über Pferde und Kästen springt und sich übermütig an

Ringe und Reckstangen hängt. Nun, der Typ ist schon ein Kalb. So bullig muss unser Nachwuchs nicht gleich werden.

Start: Ab einem Jahr geht's mit dir zusammen los. Ab vier Jahren lassen die Sporttherapeuten von einem ab und konzentrieren sich nur auf die Kinder.

Das bringt's: Motorik rauf und runter, Konzentration, Ausdauer, Haltung – Turnen ist so gesund als Sportart wie das Glas Milch in Sachen Ernährung.

Investition: läppischer Mitgliedsbeitrag im Verein, der zwischen 50 und 70 Euro liegt, Turnhallenluft auch im Sommer einatmen. Sei froh, dass es noch ein Kind ist. Bei denen riechen meist nur die Füße.

Tennis: Lachsfarbenes Polo-Ralph-Lauren-T-Shirt, Pullover über die Schultern drapiert und rein in die zartgelbe Elesse-Tennishose! Ich merke schon, der erste Aufschlag deines Kindes soll den Gegner beim reinen Anblick bereits in die Asche drücken. Eine gute Idee!

Start: Mit fünf Jahren startet das Modell »Tommy Haas«.

Das bringt's: blendende Reaktion, blendendes Aussehen durch die Sonneneinstrahlung, blendend konzentriert und blendend ausdauerreich, blendendes Ballgefühl.

Investition: Gut, der oben beschriebene Look geht ins Geld. Kommen noch Schuhe und Schläger dazu, liegen wir damit bereits bei 100 Euro aufwärts plus Monatsbeitrag im Verein zuzüglich möglichem Mannschafts- oder Einzelunterricht vorzugsweise bei Nick Bollettieri. (Hatten sie damals nicht alle mal bei dem Typen Tennistraining?!)

Crossboccia: Boccia mit Stoffbällen mit Granulatfüllung

Start: mit fünf Jahren

Das bringt's: Konzentration, Ballgefühl und frische Luft
Investition: 15 Euro und keinen Vereinsbeitrag

Schwimmen: Schwimmt wie eine Bleiente und taucht wie ein Korken – Kinder, die schon schwimmen können, entledigen sich selbst der Gefahr des Ertrinkens, und das tut dem gesamten Familienklima gut. Also sehr empfehlenswert.

Star: Mit vier Jahren geht's los.

Das bringt's: der oben genannte Grund. Und: sanfter Muskelaufbau, Ausdauer und Koordination

Investition: Der Badedress kostet keine 20 Euro, Schwimmkurse liegen monatlich ungefähr bei 30 Euro.

Handball: Wer Ellenbogen in der Zahnleiste verorten möchte, der ist hier absolut richtig. Landläufig bezeichnen wir diese Disziplin aber vornehm als »hart und körperbetont«.

Start: ab vier Jahren

Das bringt's: Schnelligkeit, Teamgeist, Kraft und Ausdauer

Investition: von Zahnarzt- und Orthopädenrechnungen abgesehen etwa Vereinsjahresbeitrag oder auch monatlich 10 bis 20 Euro und Ausrüstung (Knieschoner, Schuhe, Trikot) ab 50 Euro

Zirkusartist: Einarmiger Bandit, begnadeter Körper oder Einradfahrer – Akrobatik ist ein Hit!

Start: ab fünf Jahren

Das bringt's: Je nach »Gerät« werden Kraft, Motorik und Koordination trainiert, und durch gelungene Flickflacks und Schwertschluckerei wird natürlich das Selbstwertgefühl gestärkt.

Investition: keine Ausstattung, dafür aber Kursgebühren ab 20 Euro

Leichtathletik: Noch völlig »ungedopt« wird gerannt, gehüpft, geworfen und gesprungen.

Start: ab sechs Jahren

Das bringt's: Hängt von der Disziplin ab, aber alle stärken die Ausdauer, Konzentration, Schnelligkeit und die Kraft in den entsprechenden Gliedmaßen.

Investition: Der Monatsbeitrag liegt bei 20 bis 30 Euro, dazu kommt das Outfit inklusive Schuhen bis zu 70 Euro.

Reiten: wie Ballett ein tierischer Mädchentraum

Start: ab fünf Jahren

Das bringt's: Gleichgewicht, Motorik, Körperhaltung und Verantwortungsgefühl durch den Umgang mit Tieren

Investition: Du brauchst die Barbour-Jacke, einen reinrassigen Jagdhund und fährst als Leasingauto auf Firmenkonto einen SUV mit Anhängerkupplung, denn man weiß ja nicht, wie schnell das Kind zur zweiten Isabell Werth mutiert und ein eigenes Pferd nebst Pferdeanhänger benötigt. Monatsbeitrag im Reitverein um die 20 Euro plus Schuften und Ackern im Stall. Reitunterricht kostet zusätzlich und das meistens ab 15 Euro aufwärts pro Stunde. Der Dress: Stiefel, Reithose, Reitkappe insgesamt ab 100 Euro bis ganz weit nach oben hin offen. Viele Kinder reiten anfangs noch mit Fahrradhelm, Jeans und Gummistiefeln. Wie Andre Agassi damals auch Turnhosen zum Tennisspielen trug.

Slackline: Seiltanz 4.0 – die Kinder balancieren über ein Seil mit zwei Fixpunkten.

Start: ab vier Jahren

Das bringt's: Gleichgewichtssinn, Körperbeherrschung, Konzentration, Koordination

Investition: Ein Seil gibt's ab 40 Euro.

Klettern: Nur wenige Sportarten kommen so selbstverständlich daher, denn haben wir nicht alle unsere Kinder schon in schwindelerregender Höhe ertappt oder wie Gummimenschen von einem Apfelbaum in den Acker rauschen sehen? Jetzt also hochoffiziell erlaubt und gefördert: Klettern! Eignet sich nach wie vor im heimischen Garten, wird aber von Profis an Felsen oder in Kletterhallen gelehrt.

Start: ab sechs Jahren

Das bringt's: Konzentration, Kraft, Koordination plus Verantwortungsgefühl durch das Sichern in der »Seilschaft«

Investition: Die Kursgebühren liegen bei 50 Euro aufwärts.

Judo und Ju-Jutsu: Immer gut, sich wehren zu können, oder?

Start: ab fünf Jahren

Das bringt's: Den Lehrling erwartet ein sattes Paket: Ausdauer und Kraft, Beweglichkeit und Konzentration. Außerdem stärkt es sein Selbstbewusstsein, Aggressionen werden abgebaut. Da viele Übungen in Zweierkonstellationen trainiert werden, bekommt auch das Sozialverhalten einen schwarzen Gürtel.

Investition: Den Schlafanzug gibt es meistens ab 30 Euro. Monatlich kostet die Mitgliedschaft im Verein um die 15 bis 20 Euro.

Basketball: Dank Dirk Nowitzki wollen immer mehr Kinder Basketball spielen.

Start: ab sechs Jahren

Das bringt's: Kondition, Reaktionsvermögen, Gleichgewichtssinn, Koordination, Kraft

Investition: Schuhe und Dress ab 60 Euro aufwärts. Der Monatsbeitrag für den Verein liegt bei 10 Euro.

Tischtennis: Schon in unserer Kindheit beliebt und auch heute noch. Tischtennis zählt zu den schnellsten Ballsportarten der Welt.

Start: ab sechs Jahren

Das bringt's: Reaktionsfähigkeit, Schnelligkeit, Ausdauer und Ballgefühl

Investition: Der Vereinsbeitrag startet schon bei 5 Euro im Monat. Die Ausstattung besteht aus Schläger, Bällen und Schuhen, all das gibt's ab 80 Euro aufwärts.

Eishockey: Was für Kerle, mittlerweile auch bei den Mädels sehr im Kommen. Mit dem Puck über das Eis fetzen.

Start: ab vier Jahren

Das bringt's: Schnelligkeit, Konzentration, Koordination

Investition: Blasenentzündung beim Warten in der kalten Eissporthalle plus Dauererkältung. Für das Kind: Monatsgebühr ab 20 Euro, die Ausrüstung inklusive der Kufenschuhe liegt bei 150 Euro aufwärts.

Yoga: Dehnübungen aus Asien. Mama macht's, Papa auch, und in Indien wird es sogar in der Schule unterrichtet.

Start: ab drei Jahren

Das bringt's: Körpergefühl, Konzentration, Selbstbewusstsein, Kraft und Kondition

Investition: Die Kursgebühr beträgt etwa 30 Euro monatlich.

Eiskunstlauf: Holiday on Ice heißt es für dich, will deine kleine Sowieso-schon-Prinzessin jetzt auch noch das Eis unsicher machen.

Start: ab vier Jahren

Das bringt's: Kondition, Koordination, Kraft und Rhythmusgefühl

Investition: Siehe Eishockey, Schlittschuhe gibt's ab 50 Euro aufwärts.

Voltigieren: Turnen auf dem Pferd. Der erste Schritt ins Zirkuswesen. Motto: Junge(r) Frau/Mann zum Mitreiten gesucht.

Start: ab fünf Jahren

Das bringt's: Haltung, Konzentration, Gleichgewicht und Selbstbewusstsein durch mutige Turnübungen. Außerdem steigert es das Verantwortungsbewusstsein im Hinblick auf das Pferd. Und da Voltigieren auch ein Mannschaftssport ist, wird auch das Sozialverhalten gefördert.

Investition: 20 Euro als Vereinsbeitrag und leichte Turnklamotten mit Schlappen ab 20 Euro aufwärts

Hockey: in Hamburg, Indien und England eine Tradition wie der Tee

Start: ab vier Jahren

Das bringt's: Schnelligkeit, Ausdauer, Geschicklichkeit und Teamgeist

Investition: Der Monatsbeitrag liegt bei 20 Euro. Equipment mit Schläger und Trikot etc. gibt's ab 100 Euro aufwärts.

Golf, Badminton und Volleyball sind erst ab acht Jahren ein Thema für Kinder, daher werden diese Sportarten nicht berücksichtigt und kommen erst im dritten Teil von *Papa To Go* dran.

Erlebnisreiche Zeitfresser – Ausflug, aber richtig

Tage mit Kindern können sich verdammt lang und zäh wie Kaugummi hinziehen, gibt's kein Programm, keine Idee, keine Motivation, keine gute Laune.

Was uns in solchen Fällen hilft, sind gnadenlose Zeitfresser, die den Tag aufsaugen wie Romys männlicher »HipHop«-Babysitter

meine »Pringles«. (»Sorry, ey, die habe ich echt inhaliert«.) Die besten Zeitfresser kombinieren die Unterhaltung der Kinder mit der Gelegenheit, andere, sowohl Kinder als auch Eltern zu treffen. Allgemein weisen diese Angebote alle mindestens eine Bewirtungsgelegenheit auf, die garantiert Eis im Angebot führt.

- Bauernhof
- Freizeitpark/Kirmes
- Einkaufszentrum
- Ikea
- Baumarkt und Gartenbaucenter
- Freizeitbad (am besten mit beheizter »Kinderwelt« mit Rutsche, Planschbecken plus Plastikspielzeug)
- Zirkus/Kindertheater
- Kindermuseum (meistens mit Kinderaktivitäten)/Indoorspielplätze
- Zoo
- Park mit Attraktionen wie Bootsfahrt, Ponyreiten, Schwimmen, Spielplatz
- Kunstgalerie (Kunst ist oft erlebbar, einige Künstler arbeiten mit interaktiven Elementen/wir erzählen Geschichten zu Gemälden oder suchen zusammen darauf abgebildete Tiere.)
- Museum (Tiere, Dinos, Indianer, Puppen etc.)
- Spielzeuggeschäft / Zoohandlung
- Buchladen oder Stadtbücherei
- Flughafen/Hafen/Hauptbahnhof
- Ausflugslokal im Wald mit Spielplatz
- Strand am Meer/See/Fluss/Teich

Kinder unter drei Jahren zerbrechen sich nicht den Kopf, was sie von einem Ausflug erwarten. Sie sind naturgemäß bescheiden und

erfreuen sich an Kleinigkeiten wie dem stinkenden Müllwagen, dem vor dem Hund zitternden DHL-Boten und der beachtlichen Pfütze vorm Haus. Sie lehnen das Burgenbauen am Strand deshalb nicht kategorisch ab, ganz im Gegenteil, aber für sie muss man sich nicht extra Stress bereiten. Du und ich wissen aber, wieso wir uns so ins Zeug legen. Wir tun es für uns selbst. Sonst erdrücken uns die Dauerbesuche auf ein und denselben Spielplätzen, und wir werden zu Sklaven der Gewohnheit. Kurzum: Wir müssen raus!

Aber die Spielregeln außerhalb des eigenen Territoriums werden nicht mehr von dir bestimmt. Sondern von deinem Kind. Vergangenheit sind jene »Märsche«, wie du sie einst mit deiner Partnerin noch im kinderlosen Zustand abgerissen hast. Rom, New York oder Melbourne – »... weißt du noch Schatz, wie wir uns die Füße wund liefen. Aber das hat sich gelohnt ... so eine tolle Stadt«. Vorbei. Entweder Kinderwagen nehmen oder das Kind selbst auf dem Arm oder den Schultern tragen. U-Bahn und Bus in der Stadt, um Strecken zu überbrücken, sind okay, aber auch nicht länger als 30 Minuten. Dann knarrt es schon im Gemüt.

In der Natur kann es noch schlimmer werden. Hier hast du nur den Kinderwagen oder das Fahrrad. Und im Gebirge oder in Wäldern mit Höhenunterschieden oder an Steilküsten kommst du damit auch nicht weiter. Und Märsche? Wie gesagt: unsexy!

Ausflüge müssen daher also nicht nur geplant, sondern auch gelernt sein.

Sprecht euch auf jeden Fall ab, wer mal Zeit für sich braucht und wer mit dem Kind oder den Kindern eine Burg baut, Hasen füttern geht oder die Mittagsschlafrunde mit dem Kinderwagen läuft. Habt ihr ein zweites Kind, ist ja serienmäßig ein Spielkamerad mit an Bord, habt ihr keins oder ist der Bursche noch zu klein, borgt euch ein fremdes. Zum Beispiel eins von Freunden. Nehmt es mit, damit euer Kind beschäftigt ist und ihr zusammen während

des Ausflugs entspannen könnt. Kinder lassen sich auch immer gut mit einer Aufgabe beschäftigen, wie zum Beispiel »Möwen zählen« oder »Steinweitwurf«, oder mit einem Contest locken, zum Beispiel: »Wer baut die größte Burg mit den meisten Muscheln?«, »Wer sieht als Erster den Mond?« oder »Wer zehn mokkafarbene Autos gesehen hat, bekommt ein Eis!«.

Wenn ihr euch bei einem Städtetrip oder auf der Durchreise die Sehenswürdigkeiten unterwegs anschauen möchtet, die dein Kind sicherlich extrem langweilig findet, dann müsst ihr euch etwas einfallen lassen. Versucht ihm die historische Stätte, die Galerie, die Kirche schmackhaft zu machen, in dem du eine Geschichte dazu erzählst. Dort kann zum Beispiel etwas »versteckt« sein, was ihr nun alle gemeinsam finden wollt. Außerdem versprich ihm, dass ihr danach noch etwas unternehmt, worauf es sich freut: noch kurz an den Strand, schwimmen, Eis essen, Spielplatz. Schönen Trip!

Müsli für den Kopf – Das Vorlesen

Nicht nur, weil in Deutschland bedauerlicherweise eine Tendenz zur mangelhaften Sprachentwicklung eingetreten ist, kann ich es dir wärmstens ans Herz legen, deinem kleinen Analphabeten abends immer schön eine Geschichte vorzulesen, statt ihn vor die Glotze oder den Computer zu setzen. Nein, ich tue es auch, weil das Vorlesen für unser Kind ein absoluter »Gehirnbooster« ist. Es macht wirklich schlau, verbessert seine Sprache, und es steigert die Kreativität, Konzentration, die Assoziationskraft, das Erinnern und das Vorstellungsvermögen. Lesen ist Müsli für den Kopf – gesund und schmackhaft! Besser geht's nicht! Zudem liefert es den kleinen Schmökerern die Erfahrung, dass die Helden ihrer Geschichten emotionale Achterbahnfahrten durchleben müssen,

welche nicht nur Freude, Harmonie, Liebe und Mut parat halten, sondern auch Niederlagen, Verlust, Kränkung, Angst und Zorn mit sich bringen. Wie dein Kind durchleben also auch diese Figuren die unterschiedlichsten Emotionen. Das gibt dem Kind viel Sicherheit.

Bei uns zu Hause gibt es jeden Abend vor dem Zubettgehen eine Gutenachtgeschichte mit Tochter auf dem Schoß, Decke über ihren Beinen und andächtigem Zuhören. Gleichzeitig kommt sie so auch ganz langsam runter, denn wir haben meistens vor dem Vorlesen zum Schlafanzuganziehen noch laut Musik gehört und getanzt. Jetzt wird alles allmählich runtergeschaltet, eng aneinandergekuschelt, und so stürzen wir uns ins Abenteuer der Vorstellungskraft. Vorlesen ist übrigens auch immer ein idealer Zeitvertreib, wenn du keine Lust hast, mit deinem Kind zu spielen, trotzdem aber etwas Zeit mit ihm verbringen willst. Auf dem Buchmarkt gibt es für jedes Alter die entsprechende Lektüre.

Fernsehen

Die mediale Einstiegsdroge ist der Fernseher! Kinder-TV oder DVDs sind ideal, um die Langeweile zu vertreiben oder gemeinsam mit der Familie als Erlebnis genossen zu werden. Mit einem oder zwei Jahren bleibt die Röhre bitte schön aus, das Programm ist zu verwirrend, schnelle Schnitte verunsichernd, streng genommen können sogar bleibende Schäden ausgelöst werden. Aber ab drei darf es dann ruhig flimmern im Kasten – allerdings wohldosiert. Jeder klüngelt mit seinem Kind eine individuelle »Bewegbild-Konsum«-Vereinbarung aus, die bei Bedarf und steigendem Alter kontinuierlich erweitert wird. Der eine darf immer, der andere jeden Abend und viele erst am Wochenende. Im Gegensatz zum

TV-Programm sind DVDs im Leben von Eltern eine Art »visueller Rettungsring«. Schnell eine eingelegt und man kann zum Beispiel einmal kurz runterkommen und durchatmen, Sex haben ... Sie sind als Schlecht-Wetter-Programm einsetzbar, als Warteschleife für das erste Kind, während Nummer zwei ins Bett gebracht wird usw. – die DVD als jederzeit perfekter, steuerbarer Platzhalter, und guten Gewissens genutzt, da du sie ja selbst ausgesucht und gekauft hast. Deshalb: Pimp dein DVD-Archiv! Ich selbst habe mich ausschließlich auf die FSK-0-Filme konzentriert, was aber nicht automatisch bedeutet, dass sich dein Kind an der einen oder anderen Stelle nicht doch fürchtet und schreiend zu dir eilt. Meistens gucken wir uns den Film zuerst episodenweise gemeinsam an, bevor ihn Romy dann erneut und alleine anschauen kann. Die Auswahl ist »unisex«, hast du diese DVDs im Haus, kann nicht mehr viel anbrennen. Film ab!

App, app, hurraaaa!

Ich habe ein iPhone. Ohne es Romy jemals vorgeführt zu haben, schiebt sie den Finger über das Display, nachdem sie den einzigen für sie sichtbaren Knopf gedrückt hat, gibt den vierstelligen Sperrcode ein, den ich ihr ebenfalls nie verraten habe, und prüft pedantisch, wie ein Oberstudiendirektor seine Freistunden im Kalender kontrolliert, ob E-Mails eingegangen sind, auf deren Empfang sie mich sodann freundlich hinweist. Gerne schaut sie sich auch Fotos auf dem Gerät an und wühlt sich mit einer einfachen Kinderbewegung über das Display gekonnt durch die einzelnen Motive zur entsprechenden Seite. Das ist Lernen durch Nachahmung in seiner reinsten und beeindruckendsten Form.

Als sie jedoch vor kurzem versuchte, das Foto in einem her-

kömmlichen Bilderrahmen per Fingerwisch zur Seite zu schieben, musste ich leider feststellen, dass ich das eher als befremdlich und erschütternd denn als niedlich oder zeitgemäß empfunden habe. Ich halte ein waches Auge auf die elektronischen »Süßigkeiten« wie Smartphone, PC und Tablet-PC und regle das wie folgt: Habe ich für meine Kinder Zeit, stelle ich sie nicht mit irgendeiner App ab, sondern verbringe aktiv Zeit mit ihnen, und diese findet oft draußen statt im analogen Spiel oder mit einem echten Buch mit Bildern. Aber es gibt eben auch Tage, an denen wir Kindern einen großen Gefallen tun, sie eben nicht unserer schlechten Laune auszusetzen, Tage, an denen wir einen dringenden Telefontermin erwarten, der sich nicht verlegen lässt, oder wir düsen in den Urlaub und müssen deshalb lange Strecken mit dem Auto, per Bus oder Zug zurücklegen. In ebensolchen und zahlreichen anderen Augenblicken sind die elektronischen Brettchen zum Telefonieren oder Lesen ein echt guter Zeitvertreib.

Menschen, die derzeit einen Großteil ihrer Zeit damit verbringen, festzustellen, ob ein Umgang mit Apps in irgendeiner Weise schädlich ist oder schlimme Konsequenzen nach sich zieht, beruhigen derart paranoide Daddys wie mich, die lieber Bäume umarmen als ein iPad aufschlagen, mit Hinweisen wie: Kinder sollen mit verschiedenen Spielen lernen und Computer, die mit Apps für Kinder arbeiten, haben in der heutigen Gesellschaft ebenso ihren berechtigten Platz wie das Prinzessinnenschloss von Playmobil oder die Ritterburg mit echter Zugbrücke. Meiner Meinung nach ist es nicht zwingend erforderlich, wenn die neueste Technik zwar in Maßen genutzt, aber nicht als digitaler Freund betrachtet wird, der den analogen Kollegen platt wegrationalisiert.

Ist der reale Kumpel nur noch zweitrangig, kriegt dein Kind mit dem Technikgedöns ein Suchtproblem; avanciert es zur Freizeitbeschäftigung Nummer eins, die zum Einigeln führt, dann ist es

höchste Zeit, das digitale Spiel zu limitieren. Das gilt erst recht für ganz kleine Kinder, deren App-Fummeleien sich ohnehin nur auf wenige Minuten beschränken sollten.

Altersgemäße Lernprogramme sind hingegen ein Gewinn für die Entwicklung der niedlichen »Neu-Nerds«, doch schaffen sie es (noch) nicht, wie in der klassischen menschlichen Kommunikation über die Mimik Gefühle zu transportieren und somit echte Signale zu senden oder innerhalb eines Dialogs Regeln vorzugeben und Abläufe zu beeinflussen.

Das lernen wir also immer noch im Angesicht von Mama und Papa oder im Umgang mit Freunden und Verwandten. Während einer achtstündigen Autofahrt, einer fünfzehnstündigen Flugreise oder einer irgendwo stattfindenden, unendlichen Warterei sind einem die Vorzüge kindlicher Blicke in halbschlaue Visagen jedoch eher gleichgültig – hier heißt es: Zeit schinden für Profis. Nachdem gesungen, gemalt und erzählt wurde, »Ich packe meinen Koffer« und »Ich sehe was, was du nicht siehst« totgespielt sind und selbst das klassische Autokennzeichenraten nebst Zuwinken nicht mehr für muntere Gesichter und Heiterkeit sorgen, zücken wir unsere iPads, iPods, iPhones, Samsungs, HTCs, Motorolas in Smartphone-Form oder als Tablet-Computer und wünschen: Gute Unterhaltung mit diesen Apps!

- **Die Foto-App**

  Eine Smartphone-Bedienung in ihrer lauwärmsten Variation, also wirklich nur für blutige Anfänger oder grobschlächtige Waldarbeiter, ist die Foto-App, über die sich dein Kind von dir geknipste (seriöse) Bilder auf dem Display anschauen, Details per Zweifingertechnik vergrößern und verkleinern kann und dann per Wisch zum nächsten Schnappschuss schwenkt. Um mit der Technik vertraut zu werden, ist das der bewährteste Einstieg.

- **Ich lerne die Uhr**
  Wir haben die Uhr noch durch die »Tagesschau«, das »Sandmännchen« oder den »Rosaroten Panther« kennengelernt und uns spätestens mit der Massenanfertigung der Digitaluhr vornehm aus der Affäre gezogen. Doch natürlich ereilte uns irgendwann dann auch das Schicksal, dem didaktischen Feuerwerk von Mutter oder Vater zu lauschen, die auf ihrer »Dugena«-Armbanduhr den »kleinen und den großen Zeiger« per Definition voneinander zu unterscheiden versuchten. Dieser Aufwand ist im 21. Jahrhundert dank einer App nicht mehr nötig. Bei »Ich lerne die Uhr« gibt es für deinen Sprössling eine allgemeine Einführung in Bezeichnungen und Eigenschaften der Uhr. Dazu erfährt er eine kleine Lektion in Sachen Dauer von Arbeitsabläufen im Alltag, bevor es dann ans Eingemachte geht: der Funktionsweise. Im nächsten Schritt wird das gelernte Wissen anhand von Aufgaben vertieft: Wie spät ist es? Wie lange noch? etc. Danach können die Kinder üben, die Uhrzeit mal selbst einzustellen. Für iPad und iPhone. Uhrzeit lesen lernen bei Android, z.B.: »Interaktiv die Uhr Lesen Lernen Lite« (kostenlos) oder »Die Uhrzeit zu lernen«.

- **»Mensch ärgere Dich nicht!«**
  Befindet sich sowohl bei Google Play als auch im AppStore unter dem Stichwort »Ludo«. Für Kinder ab vier Jahren eine gute Sache.

- **»Schlaf gut!«**
  Schon fast ein Klassiker, den viele Papa-Freunde von mir für ihre Kinder heruntergeladen haben. Dieter Moor als sonorischer Erzähler bereitet in dieser App auf das Schlafen vor. Und was ist die Aufgabe der Kinder dabei? Sie müssen unterschiedlichen

Tieren helfen, ins Bett zu gehen, indem sie ihnen das Licht ausknipsen. Das ist nicht alles. Die Tiere lassen sich auch antippen und geben ihre typischen Laute von sich oder gucken einen an. Wirklich süß. Ich habe aber auch dazu Rezensionen gelesen, die sich darüber beschweren, dass das Programm sehr kurz ist. Ich finde, es reicht völlig aus. Danach ist auch dein Kind müde. Das ist so gut wie sicher! Für das iPad.

- **»Pushy«**
  Der grüne Blob zum Verzweifeln. Hier kann dein Ausbund an Gelangweiltsein auf der Reise den Klotz per Fingertipp durch Labyrinthe steuern, um Kisten zu schieben oder Glanzkugeln zu färben und einzulochen. Dumm ist aber, dass nur geschoben und nicht gezogen werden kann. Das ist derart knifflig, dass es den Spieler mitunter desperat mit Lust auf mehr zurücklässt. Schon für das Köpfchen eine gute Übung. Keine Frage! Bei Google Play und im AppStore.

- **Daddelkram**
  Es kann aber beileibe nicht immer nur Zeugs mit Mehrwert konsumiert werden, reines Vergnügen muss auch sein. Da lässt sich der App-Markt natürlich nicht lumpen und überrollt den »Gamer« mit einem enormen Angebot. Einen großen Suchtfaktor verspricht »Glow Doodle Snake« (Google Play und AppStore), eine App, bei der die immer hungrige Schlange zur Nahrung gelenkt werden muss. Beißt sie sich schließlich selbst, weil sie so groß und manövrierunfähig geworden ist, ist das Spiel vorbei. Macht leider sehr viel Spaß.
  Noch schlimmer ist der Zeitkiller »Cut The Rope« (Google Play und AppStore), bei dem schwingende Seile gekappt werden müssen, damit ein kleines, grünes Monster am Rand einen großen

Happen zu essen bekommt. Hier ist taktisches und scharfes Überlegen wichtig, denn nur wer die Seile in der richtigen Reihenfolge durchschneidet, kann alle Sterne einsammeln und kriegt die volle Punktzahl. Macht Romy und mir riesig Spaß. Die Gratis-Lite-Version reicht uns aus, es geht aber wie immer mehr, wenn du gleich die Vollversion kaufst.
Der kleine »Pinguin« im kostenlosen »Racing Penguin 2 – Flying free« (AppStore und Google Play) muss gleiten und fliegen, und dabei benötigt er Hilfe. Ganz niedlich. Beim »Penguin Airborne« (AppStore, ähnlich für Android: »Air Penguin« bei Google Play) – ebenfalls gratis – benötigt er Unterstützung beim Fallschirmfliegen.
Ein Kracher: »Spy Mouse« für das iPhone, das iPad und für Android-Geräte! Eine Maus stibitzt Käse in fremden Häusern und muss aufpassen, dabei nicht von den Katzen erwischt zu werden. Das Handling ist relativ einfach, die Spannung des Spiels verleitet zum Fingernägelkauen – Romy springt dabei auf dem Sofa herum! Auch wenn sich das Spiel im Dauereinsatz bewährt, beobachte mal dein Kind, wie sehr es darauf reagiert.

- **»Colorama«**
  Ein animiertes Kindermalbuch für das iPad und iPhone mit zahllosen Zeichnungen zum Ausmalen, indem die Flächen angetippt werden. Die Kunstwerke kann man dann bei Facebook hochladen oder als PDF per Mail an Oma und Opa senden. In den USA war diese App lange in den Kinder-Top-Ten. Sie soll die Augen-Hand-Koordination von Kindern verbessern. Aber auf Nutella-Gläschen steht ja auch »mit dem Besten aus der Milch« drauf. Hüstel! Alternativ für Android: »Malbuch« oder »Malbuch für Kinder« bei Google Play.

- **»Kids Paint Free«**
  Malprogramme sind immer eine gute Sache. Es gibt sie in Gratis-Versionen wie »Vivis Malzimmer« (AppStore), »Kids Doodle Kindergekritzel« (Google Play) oder »Kids Paint« (AppStore und Google Play). In der käuflichen Version von »Kids Paint« kannst du auch ein Foto aus deinem Archiv hochladen und bemalen sowie anschließend per Mail verschicken. So können die Kinder, ohne alles vollzuschmieren, während einer Reise malen.

- **Piano-Apps**
  Gerade noch gemalt, geht's jetzt mit den schönen Künsten weiter – das »Mini Piano« oder das »Magic Piano« (beides im AppStore und bei Google Play) und viele andere Piano-Apps in beiden Shops rufen an die Tasten, heiter und wild kann deine kleinere Hälfte den Mozart auf Reisen geben. Vielleicht am Anfang lieber mit Kopfhörern.

- **Vorschulgedöns**
  Für sein eigenes, besseres Gewissen sollten die Kleinen auf der Reise nicht nur Blödsinn an der flachen Flunder spielen. Deshalb lohnt es, für die grauen Zellen der Lütten das folgende »Vorschulgedöns« runterzuladen. »Shape Builder« (AppStore und Google Play) ist Puzzeln für die Kleinen. Es schult die Wahrnehmung von Formen und die Motorik. Teile zusammenschieben, dann ergibt es ein Bild. Viele Kinder lieben es, mittlerweile gehört es zu den Klassikern.
  Beim »Preschool Memory Match« (AppStore und Google Play) können über vier Schwierigkeitsstufen herrlich Paare zugeordnet werden. Stimmen die Bilder überein, wird das Bild als ein großes gezeigt und der Begriff vorgelesen – allerdings auf Englisch. Folglich können die Kids auf diese Art und Weise die

drittwichtigste Weltsprache nach Chinesisch und Spanisch erlernen. Haben die »Memoryzers« einen Durchgang gewonnen, erscheint ein seltsames Grafikbild als Belohnung, das bei Berührung ebenso seltsame Töne ausstößt oder zerbricht. Ganz witzig eigentlich, aber auch ein bisschen »psychedelisch«.

Die »Monkey Preschool Lunchbox« (AppStore und Google Play) »featured« einen Affen, der für dein Kind Aufgaben bereithält, wie z.B. Zählen, Memory spielen oder Puzzle lösen. Wie das »Preschool Memory Match« ist auch dieses Spiel auf Englisch, was aber nur bei Worträtseln zu Schwierigkeiten führen kann oder den gewünschten Lerneffekt unterstreicht!

Memory hin oder her – wir alle kennen das »Memory« noch als Legespiel von Ravensburger, und eben auch jener ikonische Spielehersteller hat seine Versionen von »memory Kids/classic/HD« etc. im AppStore bereitgestellt. Dort erlebst du die volle »Memory«-Klatsche mit Einzelspiel und Duell-Modus sowie mit steigenden Schwierigkeitsstufen. Für Android gibt es »Kids Memory-Spiel« oder »Tier/Früchte-Memory« etc. bei Google Play.

»Memory« ist »oldschool«, so geht's auch weiter, und zwar mit dem Zauberwürfel. »Rubik's Cube« lässt deinen Kleinen vermutlich nach anfangs hakeliger Bedienung allmählich süchtig nach dem Würfel werden. Im AppStore und bei Google Play.

Mit »Buddy der Bus« (AppStore) kann dein Kind auf eine Fahrt durch die Stadt gehen, die interaktiv und lehrreich gestaltet ist. Das Märchen von dem lieben Bus kannst du selbst einsprechen, oder dein Kind liest den Text, je nach Alter. Ein Klassiker.

- **Interaktive Kinder- und Märchenbücher**

  Es gibt die Pixi-Bücher oder auch Märchen in interaktiver Form im AppStore und bei Google Play. Bei den Pixi-Büchern kann man sich als Vorleser selbst aufnehmen, sodass sich die Kinder

beim nächsten Mal mit der aufgezeichneten Stimme von Papa alles ansehen können. Bei den Märchenbüchern kannst du selbst vorlesen oder einem Erzähler diese »Arbeit« überlassen. Mit einigen wenigen interaktiven Eingriffen kann dein Kind dann beispielsweise dem »Aschenputtel« (Carlsen Verlag für AppStore) unter die Arme greifen, um den Prinzen einzufangen. Die Pixi-Bücher sind in vielen unterschiedlichen Folgen erhältlich.
»Die Olchis« gibt es ebenfalls als interaktives Bilderbuch (Google Play und AppStore), bei dem sich der Erzähler dazuklicken oder abschalten lässt. Die grünen Stinkefratzen, die zumindest in Romys Kindergarten in den Top 3 der Kinder-Favourites angekommen sind, lassen sich auch hier und da berühren, sodass eine kleine Animation startet. Für die Altersstufe darunter gibt es im AppStore die »Wimmelbücher« und bei Google Play zum Beispiel »Freddis Traum« als interaktives Kinderbuch oder »Buch Pango 1 bis 3«. Feiner Zeitvertreib und eben auch schon für Kinder ab zwei Jahren. Schau aber bei diesen Winzlingen immer auf die Uhr, und übertreib es nicht.

- **»Farm for Toddlers«**
  Ein Bild von einer Farm, auf dem diverse Tiere zu sehen sind, die Sonne scheint und ein paar flauschige Wolken am Himmel hängen. Durch Berührung bewegen sich die Tiere und geben typische Laute von sich. Ebenso kann dein Kind die Wolken antippen oder das Heu, oder das Tor der Scheune öffnen. Für Android »Tiere für Kinder« oder »Niedliche Tiere für Kinder« bei Google Play.

- **»Kinder lernen Tiere«**
  Hier müssen unsere Kleinen Buchstaben in der richtigen Reihenfolge auf das Wort schieben. Ein Training für die Feinmotorik,

die erforderlich ist, um die Zuordnung von Tierlauten zu den entsprechenden Buchstaben vorzunehmen. Für Android: »ABC Tiere«.

- **Spielerisch Englisch lernen**
  Bei »Hexe Hucklas Zaubereien im Zoo« (AppStore) saust die Hexe Huckla mit ihrer Englisch sprechenden Freundin Witchy in den Zoo und erlebt dort eine Menge Abenteuer, bei denen sie viele Wörter auf Englisch lernt. Ist von Langenscheidt, und die kennen sich ja immer ganz gut mit Sprachen aus. Wird empfohlen ab vier Jahren. Englisch lernen für Kinder für Android z.B. »Toddler World – Englisch lernen« (Google Play).

- **»Grollys Tierwelten«**
  Emma begibt sich auf den Weg durch China, Kambodscha und Vietnam, um ihr verloren gegangenes Kuschelmonster Grolly wiederzufinden. Dort trifft sie jede Menge Tiere, die sie durch Berühren kennenlernt und die per Animation vorgestellt werden. Eine Abenteuergeschichte, bei der dein Kind selbst entscheidet, in welche Richtung Emma tapst und mit welchem Tier die Story weitergeht. Im AppStore.

- **»Verflixt, hier stimmt was nicht«**
  Hier geht es um das Aufsuchen von Fehlern. Unterstützung gibt es von einem Professor und seinem Hund, dazu eine Unmenge an Animationen und Sounds. Ein Lesebuch mit vielen Spielelementen. Im AppStore.

- **»Puzzle Prinzessin Lillifee«**
  Romy wäre beleidigt, wenn ich dies nicht erwähnen würde. Lillifee-Bilder dürfen hier in kleinen und großen Puzzleteilen zu-

sammengesetzt werden. Für Romy ein Hit, genauso wie das Alphabetlernen mit »Conni«, die einem den Buchstaben nebst Aussprache und Bildchen präsentiert. Beides im AppStore.

Kleiner Hinweis zum Umgang mit Apps:
Du solltest immer bedenken, dass Apps nicht nur für dein Kind geschaffen wurden, sondern dass sich dahinter Unternehmen verbergen, die Geld scheffeln wollen. Ist ja auch ihr gutes Recht.

Einige kostenlose Fassungen wie zum Beispiel bei manchen interaktiven Märchenbüchern locken mit Gratisinhalt, zeigen dir allerdings weit vor dem spannenden Höhepunkt der Geschichte die grausame Fratze des Kapitalismus, indem sie dir offenbaren, dir diesen nur in der kostenpflichten Fassung ermöglichen zu können. Gar nicht schön.

Auch haben fast alle Gratis-Apps Werbebanner im Programm, die teilweise dauerhaft eingeblendet werden und dummerweise auf die kostenpflichtige Version, andere Apps oder komische andere Dinge zum Kauf verweisen. Da Kinder neugierig sind, werden sie garantiert auf diese Werbung klicken, wenn sie unbeaufsichtigt an dem Gerät sitzen. Prüfe daher immer die Apps, bevor dein Kind damit spielt, und erkläre ihm, worauf es achten und was es unterlassen soll. Sonst können dir über den AppStore Kosten entstehen. Nimmst du gleich die Kaufversion, ist das Problem mit der Werbung übrigens aus der Welt. Und zu guter Letzt sei noch darauf hingewiesen, dass es Kinder geben soll, denen während einer Autofahrt schlecht wird, wenn sie ständig auf den Monitor starren. Denen sei an dieser Stelle doch lieber ein Hörbuch empfohlen.

Der App-Markt ist im stetigen Wandel, neue Spiele kommen hinzu, alte werden »relaunched« oder verschwinden ganz oder kosten plötzlich Geld, obwohl sie lange Zeit gratis erhältlich waren. Daher sind all meine Angaben eine Momentaufnahme und

nicht in die Ewigkeit gemeißelt. Auch wenn nicht alle beschriebenen Apps immer sowohl für Apple- als auch Android-Endgeräte verfügbar sind, findest du doch immer eine ähnliche Alternative beim anderen Betriebssystem. Also alles gut. App, App, hurra!

Hier noch zwei gute Seiten im Netz, um Neuigkeiten über Apps für Kinder zu erfahren:

Apple: http://www.iphonekinderapps.de/

Android: http://android-apps-fuer-kinder.blogspot.de/

Nützliche Eltern-App: Das Babyphon

Die App der Apps für Eltern ist das »Babyphon« (AppStore und Google Play). Eine herrliche Vorrichtung, wenn du mal wieder euer Babyphon vergessen hast, bei Freunden oder Verwandten übernachtest und nicht mit deinem Kind um 20 Uhr ins Bett gehen willst, weil du befürchtest, es könnte aufwachen und du hörtest es nicht. Wie funktioniert's? Du aktivierst das Programm in deinem Smartphone und legst es ins Kinderzimmer. Vorher solltest du die Empfangslautstärke des Geräts einstellen, damit es entweder bei jedem Pups anspringt oder erst nach einem längeren Räuspern. Was passiert dann? Es ruft dich automatisch unter der Rufnummer an, die du vorher auf Anforderung eingegeben hast – das sollte dann entweder die deiner Partnerin sein, wenn sie über ein Handy verfügt oder der Festnetzapparat eurer Gastgeber! Das ist ja schon ganz schön stark, aber das kleine Ding hat noch exotischere Eigenschaften auf Lager, sofern du daran interessiert bist: Du kannst es mit wenigen Berührungen darauf programmieren, ein bestimmtes Lied oder eine Aufnahme deiner Stimme oder der deiner Partnerin abzuspielen, sollte dein Kind aufwachen. Natürlich kann es auch eine Einschlafgeschichte vorspielen und sich danach auf Empfang einstellen. Es ist echt ein Gewinn! Dein Smart-

phone nimmt außerdem alle Geräusche in der Nacht auf, sodass du noch mal nachhören kannst, was passiert ist und ob das Kind im Schlaf gesprochen hat.

Kids online

Alles und jeder ist online. Natürlich auch unsere Kleinen. Bis drei Jahre lass sie mal Fotos auf deinem Handy oder dem Rechner anschauen, auch Malspiele und »Memory« sind drin (siehe Kapitel »App, app, hurraaaa!«, ab S. 281). Doch länger als fünf bis acht Minuten sollte der Spaß nicht dauern.

Vier- bis Sechsjährige können indes schon mal 20 Minuten auf Erkundungstour durchs Internet düsen und sich auf altersgerechte Seiten konzentrieren. Hier ein paar Tipps, wo es sich für dein Kind zu surfen lohnt:

www.ampelini.de
www.zzzebra.de
www.blindekuh.de
www.notenmax.de
www.kidsville.de
www.wasistwas.de
www.kinderlexikon.de
www.kika.de
www.kindernetz.de
www.klicktipps.net
www.seitenstark.de
www.wdrmaus.de
www.toggo.de
www.kinderkino.de

Das Daddy-Coaching

Dein erstes Leben

Drehte sich in diesem Buch bislang alles um das sympathische Wohlergehen deines Kindes, konzentrieren wir uns jetzt und hier endlich mal nur auf dich! Ausschließlich sogar!

Kurzer Rückblick: Dein weit aufgeknöpftes Ed-Hardy-Hemd saß auf Spannung, ließ dabei eine kahl rasierte, leicht gebräunte Brust nur erahnen. Der Arm, frisch gepumpt, zwang den Stoff, sich prall zu dehnen, und die Hose, sandstrahlgeblichen, saß wie eine zweite Haut und legte mit fahrlässigem Stolz die Björn-Borg-Unterhose am Gummizug frei. Das warst einmal du. Und du bewegtest seinerzeit dieses lebende Körper-Style-Kunstwerk zu Klängen von Kanye West, der frühen Lady Gaga oder den späten Killers. Im Stroboskop weiße Zähne gebleckt, Haare vollgeschmiert oder mattkonstruiert als wollartigen »Out of bed«-Helm und schwupps die Hand auf IHREM Hintern. Langes, blondes (braunes, rotes, schwarzes, blaues) Haar, das Chassis mit zwei Blicken persönlich TÜV geprüft und für »kann man machen« begutachtet. Und das, obwohl sie deine Assistentin oder Zahnarzthelferin, Psychotherapeutin, Bewährungshelferin, Erdkundelehrerin, Zugbegleiterin und ganz sicher nicht deine Lieblingstranse war. So habt ihr euch gefunden, kurze Zeit später auch körperlich und für ein My ganz kurz geistig. Dann aber wieder körperlich. Du wolltest ja nicht gleich alles so eng haben.

Die Jahre verstrichen, aus Ed Hardy wurde für kurze Zeit Sansibar, dann Hollister, und Madame probierte den Bob als Frisur

und stach sich eine Rose in die Schulter oder Sterne als Unterarmtattoo. Niedlich.

Studium abgeschlossen, Bereichsleiterposten erhalten, Berufswechsel erfolgreich absolviert, endlich den Firmen-Audi-A3, das Firmen-iPhone (oder tatsächlich noch BlackBerry?) bekommen, und etliche hellblaue Slim-Fit-Hemden mit zwei geöffneten Knöpfen später fällst du vor ihr, Studium abgeschlossen, Volontariat bei Modezeitschrift, Juniortexter in Werbeagentur, endlich Senior Product Manager der Hauptmarke, auf den Asphalt an der vierspurigen Ausfallstraße in Barcelona auf die Knie und bittest sie um ihre Hand. Ja, Träne, Ja, Träne, Champagner, Liebe, Körperklatschen, ein, zwei, drei, ach, wir zählen es nicht mehr, Male, und es folgen nicht nur Hochzeit, Party und Umzüge in paargerechte Immobilien, nein, auch die Krone der persönlichen Lebensgeschichte wird aufgesetzt, gebärt sie dem Reich eines hellen, strahlenden Tages einen Prinzen oder eine Prinzessin. Vielleicht auch beide auf einmal oder zwei von jeder Sorte. Das Kind ist da. Das Volk um einen herum, es jubelt, man selbst ja auch, und mit leichtem Zwicken und Geruckel am Anfang rutschen wir in einen neuen Alltag und damit in ein neues Leben. Kapitel zu Ende. Es beginnt das »zweite Buch«, und es beginnt mit der Familie. Alles, was zuvor passiert ist, macht dich zwar aus, weil viele Erfahrungen, große Wissensansammlung, große Entscheidungen, große Leistungen, interessante eigene Werte, aber jetzt ist das alles weg. Das bist du ja schon. Aber was bist du jetzt und – vor allem: Was wirst du sein?

Dein zweites Leben

Papa sein erlaubt es einem, ein zweites Leben zu beginnen. Das alte lassen wir los und behalten es wie den beerdigten Goldfisch in guter Erinnerung: Hat viel Spaß gemacht, aber irgendwann war die Luft (r)aus!

Doch birgt das zweite Leben neben der prächtigen Unterhaltung und der Unternehmungslust mit Familie & Co jede Menge Tücken.

Als anerkannter Vater müssen wir stets alle Sinne öffnen und jedes Rascheln am Horizont, jedes gedankenlose Tun und jede Verlockung zum schlampigen Schlendrian genauestens orten und analysieren, um nicht dort zu landen, wo all die anderen Väter, die dieses Buch oder zumindest diese Zeilen nicht kennen, gelandet sind: im Schatten ihrer selbst. Verkommen zu selbstlosen, leicht dicklichen Dienstleistern eines unprofitablen Kleinbetriebs. Verweichlicht, ordinär, verwirrt, asozial, geschmacklos und albern. Donald Duck ist dagegen ein Superheld.

Die große Veränderung ist diesen Vätern nicht bekommen. Vielmehr hat sie wie ein Hurrikan ihr gesamtes Leben zertrümmert, und nun versuchen sie mit dem Interims-Flickwerk ihrer Existenz weiterzuziehen. Dieser Versuch ist aber zum Scheitern verurteilt.

Was passiert mit uns, nachdem wir die Vaterschaft und die Verantwortung für ein kleines Wesen übernommen haben, das mit demselben Gang wie wir durch die Welt spaziert, sich wie wir die Unterhosen über den Kopf zieht und lieber Fernsehen guckt, statt Fahrrad zu fahren?

Ich sag dir, was passiert. Wir vereinfachen! Wir vereinfachen alles. Weil wir erkennen müssen, dass es mit Kind einfacher ist, ist es einfach. Oder anders herum gesagt: Der »Ed-Hardy-Typ« würde niemals sein Kind zur Kita bringen, denn bis er so aussieht wie beschrieben, ist der Vormittag längst um, und das Kind hockt mit

mittlerweile leergefressener Brotdose und halbverdurstet immer noch vor der Badezimmertür.

Wir entkomplizieren also, wo wir können. Wir straffen den Alltag zu einem beherrschbaren Spielfeld, um ihn zu bezwingen, um mit ihm in Frieden die selbst aufoktroyierte Megaaufgabe des Lebens zu bewältigen und dabei selbst noch einigermaßen klarzukommen.

Wir fahren einerseits jede Menge Maschinen rauf, andererseits auch jede Menge runter. Weil wir auf die Veränderung reagieren. Oder weil der Tag nun mal nur 24 Stunden hat.

Die Vaterschaft ist eben leider neben all den hinlänglich bekannten, bemerkenswerten Gewinnen durch die Existenz von Kindern mit Abstrichen verbunden und mit persönlichen Opfern. Aber muss sie deshalb einen ehemals recht patenten, schlauen, weltgewandten und gutaussehenden Typen gleich in einen bauchigen Ruheständler verwandeln, der doch erst eine Drei vorneweg in der Altersziffer stehen hat?

Ziehen wir eine kurze, zugegebenermaßen etwas klischeehafte Bilanz unserer Rollenwandlung: Zu was sind wir nach der Geburt unseres Erben da eigentlich mutiert, und wie kommen wir aus der Nummer wieder raus? Natürlich können wir jetzt nicht wie bei einem Coaching wirklich in die Tiefe gehen – großes Thema, schmales Buch –, aber ein paar Denkanstöße sollten fürs Erste auch genügen. Zeit also für Küchentischpsychologie unter Vätern.

Lachnummer

Früher noch für seine scharfzüngigen Kommentare und den trockenen Humor gefürchtet, macht sich der Vater mit der wachsenden Begeisterung seiner Anhängerschar unter 110 Zentimetern immer öfter zum »Löffel«. Sei es, wenn er seinem Kind auf dem Spielplatz lauthals einen »Dinkel-Roggen-Keks« anbietet, bei der

Mini-Disco im Urlaub vom Animateur zum Mittanzen genötigt wird, während das eigene Kind ihn nur verstört anblickt und zur Salzsäure erstarrt oder er im Kindergarten unfreiwillig zum Elternsprecher ernannt wird und von all den Kampfmutter-Furien schon beim ersten ambitionierten Amtsakt zerpflückt wird. Papa, die Lachnummer.

Aussichten: Weiter so, vor allem, wenn es dir Spaß macht. Aber vielleicht kannst du für dich auch mal eine Grenze ziehen und Nein sagen, wird es doch mal wieder zu viel mit dem Alleinunterhalter-Programm oder schrecken dich Ehrenämter wie Elternsprecher eher ab. Es soll auch dir gefallen, sonst hat es keinen Sinn. Und: Auch als männliche Wesen behalten wir nach wie vor die Fähigkeit der Reflexion. Das unterscheidet uns von den Tieren. Und von den Animateuren. Also etwas mehr Imagepflege, bitte.

Stilpapst

Konntest du früher mit neuesten Minimal-Electro-House-Sounds bei runtergelassener Fahrerscheibe zumindest bei den weiblichen Angestellten von Friseur-, Solarien- und Plastikschmuckläden punkten, dröhnt heute »Häschen in der Grube« aus den Tiefen des Kombis, obwohl das Kind längst im Kindergarten abgegeben ist, der Vater jedoch vor lauter Schlafmangel nicht einmal diesen Lapsus bemerkt.

Weil praktisch und einfach, wird statt der organischen Designerkutte aus Dänemark mit Hingucker-Applikationen nur noch die Jack-Wolfskin-Dreifachjacke 4 x 4 Texapore »Cold Mountain Trail« für jedes Wetter, für jeden Anlass, zu jeder Temperatur und für jedes Körpergewicht gekauft. Notfalls kann diese auch als Zelt verwendet werden. Abwaschbar, wasserdicht. Ein Outdoor-Träumchen. Na, und weil die Farbenpracht innerhalb des Rudels

den Kindern gehört, bleibt Papa den Farben Steingrau, Steinoliv, Steingrün, Steinbraun oder Steinschwarz treu. Nein, mein Freund, der Lack ist ab. Trekkinghosen, Anzüge von der Stange und Elektronikriesenangebotsfallen – aus Zeitmangel wird nur noch auf die Schnelle lieblos ausgesucht. Das Resultat: abgesoffen in der Menge.

Aussichten: Wer wenig Zeit hat, geht im Zweifel gerne ins Einkaufszentrum. Dort haben alle gängigen Marken ihre Stores. Das ist fürwahr gut. Aber muss es immer H & M oder Peek & Cloppenburg sein? Meinst du nicht, dass weniger auch mal mehr ist und du es dir ruhig wert sein kannst, zwei besondere T-Shirts zu tragen, statt zehn zweifelhaft in Schwellenländern produzierte? Zurück zur Wertschätzung. Auch wenn du Vater bist, Verantwortung und stets dafür Sorge trägst, dass deine Kinder mit allem versorgt sind – dies ist auch dein Leben. Und du willst auch gut aussehen.

Gönn dir also konkret mal den Donnerstagabend. Beende den Arbeitstag früher, und gehe nicht mit dem Kind oder mit deiner Frau shoppen, sondern schenke dir selbst drei bis vier Stunden persönliche »Qualitätszeit« zum Auffrischen deiner Garderobe. Vielleicht ist es nach jahrelangem Sweatshirt-und-Turnschuh-Look auch mal an der Zeit, den Style zu wechseln und auf Ryan Gosling oder Bradley Cooper umzuschwenken. Das ist dein zweites Leben. Jetzt kann von Kopf bis Fuß alles anders sein. Das gilt natürlich auch für die Frisur, wenn sich aus den paar Flusen da oben noch was machen lässt. Elton John hätte da sonst sicherlich auch noch einen Tipp für dich.

Doppelgänger

Traten wir früher als Individuum auf, verkommen wir in Zweiergemeinschaften zu Geschwistern auf Metaebene. Es ist eine Art »Stil-Inzest«. Du wirst es bestätigen können, vergleichst du deinen Look mit dem deiner Partnerin. Und: Hat einer erst einmal eine Jack-Wolfskin-Jacke (s.o.), zieht der andere mit Sicherheit nach. Sind Paare wider Erwarten nicht der Uniformität der Pflegeleichtigkeit verfallen, mindert das trotzdem nicht ihre Geschwisterliebe in Sachen Geschmack. Die gleiche Kleidung tragen sie nämlich dennoch: Mann Anzug, Frau Hosenanzug. Er Jeans, Ralph Lauren-Polohemd, Frau Jeans, Ralph-Lauren-Bluse. Er schwarze, weite Cargohose und T-Shirt, sie helle, enge Cargohose und weites H&M-Top. Sie zu Hause in Wohlfühlhose und T-Shirt, er in Jogger und Schlappen. Diese Art der Anpassung ist praktisch und einfach, und es mag in der Natur der Sache liegen, dass sich Menschenpaare wie Menschen-Hunde-Paare irgendwann einander angleichen. Aber wo bleibt das Individuum? Wo bleibst du mit deinem Schick?

Aussichten: Wer von euch beiden auch immer wen kopiert – damit ist nun Schluss. Jeder war vorher und ist es auch heute noch: ein eigener Mensch mit eigenem Geschmack und eigenen Bedürfnissen, ist er denn in der Lage, diese wahrzunehmen. Lässt sich da überhaupt nichts wahrnehmen, dann lass dich doch durch Mode- und Männerzeitschriften (es gibt die »Gala« auch für den Mann) inspirieren, und suche dir deinen eigenen Weg des Seins. Es ist auch spannend für deine Partnerin, wenn du dein Aussehen veränderst und gibt der Beziehung neue Frische. Oder setzt ihr ein Ende. Aber wir sind ja zuversichtlich.

Partnerschaft

Wenn eine Weile nach der Geburt erst einmal alles wieder in der Spur und der Alltag gefunden ist, jeder sein Ding fabriziert und seine eigenen Visionen verfolgt, muss sich die Partnerschaft irgendwo zwischen Karriere und Kind in die spärlichen Freizeitphasen einpassen. Doch wird die Beziehung nicht mehr mit der gleichen Intensität wie in der Prä-Kind-Zeit gepflegt, sie wird eher vorausgesetzt, als selbstverständlich betrachtet. Und Hand aufs Herz: Wer hat um 21 Uhr, nachdem gerade mal fünf Minuten Ruhe in den vier Wänden herrschen, wirklich noch Lust, zur »Best of« von Sade mit wackelndem »Cocker Spaniel«-Hintern die Kerzen ans Bett zu stellen, um dann seiner Frau den verschwitzten Tchibo-BH mit den Zähnen aufzuknabbern? Keiner. Lieber Fernsehen oder eine DVD anschauen. Ja, das ist gut, findet sogar deine Frau und kündigt an: »Ich schaffe eh nur eine halbe Stunde, dann schlafe ich ein.« Etwas Spannendes anschauen, dazu Süßigkeiten oder Eiscreme. Das kalkulierte Alltags-Ü-Ei für Eltern. Dazwischen noch mal im iPad schauen, wie der Film eigentlich endet und um 22.30 Uhr sind wir im Bett. Wer denkt da noch an Sex? Niemand! Und wenn er kommt? Dann halten wir lieber Händchen.

Aussichten: Die Liebe wird dir nicht geschenkt, also musst du dieses Pflänzchen hegen und pflegen, zum Beispiel mit kleinen Überraschungstrips, regelmäßiger Babysitter-Buchung für freie Abende und TV-Verbot, wenigstens einmal in der Woche (mindestens!), um sich am Körper des anderen zu laben. Mit allem, was dazugehört. Mehr dazu im Kapitel »Oje, ich wichse!« ab S. 358.

Körperliche und seelische Veränderung

Vaterschaft ist der Turbo für körperliche Veränderungen. Die Falten ums Auge kerben sich tiefer ein, der Stress in Verbindung mit konsequentem Mineralienmangel öffnet elegant das »Schiebedach« – »Schatz, es ist so weit: Ich trage eine Fleischmütze« – und der aktuelle eigene Gesichtsausdruck im Vergleich zu dem auf alten Fotos lässt einen nur kurz konstatieren: älter und reifer. Da Sportmangel herrscht, schwappt eine weiche, viel zu elastische Fleischspeckrolle über deinen Hosenbund, das Kinn bekommt einen dämlich glänzenden Bruder, dafür aber erfreut sich der Bizeps eines größeren Umfangs als einst im Ed-Hardy-Shirt – wir wissen ja, das Stemmen der Kinder. Klar! Die Arbeit, die Verantwortung, das Zahlen der Rechnungen, deine ehemals so attraktive Lockerheit ist ausgebremst wie Michael Schumacher in der Formel 1. Der Druck, allem und jedem gerecht zu werden, drückt aufs Gemüt. Leichte Depression wegen »Überforderung« ist schnell diagnostiziert, um nicht gleich die Diagnose »Burn-out« zu bemühen. Dazu schlechter, unruhiger Schlaf, Rückenschmerzen und Herzjagen.

Aussichten: Leichter gesagt als getan, aber ich darf das: für eigene Auszeiten sorgen. Mal Schlaf nachholen, weniger arbeiten, sich an Kleinigkeiten erfreuen und den Augenblick wertschätzen. Damit ist schon eine Menge getan. Ab und an mal offline sein (Du kannst dir auch als kleinen Helfer die App »Time Out« [Mac] installieren, die dir einfach für einen von dir festgelegten Zeitraum den Rechner »blockiert«, damit du durchatmen kannst.) und gute Dinge essen. Und ganz wichtig: für einen Ausgleich sorgen wie Joggen, Radfahren, (Mini-)Golf oder irgendwelche Mannschaftssportarten. Das hilft dir und damit auch allen anderen in der Familie.

Gesundheit

Was wir noch vor wenigen Jahren gar nicht kannten, gehört nun zu unserem Alltag: Wir sind krank! Keine einzige Bazille lassen wir ungegrüßt an uns vorüberziehen, die unsere Kinder aus der Kita mit nach Hause bringen. Mandelentzündung, Fieber, Erkältung, Grippe, Magen-Darm und sogar Würmer oder Läuse. Auf einmal gehen wir früher ins Bett oder stehen morgens nicht mehr auf und melden uns bei der Arbeit ab. Wir beenden Verabredungen frühzeitig, fiebern uns durch den Straßenverkehr und schwitzen unkontrolliert in Präsentationen, wenn unser Immunsystem gegen die Viren kämpft.

Aber nicht nur feindliche Kinderviren setzen uns außer Gefecht, wir sind auch Opfer ungewollt brutaler Angriffe wie Kinderzeigefinger im offenen Auge mit Hornhautanriss. Oder es knackt plötzlich im Kreuz beim Herumwirbeln eines 15-Kilo-Menschenpakets, und der Chiropraktiker muss ran. Und den Vater möchte ich sehen, dessen Kind ihm mit seinem Fahrrad noch nicht die Vorfahrt genommen hätte, und ihn so dazu zwang, »in« den Laternenpfahl auszuweichen.

Aussichten: Außer auf genügend Schlaf, gesunde Ernährung und regelmäßigen Sport zu achten, kannst du selbst leider nichts unternehmen. Der Virenbefall ändert sich aber schlagartig zum Ende des Kindergartens hin. Solltest du darüber hinaus dein Kind weiterhin durch die Wicken schleudern wollen, lohnt sich eine Stärkung der Rückenmuskulatur mit gezielten Übungen als Präventionsmaßnahme und dazu ein Hanteltraining oder Yoga. Außerdem ganz wichtig: Niemals im Windschatten oder zu nah neben seinem Kind radeln – du brichst dir sonst noch die Knochen!

Sport

Das Hemd spannte nicht ohne Grund am Oberarm. Das war einmal! Wie, Sport? Wann denn bitte?

Das bisschen Zeit, das uns außerhalb der Arbeit noch bleibt, wollen wir schließlich mit unseren Kindern verbringen. Und wenn sie im Bett sind, ist es zu spät. Und immer wieder diese lästigen Abendtermine mit Kunden auf ein Bier – auch hier fällt Sport flach. Und im Urlaub ist alles so lecker und entspannt. Jetzt Sport? Nein, nur Liegen belegen oder Strandspaziergang zu den Nudisten rauf und wieder runter. So wirst du immer dicker, gehst auf wie ein Hefekloß, dafür aber bist du soo gemütlich. Wie ein Bär. Die Kinder finden das toll. Und besser so ausschauen als wie ein Klappergerüst, denkst du, im guten Glauben, die paar Kilo zu viel mit ein paar Trainingseinheiten ratzfatz wieder runterzuhaben. Fragt sich nur wann? Zur Scheidung?

Aussichten: Keine Ausreden mehr! Zweimal in der Woche ist Sport angesagt. Ob Turnübungen nach oder vor der Arbeit oder morgens Jogging oder Schwimmen, oder, oder, oder. Da beide Elternteile hiermit dazu verdonnert werden, muss vielleicht auch auf einen Babysitter zurückgegriffen werden. Das ist alles keine Hexerei, sondern gepflogener Alltag in diesem Land. Sport tut nicht nur Kindern unglaublich gut, sondern auch dir. Mach dir einen Plan mit deiner Frau, wer wann die Kinder betreut und wer wann sportelt.

Krisenmanager

Es hat sich was getan, dem Himmel sei Dank. Jogi hat seinen Hansi, Klaas den Joko und du deine Partnerin. Nicht mehr Alleinherrschaft, sondern Doppelspitze und Teamwork. Der Apparat wird gemeinsam gelenkt, das Kind geschaukelt, jeder hat ein Recht

auf Kinderzeit, Arbeit, Freizeit und Stimme. Zu gleichen Teilen. Sharing hier und da und somit auch bei der Verantwortung. Doch auch innerhalb eines Führungsduos müssen die Aufgaben verteilt werden, und so erwartet einen auch gerne mal das kleine »Controlling« nach Feierabend, um die Familienkasse im Auge zu behalten, den Auto-Leasingvertrag zu prüfen oder das Anlagevermögen umzuschichten. Dazu müssen dringende Fragen wie »Eigenheim oder Mieter für immer?« geklärt werden. Oder: Lieber Edelmetalle kaufen, als seine Spar-Euronen im Fond zu verbrennen? Oder: Noch mal umziehen, um den Vorteil der passenden Schule fürs Kind, die bessere Anbindung zum Arbeitsplatz oder die günstigeren Immobilienpreise zu nutzen. Bei all diesen Themen kommt es nicht immer auf Anhieb und zwangsläufig zur großen Einigkeit mit dem Partner. Ganz im Gegenteil. Hier werden zwischen Kindergeplärre, Hungergefühl am Ende des Tages und Ermüdungserscheinungen auch hochemotional Diskussionen geführt, die uns früher niemals so aus dem Ruder gelaufen wären.

Aussichten: Eltern sein heißt auch »Diskussionshanseln« zu sein, die jeden Furz besprechen. Es sei denn, ihr habt eine interne Dialogkultur entwickelt, die restriktiv arbeitet. All die Entscheidungen sind keineswegs leichte Kost, weil daran eben immer andere Entscheidungen hängen. Folglich wird es bestimmt kontrovers zugehen. Sofern ihr als Paar gefestigt seid, weil ihr euch liebt, wird der Dissens keine Ehekrise heraufbeschwören. Positiv gesehen, lässt sich also sehr viel über den anderen dazulernen, was aber nichts daran ändert, dass ihr euch einigen sollt und auch wollt. Wenn beide dieses Ziel verfolgen, werdet ihr es auch gemeinsam erreichen, vorausgesetzt, ihr lasst den anderen stets aussprechen und besetzt nicht die gesamte Diskussion mit Anschuldigungen oder fehlgeleiteten Eigeninterpretationen. Schaut, wie lange und wie weit ihr bis

jetzt gegangen seid, besinnt euch auf eure gemeinsamen Erlebnisse, und die Schul- oder Immobilienfrage wird kein Makel im Familienbuch. Bestimmt nicht. Meistens hat sich bei strittigen Themen das Paar noch nicht ausreichend zur Entscheidungsfindung vorbereitet. Wenn ihr wirklich viel Zeit in die »Recherche« um das Thema gesteckt habt, werdet ihr auch sicher eine gemeinschaftliche Lösung finden. Und das gilt für alle noch anstehenden Projekte, eure Liebe zueinander natürlich immer vorausgesetzt.

Freunde

»Welche Freunde? Ach, die von Facebook meinst du?« Nein, ich meine die echten Freunde. Die, mit denen man mal ausgeht, auf ein Bier. Zum Fußball oder auf ein Konzert. Sie haben sich entweder selbst vermehrt und sind in der gleichen Zwickmühle wie du, oder sie sind nach wie vor kinderlos und dementsprechend geistig wegrationalisiert. Mit letztgenannter Spezies finden nur noch selten Treffen statt. Wovon solltest du außer Arbeit und Kindern auch berichten? So plätschern die Gespräche gezwungen vor sich hin, und am Ende sind beide Seiten erleichtert, wenn einer das Treffen beendet. Mann ist ja jetzt auch müde. Zeit für Freunde – Fehlanzeige. Und wenn eine solche mal da ist, dann wollen wir sie doch lieber mit der eigenen Frau verbringen. Und auf diese Art und Weise dünnt der Kontakte-Ordner im Handy allmählich aus. Nur bei Facebook, da steigt die Zahl deiner Freunde. Aber die kennst du ja nicht.

Aussichten: Alte und selbst die kinderlosesten aller Freundschaften sind von dir zu pflegen. Es ist doch auch durchaus mal herrlich, einen Abend ausschließlich über alles andere zu reden als über Kinder und Familie. Ich selbst habe gute Erfahrungen mit ungezwungener Freundschaftspflege ab 21 Uhr gemacht. Für zwei

Stunden auf ein Wort und ein Bier – einmal pro Woche ist das schon möglich. So gewinnt deine Frau einen Abend für sich, und du hast eine kleine Auszeit von der Familie. Viele Männer treffen sich auch einmal im Monat oder pro Woche mit »ihren« Jungs. Eine Art Stammtisch, wo man gemeinsam essen oder trinken geht oder Events besucht. Und wenn sich alle Freunde bereits von dir abgewandt haben, weil du nur noch Familientier bist – hol dir einfach neue! Dankbare Vertreter sind die Väter aus dem Kindergarten deines Kindes, mit denen du bei der nächsten Feier in Kontakt treten kannst. Mit dem einen oder anderen lässt sich da schon mal ein Bier trinken und am Ende dann doch über die Kinder reden. Aber können wir tatsächlich anders?!

Berufung oder Job

Früher sind wir voll Begeisterung zur Arbeit gedüst und haben für den Laden alles gegeben: Zeit, Liebesleben, Gesundheit und, wenn nötig, auch Geld. Gleichzeitig bekamen wir all diese Dinge dort geboten und wähnten uns absolut glücklich. Der nächste Erfolg übertraf den vorherigen, und allmählich konsolidierten wir uns: Erfahrung, Ruf, Gehalt, Aussichten, alles im Lot, alles im Fluss. Mit der Vaterschaft tritt aber ein enormer »Zeitschlucker« ins Leben ein, mit dem es richtig Spaß macht, seinen Tag zu verbringen. Je mehr Zeit wir unseren Kindern widmen, desto wichtiger wird es uns plötzlich, unsere Zeit für eine Aufgabe zu opfern, die nicht nur materiell absichert, sondern auch für Freude und Erfüllung sorgt. Auf einmal fragen wir uns: »Und diesen Job soll ich jetzt bis ans Ende meiner Tage ausüben?« Eine Veränderung tut not, und das ausgerechnet in dem Moment, wo du mehr Mäuler stopfen musst als zuvor. Das geht natürlich nicht. Und so rennst du tapfer jeden Tag in den dich ehemals so erfüllenden Laden und leidest Höllenqualen, weil du keine Alternative dazu siehst, keine Vision mehr

verfolgst und eigentlich nur die Kohle abgreifen möchtest. Soll das bis zur Rente so gehen?

Aussichten: Ein Coach hat mir mal erklärt, dass 90 Prozent seiner Klienten nach der Beratung wieder zurück in den alten Beruf gegangen sind und dort ein neues Glück erfahren haben. Manchmal sind es nur Stellschrauben, die gedreht und verändert werden müssen. Geht aber tatsächlich nichts mehr, dann habe ich etwas für dich: Zwar keine Arbeit, aber das passende Kapitel dazu auf Seite 321.

Freizeit

Modellbau, Kiten, Oldtimerrennen oder Freeclimbing – was waren früher die Wochenenden mit wunderbaren Hobbys besetzt, sodass sich sogar die eigenen Freundinnen aufzuregen begannen. Hat uns aber nicht gejuckt. Doch jetzt ist der Hobbyfanatiker in uns erbarmungslos verreckt, eingegangen wie ein Welpe ohne Auslauf, ist er doch zum Dienstleister im Familienunternehmen mutiert. Die Beinah-Selbstaufgabe eines erwachsenen Mannes, der jetzt Sandförmchen auswäscht, sortiert und für den Ausflug in den Jutesack steckt, der sein schickes Rennrad für einen gemütlichen Herrenschluffen-Drahtesel mit Kindersitz abgeben musste und der im Schwimmbad nur noch im 40 Grad warmen Kinderurinbecken liegt, um Brustschwimmen zu predigen und dafür unbeholfenes Paddeln geboten zu bekommen – das alles muss wirklich in kleinsten homöopathischen Dosen reguliert werden.

Aussichten: Du weißt es eigentlich: Wie Sport und Auszeiten, sind die früheren Freizeitbeschäftigungen derzeit nur vorübergehend »unterbrochen«, und du bist nur zu faul und zu unentschlossen, um sie zu reaktivieren. Es liegt nur an dir, an der Kommunikation

mit deiner Frau und dem Buchen eines Babysitters, diesen Zustand zu ändern. Aufs Wesentliche reduziert, lautet dein Wahlspruch: Willst du Hobby, kannst du Hobby!

Ernährung

Dank deiner Kinder lebst du auch ein bisschen gesünder, jedenfalls was deine eigene Ernährung betrifft. Kanntest du Dinkel-Spirellis vorher nur aus dem kontaminierten Teil der Speisekarte, der stets unbestellt blieb, sind sie nun Teil des Nudelbestands in der Speisekammer und tatsächlich gesund. Es gibt immer Obst, Fisch und Fleisch, alles bio und vom Fleisch nicht zu viel. Das Brot ist mit wenig oder gar keinem Weizenmehl versehen, und statt Mamas Zuckermarmelade gibt es die mit mehr Frucht und wenig Zucker aus dem Reformhaus, und eine Tomaten-Hirse-Paste wagt sich auch auf den Frühstückstisch. Dazu tritt so Außerirdisches wie Reiswaffeln oder Gemüsebratlinge in deinen kulinarischen Kosmos ein und verwirrt Geist, Körper und Kinder zugleich, wobei diese aber relativ schnell den Quatsch verweigern und dasselbe Hackfleisch wie Papa fordern.

Aussichten: Sehnst du dich nach dem »bösen« Essen, ist es durchaus vertretbar, einmal die Woche zum Fast-Food-Restaurant zu düsen oder zu Hause selbst ein schnelles Menü zu servieren. Deine Frau muss ja nicht mit dabei sein. Aber vielleicht dein Kind.

Verblödung

Nicht nur, dass wir peinlich, seltsam und einfach mit unseren Kindern sprechen, damit sie uns besser verstehen, nein, wir weichen auch in der Birne komplett auf. Die Ruhe, den »Spiegel« zu lesen oder gar mal die »Zeit«, wer hat die noch? Wir bilden uns im Internet weiter, aber eher in die Breite als in die Tiefe. Und bleiben

lokalpolitisch ahnungslos. Ach, der Kindergarten ist wegen Salmonellen geschlossen!? Wusste ich gar nicht ...

Aussichten: »Tagesschau«-App auf das Smartphone und täglich 30 Minuten einplanen für die Zeitung und/oder Wochenzeitung auf dem Weg zur Arbeit, in Pausen oder geballt am Wochenende. Das Abstumpfen muss wirklich ein Ende haben. Denk bloß an die Vorbildpflicht.

Erzieher

Früher haben wir vielleicht ein Chinchilla oder einen Hund erzogen. Vielleicht haben wir auch versucht, eine kleine Raubkatze (Freundin) zu dressieren, aber ein Kind? Jahre gehen ins Land, und ehe wir's uns versehen und mal wieder nicht aufgepasst haben, donnern uns die Kleinen Wörter und Sätze um die Ohren, bei denen selbst Schlagfertigkeitskanonen wie Harald Schmidt die Spucke wegbleiben würde. Plötzlich äßen wir »Kacka« oder seien »blöd«, lassen uns an Supermarktkassen als sturer Patriarch outen oder müssen uns trotz Zeitmangel nass spritzen lassen. Ist das noch zum Lachen? Am Ende sind wir komplett wuschig im Kopf und stammeln schizophren ins Bett: »Schlaf gut und träum süß, mein Schatz. Papa hat dich lieb!« Sind wir jetzt so beschränkt oder einfach nur Lappen? Oder ist es einfach so?

Aussichten: Es ist so. Oberste Regel für die Erziehung: locker bleiben und reden, reden, reden. Alles wird gut. Spätestens nach der Lektüre des Kapitels »Erziehung« ab Seite 134.

Moralapostel

Haben wir früher die Moral auch mit Füßen getreten und gewütet wie ein Diktator, halten wir jetzt plötzlich die Hand dieses kleinen Kindes, dem wir gerade ein »Re-Briefing« zu den Themen NICHT-Hauen, -Klauen, -Schubsen erteilen. Und das ist auch richtig so. Dabei entsprechen wir selbst nicht immer diesem absoluten Ideal des anständigen Verhaltens. Ob es das Halten von Versprechen, die Notlügen oder die ständige Rücksichtnahme auf andere sind – wir selbst haben menschliche Makel, die vermutlich nicht wirklich vorbildlich und nachahmungswürdig sind. Und doch wollen wir mit blütenreiner Weste und gutem Gewissen unserem Kind gegenüber die Moral verkörpern.

Aussichten: Entspann dich! Du bist wie jeder andere auf dieser Welt fehlbar, und das ist auch gut so. Dank deiner Kinder durchläufst auch du einerseits deine Kindheit noch mal und andererseits baust du auf dem bereits Gelernten auf oder hast jetzt die Gelegenheit dazu, einiges zu korrigieren. Es ist eine zweite Chance. Der moralische Maßstab, den du jetzt für richtig befindest, dem kannst du von nun an folgen und deinem Kind vorleben. Aber schenke dir dabei den erhobenen Zeigefinger, denn das zieht bei Kindern nicht. Humor schon eher. Wie bei *Spongebob.*

Guru

Vielleicht waren wir immer schon gläubig, vielleicht suchen wir unseren Glauben aber noch. An einen Propheten, an die Esoterik, an die Sterne oder ans Katasteramt. Oder wir glauben strikt an gar nichts. Waren sie früher auch kühle Atheisten, schleicht sich bei immer mehr Vätern analog zur üblichen altersbedingten Sinnsuche der Wunsch ein, an etwas Übermächtiges, das die eigene Familie beschützt, zu glauben. Und mit den Kindern und dem Begehen von

christlichen Festen sowie den entwicklungsbedingt dazu aufkommenden Fragen widmen wir uns plötzlich wieder diesem großen Aspekt im Leben, den wir jahrelang so geschickt ausgeklammert haben. Insgeheim wünschten wir uns nämlich eine transzendente »Energie« und blieben doch ahnungslos irgendwo stehen.

Wollen wir diese Fragen immer noch ignorieren oder bewegen wir uns weiter?

Aussichten: Widme dich den Propheten Buddha, Jesus und Mohammed. Kaufe dir eines der tollen Philosophiemagazine, die plötzlich den Markt bereichern, weil sie alle suchen, und lebe eine gewisse Spiritualität – welcher Richtung auch immer – mit deinen Kindern. Ihnen mitzugeben, dass sie sich an jemanden wenden können, im Gebet oder einfach in Gedanken, der einen leitet und unterstützt, vermittelt Sicherheit und Übung im Glauben an etwas. Lehre sie das Wünschen am offenen Fenster, laut ausgesprochen und mit der Nase zum Himmel gerichtet, und versichere ihnen, dass sie niemals ganz alleine dastehen, solange sie dem Guten vertrauen.

Askese

Nur noch selbstlos agierend mit dem Fetzen Stoff bekleidet, der am Körper klebt, denn zum Shoppen kommen wir ja nicht mehr. Die Rasierklingen sind mittlerweile auch stumpf geworden, man merkt's am Bart, und die nächste freudvolle Ereignisrutsche ist an Ostern oder an Weihnachten zu erwarten. Die Nudeln haben die Kinder schon aufgegessen, und Mama ist auch müde. Da sitzt er nun, der Zwangsasket, der sich nichts gönnt und sich damit seltsamerweise wohlfühlt. Askese als Schutz vor den süßen Versuchungen, die zum Konflikt zwischen altem und neuem Leben führen können.

Bleiben wir in ihr gefangen, oder wollen wir stattdessen die Freude suchen?

Aussichten: Die Freude ist eindeutig die bessere Wahl. Gefangen im Luxus suchen Menschen die Askese, weil sie entscheidungsunfähig geworden sind. Mit spirituellen Gedanken hat das relativ wenig zu tun. Wir alle brauchen Freude im Leben für die Freude am Leben. Es kann schon der kurze Spaziergang am Mittag in der Sonne sein oder das Coldplay-Konzert am Wochenende. Der Abend mit der eigenen Frau oder der Abend mit der Frau des besten Freundes. Nur mit kleinen schönen Momenten des Glücks kommen wir mit allem und mit uns selbst klar.

Du weißt sicherlich selbst am besten, was dir Freude macht. Aber mit dieser, bei Weitem nicht vollständigen Aufzählung realisierst du vielleicht noch einmal, was sich alles getan hat in unserem Leben neben der wunderbaren Tatsache, Vater geworden zu sein.

Deshalb lautet mein Appell, wenn du mir das kurz gestattest: Wach auf! Du stehst in der Blüte deines Lebens. Für dich ist jetzt Sommer, und der Herbst ist noch weit, sehr weit weg! Du hast weder das Ticket für das Ein-Mann-Appartement im Fünf-Sterne-»Sunrise Seniorenheim« gelöst, noch einen Gutschein für die Ausbildung zum Kurschatten im »Moorheilbad Bad Zwischenahn« (Hallo Mama!) gewonnen.

Die Zeit für eingeschlafene Füße und glühend heiße Dinkelkissen im Rücken vor der flimmernden Glotze, sie ist noch sehr, sehr ferne Zukunft.

Den antriebsvernichtenden Attacken durch extrem bissige, innere Schweinehunde, dem Irrglauben, bei anderen sähe es ja auch nicht viel besser aus als bei dir und dem süßen Duft der in sich

verfaulten Gewohnheit, müssen wir von jetzt an, nach dem Löschen der Nachttischlampe oder dem Verstauen dieses Buches in deiner Umhängetasche, widerstehen. Ihnen trommeln wir unseren aufrüttelnden Paukenschlag der permanenten Veränderung entgegen und sorgen somit für eine dauerhafte Erweckung in all unseren Lebensbereichen. Glück auf! Und wo sollen wir jetzt aufräumen?

Nutze die Zeit!

Mit jedem Lebensjahr mehr auf dem Buckel verfügen kleine Kinder über weitere Funktionen und Fähigkeiten, die sie plötzlich in Universaleinsatzpartner für Spiel, Spaß, Sport und Freizeit verwandeln. Schwimmen, Rad fahren, als deine Begleiter beim Joggen, Einkaufen oder zur Vernissage, die kleinen Zeitgenossen sind immer für alles zu haben. Aber wieso genießt du die Vorzüge dieser Beziehung nur in den schmalen Zeitfenstern vor und nach der Arbeit und an Wochenenden, lebst du doch in einer Partnerschaft mit einer Frau, die gesunde Arme und Beine hat und klar denken kann? Warum soll sie sich jeden Nachmittag in Vorzimmern von Turnhallen und Ärzten, an Zäunen von Reithöfen oder Löwengehegen oder bei Nachmittagsverabredungen mit Freundinnen in Parks und Cafés herumdrücken, kannst du es doch auch? Warum willst oder musst du 100 Prozent der Kohle nach Hause holen, könntest du dir doch durchaus vorstellen, halbtags zu arbeiten oder gar völlig aus dem Beruf auszusteigen – zumindest für einen überschaubaren Zeitraum!

Bedenke immer: Die sind jetzt so süß, jetzt noch so bescheiden und dankbar für deine Aufmerksamkeit, jetzt so interessiert und dürstend nach Wissen, das du ihnen vermitteln kannst. Und sie sind nur einmal in diesem Alter.

Es geht in diesem Leben um vieles, aber das Wichtigste und das, was bleibt, das sind deine Kinder. Daran wird sich auch in deinem Leben nichts ändern. Alles was du jetzt gerade anstellst, kommt den Kleinen vielleicht mal zugute, vielleicht auch nicht. Aber du solltest versuchen, so viel wie möglich von diesem Faszinosum, das mehr als genial ist, für dich zu erleben. Und wenn es zur Folge hat, weniger zu arbeiten und mit deiner Frau eine entsprechende Vereinbarung zu treffen oder den so spärlichen, aber wunderbaren Momenten der Gemeinschaft von Vater und Kind noch mehr Bedeutung beizumessen. Sie noch mehr zu genießen und für immer ins Hirn zu brennen, damit sie einem im tristen Alltag das Herz erwärmen und Hoffnung spenden.

Ich liebe meine Kinder, und es gibt für mich nichts Schöneres, als mit ihnen völlig frei und unbefangen zu spielen oder spannende Augenblicke zu erleben. Ich habe deshalb meine Arbeitszeit reduziert und breche oft nachmittags die Zelte im Büro ab, um mich um meine süße Räuberbande zu kümmern. Das ist für mich wahres Glück.

Unesco-Welterbe-Aspirant: Vater-Mitgefühl am Männerstammtisch

Die erste Vaterpflicht für dich im Umgang mit anderen Vätern lautet: Mitgefühl! Der ein paar Jahre jüngere Kollege aus dem Büro gegenüber ist erst neulich Vater geworden und die schlaflosen Nächte hinterlassen immer tiefere Furchen in seinem Gesicht – ein paar tröstende Worte von dir können hier Wunder bewirken. Nicht arrogant, nicht von oben herab, sondern auf Augenhöhe mit viel Verständnis für den katastrophenartigen Zustand bei ihm zu Hause nach der Ankunft der menschlichen Naturgewalt in Form

eines Babys. Bereichere deine Reaktionen um eigene, lebensnahen Erfahrungen, die sich am Leid des Kollegen orientieren, ihm eine emotionale Heimat bieten und ihn nicht noch tiefer in die Krise reiten, wie es Kommentare in Richtung: *»Ach, euer Kind ist so ein Schreihals? Das hat unseres nie gemacht. Fast hätten wir ihn mal im Supermarkt vergessen, SO leise war der!«* tun.

Eine tolle Geschichte, die aber garantiert nicht gut ankommt!

Das brandneue, in sich komplexe und einzigartige »Vater-Mitgefühl 4.0« frisst an deinen Ressourcen, verlangt all deine Sensibilität im Zwischenmenschlichen, bittet dich um eine warmherzige und gescheite Ansprache deines Gegenübers und fordert dich auf, deinen inneren Kompass derart zu justieren, dass du anderen zu jeder Zeit den Weg leuchten kannst.

Wenn du, geschwängert von Nächstenliebe, zu einem Thema Ratschläge erteilst, mit dem du selbst keine Erfahrungen gemacht hast, dann halte dich an den Tipp des amerikanischen Comic-Autors Neil Gaiman in seiner Rede zum Jahrgangsabschluss der »University of the arts« 2012: »Hast du keine Ahnung, dann tu zumindest so, als hättest du sie.«

Arbeite notfalls mit jenem eleganten verbalen Schlenker, den Coachingexperten gerne benutzen, indem du behauptest, jemanden zu kennen, der eins zu eins dasselbe erlebt hat, oder dass du von diesem Themenkreis wenigstens schon mal gehört hast und somit den armen Wicht nicht wie ein ahnungsloser Laberkopp im Chaos der Verzweiflung zurücklässt. Denn: Er braucht dich!

Für andere Väter, ganz gleich ob sie in ihrer Erfahrung weiter vorne oder eher weiter zurückliegen, solltest du stets ein offenes Ohr haben, die Zeit dafür nimm dir, wenn irgend möglich, immer.

Doch ebenso wie der unwissende Kollege im Strudel seines neuen Lebensabschnitts brauchst auch du sicherlich regelmäßig Zuwendung durch Zuhörer, ein Feedback von »Leidensgenossen«,

die deinen Kosmos, in dem die Probleme und Schwierigkeiten der Väter sich stark ähneln und ständig wiederholen, mit dir teilen.

Zu Hause können wir nicht immer auf Verständnis unserer Partnerinnen zählen, geht es doch, jedenfalls oberflächlich betrachtet, in ihrer Welt nicht anders zu als in deiner: Auch deine Partnerin wird ihre menschlichen »Ventile« haben und pflegen. Ihr dennoch immer wieder in den Ohren zu liegen, nervt. Nervt sie, nervt dich selbst, weil dann das Aufkommen eines »Jammerlappengefühls« schwer unterdrückbar erscheint und prächtig die Stimmung zwischen euch versaut, führt das ewige Abspielen der »Lamentoplatte« doch zu ernsthaften Beziehungsproblemen. Das muss nicht sein!

Wir Väter müssen zusammenhalten, wir dürfen uns nicht bekämpfen und uns gegenseitig aus unseren selbst geschaffenen und so gewollten Vaterschaften einen Strick drehen. Verständnis lautet hier die Devise. Verständnis, wenn einer wegen kranker Kinder zu Hause bleibt, Verständnis, wenn einer seinen Job zeitweise mal nicht auf die Reihe bekommt, Verständnis, wenn einer in eine tiefe Krise stürzt, die ihn gleich mehrfach trifft. Väter lassen sich nicht gegenseitig im Regen stehen, sie geben sich Rückendeckung und lesen sich gegenseitig voller Trost und Enthusiasmus aus ihrem Poesiealbum oder Sammelstickerheftchen Coachingfloskeln in Form von Durchhalteparolen vor.

»Je älter sie werden, desto besser wird's«
oder
»Das ist nur eine Phase«
oder
»Auch wenn es gerade anstrengend ist – später wirst du dich sagen hören: Das waren meine besten Jahre.«

Häufig arbeiten wir mit Männern zusammen, die in einem ähnlichen Alter und Entwicklungsstadium wie wir sind. Und wenn nicht bei der Arbeit, dann privat, unsere Freunde. Bei mir geht es sowohl beruflich als auch privat sehr »vaterlastig« zu. Daher habe ich beinahe täglich Gelegenheit, mich mit anderen Glückspilzen oder vermeintlichen Opfern ihrer falschen Entscheidungen, je nachdem, wie die »Betroffenen« sich selbst sehen wollen, austauschen zu können. Das heißt nicht, dass wir uns nur seichte Schnappschüsse vom letzten Familienausflug beim Ponyreiten oder drollige HD-Videos, wie Hanna langsam nach einem Spaziergang im Kinderwagen aufwacht, auf dem Smartphone anschauen – obwohl, das auch, natürlich –, sondern es bedeutet vornehmlich, das Wochenende aus ganz persönlicher Sicht im direkten Austausch mit einem anderen Vater emotional Revue passieren zu lassen: Schwierigkeiten im Umgang mit der kleinen Tochter, Beziehungsprobleme wegen Erziehungs- und Geldfragen bei Ablehnung zarter sexueller Annäherungsversuche, oder eine tiefe persönliche Unzufriedenheit die Gesamtsituation betreffend, die Überbelastung, die mangelnde Zeit für sich selbst etc. Diese und andere Themen werden sauber artikuliert, um entsprechende Erfahrungen, Sichtweisen und Feedbacks der anderen einzuholen. Teilweise stehen wir während der Arbeitszeit zu viert um die Kaffeemaschine herum, schäumen die Milch auf, reden uns die Köpfe heiß und klingen dabei wie eine e»Mann«zipierte Vätervolksfront, die sich vor Selbstmitleid triefend fast mittelalterlich düster gegen die Mütterwelt verschworen hat. Eine, die eine Männerquote sowohl in den Vorständen der deutschen DAX-Unternehmen als auch überall und selbst zu Hause fordert und sich dabei über die unterschiedlichen Zu-Bett-bring-Rituale und deren Effizienz austauscht. Lächerlich ist ein viel zu milder Ausdruck dafür. Doch dieser Dialog mit anderen Vätern, und das ist kein Scherz, der ist wie Ohropax zum

Einschlafen, wie ein Navi in Palermo oder wie eine unanständige Nacht mit der Ehefrau in einem Hotel, die eigenen Kinder 200 Kilometer Luftlinie entfernt bei Oma und Opa in der Falle befindlich wissend. Mit einem Wort: Er tut ungemein gut!

Einfach nur, um seinen Frust loszuwerden, um das Gefühl des Verstandenwerdens zu erlangen, um von den Erfahrungen und Lektionen der anderen zu lernen und um das Gefühl zu haben, nicht alleine mit den zahlreichen zu bewältigenden Aufgaben dazustehen – dafür sind diese Podiumsdiskussionen im Kleinen essenziell und keinesfalls verzichtbar!

Wenn du einen solchen Austausch nicht ohnehin schon bewusst praktizierst, probiere es jetzt doch mal aus und sorge für einen, zwei oder mehrere Ansprechpartner in deinem Leben, denen du vertrauen kannst und die dir das Gefühl geben, sie verstünden wirklich, was du meinst. In Hamburg hat beispielsweise der »Väter e.V.« eigens einen »Väter-Stammtisch« eingeführt, zu dem jeder Papa eingeladen ist, der seine Erlebnisse schildern oder eben den Erzählungen der anderen lauschen mag. Ein bisschen Selbsthilfegruppen-Style hat so ein Erfahrungsaustausch immer, aber selten gehe ich so stark und geerdet aus Gesprächen heraus, nachdem ich meinem Herzen richtig Luft gemacht habe – fern von den Frauen – wie hier. Auch Themen wie Sexualität und Partnerschaft sind in gleichgeschlechtlichen Gruppen, gleich aus welchem Anlass sie entstanden sind, leichter anzusprechen.

Sollte es in deinem Privat-, Berufs- und Arbeitsleben eher weniger »Papa-Sparringspartner« geben, dann ist das erst mal ziemlich traurig, und ich unterstelle dir mal, dich vielleicht noch nicht richtig umgeschaut zu haben. Mal auf ein Bier gehen am Abend mit einem anderen Vater, hey, das lässt sich doch sicher leicht machen. Halte also Ausschau danach. Ich habe zum Beispiel unter den Vätern im Kindergarten von Romy und Hanna drei wirk-

lich tolle Typen kennengelernt, die mittlerweile richtige Freunde sind.

Wenn sich gar nichts ergibt, informiere dich doch mal über soziale Institutionen bei dir in der Gegend, die vielleicht so was wie den beschriebenen »Väter-Stammtisch« anbieten. Eventuell kannst du auch bei Familienvereinen und Kirchen fündig werden.

Aber wer macht das schon!? Also beschaffe dir flott einen Vater-Kumpel, und der emotionale Mist kann endlich beiläufig, so wie das Bier hineinfließt, abfließen.

Papa-Requisiten

Erinnerungsstücke

Ich habe mir nach Hannas Geburt ein persönliches Erinnerungsstück fertigen lassen: eine Erkennungsmarke aus Silber, in die die Namen meiner zwei Töchter eingraviert sind, ihre Geburtsdaten und zwei für mich sehr wichtige Worte, die unsere Beziehung zueinander im Kern ausmachen sollen: Liebe und Respekt! Diese Werte will ich meinen Kindern vermitteln, sie sind übergeordnet, Basis unserer Erziehung, die sie hoffentlich annehmen und vielleicht später für sich leben.

Meine Frau hat sich nach der Geburt einen Ring anfertigen lassen, in dem ebenfalls die Namen und Geburtsdaten der Kinder eingraviert sind. Und so haben wir beide nun ganz persönliche »Schmuckstücke«, die uns viel bedeuten und uns immer begleiten. Ich mag das, ich nehme die Plakette, auch wenn ich sie mal nicht trage, oft in die Hand und denke an meine Kinder. Das ist ein gutes, ein warmes Gefühl, lässt mich lächeln, erfüllt mich mit Liebe und schenkt mir einen »weichen, sensiblen« Moment mit glänzenden Augen. Vielleicht spricht dich mein Gedanke an.

Erinnerungskladde

Es müssen ja nicht immer materielle Güter sein, die diesen besonderen Stellenwert als Erinnerungsstück bekommen. Ich schreibe zum Beispiel schöne Momente mit den Kindern nieder, ich notiere lustige, bemerkenswerte und, ja, fast philosophische Kommentare von Romy, und ich sammle die Devotionalien eines gemeinsamen Ausflugs wie das rötlich schimmernde Ahornblatt, das Romy auf einem Spaziergang die ganze Zeit in der Hand hielt und mir zum Ende hin schenkte. Das alles versammelt sich in einem kleinen elegant gestalteten Büchlein, das mich immer wieder fesselt, wenn ich drin blättere. Es konserviert unsere Erlebnisse und hält die Entwicklung der Kinder ganz individuell und persönlich fest. Ein Buch, das es so nur einmal auf der Welt gibt. Ein Unikat, unbestritten.

Crashkurs Berufswechsel: Richtiger Beruf oder falscher Hase?

Es gibt Seminare, Job-Berater, Coaches und viele andere Einrichtungen, die dir bei dem nun folgenden Thema »berufliche Veränderungen« unter die Arme greifen. An mich würdest du dich bei dieser Fragestellung vermutlich zuletzt wenden. Genauso wird es dich verwundern, dass du in diesem Buch überhaupt über dieses Thema stolperst. Aber so abwegig ist das gar nicht, wie du im Lauf meiner Ausführungen zu diesem Thema noch feststellen wirst.

Sprechen wir also kurz über den Beruf, den es so ja eigentlich gar nicht mehr gibt, weil alles nur noch »Jobs« sind. Immerhin leitet sich das Wort »Beruf« doch ursprünglich von der »Berufung« ab. Je mehr Zeit die Kinder absorbieren, umso wichtiger ist es für einen Mann – und das unterstelle ich Frauen genauso – in der

verbliebenen Zeit einen Beruf auszuüben, der neben der materiellen Sicherheit auch Freude und Erfüllung bereitet. Der anstrengend sein mag, aber dessen hohe Anforderungen man trotzdem nicht spürt, weil die Zeit nur so verfliegt, weil man darin einfach aufgeht.

Mit der Vaterschaft wird einem zum ersten Mal so richtig bewusst, womit man seine (Lebens-)Zeit verbringt. Und obwohl die berufliche Konsolidierung oftmals in denselben Lebensabschnitt fällt wie die Vaterschaft, spult sich plötzlich im Kopf als Dauerschleife die Frage ab: »Und das soll ich jetzt bis zum Ende meiner Tage machen?«

Dann kann ein Umbruchgedanke, ein Veränderungswunsch auftauchen und damit die Schwierigkeit, zwischen finanzieller Sicherheit, der Familie einerseits und der beruflichen Erfüllung und Selbstverwirklichung andererseits abwägen zu müssen. Und als Ergebnis die Tätigkeit zu eruieren, die ein ausreichendes Maß an Pflichterfüllung und Lustempfindung zugleich verspricht. Ein extrem diffiziles, aber lösbares Unterfangen.

Jetzt will ich dir hier keine lästige »Berufsberatung« aufdrängen oder dich zur Revolution anstacheln, vielmehr möchte ich dir die Möglichkeit verschaffen, eine berufliche Standortermittlung vorzunehmen, und dich in relaxter Atmosphäre zum Spinnen einer neuen Vision animieren. Wenn du Lust hast. Auf geht's.

Die Vätermorphose

In meinem Alltag treffe ich ständig auf Väter, die mit ihrem Beruf unzufrieden sind. Sie stehen entweder kurz vor einem Burn-out oder vor einem »Bore-Out«, einige spüren einen zweiten Frühling nahen, in dem noch mal alles möglich sein könnte – warum nicht jetzt auch noch den Beruf wechseln? Ich kenne aber auch viele, die für sich keine Vision mehr haben, weil sie glauben, die Spitze

der Fahnenstange in dem Unternehmen oder der Karriereleiter erreicht zu haben. Eine Steigerung ist nicht mehr möglich. Und andere Väter wiederum haben einfach nur noch alles satt. Die Arbeit selbst nervt, die Kollegen sind zwar ganz nett, aber der Chef wie aus schlecht geskripteten Soaps, und so sitzen sie ihre Zeit nur noch ab. Kurzfristig in der Hoffnung auf einen jeweils frühen Feierabend, um schnell wieder nach Hause zu den Kindern zu kommen. Langfristig in der Hoffnung, jemand nähme ihnen die Entscheidung ab und kündigte ihnen.

So wie das Thema »Schreibabys« mein persönliches Leib- und Magenthema in meinem »Schnellkurs« bildete, so ist jetzt in diesem Intensivkurs die seelische Festigung des Vaters mein heimliches Steckenpferd. Auch mit diesem Themenkomplex machte ich als Vater nämlich einschneidende persönliche Erfahrungen, wie sie das nachfolgende Beispiel belegt:

Mit dem Spaß an der Tätigkeit als Fernsehproduzent ging es bei mir im Zuge meiner vermehrten und bewusst akzeptierten Verantwortung als Vater zunehmend bergab. Und dieser Umstand katapultierte mich alles andere als sanft in die größte Psychokrise meines Lebens. Was wie der markige Ankündigungstext einer Filmreportage klingt, hat mich wirklich so nasskalt erwischt, ist aber Gott sei Dank mit einem zufriedenstellenden Ergebnis glücklich ausgegangen. Doch wie kann so etwas passieren?

Unser Leben ist von unterschiedlichen Wachstums- und Entwicklungsphasen geprägt, in denen sich adäquat zu deren Verlauf unsere Interessen, Werte und Rollen ändern. Hinzu kommen körperliche Veränderungen. Ob Einschulung, Pubertät, Schulabschluss, Einstieg ins Arbeitsleben, Partnerschaft mit Kindern, Rente – in diesen jeweils neuen Lebensabschnitten verändern sich die Inhalte laufend und damit auch die eigene Sicht auf die Dinge. Was dem Single wichtig ist, gilt in der Partnerschaft mit Kind nicht

mehr, auch wenn wir, um unsere Sicherheit zu wahren, zunächst an alten Gewohnheiten festhalten. Der Abschied ist trotzdem eingeläutet, und das spüren wir. Jetzt schlägt ein anderer Takt, dem sich die einen schneller anpassen können als die anderen. Nach diesen Veränderungs- und Umbruchphasen sind wir jedoch oft klarer in unseren Ansichten und Plänen und stärker als je zuvor. Unsere Identität hat sich verändert, durch das Dazulernen sind wir um wichtige Erfahrungen reicher geworden. Wie unsere Babys haben also auch wir einen Entwicklungsschub als Väter gemacht. Sozusagen eine Vätermorphose!

Logisch, dass wir also bei einer solchen persönlichen Weiterentwicklung nicht mehr unbedingt konform gehen mit einem Beruf, den wir zehn Jahre zuvor gewählt haben, als unsere Lebensumstände noch ganz andere waren.

Symptome einer dringenden beruflichen Veränderung

Das Perfide an der beruflichen Frustration ist der schleichende Verlauf. Wir kennen das aus Beziehungen oder der Partnerschaft. Zuerst ist alles auf Hochglanz poliert, doch dann tauchen mit der Zeit und der einen oder anderen Konfrontation so einige Kratzer im Lack auf. Im Beruf liegt es oft an einer starken Zunahme der Arbeit oder daran, dass man aufgrund des sich drehenden Personalkarussells plötzlich irgendeine Schnarchbacke als Vorgesetzten bekommt, zu der man gar keinen Draht findet. Es kann sich aber auch um Verschleißerscheinungen oder um ein Sättigungsgefühl handeln, wenn man sich partout nicht mehr vorstellen kann, diesen Beruf auch in den nächsten Jahrzehnten auszuführen. Es beschleicht einen das Gefühl, im falschen Film zu sitzen oder einem Versehen aufgesessen zu sein. Mein Beruf, der Riesenquatsch! Der Arbeitsantritt fällt von Mal zu Mal schwerer, das Wochenende wird endlos herbeigewünscht, und auch die Mimik schafft es über

einen »Angela-Merkel-Montagsblick« nicht mehr hinaus. Kurz gesagt: Du findest alles nur noch zum Kotzen und verwandelst dich in einen ekelhaften Ausbund an menschlicher Unzufriedenheit! Vielleicht ist das Ende der ersten Karrierephase damit eingeläutet!? Womit dann nahtlos der zweite Teil starten würde.

Im ersten Teil des erfolgreichen Arbeitslebens wollen wir ins Arbeitsleben einsteigen, wir wollen unser eigenes Geld verdienen und damit auf unseren eigenen Beinen stehen. Arbeit ist unser Leben, wir blühen darin auf, hängen oft mit Kollegen auch in der Freizeit ab und basteln eifrig an einer Karriere. Die dann auch prompt mit einem Aufstieg oder dem Sprung in die Selbstständigkeit gekrönt wird. Ohne Rückschläge geht es nun weiter, womit die materielle Voraussetzung geschaffen ist, sich selbst sehr gut und vielleicht sogar eine ganze Familie immerhin noch gut durchzubringen. Der Beruf ist in dieser Zeit einfach alles.

Ist »alles« erreicht, fehlt das Ideal, das Zukunftsbild. Leise klopft da die zweite Karriere an.

Wofür du zuvor lichterloh gebrannt hast, ähnelt auf einmal nur noch einem kleinen Teelichtlein. Jetzt sind Kinder, der VW Touran und das Reihenhaus da, die Kollegen sind nett, und selbst die firmeninternen Weihnachtsfeiern sind in den vergangenen Jahren sauber, unerotisch und ohne nennenswerte Vorfälle glimpflich verlaufen. Zuckt da überhaupt noch was?

Plötzlich sind die Arbeit und das Drumherum nicht mehr so richtig sexy, vielmehr rückt das »große Ganze« in den Mittelpunkt der Perspektive: »Wozu mache ich das überhaupt? Was will ich hinterlassen? Was bockt mich wirklich auf, wofür ich noch mal durchstarten würde? Was will ich eigentlich wirklich?«

Schnell sind wir nun bei den beruflichen Zielen angelangt, die sinnbehaftet sein sollen. Was vorher eher sekundär war, weil Spaß und Geld im Vordergrund standen, ist nun inhaltlich relevant ge-

worden. Auf einmal durchleuchtest du dein Zeitaufkommen für die Arbeit und rechnest dir aus, wie viel noch für die Familie übrig bleibt. Und zum ersten Mal nach langer, langer Zeit besinnst du dich wieder auf dich. Wie geht es dir? Wer sind deine Freunde? Was sind deine Hobbys? Fragen über Fragen, nur wie soll man die beantworten, hat man sich doch so verändert?

Mir fehlte nach acht Jahren Geschäftsführertätigkeit in einer TV-Produktion eine neue Vision. Viel gesehen, viel erreicht, zu welchem Horizont wollte ich nun aufbrechen? Ich hatte keine Ahnung, spürte nur, dass es mit diesem festgefahrenen Karren für mich nicht mehr weiterging. Ich benötigte dringend eine Veränderung.

Spielte ich abends mit meiner Tochter, konnte ich nicht abschalten und grübelte unentwegt darüber nach, wie ich aus diesem Teufelskreis ausbrechen konnte, ohne unsere materielle Sicherheit zu gefährden. Kann ein unzufriedener Vater, der mit sich und seinem Tun hadert, einen guten Erzieher abgeben?

Lag Romy dann im Bett, krallte ich mir meine Frau und redete ihr die Ohren voll. Aber sie konnte mein Problem natürlich nicht lösen. Genauso wenig wie meine Freunde das konnten, denen ich ebenso mein Dilemma schilderte. Folglich musste ich selbst aktiv werden, und so zog ich nach dreijähriger Unzufriedenheit die Reißleine und quittierte meinen Job. Der erste Schritt war getan. Und er war richtig, denn mir fielen von jetzt an sofort sämtliche Steine vom Herzen, der »Fluch« zog ab, ich fühlte mich befreit und glücklich. Nun wusste ich zwar immer noch nicht konkret, wohin es gehen sollte, aber es konnte jedenfalls nur noch besser werden. Befindest du dich in einer ähnlich misslichen Situation, wie das bei mir damals der Fall war, lege ich dir ans Herz, erst einmal nicht sofort die Reißleine zu ziehen – es sei denn, die Qual ist so groß, dass sie schnell beendet werden muss. Am besten ist es immer, zu-

erst noch mal für sich zu überprüfen, ob nicht vielleicht nur ein paar Stellschrauben im jetzigen Beruf oder im jeweiligen Umfeld gedreht werden müssen, damit die alte oder eine neue Zufriedenheit entsteht. Bist du diese Schritte bereits gegangen, ergebnis- und aussichtslos, dann bist du vermutlich bereit, dich für Neues und anderes gedanklich zu öffnen, dich umzuhorchen, vielleicht sogar schon dein »Reiseziel« zu kennen.

Ein mobiler Bratwurststand? Ein CVJM in deinem Heimatort oder ein Baumpflegeservice?

Wenn dir nichts einfällt, dann bestrafe dich vor allem nicht mit Selbstkritik – wie, bitte schön, sollst du auf Anhieb Antworten auf Fragen finden, die du dir in deinem ganzen Leben noch nie gestellt hattest?!

Berufliche GPS-Daten

Klären wir aber erst einmal, wo du derzeit stehst und wie es in dir ausschaut. Hast du das Gefühl, dass deine Arbeit dich nicht erfüllt und alle Möglichkeiten einer Verbesserung ausgeschöpft sind – ertappst du dich schon morgens dabei, lieber mit »Garage Band« Minimal-Electro-Rockopern mit dem »Meat-Loaf-Rhythm-and-Sounds-Kid« zu komponieren oder am Outing einer männlichen Version von Kräutermama Hildegard von Bingen zu knuspern, dann lokalisieren wir deinen derzeitigen Standort anhand folgender Kernfrage:

Kannst du dir vorstellen, den Job, den du derzeit ausübst, auch die nächsten fünf bis zehn Jahre zu stemmen?

Im Falle einer Bejahung – große Klasse, weiter so! Es gibt keinen Grund für dich, den Rest dieses Kapitels zu lesen, es sei denn, die Neugierde peitscht dich wie die Furie im Kettenkimono weiter

voran, oder dein Erfahrungshunger will gestillt werden. Lohnenswert ist es so oder so.

Im Falle einer Verneinung wollen folgende Fragen beantwortet werden:

1. Was konkret macht dich in deinem Beruf unzufrieden?
2. Wann hat die Phase der Unzufriedenheit begonnen?
3. Was würde dich zufriedenstellen?

Die Antworten darauf darfst du dir gerne auf einen Zettel notieren. Ich befürchte aber, dass du es nicht tust, deshalb kannst du dir die Antworten auch mental ins Hirn fräsen oder ins Smartphone tippen und in die Cloud schieben. Schön wäre allerdings, wenn du bei Gelegenheit die Antworten noch mal durchliest. Das hilft nämlich sehr weiter.

Gründe für unsere Berufswahl

Rein rational werden dir auf Anhieb zahllose Gründe einfallen, weshalb du dich einst für den Beruf entschieden hast, den du derzeit ausübst. Tatsächlich aber stecken hinter manchen Entschlüssen oft sehr überraschende, unbewusste oder manipulierte Entscheidungen, die ihren Ursprung ganz woanders haben. Schau doch mal, was auf dich zutreffen könnte. So kommt man sich selbst und dem Ursprung deines Berufswunsches ein wenig auf die Schliche.

Bestimmung: Es gibt so etwas wie eine Bestimmung, die einem gar keine andere Wahl lässt, als in diesem Beruf völlig aufzugehen. Die Bestimmung ist so gesehen auch gleichzeitig »Schicksal«, das der Person aufgetragen ist und ihr gleichzeitig als Pflicht er-

scheint. Mensch und Beruf bilden dann eine Einheit. Der Beruf stellt eine Bestimmung dar, die von innen heraus wirkt. Mit diesem Beruf fühlt sich ein Mensch großartig, er nimmt die Arbeit nicht als Anstrengung wahr und lässt sein Tun nur so aus sich herausströmen. Mozart war so einer oder Dr. Quinn, die Ärztin aus Leidenschaft. Oftmals muss diese Spezies nicht einmal den Beruf erlernen – sie kann es einfach! Du findest diese Typen häufig in künstlerischen Berufen oder in Heilberufen. Sie arbeiten selten nur für sich, sondern ordnen ihr Tun einem höheren Zweck oder der Gemeinschaft unter.

Berufung: Die Berufung kommt nicht wie die Bestimmung von innen, sondern wird von außen angestoßen. Nur wenige Generationen zuvor, haben andere Personen oder Institutionen den Filius zu etwas »berufen«. Man wächst dann in diese Arbeit hinein, lernt dafür, wird dafür ausgebildet und kann der Berufung dann so nachgehen.

Interesse: So läuft's heute meistens. Mich interessiert etwas, ich schnuppere da ein bisschen tiefer rein und wenn es mir gefällt, will ich den Beruf erlernen. Fängt auch oft schon im Kindesalter an. Schumi fuhr bereits als Dreikäsehoch Rennen mit Kettcars, und das eine oder andere Mädchen, das sich schon früh für »Verkleidungen« und »Kostüme« interessiert hat, ist heute vielleicht Designerin oder Kostümbildnerin. Das hat auch etwas mit Selbstverwirklichung zu tun.

Delegation: Ein sehr verbreiteter Ursprung der Berufswahl, der aber nur wenigen wirklich bewusst ist und sich später auch als Stolperstein entpuppen kann. Das Verhältnis zur Arbeit ist von den Erwartungen und Wünschen der Eltern geprägt und treibt auch im

fortgeschrittenen Alter noch seine Blüten, sodass es einen das ganze Leben lang auf diese Art und Weise begleiten kann. Das heißt so viel wie: Unbewusst wählen wir einen Beruf, den unsere Eltern oder sonstigen Verwandten als großartig und passend für uns erachten. Immer wieder holen wir uns dafür eine Portion Anerkennung von Mama und Papa ab, und das Schmiermittel für eine tolle Karriere ist somit fertiggemixt. Die Karriere bedeutet derart »Delegierten« alles und das Sichbeweisen, um ganz Stolz der Eltern zu sein und zu bleiben. Hier hat sich auch der Fokus verschoben: Ist jemand nämlich durch sein großes Interesse schon so hoch motiviert, muss er keine Karriere machen oder anderen einen Beweis seiner Qualitäten erbringen. Bei der Delegation geht es jedoch darum, sich nach »oben« zu arbeiten, unabhängig davon, ob die Tätigkeit interessiert oder nicht. Diese Beziehung zur Arbeit greift vor allem in hierarchischen Gebilden, in denen es die bewunderten Vorgesetzten gibt, die gleichfalls als Elternfiguren fungieren, Autorität darstellen, Lob verteilen und Kritik üben.

Mangelausgleich: Einige Menschen wählen einen Beruf, mit dem sie eigene Komplexe ausgleichen können. Gerade Personen, die sonst nichts zu melden haben, ergreifen gerne Jobs, in denen sie Macht ausleben können, wie Lehrer oder Polizisten etc. Zudem kann dieses Komplexverhalten sich mit Delegation paaren, sodass beispielsweise plötzlich Schauspieler aus ehemals grauen Entlein werden. Ist dieser Bezug zur Arbeit gerade im Rahmen des Machtmissbrauchs auch sehr gefährlich, so spornt er auf der positiven Seite doch manche Menschen zu wahren Heldentaten an, wenn mit überdimensionalem Arbeitsaufwand versucht wird, den Minderwertigkeitskomplex zu nivellieren. Nahezu übermenschliche Schaffensphasen können aus so einem Ursprung hervorgehen.

Existenzsicherung: Es geht nur um das Geld. Menschen, die ihre Existenz sichern wollen, ist die Art der Arbeit fast egal. Sie wollen nur überleben.

Verweigerung: Arbeit als Zumutung, Entfremdung oder Zwang zu empfinden, sie gar zu hassen – das zeichnet diese Menschen aus. Die Gründe sind vielschichtig, und weil Hass eine so starke Emotion ist, hat man an der Verweigerungshaltung lange herumzudoktern. Häufig sind auch Opfergefühle im Spiel.

Stimmen deine »Werte« mit deinem Beruf überein?

Im Grunde genommen fühlen wir uns am besten und sind am ehesten zufrieden in unserem Beruf, wenn wir ihn als sinnvoll empfinden und regelmäßig Feedback und Anerkennung erhalten. Was treibt uns aber in Wirklichkeit an? Was sind unsere Werte, denen wir folgen und die wir an unsere Kinder weitergeben, indem wir sie ihnen vorleben?

Einige der meines Erachtens wichtigsten Werte, nach denen wir im Leben streben, sind:

- Geld und Wohlstand
- Macht, Einfluss, Status
- Anerkennung
- Sicherheit
- Gemeinschaft
- Selbstverwirklichung
- Spiritualität
- Freiheit und Selbstbestimmung

Um deine eigenen Werte herauszufinden, habe ich jetzt zwei Aufgaben für dich, die ein bisschen Zeit in Anspruch nehmen können:

1. Worin investierst du in deinem Leben die meiste Zeit, und was erhältst du am Ende dafür?

UND:

2. Jetzt aber wirklich: Schreibe eine chronologische Liste all deiner Tätigkeiten in deinem bisherigen Leben auf. Vom Fahrradputzen als Kind in der Nachbarschaft über den Schuljob im Supermarkt bis hin zu deinen Nebenjobs während des Studiums oder der Ausbildung bis heute. Die Liste wird lang, du wirst sehen!

Wenn du damit fertig bist, notiere in Stichworten dahinter: Warum hast du diese Arbeit ausgeübt? Was war deine Motivation?

UND:

Welchen Wert, welches Bedürfnis hast du damit befriedigt? Arbeite mit den Beispielen meiner Werteaufzählung!

Bei mir stellten sich folgende Werte heraus: Ganz stark waren Anerkennung, Gemeinschaft und Selbstverwirklichung vertreten, dicht gefolgt von Macht und Freiheit.

Daraus konnte ich für meine Zukunft ableiten: auf jeden Fall »selbstständig« tätig sein. Meinen Drang, allein zu arbeiten, habe ich durch die Werteerkenntnis als »phasenweise« enttarnt, ich bin nämlich sowohl gerne Einzelgänger als auch Teamplayer, und ich brauche schnell und direkt Feedback, bestenfalls natürlich Anerkennung. Vogelfrei, unkommentiert und nicht gesehen, das halte ich nicht aus.

Mir haben diese Fragen bei meinem Ziel, einen neuen Lebensabschnitt mit einer neuen, klar justierten beruflichen Aufstellung zu starten, tierisch geholfen. Wichtig ist allerdings, nicht hektisch zu werden. Die ganze Aktion hat Zeit. Bei mir waren es Jahre, gönne dir also bitte mindestens Monate. Auch jetzt ist dir aber sicherlich schon das eine oder andere klar geworden.

Reale Zielschärfung mit Happy End

Halten wir fest: Wir sind entweder auf der ersten oder zweiten Karriereetappe unterwegs und wissen um unsere, in regelmäßigen Abständen von Jahren stattfindende seelische und körperliche Veränderung. Unsere Identität macht Sprünge, die Werte, die wir früher für uns festgelegt haben, wandeln sich und suchen nun ein neues Ziel. Wie setzen wir das nun um?

Zum einen kannst du bereits der Liste deiner bereits geleisteten Tätigkeiten entnehmen, welche beruflichen Aufgaben deinen Werten entsprechen und welche lediglich der Existenzsicherung dienen. Damit wird schon eine grobe Richtung angezeigt. Nun müssen wir überlegen, worauf du am meisten Bock hättest.

Was kickt dich? Bei welchem Gedanken kribbelt's? Eigene Computerchip-Produktion, eigenes Nudisten-Café, eigener Plüschtier-Bekleidungsladen oder ein Yoga-Studio für Zwerge? Keine Schere im Kopf bitte, sondern kreativ sein. Und meinst du, das Zeug zum Schauspieler zu haben, es aber als null realistisch zu erachten, weil du dich für zu alt hältst, hau dir auf die Finger! Es gibt so viele Filmstars, die erst in ihrer zweiten beruflichen Karriere Schauspieler wurden. Also, es gibt keine Idee, die nicht (weiter-) gedacht werden kann. Einen Blick auf die eigenen Stärken solltest du allerdings dabei immer werfen: Teamplayer, kreativ, zielorientiert, ökonomisch denkend, flexibel, spontan, künstlerisch veranlagt, Organisationstalent etc.

Hast du dir ein paar Krachervorschläge für deine Zukunft zurechtgelegt, lohnt sich eine realistische Betrachtung der Durchführbarkeit. Als Vater von einem oder zwei Kindern und einer beträchtlichen Summe, die du monatlich im Geldbeutel haben musst, um den Kostenapparat zu Hause am Leben zu erhalten, fallen einem leichtfüßige Gedankenspielchen über die Zukunft eher schwer. Möglicherweise verfügt ihr aber über ein »Double

Income«, habt das Haus abbezahlt, fahrt nur noch öffentliche Verkehrsmittel oder seid von allen Netzen abgeschnittene Selbstversorger ohne jegliche Grund- und Nebenkosten. Vielleicht steckt ihr aber auch in der Kostenfalle aus Bankkredit, Leasingauto und Steuernachzahlungen fest. Dennoch: Es gibt immer einen Weg. Das glaube nicht nur ich, sondern auch Tausendsassa Kevin Costner, womit der Kalenderblattspruch zumindest mit internationaler A-Prominenz verstärkt wird.

Sabbatical, Auszeiten oder Teilzeitarbeit sind möglich, benötigst du Zeit zur beruflichen Orientierung oder willst eine Idee langsam ausarbeiten und zum Laufen bringen. Du musst alle denkbaren Varianten nur einfach durchrechnen und mal ansatzweise durchplanen.

Versuche bitte, deine verschiedenen beruflichen Vorstellungen und Ideen so konkret wie möglich zu formulieren, und schreibe sie auch wirklich auf. Je klarer du alles siehst, umso größer ist die Wahrscheinlichkeit, dass der Beruf für dich bald real wird.

Nun wirst du entweder ein paar interessante Visionen herausgearbeitet haben oder nur die eine. Deine Werte werden darin gut vertreten sein, aber stimmen dabei auch die für dich wichtigen Bedingungen?

Was hat dich immer bei der Arbeit gestört und sollte jetzt auf keinen Fall erneut eintreten? Kläre diese Fragen noch, damit du deine Liste final präzisieren kannst. Jetzt bist du bereit!

Triff eine Wahl, und es kommt heraus:
dein Beruf für die nächsten fünf bis fünfzig Jahre! Gratulation!

Mentale Zielschärfung nicht nur für Eso-Freunde

Bis jetzt spielen wir ja lediglich gedanklich die Situation eines Berufswechsels durch. Und so gehen wir jetzt auch die konkrete Umsetzung an: mit einem »mentalen Training« zum Verstärken dei-

ner Zielvorstellung. Dafür empfehle ich aus eigener Erfahrung das fröhliche »Affirmieren«, eine Art meditatives Verfestigen des Wunsches!

Bitte erneut Zettel und Papier (ist gleich vorbei, versprochen!) zücken. Das mentale Erzeugen von realen Situationen ist ein enormer Verstärker, um sich auf das Gewünschte einzustellen. Dabei geht man grundsätzlich immer davon aus, das Erstrebte bereits zu besitzen oder zu leben, obwohl es noch nicht so weit ist.

Affirmieren für Einsteiger

Eine kurze, allgemeine Einführung ins Affirmieren: Generell benötigst du als Allererstes einen klaren Gedanken. Du weißt, was du willst, ganz ohne Zweifel, und auch dein Gefühl, verinnerlichst du dir noch mal deinen Wunsch, ist eindeutig gut. Perfekt. Jetzt wollen wir dem Ganzen Leben einhauchen: Du baust vor deinem geistigen Auge ein deutliches Bild auf, das deine Vorstellung visualisiert, wie zum Beispiel: Du siehst dich in deinem neuen Beruf als Apotheker, »Deichkind«-Ensemble-Mitglied oder »Rewe«-Filialleiter im weißen Kittel oder auf der Bühne oder wie und wo auch immer. Oder: Bei materiellen Wünschen siehst du dich zum Beispiel freudestrahlend in deinem neuen Audi Q5 sitzen, den lachsfarbenen Lacoste-Pullover hanseatisch um die Schulter gebunden, vorne neben dir das slowenische Au-pair-Mädchen mit einem Augenaufschlag zum Geldbörsezücken, hinten die vergrätzte Mutter und daneben dein jubelndes Kind, oder du siehst dich mit deiner Frau im Bahamas-Urlaub am Strand entlangspazieren, aber weit und breit kein Kind in Sicht. Was

auch immer es ist, was du willst, du machst dir ein detailreiches, inneres Bild davon. Diese Traumvorstellung solltest du dir als eine Art »Collage« mit Fotos aus Zeitschriften, kleinen Bildern und Wörtern haptisch ins Reale basteln, es an einem von dir oft frequentierten Ort aufhängen und immer wieder genüsslich betrachten. So etwas wird auch bei Coaching-Workshops gerne praktiziert. Dafür kannst du dir einen Bogen der Größe DIN-A3 oder größer kaufen, einen Stapel bunter Zeitschriften, Schere und Kleber bereitlegen und mit Ruhe und Freude daran arbeiten. Ein Riesenspaß, der dir dein Ziel so klar und verheißungsvoll erscheinen lässt.
Das ist der erste Teil des Affirmierens, der zweite verlangt von dir, deinen Wunsch in positiver Sprache und im Präsens formuliert niederzuschreiben. Es muss so klingen, als wäre der gewünschte Zustand oder das Ziel bereits erreicht. Diesen kurzen Text solltest du täglich mehrmals leise und laut vorlesen und verinnerlichen. So freust du dich einfach schon mal darauf. Und schlussendlich heißt es endlich: aktiv werden. Wünschen ist schön und gut, wir wollen aber unserem Ziel auch mit eigener Tatkraft näher kommen, sprich: Schlummert der Schauspieler in dir, dann sollte dieser jetzt aber auch üben. Diese Anleitung war ein Geschenk für dich, denn damit kannst du eigentlich an allem arbeiten, was dir wichtig ist. Ich praktiziere das Affirmieren wirklich regelmäßig und glaube wahrlich nicht daran, dass mir alles umsonst serviert wird. Ich empfinde es aber in Verbindung mit der Collage als eine geeignete Einstimmung auf eine große Freude, die eintreten wird. Schonungsloser Optimismus ist mein Freund. Alles andere kostet zu viel Kraft.

Nun konzentrieren wir alle Energien auf die Beschreibung deiner neuen Arbeitsstelle. Wie beim allgemeinen Affirmieren beschreibe – klar definiert – deinen neuen Beruf, wie du ihn dir in deiner Vorstellung ausmalst. Vermeide Verneinungen oder Ausgrenzungen und wähle energiegeladene Worte. Über zehn Zeilen sollte dein »Mantra« nicht umfassen, sonst liest du dir ja einen Wolf. Liest du den Text laut vor, sollte er locker durchflutschen, dir Freude bereiten und sich angenehm anfühlen. Stolperst du allerdings über die eine oder andere sprachliche Wendung oder möchtest du noch genauer formulieren, dann ändere die Affirmation einfach. Das geht immer. Viel Spaß beim Wünschen!

Hier mal ein Beispiel:

»Ich arbeite jetzt erfolgreich als Produktmanager für Wärmepumpen in der Firma XY. Dafür setze ich meine Gaben wie Kreativität, Organisationstalent, Teamgeist, Humor … sowie mein Einfühlungsvermögen ein. Meine Arbeit wird sehr geschätzt … *(kann auch mit konkreten Projekten unterfüttert werden)* und ermöglicht jetzt mir und meiner Familie ein Leben in materieller Sicherheit … Jeden Monat erhalte ich ein Gehalt in Höhe von … Euro.«

Vom Wunsch zur Realisierung

Die Entscheidung steht, die Begeisterung ist zurückgekehrt, es regiert wieder ein eiserner Wille. Kram den alten Karteikasten mit den Kontaktadressen aus den Tiefen deines Schreibtischs heraus und prüfe genau, wer ein guter Informant sein könnte, wer dir Tipps geben oder über Beziehungen einen Einblick in deinen gewählten Beruf verschaffen kann. Danach strapaziere deine Um-

welt mit deiner Wissbegierde und gehe den Menschen dort draußen gehörig auf die Nerven, indem du sie fragst, fragst und noch mal fragst. So lange, bis alles beantwortet wurde. Jeder wird dir zuhören, und jeder wird dir antworten. Manchmal dauert es ein wenig, aber wenn du am Ball bleibst, läuft der Apparat. Ein ungeschriebenes und physikalisch sicherlich nicht erklärbares Gesetz.

Und tatatataaaa: Die neue Arbeit ist da! Vielleicht hast du dich selbstständig gemacht, vielleicht einen Pflegeberuf erlernt oder deinen alten Beruf nur neu justiert, aber du bist jedenfalls mit vollen Elantanks versehen. Sollte die neue Situation anfangs noch kneifen oder sich hier und da schwierig anfühlen – das ist normal! Dann: nicht davon beirren lassen und stur weiterrödeln. Das Wichtigste hast du ohnehin drauf: das Loslassen und den Mut zur Veränderung. Mit dieser Flexibilität kann dir nichts mehr passieren.

Ich habe mich nach meinem Ausstieg mit einer kleinen Kreativagentur selbstständig gemacht, Fernsehformate entwickelt, Einspielfilme für Shows gedreht oder als Autor für emotionale Showformate für das öffentlich-rechtliche Fernsehen gearbeitet. War ich davor ein reiner Schreibtischtäter, der in einem Brei von Geschäftsführer-Blabla, Kalkulationsgesprächen und unendlichem Formatschreiben den Bezug zu seinen eigentlichen Zielen verloren hatte, spürte ich nun endlich wieder meine Persönlichkeit, meine Gaben, meine Lockerheit, meine naturgegebene Zuversicht, die mir verloren gegangen waren. Diese Gelöstheit und Offenheit kamen mir auch in meiner Rolle als Ehemann und Vater zugute, ich konnte die gemeinsam verbrachte Zeit intensiver genießen, schöne Ausflüge planen oder einfach entspannen und nichts tun. Einiges ist noch verbesserungswürdig, so muss ich in meinem Beruf noch zu häufig unterwegs sein, aber man kann ja nicht gleich alles haben.

Die Veränderung hat sich übrigens auch finanziell gelohnt, obwohl das Gefühl, ein festes Gehalt zu beziehen, mich sicherlich manchmal entspannter auf einen Jahreskalender blinzeln lassen würde. Dann tröste ich mich jedoch immer mit dem Argument, ohnehin in unsicheren Zeiten zu leben, in denen auch Festanstellungen keine wirkliche Sicherheit versprechen.

Diese Form der Arbeit verschafft mir als Vater eine Freiheit, die mir einfach wichtig ist, nämlich die Freiheit der Zeiteinteilung. Ich kann für die Kleinen mehr oder weniger da sein, wenn und wann ich will. Das ist ein unglaublicher Luxus und beschert mir einfach viele geniale Momente, die mir sonst durch die Lappen gehen würden. Dafür bin ich sehr dankbar!

Was auch immer am Ende bei dir herauskommt: Der veränderte Job ist das Ergebnis deiner persönlichen Veränderung. Allein, dir diese einzugestehen und gegen alle Widerstände durchzuziehen, ist ein respektabler Schritt. Das macht stark. Und diese Stärke wirst du an dein Kind weitergeben. Ganz sicher!

Wie kann ich mich mal kurz verpieseln? Kleine Fluchten

Bei all der himmelstürmenden Liebe zur eigenen Partnerin, zur Familie und zum neuen Verständnis von Vaterschaft mit all seinen Rechten und Pflichten, geht es jetzt um ein heikles Thema. Unter uns: Kein Mann hält auf Dauer den permanenten Umgang mit Kindern aus. Kein einziger. Jeder braucht zwischendurch mal einen Partner auf Augenhöhe, einen Erwachsenen, mit dem, fern von sprechenden Socken und dampfenden Windeln, auch mal ein vernünftiges Wort gewechselt werden kann. Aber es gibt Situationen im Zusammenleben, da bleibt die Suche nach Gleichgesinn-

ten dummerweise erfolglos. Zuletzt erlebten wir das im Mallorca-Urlaub. Die Kinder schotteten uns förmlich von der Außenwelt ab, indem sie uns von morgens 5 Uhr (Hanna im Wachstumsschub) bis abends 22.30 Uhr (Romy hatte die Extended-Holiday-Zubettgehzeit-Flatrate dazugebucht) in Atem, Action und Stress hielten. Keinerlei Kontaktaufnahme zu »Großen« mit normaler Halslänge war mehr möglich. Nicht am Strand, nicht im Bus auf dem Weg zu einem anderen Strand und auch nicht im Restaurant, am Kiosk oder im Supermarkt. Nirgendwo! Wir dürsteten nach einem Gespräch auf einem gewissen Niveau, einem Lächeln, vielleicht auch nur einem Zucken, versehentlichem Anrempeln, irgendwas halt, um ein bisschen Aufmerksamkeit zu bekommen. Das hätte uns schon gereicht. Aber nichts. Null Berührungspunkte. Und meine Frau und ich? Wir mutierten regelrecht zu Dienstleistungsmaschinen, die emotional darbten, nur das Notwendigste miteinander austauschten und nüchterne Absprachen trafen, eben jene, um zu überleben. Wie an Tag 243 einer simulierten Marsexpedition in einer Holzkiste in der Taiga.

Nach vier Tagen dämmerte in Kristy und mir, unabhängig voneinander, folgende bittere Erkenntnis: Wenn du nicht schleunigst etwas in puncto Urlaubsvergnügen unternimmst, gehst du zugrunde. Ja, genau hier und das bei 30 Grad Wärme und mit Claudia Schiffers Eigenheim auf Malle in der Nachbarschaft. Es drehte sich nicht mehr um Urlaub, um Erholung, um Zeit für sich als Paar oder um den lange ersehnten »Tapetenwechsel«, nein, hier ging es schlicht und ergreifend ums pure Überleben.

In bester, listiger »Rosenkrieg«-Manier rissen wir uns regelrecht um Handlangerjobs, die ohne Kinder abgewickelt werden konnten. Hoch im Kurs standen dabei Aufgaben wie »Noch-mal-kurz-Wasser-im-Supermarkt«-Kaufen oder »Hanna-via-Spaziergang-

zum-Schlafen-zu-bringen«. Als »Selbstständiger« bleibt es auch nicht aus, regelmäßig die E-Mails zu checken – bringt fast eine »kleine Auszeit« mit immerhin knapp 30 Minuten. Dumm nur, wenn die eigene Gattin auch selbstständig ist und sich im Tagesverlauf das gleiche Recht einräumt.

Gut, da kann die sonst arg verhasste Telefonkonferenz wirklich Wunder bewirken, und schon hast du einen zeitlichen Freibrief. Und so sammelten wir winzige Fluchten, die jeder für sich nutzte, um einmal tief durchzuatmen.

Das muss dir nicht auch so gehen, nein, anders muss es lauten: Es darf dir nicht so gehen! Und im Alltag darf es erst recht nicht so gehen! Deshalb ist es wichtig, dass du auf einen Maßnahmenkatalog zurückgreifen kannst, der dir im entscheidenden Moment Freiraum verschafft und dabei dein Gewissen auch nicht zu sehr belastet.

Ich lasse dabei nicht eine einzige klischeehafte Ausrede aus, da sich diese so oder im Kontext mit anderen als verlässliche Partner im »Flunkergeschäft« herausgestellt haben und sich dem Vernehmen nach auch im väterlichen Freundeskreis nach wie vor sehr bewähren.

Natürlich findest du auch klassische »Arschloch«-Varianten darunter, die dich bei emotionalen Meinungsverschiedenheiten in ein noch größeres Ekel als ohnehin verwandeln, dem man gerne sein grauenvolles Gaastra-Poloshirt ins Maul stopfen würde. Manchmal geben aber genau diese dummen Sprüche der Diskussion den finalen Rest, und es kann dann – nach einem dramaturgisch wertvollen Schweigeakt – eine erneute Annäherung stattfinden.

Der Ausredenkatalog

»Schatz, von irgendwoher muss die Kohle ja kommen.«
Der herrliche, so absolut ungerechte Klassiker, der nach wie vor in seinem vollsten Glanze erstrahlt, wenn du Alleinverdiener bist. Deine Partnerin ist dagegen völlig machtlos. Die Winterjacke fürs Kind soll doch auch dieses Jahr von Ticket To Heaven sein – und das geht ins Geld. Woher soll das denn wohl kommen? Richtig ...

Der außerordentliche Arbeitsumfang, der von dir aufgewendet werden muss, um die nötigen Penunzen zu akkumulieren, lässt sich je nach persönlicher Empfindsamkeit im weiteren Gesprächsverlauf extrem dramatisch darstellen.

Gute Treffer sind: »Bei dem Meeting sollte ich mich auch blicken lassen« – es deutet einen erweiterten Aufgaben- und Verantwortungsbereich für mich an. Oder:

»Da muss ich auch von mir aus noch 'ne Schippe drauflegen« – was meint, du stehst intern unter Beobachtung, weil die nächste Stufe, die auch eine erweiterte finanzielle Sicherheit für dich und die Familie garantiert, in greifbare Nähe gerückt ist.

Basierend also auf diesen Aussagen kannst du nach einem intensiven Wochenende mit Kinderquatsch und »Tralala« ein bisschen Zeit für dich nachholen, indem du früher zur Arbeit gehst und später nach Hause kommst. Unterm Strich macht das vielleicht zwei Stunden in die eigene Tasche gewirtschaftet, mit der positiven Folge, wieder du selbst zu sein. Sorgt dein Schwänzen indes für Verärgerung seitens deiner Partnerin, kannst du ihr die andere Seite, nämlich geringere Einkünfte durch ein vermehrtes Zuhausesein des Vaters, visualisieren, indem du ihr die DVD »The Company Men« mit Ben Affleck schenkst. In dem Film wird er von heute auf morgen vor die Tür gesetzt, und allmählich müssen er und seine Familie ihre Luxusgüter abgeben, bis sie final wieder

bei seinen Eltern einziehen. Keine Bange, der Film bekommt noch eine positive Wendung.

»Schatz, keine Ahnung, wann das Meeting stattfinden soll.«

Das Meeting um 18 Uhr ist im Gegensatz zum Wischiwaschi »Arbeitsumfangs«-Argument ein herrlich nachvollziehbarer, sehr plastischer Grund für ein »Nachhausekommen in Frieden«, heißt: nachdem die Kinder im Bett sind.

Sehr beliebt und seit einigen Jahren gefühlt im Aufwärtstrend sind auch die Meeting-Termin-Versionen um 19 und 20 Uhr oder, noch infamer, im Überbringen der Nachricht an die Partnerin stets mit sehr viel Verzweiflung in der zitternden Stimme angereichert, die Version »Schatz, ich weiß auch nicht, wann das Meeting stattfinden soll, aber das wird auf jeden Fall noch heute Abend sein«. Wunderbar!

Aussichtsloser kannst du nicht von zu Hause abgehalten werden. Damit bist du frei wie ein Vogel. Keine Pflichten, nur Rechte. Genieß es!

»Schatz, Mittwoch habe ich einen Abendtermin.«

Ein weiteres probates Glanzstück aus dem Bereich unkreativer, aber nützlicher Ausreden dank »Beruf und Karriere« ist der sogenannte »Abendtermin«. Angeblich »sterbenslangweiliges« Business-Dinner, auf ein »Pflicht«-Bier mit Kollegen oder Geschäftspartnern gehen oder auf eine ohnehin »peinliche« Party von Kunden bzw. Auftraggebern – da kündigt sich dir glatt eine sehr dankbare Gelegenheit an, dich gelegentlich aus dem Family-Tagesgeschäft zu verabschieden. Bei Anwendung dieser eleganten, sehr qualitativen Ausrede sollte für dich oberste Regel sein, das bevorstehende Event in einem offiziellen Statement zu einem lästigen Zwangstermin zu degradieren. Das nimmt ihm die Brisanz.

Meistens lohnt es sich nicht mehr, vor dem Wahrnehmen eines Termins nach Hause zu fahren. Ich pflege derartige Überbrückungszeiten zwischen Arbeitsende und Eventbeginn stets mit kleinen Shoppingeskapaden, Galeriebesuchen oder Treffen mit Freunden zu füllen. Was wirst du tun?

»Schatz, ich muss für den Peter aus der Grafik einspringen.«
Was kann schöner sein, als deine vom Vatersein verstaubte soziale Ader als Vorwand zu nutzen, um mal für einige Stunden oder Tage weg von der Familie zu »entschleunigen«!? Zu diesem Zweck habe ich eigens das »Freiwillige Soziale Vaterverhalten« (FSV) entwickelt, welches ich dir hiermit zur komplett freien Verfügung anbieten möchte. Das FSV tritt seltener bei Vätern von nur einem Kind auf, es sei denn, es handelt sich bei der hervorgebrachten menschlichen Frucht um einen schrecklich anstrengenden Bastard oder die für diesen Lebensabschnitt gebuchte Partnerin in Hausdrachenform ist ständig schlecht gelaunt und physisch sowie psychisch überfordert, miese Vibes verströmend.

Ansonsten ist das FSV in seiner kristallklaren Definition eher eine Eigenschaft von erschöpften Zweifach-Vätern, die dem Moloch Familie daheim entkommen wollen und dafür einfach und zugleich verzweifelt nach jedem kleinen Finger oder Ast gieren, der ihnen gereicht wird, wie zum Beispiel das freiwillige Arbeiten für den Arbeitgeber am Wochenende, obwohl dieser nicht einmal konkret drum gebeten hat.

Beliebter in der Außendarstellung der Partnerin gegenüber, da in diesem Fall mehr Fleisch dran ist, sind die Einspringtermine für Kollegen bei Projekten, die mit knappen Abgabe- und Zeitfenstern belegt sind, oder die Übernahme von Wochenendjobs, Urlaubsvertretungen oder sonstigen Sonderschichten, die selbst Singles ob der schlechten Bezahlung und des hohen Zeitaufwan-

des nicht antreten wollen. Den FSV-Vater erkennt man meist an seiner ausgelassenen Stimmung und dem Paket an diversen Tages- oder Sonntagszeitungen unterm Arm, kommt er doch endlich wieder einmal dazu, sich zu informieren und weiterzubilden. Zeit spielt hier keine Rolle, sie ist einfach da, und du kannst darin in vollen Zügen aufgehen.

Doch Achtung! Solltest du die Extra-Arbeitsschichten für einen überdimensionalen Konsum von Medien nutzen, läufst du Gefahr, aufzufliegen. Zu viele Eindrücke durch Zeitungslektüre, Internetrecherche und Gespräche sowie neu dazugewonnenes aktuelles Wissen können dich auch in einer ganz banalen Interaktion mit deiner Partnerin entlarven. Wo solltest du schließlich über all diese schlauen Informationen gestolpert sein, woher stammen nur diese neuen Impulse, die du da in die Familie tragen willst, und wieso sprühst du stumpfer Dorfbauer plötzlich vor kongenialen Ideen, warst du doch zwei Tage am Stück arbeiten?

Die Damen haben nämlich sehr sensible Antennen für derartige »Neuigkeiten«, sodass sich dir hier eher weniger und nur tröpfchenweise aufblitzendes Wissen empfiehlt. Dann bist du fein raus und niemand ahnt etwas.

»Schatz, ich glaube, das ist alles zu viel für mich. Ich habe das Gefühl, ich muss mich ständig vierteilen …«

Ach, du Armer, mein Mitgefühl hast du, aber sicherlich nicht das deiner Frau. Zumindest wird sie diese eine dürftige Aussage nicht ausreichend beeindrucken, sitzt sie doch in demselben verbeulten Kahn wie du. Hier müssen wir dramatischer vorgehen, damit sich bei ihr auch was regt.

Vorgetäuscht oder real, mit der zunehmenden Verantwortung geht es vielen zarten Vätergemütern schlechter – und das meine ich ganz

frei von Ironie. In unsicheren Zeiten immer oben zu schwimmen stellt eine Choreografie dar, die selbst Wasserballett-Primaballerinen selten gelingen mag und somit eine ideale Jammerwiese zum Austoben darstellt.

Wie wir die seelische Belastung abwerfen, haben wir bereits gelernt, nun konzentrieren wir uns auf die zeitlichen Ressourcen, die frei werden, wenn wir beherzt loslegen, ohne zu lügen. Zunächst einmal musst du als feinfühlige Person im Binnenverhältnis anerkannt sein, denn nichts ist unglaubwürdiger als ein winselnder, ansonsten aber grober Holzklotz. Ist deine Sensibilität mitnichten bekannt, gilt es im ersten Schritt am Image der »zerbrechlichen Seele« zu arbeiten. Ein veränderter DVD-Filmgeschmack von Horror-Action auf Romantic-Comedy oder die plötzliche Neigung zu rührenden Geschichten, wie der vom angeleinten Hund, der vor dem Drogeriemarkt herzergreifend jaulte, sind erste gute Signale einer anlaufenden Verweichlichung. Versetzt du sodann deine gebetsmühlenartigen, extrem unspannenden Erlebnisgeschichten von der Arbeit noch mit duseligen Gefühlsbeschreibungen, steht dem Outing als neuerdings mit schlappem Nervenkostüm versehenem »Lappen« nichts mehr im Weg.

Drehen sich deine Gedanken jetzt vornehmlich nur noch um die Sicherheit deiner Familie, beklagst du lauthals dein hohes Arbeitspensum und bekümmert dich die allenthalben drohende Gefahr durch die dauernden internationalen Katastrophen, Naturgewaltexzesse, Börsencrashs und Terroranschläge, wird deine Frau endgültig irritiert sein. Erste Sorgenfalten bei ihr. Jetzt bist du kurz vorm Durchbruch, äußerst du einfühlsam und zugleich desperat deine Schwierigkeiten, dich in all diesem »ganzheitlichen« Stress auf die Kinder einzulassen.

Perfekte Ausgangssituation! Von jetzt an schreibst du deinen eigenen gelben Zettel für deine Auszeit, wie du sie benötigst. Ein

verständnisvoller Partner weiß nämlich, wie er darauf reagiert: mit Rücksicht!

»Schatz, oh nein, Michael hat sich von Nicole getrennt. Ich bin zwar müde, aber er braucht jetzt jemanden zum Sprechen.«
Jeder hat ihn, jeder braucht ihn und war er bislang in deinem Leben nur eine Randerscheinung zum Abhängen, Saufen, Blödsinntreiben, ist er spätestens seit deiner Vaterschaft ein wichtiger Aktivposten: der Freund in Gefahr! Er hat Probleme mit Frauen, mit Geld, in seinem Beruf oder mit seinen Eltern, und er braucht ein offenes Ohr, einen ehrlichen Ratschlag, einen brüderlichen Kuss aufs Gemüt, eben all das, was nur du ihm geben kannst. Aber natürlich zeitlich befristet, denn du willst ja auch noch Zeit für dich. Der Freund in Gefahr, er ist immer eine Ausrede wert, keine Frage, und es ist ebenso wie beim erhöhten Arbeitspensum schwierig, dagegen zu argumentieren. Gibt es einen solchen Strolch in deinem Leben noch nicht, lass ihn »entstehen« und dichte dir dessen Vita zurecht. Vielleicht zusammen studiert, gewohnt, an einem Seminar teilgenommen oder im Rahmen der Kirchenjugend gemeinsam in Schweden gewesen – egal! Er ist wieder da!

»Schatz, ich bastele noch am Geschenk für deinen Vater.«
Die eigene Familie als Vorwand zu missbrauchen, um sich an flüchtiger Unabhängigkeit zu laben – darf Mann das? Du darfst. Es zahlt sich am Ende ja positiv für alle Beteiligten aus, ist der Hausherr dann wieder wohlgestimmt statt nervlich strapaziert, und folglich ist der Rückstoß auch im Haus der hälftig im Fokus des Vorwands stehenden Schwiegereltern für dich vorteilhaft platziert.

Lass mich dir eine gerechtfertigte und dennoch möglicherweise provokante Frage stellen: Wer bringt es übers Herz, seinen Gatten zum Kindersitten zu zwingen, wenn dieser doch konkrete und

aufwendige Geschenkvorbereitungen für den Vater der Braut zu tätigen hat? Na? Siehst du.

Geburtstag, Weihnachten oder spontane Gelegenheiten wie »Kaffeetrinken mit den Schwiegereltern« – magst du wirklich den Eltern deiner Frau ohne ein Geschenk, mindestens aber eine kleine Aufmerksamkeit unter die Augen treten? Wir verstehen uns. Und ist das Geschenk fertig gebastelt, im Internet bestellt oder von dir präzise aus ungeliebten, nicht ausgepackten Exgeschenken an dich herausgesucht worden, dann verzaubere deinen Vater partnerinnenseits zu dem besonderen Anlass doch mittels einer CD mit seinen Lieblingshits. Dafür musst du natürlich noch deine 60 GB umfassende iTunes-Bibliothek Song für Song durchforsten, um wirklich die besten Lieder in einer Wiedergabeliste zu versammeln, die dann auf das Medium gebrannt wird. Ach, und dann könntest du natürlich noch das CD-Cover basteln ...Dass das alles gerade zeitlich ein bisschen ausufert, ist klar, aber für deine Frau sicherlich kein Problem. Ist doch ihr heiß geliebter Papa.

»Schatz, Scheiße, Stau!«

Es ist voll auf den Straßen, und es wird immer schlimmer. Das weiß jeder. Immer mehr Autos bei immer höheren Benzinpreisen donnern auf Deutschlands Pflastern, obwohl sich in den Ballungszentren ohnehin nichts mehr bewegt. Darüber beschwerst du dich zu Hause oft, lautstark und genervt und schaffst dadurch eine Sensibilisierung für das Thema und Verständnis, wenn du dich bereits zum zweiten Mal in der Woche per SMS aus dem Stau meldest: »Komme später – Stau! So ein Mist.« Ein Stau kann alles Mögliche umfassen. Hinter einem Zwanzigtonner entlanggurken oder im Windschatten eines »Sitzfahrradfahrers« rollen, wollen wir mal generös als »Stop and Go« bezeichnen, eine einspurige Hauptverkehrsachse ist indes sofort »Stau«, ebenso sämtliche Baustellen-

konstrukte und Fahrschulen-Fahrzeuge als Kolonnenvorhut. Wer solchermaßen großzügig die Verkehrslage definiert, kann daher auch ein bisschen später aus dem Büro losfahren, denn irgendein Hindernis begegnet einem immer.

»Schatz, ich kaufe ein für unseren Familiennachmittag.«

Wie viele Untaten und Verbrechen werden vom Kollektiv geschützt und gemeinschaftlich unter den Teppich gekehrt. Eine bittere Feststellung, deren ganze Unansehnlichkeit und Niedertracht, deren Frevel wir uns zunutze machen, um aus der Freude des einen die für viele zu generieren und ein Exempel zu statuieren, dass offene Worte nicht »geschlossen« werden können. Schon die Herleitung dieses Gedankens wird deine Frau nicht verstehen, weil du sie selbst nicht verstehst und ich komischerweise auch nicht, doch die Idee hinter der Idee, die wird ihr schmecken, denn: Du denkst an sie und die Kleinen! Wenn auch erst im zweiten Schritt.

Ja, es ist Frühling und ja, ihr möchtet gerne den Balkon bepflanzen, zusammen mit den Kindern. Oh ja! Aber den nötigen Einkauf der Pflanzen, der Erde, des Düngers, der Samen etc., den musst du alleine abhandeln, wissen wir doch um die Verzögerungen durch Kleinkinder aufgrund der Ablenkungen allenthalben. Und so wird aus einem einstündigen »Kurz die Zutaten kaufen« ein Vormittag im Baumarkt, mit Kaffeepäuschen, Erdbeer-Kopenhagener und fetter Samstagszeitung. Ein Traum getarnt im Gewand einer intersozialen Gemeinschaftsarbeit zur Familienfestigung.

»Schatz, ich hüpfe schnell in den Supermarkt und hole noch Butter.«

Was für den Baumarkt gilt, zählt selbstredend auch für das Einkaufen. Supermärkte sind immer voll und wenn nicht, trotzdem voll. Zumindest erlebst du es so. Und auf eine kleine halbe Stunde

im Café schräg gegenüber vom REWE zu verschwinden, da kann doch keiner etwas sagen.

»Schatz, ich habe Rücken!«

Viele meiner Väterfreunde klappen in der Mitte durch. Erschreckend lang ist die Liste der Kandidaten, denen ich in den letzten Monaten und Jahren meinen Orthopäden und Chiropraktiker empfehlen musste. Das Gesamtstress-Aufkommen und die leicht verrutschte »Work-Life«-Balance sind die Ursache, Rückendeformationen oder -verletzungen natürlich ebenso. Darum behaupte ich mal schwer, jeder von uns angeschossenen Vatertieren kann sich per Fingerschnipp und einem Arzttermin später zwanzig Stunden Physiotherapie, Massagen und Fangopackungen verschreiben lassen. Diese Anwendungen lassen sich idealerweise alle in die frühen Morgenstunden oder in den Abend legen. Ein Schelm, wer hier anständig denkt.

»Schatz, ich bin unzufrieden mit mir.«

Wie der Körper nach einer Rücken- oder Ganzkörpermassage lechzt, so suchen auch unser Geist und unsere Seele Nähe und zärtliche Berührung durch aufmunternde Worte. Wo sollen wir aber unseren Kummerbrei aus Karriere, Überforderung und fehlender Zeit für die Partnerschaft und uns selbst selbst bloß lassen? Bei ihm, deinem »Shrink«, deinem Psychotherapeuten! Alle zwei Wochen ein Stündchen mit dem Seelenklempner plaudern und mit seiner Hilfe das Beste situativ aus deinen Erlebnissen gewinnen, das tut dir gut, gemahnt dich an deine eigenen Bedürfnisse und lässt dich trotz der Stagnation in den unterschiedlichen Lebensbereichen in deiner Persönlichkeit weiterwachsen. Da das Burn-out in den letzten Monaten und Jahren schwer im Kommen ist, musst du dich schon gewaltig anstrengen, um all die Symptome auf-

zuweisen, die eine Unterstützung der Krankenkasse ermöglichen. Auch Depressionen sind leider ein anhaltender Trend. Bevor Kosten übernommen werden, muss man mittlerweile schon eine Kombination aus physischen und psychischen Leiden nachweisen. All denjenigen, die lieber keine pathologischen Beweggründe ins Feld führen wollen, sei an dieser Stelle ein zeitintensives Coaching empfohlen, das oft auch finanziell vom Arbeitgeber ganz oder teilweise getragen wird. Hier kannst du dich einerseits ausheulen, und andererseits an deinem Auftreten feilen, nur wirst du nicht als »krank« abgestempelt, sondern als Kunde.

»Schatz, übrigens, ich gehe gleich feiern.«

Wir sind Zwangs-Multi-Multi-Multi-Tasking-Cracks und denken sowohl an die U6 für die kleine Tochter als auch an die schnelle Erledigung im Drogeriemarkt, um die wir im ganz normalen Meetingwahn gegen Spätnachmittag gebeten wurden. Aber wir haben nicht nur die Rolle als ausführende Gewalt mit vorauseilendem Gehorsam im Sortiment, wir nehmen auch Denkarbeit ab, wir kalkulieren, planen und packen uns zusätzlich zu unserer vielen Arbeit Aufgaben auf den Rücken, um unserem weiblichen Rückhalt zu Hause das Leben zu erleichtern. Ja sogar im Online-Gemeinschafts-Terminkalender räumen wir ungefragt Zeitflächen frei, in denen sie durchatmen kann, ohne darum gebeten zu haben. So ein devotes »Servicekraftverhalten« geht natürlich nicht, wenn du qualitativ wertvolle »Drückebergerzeit« für dich herausschinden willst!

In Zeiten größten Egoismus versuche ich mit stumpfer persönlicher Freizeitplanung einfach meinen Stiefel durchzuziehen. Ich erzähle beispielsweise beim Abendessen ganz beiläufig, dass ich am nächsten Morgen noch zwei Stunden an meinem neuen Buchprojekt arbeiten möchte, berichte von einer Verabredung am über-

nächsten Abend, und dass mich am Wochenende ein Freund zu einem Tennismatch erwartet. Wichtig ist dabei, das Ganze eher beiläufig zu erzählen und dabei durchschimmern zu lassen, dass es sich um eine vage Planung handelt und die Verabredungen wahrscheinlich ohnehin abgesagt würden. Manches nimmt sie hin, es folgen keine Einwände, ich darf passieren. Selten, doch, auch das kommt vor, äußert sie ihren Unwillen darüber, und dann nehme ich leichte Kurskorrekturen oder Ergebniskosmetik vor, wie die anvisierte Verabredung zu einem Pärchenevent zu erweitern, sodass beide Seiten davon profitieren.

Probiere diese Form der offensiven, persönlichen Quality-Time-Beschaffung doch mal aus und ruhig mit dem Fuß auf dem Gaspedal, nicht auf der Bremse. Denke dran, deine Partnerin ist erwachsen und durchaus in der Lage, sich zu beschweren, wenn es ihr nicht passt. Und zum Schluss noch ein Tipp für dein Gewissen.

Wir treuherzigen Väter machen uns den Psycho-Emo-Stress immer selbst und bilden uns ein, die Mütter könnten ohne uns nicht mehr funktionieren, klarkommen, existieren. Wie arrogant und respektlos einerseits, und wie dämlich andererseits, denn sie proben doch täglich den Ernstfall ohne uns, nämlich, wenn wir zur Arbeit gehen und uns in der Abwechslung dort suhlen. Von daher kannst du jetzt ja mal gelassen abwarten, was passiert.

»Schatz, ich bin dann jetzt weg. Küsschen, tschüss!«

Nun möchte ich dir aber auch die gute alte Holzhammermethode nicht vorenthalten, die nicht ganz mein Style, jedoch nach wie vor in Deutschland und in dem Teil der Welt, der Alice Schwarzer nicht kennt, sehr weit verbreitet ist. Sie baut auf einer »Patriarchenhaltung« des Mannes auf, der sich selbst als gottgleichen Erlöser betrachtet und auf eine Familiendynastie mit starken, männlichen Persönlichkeiten als Denker und Lenker zurückblickt. Dabei holt

nur er die Kohle rein, macht nur er, was er will und trifft unterdessen ab und an auch mal seine Kinder und seine Frau. Klingt nach Heinrich VIII., ist auch so, nur wird seine Frau nicht gleich geköpft, wenn sie ihm keinen Sohn gebärt.

Hat »Madame« indes ein Problem damit, wird das »System« kurzerhand noch mal erklärt, und alles läuft wie gehabt: Papa entscheidet, wann er Freizeit hat und wird gar nicht erst in Familienplanungen mit einbezogen, sondern nur um Erlaubnis gebeten, wenn Mutter und Kinder einen Ausflug machen wollen. Auch wenn ich hier nicht den Moralapostel spielen will, muss ich doch sagen, dass ich diese Methode, mit der Partnerin umzuspringen, doch als arg bedenklich und überholt empfinde. Wenn dir außerdem mehr Zeit für dich persönlich zur Verfügung bleibt als die mit den Kindern verbrachte, würde dich dieses Ungleichgewicht emotional belasten. Addierst du dann noch das dadurch zwangsläufig entstehende Verkommen deiner väterlichen Verantwortung zu einem Nebenjob, müsstest du schnell zum Schluss kommen, dass diese Möglichkeit, sich mal kurz zu verdünnisieren, keine politisch korrekte ist, sie aber dennoch natürlich niemals ganz ausgeschlossen werden kann.

»Schatz, ich bin kurz austreten!«

Der Toilettengang lässt sich wie keine zweite kleine Auszeit mit zunehmendem Alter und fortschreitender Verdauungs- oder Prostataproblematik kontinuierlich zu einer Insel der bewussten Ruhe ausbauen. Niemand nimmt Anstoß, niemand kritisiert die Taktung, jeder zeigt Verständnis und Großzügigkeit: »Poo in Peace« – Respekt vor dem Mann auf dem Klo.

Mit Handy, Tablet-Computer, Buch oder Zeitschrift bewaffnet kannst du kurz, vielleicht aber doch nicht zu tief, fünf bis 25 Minuten durchatmen und runterkommen. Ich kenne Männer, die

nehmen einen Stift und einen Notizblock mit, um ihren Tagesplan zu skizzieren, andere wiederum verlängern ihr Frühstück um die friedliche Sitzung, indem sie ihren Kaffeebecher und den Trashteil der Zeitung mit aufs Klo nehmen.

Und nun noch ein paar abschließende Worte zu einem Kapitel, das unserem Gegenüber menschliche Abgründe offenbart, mit üblen Charakterzügen konfrontiert und sich zwar vielleicht nicht gerade der astreinen Lüge bedient, jedoch dem Schwindel Tür und Tor öffnet.

Der Versuch einer letzten Ehrenrettung, nicht der Rückwärtsrolle:

Wer sich als Vater zu oft verpieselt, beschneidet sich geradezu selbst, verzichtet freiwillig auf die wohl schönsten Momente im Leben, wenn sich das wahre Glück in der strahlenden Freude der Kinder, der gesamten Familie ungetrübt spiegelt, so mächtig und umwerfend für einen Augenblick, so losgelöst in purem Glanz. Das ist wahrhaftig.

In einem Buch-Interview mit Sterbenden befragte eine Autorin ihre Protagonisten, was sie, auf ihr Leben zurückblickend, am meisten bereut hätten. Fast alle bedauerten, zu viel Zeit mit der Arbeit und zu wenig mit der Familie verbracht zu haben. Deshalb verzichte du doch darauf, Gefahr zu laufen, am Ende deines Lebens dasselbe bittere Fazit zu ziehen.

Nutze daher jede erdenkliche Zeit, jeden Augenblick, in dem du voll und ganz bei deinen Kindern sein kannst, ohne an gestern oder morgen zu denken, und genieße diese Zeit. Gleichzeitig behalte aber deine persönliche Qualitätszeit, deine Verabredung mit dir im Auge. Es zeigt sich immer wieder, dass nach einer wunderschönen mit den Lieben verbrachten Zeit das anschließende Verpieseln in die weite Welt des »Selbst« gleich viel mehr Spaß macht.

Zeit für dich (und wahlweise deine Partnerin)

Partypeople say Yeahhh

Die schmutzigen Partyzeiten existieren nur noch in der lausigsten Ecke deines aufgrund Schlafmangel durchsiebten Erinnerungsvermögens, zu lange ist es her, dass du mal wieder richtig auf den Putz gehauen hast, und zwar, wie es beim Döner-Türken so schön heißt, »mit allem«! Aber so schlimm muss es nicht werden. Gut, mit dem Partyfeeling am Abend und am Wochenende ist das zugegebenermaßen so eine Sache. Sind die Kinder im Bett, der Ranzen gefüllt und der Tag in der Reflexion mit der eigenen Partnerin kurz Revue passiert, steht die Partylunte nicht mal kurz vor Entflammung. Und doch sollte jeder von euch so ein ganz offizielles »Freude-und-Abwechslung-Ereignis« in der Woche genießen. Ebenso wie die Runde Sport, Fußball, Jogging, modernes Ballett, Schwimmen – das sollte hier ebenfalls »mal zwei« gedacht werden. Und ihr habt trotzdem immer noch genügend Zeit, euch abends am verheerenden Wohlfühldress des anderen zu laben und mit ihm gemeinsam vor der Glotze den Löffel in Langneses »Casablanca« zu stecken.

Um es festzuhalten: Das sind die Standards, die Basics. Sie müssen in euren Alltag fest integriert, unangreifbar sein und für euch beide gelten.

Die schäbige »Partysau« hast du damit aber immer noch nicht rausgelassen, und dafür sorgen wir jetzt.

Zunächst einmal solltest du dir überlegen, ob du lieber alleine um die Häuser ziehen willst oder deine bessere Hälfte mit ins Party-Raketen-Team integriert wird. Ist Letzteres nicht der Fall, kümmerst du dich um die restliche Besetzung, stimmst mit den Bagaluten frühzeitig einen Termin ab und arbeitest einen Partyplan aus, der das Zünden der einzelnen Partystufen konkret vorsieht. Möglicherweise kannst du als erste Etappe des Abends einen Tisch beim Italiener

reservieren, danach ein paar Plätze in einer Cocktailbar ordern, vielleicht geht ihr als Starter auch ins Kino, und du besorgst schon mal die Karten. Je konkreter du in Vorleistung treten kannst, desto besser, denn dann wird ein mögliches »Zurück« schwieriger. Ist alles so weit eingetütet, lässt du dich von nichts und niemandem mehr beirren bis zu dem Tag, an dem das Happening starten soll. Wir wissen ja, dass der innere Schweinehund und üble »Vater-Faulsack« in dir am Samstagabend passend zur »Sportschau« aus der Ecke gekrochen und ans gemütliche Sofa getappt kommt, um sich mit seinem ganzen Gewicht und dem filzigen Fell auf dich zu setzen. Müdigkeit erfasst dich, die Lustlosigkeit keimt in dir auf mit Gedanken wie »muss man sich wirklich so einen Partyabend noch geben – morgen hänge ich dann den ganzen Tag durch. Und die Kinder ...?«, und plötzlich liegt der schnelle Griff zum Handy so nah, feige mit einer kleinen SMS ein großes Event abzusagen. STOPP!

Du und ich, wir wissen ganz genau, dass wir den Abend an dieser Stelle nur noch beknackt fänden, würden wir absagen. Danach würden unsere Gedanken nämlich ausschließlich darum kreisen, wie das »Steilgehen« wohl verlaufen wäre. Und ein schlechtes Gewissen stellte sich unnötigerweise auch noch ein. Ist es uns nicht immer besser gegangen, wenn wir uns aufgerafft und doch noch die Kurve bekommen haben? Ja, das Gefühl, es durchgezogen zu haben, macht froh. Also los! Und bedenke doch auch, wie viel Zeit du schon im Vorfeld für die Planung investiert hast.

Partydoppelpack = Babysitter

Brauchst du vielleicht doch jemanden an deiner Seite, der dir gehörig in den Hintern tritt, um diesen aus der Haustür rauszuschieben, dann gib dir einen Ruck und starte mit deiner weiblichen Hälfte eine übel verruchte Partynacht. Früher habt ihr doch auch gemeinsam die Sau rausgelassen, euch den Champagner gegensei-

tig von den Füßen geschleckt und in der Karaoke-Bar zum Löffel gemacht – das geht immer noch! Für die Planung gelten selbstredend dieselben Regeln wie oben aufgeführt, aber bei Eltern kommen eben noch andere Umstände dazu.

Ihr könnt die Kinder schließlich nicht alleine zu Hause lassen. Zwischen zwei und sechs Jahren wird kein Kind allein gelassen, sondern immer betreut – merken!

Wir wissen ja beide, wie oft die Kleinen in dem Alter nachts noch aufwachen, mal ins Bett pieschern, einen Alptraum haben oder durstig in die Küche gehen und sich kurzerhand überlegen, spaßeshalber die restliche Nacht bei Mama und Papa im Bett zu verbringen! Also: Da muss einer sitzen, bei euch auf dem Sofa schlafen, eben auf jeden Fall da sein, während ihr randvoll Straßenlaternen austreten geht oder auf geklauten Fahrrädern eine Spritztour an den nächstbesten Tümpel wagt, mit einem Sixpack auf dem Gepäckträger.

Als Babysitter eignen sich in erster Linie Familienangehörige wie Oma, Opa, Schwiegermama oder Tante, Onkel etc. Dann gibt es vielleicht noch die mit frommen Kinderwünschen, aber keinem Partner ausgestatteten Freundinnen, die sich ums Mutterspielen reißen und einem dabei eher Angst einflößen als Beruhigung vermitteln. Also dann doch lieber den zufällig aufgegabelten Babysitter, das pubertierende Mädchen aus der Nachbarschaft, das zwar jung ist, aber schon Babysitterin war. Nachteil: Meistens müssen die jungen Dinger spätestens um 23 Uhr zu Hause sein, weil sie noch zur Schule gehen. Ein idealer Betreuer, wenn ihr nur mal essen gehen wollt, aber für eine rauschende Feiernacht eher ungeeignet. Also musst du einen erwachsenen Babysitter »casten«. Über das Internet wirst du da garantiert fündig. Es gibt zahlreiche Sitteragenturen, Leih-Oma-Services oder private Anzeigen in Regionalportalen. Du kannst auch mal im Kindergarten fragen, ob sie dort jemanden ken-

nen, oder vielleicht will sich ja sogar die eine oder andere Aushilfskraft aus der Kita etwas dazuverdienen. Wäre natürlich praktisch, da dein Kind sie dann schon kennt. Generell liegt der Stundensatz bei fünf bis neun Euro, je nachdem, ob der Babysitter eher das Eigenheim hütet, da ihr die Kinder bereits ins Bett gebracht habt, oder ob er das volle Paket mit Abendbrot zubereiten, Kinder waschen, umziehen, Gutenachtgeschichte vorlesen und schließlich ins Bett bringen absolviert. Im ersten Fall kannst du einen Pauschalpreis aushandeln, bei dem der Stundenlohn niedriger liegt, beim zweiten Deal wird sauber nach Stunden abgerechnet.

Sicherlich macht ihr es auch so, wenn aber nicht, hier ein kleiner Vorschlag von mir: Für Romy und Hanna ist es manchmal noch zu abstrakt und weit weg, wenn wir sie am Vormittag darauf hinweisen, dass wir am Abend ausgehen werden. Deshalb planen wir mögliche Ausschreitungen, Ausraster, Proteste und Traurigkeitsheulanfälle im Vorfeld mit ein und berücksichtigen in unserer Zeitplanung immer einen 30-minütigen Puffer mit, um uns nicht zu verspäten. Auch die Übergabe an den Babysitter wird mit einem bequemen Vorlauf durchgezogen. Die Stunde mehr macht den Geldkohl nicht fett.

Oje, ich wichse!

Achtung, Tabubruch! Ich packe jetzt ein Thema an, das uns alle, die wir Väter sind, angeht; nur, weil du das jetzt liest, heißt das zwar nicht, dass es unbedingt dein Problem sein muss, aber vermutlich ebenfalls ist. Wenn nicht: Gratulation! Du bist dann der Zweite, den ich kenne.

In Anspielung auf den Babybuch-Bestseller »Oje, ich wachse!«, der sich mit den Entwicklungssprüngen der Kinder in den ersten

Lebensjahren befasst, könnte die dazu passende Vaterliteratur mit den analog verlaufenden Rückschritten der Männer in Sachen Geschlechtsverkehr den Titel »Oje, ich wichse!« tragen ...

NEIN, natürlich haben wir noch Sex mit unserer Partnerin. Wo denkst du hin. Wäre ja traurig, wenn nicht. Aber wie oft? Zu Weihnachten und zum Geburtstag? Dann hoffe ich mal nicht, dass du Heiligabend geboren wurdest! Gestatte ich mir selbst eine kleine, aber schmerzvolle gedankliche Zeitreise zurück, kann ich mich nicht entsinnen, jemals so sexlos gelebt zu haben wie als frischgebackener Vater von zwei Kindern. Arbeitstitel: »Und plötzlich Mönch!«

Mein Sex ist nicht dein Sex

Ich lasse dich aus rein identifikationsstiftenden Gründen an meiner persönlichen sexuellen Entwicklung seit meiner Vaterschaft teilhaben. Aber behalte dies bitte für dich. Deine Frau muss ja nicht alles von dem Buch mitlesen.

Sex nach dem ersten Kind

Gestern noch der entfesselt wedelnde Lady-Lover aus dem Hamburger Westen, heute der asketische Bruder mit Tonsur, gütigem Blick und einem randvollen Ständer von hier bis Mexiko unter der Kutte. Amen! In meinem Schnellkurs für werdende Väter, *Papa To Go,* bitte ich den Leser um Geduld mit seiner Partnerin, die ja eben gerade erst ein Kind zur Welt gebracht hat und sich insgesamt körperlich sehr in Anspruch genommen fühlt. Stillt sie überdies, ist wohl das Maß des Erträglichen an körperlicher Zuneigung bzw. Berührung erreicht. Mein Tipp seit eh und je: Auf ein Zeichen der Partnerin warten und sie nicht mit dem »Alimentekabel« bedrängen und unter

Druck setzen. Steigt der Pegel ins Unermessliche, dann »den Säbel schleifen«, du weißt schon, das »Klötzchen raspeln«. Nach einigen Wochen kehrt das gemeinsame Fummeln zurück, und die Wolken am Horizont verziehen sich und legen das Tal endlich wieder frei! Und wer diesen Satz als doppeldeutig empfindet, dem will ich nicht widersprechen.

Ich würde nichts empfehlen, was ich nicht selbst erfahren, getan oder achtfach recherchiert habe, und so hielt ich mich nach der Geburt von Romy an meine eigene Empfehlung. Die Geduld wurde ein treuer Freund, Monate verstrichen, in denen meine Frau und ich jeder an seiner »Front« hervorragende, völlig ausreichende Ablenkung genossen, indem wir versuchten, unseren Alltag zu meistern, und dann war es endlich wieder so weit: Nach dem Zwangszölibat konnte ich wieder völlig frank und frei meinen väterlichen Kollegen stolz verkünden: »Ja, ich habe ein Sexleben!« Es war zurück. Das gelungene Comeback eines altgedienten, für immer von der Bildfläche verschwunden geglaubten Zeitvertreibs!

Doch so wie früher, bevor wir unser Kind bekamen, war es definitiv nicht mehr. Damit meine ich nicht die Qualität, sondern die Quantität. Auch kein Drama, das Objektiv, durch das man sein Leben betrachtet und angeht, hatte sich nun einmal von »Singles« auf »Eltern« gedreht, und so takteten wir automatisch nach einer gewissen Zeit in einem »Rhythmus«, der zu uns passte, uns das Gefühl eines Liebespaares vermittelte und nicht einer gut befreundeten Wohngemeinschaft oder eines Geschwisterduos, das ab und an mal das Gesetz bricht. Uns machte das sehr glücklich und zufrieden, und ja, wir fühlten uns herrlich befriedigt.

Wir »machen« ein zweites Kind

Als der Wunsch nach einem zweiten Kind über Nacht und aus heiterem Himmel geboren war, wurde die eher lässige Beischlaf-Frequenz gnadenlos und strikt ergebnisorientiert angehoben, sodass ich mich sporadisch regelrecht überfordert fühlte, zeitweise sogar »ausgenutzt«. Nun begründete der Zweck und nicht der Trieb die Motivation zum Beischlaf, und das bloße Ziel der »Menschenerschaffung« rückte in den Fokus. Das Gerangel auf der Latexmatratze war plötzlich nicht mehr die Folge unbändiger Lust, nein, es verkam zu einem Projekt von zwei Abteilungen, die sich selbst zum Jour fixe verdonnerten.

Aber gut, was man nicht so alles tut, um aus zwei Menschen vier zu machen. Es klappte, und ratzfatz wurde Hanna Lisbeth geboren, ein Sonnenschein in beachtlicher Kloppergröße mit einer immensen Präsenz und bereits mit einer perfekten Frisur ausgestattet!

Nun waren wir endlich komplett. Zu viert sein fühlt sich besser an als zu dritt, einer Konstellation, in der sich ständig zwei um einen prügeln – jetzt ist es sauber aufgeteilt, und Langeweile respektive Entspannung wird gleich im Keim erstickt. Hier kann keiner dem anderen vorwerfen, sich vor der Arbeit zu drücken, denn das ist praktisch unmöglich. Klarer geht's also nicht.

Das offizielle, vollendete Glücksfazit lautet daher natürlich: Ich bin stolzer Vater von zwei wunderbaren Kindern!

Die inoffizielle Konsequenz daraus: Super, aber ansonsten tote Hose!

Sex nach dem zweiten Kind

Das nach der Entbindung einsetzende sexuelle Darben war eine logische Konsequenz und keine Überraschung. Eine Veränderung, auf die ich mich eigentlich hätte einstellen können, doch dass zwei Kinder gleich so ein riesiger Aufwand sind, habe ich komplett unterschätzt. Wie nach der ersten Geburt, hielten wir uns wieder an die individuelle »Schonfrist«, aber das Kommando »Auf sie mit Gebrüll« wollte mir nicht über die Lippen. Die Bockwurst mit Pulsschlag startete ihr ganz persönliches »Sabbatical« und ging, wenn überhaupt, nur im Solokurs auf Kurzarbeit. Der Drang nach Sex blieb aus, die Lust war flöten – adios, Libido! Bei meiner Frau aus den bekannten Gründen, doch nun überraschenderweise auch bei mir. Mit 38 Jahren zwar zweifacher Vater, aber nur noch »Edelreservist«, der nicht einmal mehr in einem Rotationssystem berücksichtigt wird. Einziger Trost: Meinen ganzen Freunden mit einem oder zwei Kindern ging es keinen Deut besser. Es beruhigte mich, um die Pein der Leidensgenossen zu wissen, brachte mich jedoch mental überhaupt nicht weiter.

Abends fielen wir beide statt übereinander her stehend k. o. ins Bett; so sehr grätschte uns die Inanspruchnahme durch beide Kinder um.

Bis beide Kinder einschliefen, war es oft schon 21 Uhr. Dann noch kurz essen und schließlich – Feierabend.

Mit dem Vorspann des »heute journals« schleppten wir uns mit letzter Kraft ins Bett. Zu allem Überfluss suchte mich dort etwas Spezielles heim. Wie aus dem Nichts schwirrte nämlich plötzlich eine Zahl in meinem Kopf herum. Es war

der Betrag an Fixkosten, der jeden Monat aufzubringen und innerhalb weniger Jahre auf einen immensen Batzen angestiegen ist, berücksichtigt man allein die horrenden Mieten, die es zu zahlen gilt, sofern man kein Eigentum besitzt und in Hamburg lebt. »Jetzt hast du zwei Kinder, Christian, und du willst doch, dass es beiden immer gut geht, oder? ...Was zum Teufel machst du dann hier im Bett?«
So schalt mich die immer wiederkehrende Stimme in meinem Kopf und löste mächtig große Existenzängste in mir aus. Wachte ich nachts auf, konnte ich meistens nicht mehr einschlafen, wälzte mich im Bett herum oder stand oft völlig ratlos und mit meinem Latein am Ende um 5 Uhr morgens auf. In dieser Phase an Sex zu denken war nicht möglich. Selbst James Bond knattert nicht, ist richtig Alarm in der Bude. Also: Wassereinbruch allenthalben, aber vom Untergang waren wir glücklicherweise noch weit entfernt.

Sex war nunmehr aus unserer »Top Ten«-Prioritätenliste verbannt. Da erschienen sogar Baumarktbesuche, Balkonbepflanzungsnachmittage und Kräuterwanderungen wichtiger als das körperliche Neuerkunden des eigenen Partners. Vielleicht ist es auch etwas naiv anzunehmen, dass nach jahrelangem Zusammensein und unmittelbar nach der Geburt des zweiten Kindes der Körper des Partners vollkommen neu für sich entdeckt werden kann. Das Liebesleben jedoch so ganz zu Grabe zu tragen, das ging nicht, das wollten wir nicht. Die Kurve stieg wieder an, als wir zeitliche Schlupflöcher füreinander fanden. Und: Ja, wir haben auch heute noch Sex. Trotz zweier Kinder. Das funktioniert!

Nach dem ersten Kind gelingt es den meisten Paaren, erneut ein einigermaßen zufriedenstellendes Sexleben zu wecken, nach dem zweiten Kind ist das Thema jedoch bei vielen erst mal für längere Zeit gegessen. Doch ich kann aus eigener Erfahrung nur sagen: Es kehrt zurück. Zäumen wir das Pferd aber jetzt von hinten auf und studieren die denkbaren, unterschiedlichen Beweggründe für die »Unlust«. Werfen wir dabei zunächst einen Blick auf die Frauen und weshalb diese zwar daran denken, Küchenrolle einzukaufen, Ballonfahrten zu buchen oder dem Hund eine Wurmkur zu verpassen, jedoch nicht an Sex.

Wo es sinnvoll ist und sich ergänzen ließ, habe ich gleich einen Vorschlag für dich parat, wie diese Ursache ausgemerzt werden kann.

Die lustlose Frau

- Eine Frau, die Mutter wird oder geworden ist und stillt, produziert das Hormon Prolaktin am Fließband. Was wie ein Zusatzstoff in einer Gesichtstagescreme zur Faltenstraffung klingt, regt das Wachstum an und befeuert die Milchproduktion in den Brustdrüsen. Bei so viel Stimulation muss es auch eine Kehrseite der Medaille geben – richtig: Prolaktin hemmt die Sexlust. Deine Aufgabe: Füße stillhalten und ihr ja nicht das Stillen ausreden, denn das ist für dein Kind der beste und gesündeste Start ins Leben!
- Frauen unter Stress und Anspannung sind im Gegensatz zu den sehr umtriebigen Herren oftmals nicht in der Lage, sich auf Sex einzulassen. Vielmehr empfinden sie das lechzende Umherscharwenzeln und lästige Betatschen des auf Vermehrung geeichten Mannes als zusätzlichen Stressfaktor.

Deine Aufgabe: Die Vorgehensweise in einem solchen, in der Tat sehr klassischen Fall ist denkbar einfach: Geht gemeinsam der Ursache der Anspannung auf den Grund, massiert euch, nehmt ein Bad, und dann könnt ihr versuchen, den Bob auf die Bahn zu setzen. Zumindest, solange die Kinder schlafen.

- Nach der Geburt oder den Geburten empfinden sich Frauen oftmals als unattraktiv. Ein kleines Restbäuchlein, sporadischer Haarausfall, Brüste wie Mandarinen in Socken oder das Gefühl, untenrum zu einer Kathedrale mutiert zu sein, in der eine Bi-Fi einsam und verloren ihren Reiz sucht und nicht findet, steigern nicht unbedingt das Verlangen der Frau. Sie fühlt sich unwohl, schämt sich womöglich sogar. Also vermeidet sie den Sex mit dir.
  Deine Aufgabe: Hier plädiere ich für die Kunst des »Komplimenteverteilens«: Gib deiner Frau das Gefühl, dass du sie liebst und begehrst, tauscht Zärtlichkeiten aus, nimm sie in den Arm und drücke sie. Nimm ihr die Kinder ab, dass sie mal Zeit für sich und ihr Äußeres hat, zum Friseur gehen kann oder zur Kosmetikerin, was deiner Frau eben so gefällt.
- Wie ich es bereits beschrieben habe, musste unserem Versuch, ein zweites Kind zu bekommen, ordentlich Tribut gezollt werden. Promis geht es da oft nicht viel besser, und so lud zum Beispiel auch Pop-Queen Madonna ihren damaligen Gatten Guy Ritchie regelmäßig zum »Happy-Eisprung« aufs Parkett. Für mein Empfinden entsteht während der »Ovulation Days« ein enormer Druck, der sowohl der Leidenschaft Abbruch tut als auch letztlich dem Ergebnis. Zu viel Druck erzeugt Gegendruck und da kommt nichts bei raus.
  Deine Aufgabe: Schwanger wurde meine Frau nicht beim Schielen auf den Ovulationskalender, sondern als Folge eines völlig erwartungsfreien Schäferstündchens, nach dem wir den Wunsch nach einem Geschwisterchen ganz losließen und für uns beschlos-

sen hatten, uns einfach überraschen zu lassen, getreu dem Motto: Wenn's kommt, kommt's, wenn nicht, nicht!
Also, wie und wo ihr könnt, nehmt den Druck aus dem Sex, und schraubt eure Erwartungen herunter. Vor allem nach einer längeren Phase der Enthaltsamkeit muss der Wunsch nach Sex erst mal heranreifen und wenn es so weit ist, passiert es von alleine. Eine ähnliche Vorgehensweise empfiehlt sich, seid ihr darauf aus, ein zweites Kind zu bekommen. Immer daran denken: Druck erzeugt Gegendruck!

- Ständig steht nun das Kind im Mittelpunkt. Wir waren, wie ich es bei uns erlebte, permanent mit dem Versorgen des Kindes beschäftigt. Das ist gar nicht gut. Plötzlich ist die Beziehung mit deiner Frau Nebensache, und Dreh- und Angelpunkt sind plötzlich die Kinder. Und das Sexleben schläft dabei seelenbeunruhigend wie der festgekettete »Schotterer« am Gleis, bis die Polizei kommt, um ihn loszuschweißen.
Deine Aufgabe: Wir haben versucht, täglich ein paar Minuten für uns zu finden. Wenn uns das einmal nicht gelungen ist, sind wir eben auf ein längeres Telefonat während der Arbeit oder der Mittagszeit umgestiegen. Insgesamt konnten wir uns so wenigstens immer ein wenig aufeinander besinnen, was schon viel ausgemacht hat. Auch wenn es das Sexleben nicht umgekrempelt hat, so war es doch ein wichtiger Schritt auf diesem Weg. Und der Beziehung hat es allemal gutgetan.
- Du wirst es nicht glauben, und es mag vielleicht auch ein bisschen dein Ego ankratzen, aber auch du kannst nicht jede Frau befriedigen! Ich weiß, das hat jetzt gesessen! Anorgasmie wird die sexuelle Dysfunktion genannt, die dafür verantwortlich zeichnet, wenn die Frau nicht »kommt«. Und das ist natürlich auf Dauer gesehen ein absoluter Downer! Es gibt Umfragen dazu, Umfragen in Sachen Sex. Diesen ist nur bedingt zu trau-

en, wie in allen Umfragen im Allgemeinen und im Besonderen wird speziell in Sachen Sex gelogen, dass sich die Balken biegen. Laut diesen Umfragen leidet jede dritte oder fünfte Frau unter diesem Problem. Ist das ein Hammer? Männer können auch unter Anorgasmie leiden – dann haben sie zwar eine Ejakulation, jedoch keine Befriedigungsgefühle.
Deine Aufgabe: Die Anorgasmie thematisieren, aber keinen Druck aufbauen. Wie bei der Sache mit dem Eisprung finde ich es schlauer, derlei Anspannung und verstandesmäßige Überlegungen vom Sex zu trennen und diesen einfach aufkeimen zu lassen. Der Kopf muss abschalten, dann hat auch eine Anorgasmie Aussicht auf Heilung.

- Im Körper der Frau schlummert das Hormon »SHBG« (Sex Hormone Binding Globulin). Wird dieses Mittelchen permanent in unterschiedlichen Dosierungen und nur sporadisch oder viel zu oft ausgeschüttet, reduziert dies die Lust deiner Frau auf sehr drastische Weise. Ausgesprochener SHBG-Beschuss und somit die Verabschiedung vom Sex zumindest seitens der Frau findet zumeist während der Schwangerschaft oder bei Schilddrüsenproblemen statt.
  Deine Aufgabe: Ruhe im Karton, Nummer ziehen, warten, hinten anstellen. Du wirst schon noch aufgerufen!
- Hebammen warnen immer vor den psychischen Nachwirkungen der PDA (Periduralanästhesie). Auch bei unserem Geburtsvorbereitungskurs in einem Geburtshaus wurde eher zur natürlichen Schmerzlinderung bei der Geburt geraten, statt sich eine Chemiekeule spritzen zu lassen, um dem Abenteuer gelassener entgegenzutreten. Meiner Frau war das komplett egal, für sie stand felsenfest – sie macht's nur mit einer PDA. Derart hoch dosierte Medizin hat oft, wenn auch zeitlich limitiert, einen Schlag aufs Gemüt zur Folge und kann die Wochenbettde-

pression verlängern beziehungsweise intensivieren. Und so ist es auch bei anderen Medikamenten, Hypertonika oder Antidepressiva – sie drücken arg auf die Lust.
Deine Aufgabe: Die Medikamentenfrage lässt sich durchaus von dir ansprechen. Es hängt nun ganz davon ab, was für ein Mittel es ist und warum deine Partnerin es einnimmt. Wenn für sie möglich, wäre ein Wechsel auf ein anderes Medikament mit weniger Nebenwirkungen oder etwas Homöopathisches ganz großartig. Aber das muss am Ende deine Partnerin alleine entscheiden. Von dir kann hier nur der Impuls ausgehen.

- Wir wollen jetzt nicht von Syphilis sprechen, aber Bakterien und Scheidenpilze sorgen ebenfalls für starken Juckreiz und ordentliches Brennen untenrum. Auch andere Entzündungen bomben alles weg. Hier ist die Lust leider obdachlos geworden.
  Deine Aufgabe: Na gut, der Gedanke daran bockt jetzt den Mann auch nicht unbedingt auf. Daher räumst du vermutlich freiwillig das Feld. Um jedoch deiner Partnerin ein Fels in der Brandung zu sein, kannst du mit ihr über ihre Schmerzen sprechen und ihr Trost spenden. Doch ich kann mir eigentlich auch gar nicht vorstellen, dass sie darüber sprechen will. Versteht die kleine Zwangspause also daher eher als einen kleinen Urlaub vom Sex. Das steigert die Vorfreude, wenn innerhalb von einer Woche alles wieder frisch poliert und fit ist.
- Ich kann es selbst nicht unbedingt bestätigen, aber wie es heißt, nehmen Verhütungsmittel wie Pille oder Spirale ebenfalls ein wenig den Druck vom Lustpedal.
  Deine Aufgabe: Die Pille wirkt häufig von Frau zu Frau unterschiedlich. Diejenige, welche bei der einen hemmend wirkt, muss das bei der anderen nicht zwangsläufig auch tun. Du kannst also mit deiner Partnerin über einen möglichen Wechsel der Pillensorte sprechen, oder ihr könnt euch gemeinsam beim Frauenarzt

informieren, welche Verhütungsmethode die schlauere Variante darstellen würde. Vielleicht wären es Kondome oder die Temperaturmessmethode!?

- Noch weniger komisch als alle anderen Ursachen der Sexmüdigkeit ist die Dyspareunie, das sind Schmerzen beim Sex, die vornehmlich psychischer Natur sind, bei denen aber trotzdem erst mal eine körperliche Ursache ausgeschlossen werden sollte. Weil das Thema eher unangenehm ist, wird nicht gerne darüber gesprochen, es sind aber wohl 21 Prozent der 18- bis 29-jährigen Frauen davon betroffen, und ebenfalls acht Prozent der über Fünfzigjährigen.
  Deine Aufgabe: Hier sollte deine Partnerin den Rat eines Experten suchen, wenn sie es nicht längst getan hat. Biete ihr an, sie zu einem Termin beim Fachmann zu begleiten, und dränge sie niemals, darüber zu sprechen. Frag einmal kurz nach und wenn sie abwinkt, dann lass sie in Ruhe. Auch hier hilft es überhaupt niemandem weiter, wenn irgendein Druck ausgeübt wird.

Der lustlose Mann

Auch wir Typen haben unsere Beweggründe, 1a-Sexmöglichkeiten unbeabsichtigt und unfreiwillig zu boykottieren. Was kann da los sein?

- **Stress**
  Beruflich viel um die Ohren, dann noch das volle Paket zu Hause und vielleicht mal abends eine Sporteinheit dazu – wie willst du am Ende eines solchen Tages noch den horizontalen Sambatänzer mimen, wenn es im Kreuz zwickt, die Beine schwer sind und die Birne vor Stress-Kopfschmerz hämmert? Nichts

geht mehr und zwar dauerhaft. Es kann tatsächlich auch Männern passieren, die sexuelle Performance ihres Daseins vorübergehend einzustellen. Und genau das ist eigentlich auch eine schlaue Sache. Oft sind Männer jedoch leider keine »Kommunikationspäpste« und behalten gerade ihren emotionalen Salat für sich. Das sorgt wiederum bei den Damen und somit auch in der Beziehung für Missverständnisse und miese Stimmung. Ich bezeichne das immer als »verkantet«.

Deine Aufgabe: Ein guter Weg ist es, die Phase der sexuellen Flaute zu verbalisieren, darüber zu reden und so gemeinsam den Druck zu beseitigen. Es ist, wie es ist, und das gehört akzeptiert und nicht krampfhaft glattgebügelt. Darauf kann man, wenn sich die Lage später wieder entspannt hat, aufbauen. Gerade langjährige Beziehungen oder Ehen, die mit Kindern gesegnet sind und auf Dauer, romantisch ausgedrückt, fürs Leben geschlossen wurden, können derlei Sexpausen vertragen. Mal steht für ein Paar dann eben zeitweise die berufliche Entwicklung im Vordergrund, danach wird vielleicht ein Hausbau nebst Umzug bewerkstelligt etc., und so eiern wir von Phase zu Phase, mit mal mehr und mal weniger oder eben gar keinem Sex. Ein völlig normaler Kreislauf.

Eine Sex-Ruhezeitphase empfiehlt sich übrigens auch, wenn dein gutes Stück ob all des Stresses nicht mehr das tut, was du von ihm verlangst. Das wurmt dich noch mehr, wenn du ein kleiner Ehrgeizling bist, der mit Versagen und Scheitern nichts am Hut hat. Auch dann empfiehlt es sich, darüber zu reden und ruhig gemeinsam eine Pause zu vereinbaren, die bis auf Weiteres bestehen bleibt. Du wirst sehen, da juckt es bald wieder, und zwar schneller, als du jetzt gerade noch denkst.

- **Macht der Gewohnheit**
  Viele Jahre zusammen verbracht, alles schon miteinander durchgespielt, langsam auf die Macken beim anderen eingeschossen und von Neugierde und Wertschätzung nicht mehr viel übrig. Und jetzt sind auch noch Kinder am Start – wird da je wieder ein sexueller Reiz aufkeimen? Ja, es wird, sofern du gewillt bist, die lästige Routine abzuschütteln!
  Deine Aufgabe: Das ist natürlich wie bei all den anderen Punkten eine sehr individuelle Nummer, da hier deine ganz persönlichen Vorlieben ins Spiel kommen. Aber so ein paar Basics, die lassen sich schon aufstellen, wenn dir die beidseitige Zufriedenheit in der Beziehung wichtig ist. Dabei fällt mir Kai Pflaume ein. Eines Morgens hörte ich ihn in einem Talk im Radio zum Thema Respekt und Wertschätzung in der Ehe, und was er sagte, klang für mich absolut überzeugend: Zu einer guten Beziehung gehört auch der Respekt seinem Partner gegenüber, und dazu zählt für ihn, zum Beispiel, sich vor dem anderen nicht gehenzulassen und sich ihm immer gepflegt zu zeigen. In Trainingshose und unrasiert zum Frühstück, das gibt es bei den Pflaumes nicht, und das finde ich klasse. Gut, zu dem Zeitpunkt, als ich das im Radio hörte, sahen wir aus wie eine Flüchtlingsfamilie in Abschiebehaft, aber der Appell erreichte mich immerhin. Deswegen gebe ich ihn jetzt an dich weiter. Wir haben für uns ebenfalls einen Weg des wertschätzenden Umgangs miteinander gefunden, und das ist in der Tat der erste Schritt und kommt noch vor dem ganzen Sexkram. Dieser Schritt sorgt für eine veränderte Wahrnehmung in der Beziehung und bietet somit die Plattform, das alte Gewohnheitskorsett abzulegen.
  Um den Sex wieder in Schwung zu bringen, ist der Austausch über sexuelle Fantasien oder das gemeinsame Konsumieren von Erotikliteratur und -filmen durchaus verbreitet. Ich empfinde das

für mich eher als peinlich, mir fehlt die Ernsthaftigkeit dafür, aber ich kann den Impuls nachvollziehen. Eher reizt mich der Gedanke an die Perversion der gemeinsam bereits vollzogenen Sexsituationen von früher, die rotweinbeseelten Spontansexattacken oder das verspielte, genussvolle Auskosten der Anfangserotik. Sich auf diese Genüsse zu besinnen ist meines Erachtens das beste Aphrodisiakum, um an die alten »Erfolge« anzuknüpfen. Das geht aber auch nur dann, wenn der Sex damals großartig war und keine Quälerei bedeutet hat oder in Arbeit ausgeartet ist.
Kommen die Gefühle von damals wieder hoch, ist alles in Butter. Mehr geht nicht und wird bestimmt auch mit keiner anderen wirklich besser. Eben nur anders und nach einem halben Jahr findest du dich wieder bei der anschließenden Runde: der Macht der Gewohnheit.
Spontantrips, Quickies in der Speisekammer oder ein Ausflug in den Swinger-Club, wer drauf steht, gut, dies sind ebenfalls anerkannte Reanimationstechniken für eingeschlafene Geschlechtsteile, womit wir sicherlich bei den eher exotischeren Hilfsmitteln angekommen sind. Wenn ihr euch über eure Fantasien austauscht, dann brecht die Tabus, und wenn die Vorstellung eine ordentliche Portion Mut verlangt, na, dann los, solange beide es wollen, wird es schon okay sein. Lasst aber bitte Tiere und Leichen aus dem Spiel.

- **Kinder**

  Davon ist hier zwar schon die ganze Zeit die Rede, aber gerade das ist auch für Männer ein Problem, die Lust zuzulassen. Angeblich nervt es 40 Prozent der Männer in Deutschland, wenn Kinder entweder wie eine tickende Zeitbombe jederzeit aufwachen oder gar nicht einschlafen können. Da sind wir aber auch nicht wesentlich anders als die Frauen.

Hatte Sex als kinderloses Pärchen noch etwas Leichtes, Lockeres, Luftiges und sehr Spontanes, sieht das mit Kind schon anders aus. Die Leichtigkeit ist zwischendurch einfach futsch! Weil das ganze Leben organisiert und in festen Strukturen und Abläufen funktioniert, wird auch nicht mehr zwischendurch im Waschkeller gepoppt, genauso wenig wie im Wald, beim Familienpicknick hinterm Ameisenhügel, während die Kinder zum Speisen aufdecken. Wir mussten als Paar lange daran arbeiten, uns ein bisschen Leichtigkeit in den Stunden für uns zurückzuerobern, und das ist uns auch gelungen. Zu Spontansex lädt es allerdings immer noch nicht ein.
Deine Aufgabe: Werde Zeitdetektiv! Spüre die Zeitfenster auf, in denen die Kinder schlafen und euer Energielevel noch einigermaßen hoch ist. Dann zaubert euch einen romantischen Moment. Dazu später noch mehr. Wenn euch das zu künstlich und gezwungen wirkt, bitte einen Babysitter aktivieren. Das muss gehen!

- **Streit**
  Wer schläft schon gerne mit einem Arschgesicht? Vermutlich keiner, der noch einigermaßen bei Trost ist. Streit oder lang angestauter, unterdrückter Groll dem Partner gegenüber lässt unten weder was wachsen noch was fluten.
  Deine Aufgabe: Reden. Wichtig ist dabei, dem anderen auch wirklich aufmerksam zuzuhören und darauf einzugehen. So ist es auch, wenn ihr über eure sexuellen Fantasien sprecht. Geht damit sorgsam und respektvoll um, und lacht den anderen nicht aus, wenn er gerne Pommes vom Glied naschen möchte. Ist alles ausgeräumt, fühlt sich jeder ernst genommen und verstanden, kann die Maschinerie wieder in Schwung kommen.

- **Hast du auch wirklich einen Penis?**
  Wenn du dir diese Frage stellst, während du mit deiner Frau schläfst, bist du vermutlich dummerweise bei einem Ladyboy im Bett gelandet, oder deine bessere Hälfte hat bei euch die Hosen an, und exakt das könnte dein Problem darstellen. Gerade Frauen, die superselbstbewusst sind und auch im Bett sagen, wo es langgeht, schüchtern manchmal das zarte Pflänzchen »Mann« ungewollt ein. Als Folge dessen fühlt er sich komplett unter Druck gesetzt und hat Angst, die Ansprüche der Frau nicht erfüllen zu können.
  Deine Aufgabe: Habe ich für dich diesmal nicht. Der Tipp geht daher jetzt mal an die Partnerin: lieb sein, sich nicht nach diversen Pleiten zurückziehen, sondern verständnisvoll auf deinen Partner eingehen, dann bekommst du auch das, was du willst. Und du, Kollege: Sag, was und wie du es willst, sonst macht sie dich platt.

- **Erkrankung**
  Wie schon beim Beitrag über die Frauen erfahren, sind auch wir Männer nicht immer nur und vollständig aus Stahl oder Beton. Auch wir können körperlich oder seelisch erkranken. Depression, Midlife-Crisis oder einfach der psychische Ballast durch Arbeit oder Familie lassen Lust erst gar nicht in uns aufkommen.
  Deine Aufgabe: Da kannst du auch quatschen, bis der Arzt kommt, gehe lieber gleich zu ihm oder zu einem Heilpraktiker bzw. Psychodoktor deines Vertrauens.

Fehlt der Sex ...

... wird er durch Ersatzaktionen kompensiert

Sex steigert die Attraktivität. Und wie. Menschen, die Sex, viel Sex haben, ziehen andere regelrecht an. Das mag nicht nur an der gesunden Gesichtsfarbe liegen und den verjüngenden biologischen Prozessen im Körper, die jegliche Anspannung aus den harten Antlitzen ziehen, sondern auch an der persönlichen Ausstrahlung. Wer jedoch keinen Sex hat, den plagt manchmal das Gefühl, nicht mehr begehrenswert zu sein, sondern in der grauen Masse von Multifunktionsjacken-Trägern unterzugehen. Der Lichtkegel ist dann also auf den Nebenmann gerichtet und nicht auf einen selbst.

Natürlich nagt diese Unsichtbarkeit zu sehr an der eigenen Substanz, als dass wir sie kontinuierlich ausblenden können, und so suchen wir uns einfach andere Wege, um irgendwie anziehend zu wirken. Das geht zum Beispiel sehr gut über die Karriere, durch Fleiß und Erfolg bei der Arbeit. Andere probieren es über eine verstärkte Konsumbereitschaft, indem sie sich mit allem eindecken, was »in«, »hip«, »hop« oder ein »Must-have« ist. Und wieder andere laufen und trainieren ständig für irgendeinen Marathon, Triathlon, Decathlon. Achte mal darauf, welche Sorte »Mann« bei diesen Sportarten aktiv ist. Häufig sind hier doch die extrem willensstarken, im Beruf sehr erfolgreichen Typen versammelt, denen das Darben, Sich-Austesten, Sich-an-Grenzen-Bringen sehr viel gibt. Das soll nun nicht heißen, dass jeder Jogger untervögelt ist, aber auf einige trifft das Kompensieren des mangelnden Sex durch Langstreckenläufe durchaus zu. Und das ist doch auch gut so. Irgendwoher muss die Lebenszufriedenheit ja kommen.

Die Reaktion auf mangelnden bis gar keinen Sex mit anderen ist immer unterschiedlich. Eine sehr klassische Folge ist zum Beispiel auch eine erhöhte Aggressionsbereitschaft, die entweder un-

terdrückt oder offen ausgelebt wird, was ja auch nicht so schön ist. Und auch Menschen, die traumatische Sexerlebnisse hatten, suchen sich oftmals woanders Befriedigung statt auf einem Gebiet, das für sie mit Schmerzen verbunden ist.

... wird fremdgegangen!

Na logo, liegt ja auch auf der Hand, das Fremdgehen! Schnell, einfach und unkompliziert, so mögen es Männer am liebsten. Das weiß selbst der Laie. Nur, wie gerät Mann in die Fremdgehversuchung? Zweifelsohne stecken wir alle in sich ständig drehenden Mühlen, wie zum Beispiel bei der Arbeit, dazu gesellen sich die stereotypen Abläufe zu Hause, die uns persönliche Freiräume oder einen sinnlichen Genuss zu zweit nur ermöglichen, wenn wir wirklich diszipliniert und hartnäckig daran arbeiten, diese für uns abzuzwacken. Das gelingt folglich nicht immer, und dann laufen Paare Gefahr, sich einander zu entfremden, wenn zu wenig Zweisamkeit mehr besteht. Hinzu können sich dann schlimmstenfalls auch andere Beziehungsfallen gesellen: kommunikative Schwierigkeiten mit dem Partner oder ein dauerndes Genervtsein, weil gerade nichts mehr läuft, oder die ursprünglichen Werte stimmen nicht mehr mit den gelebten überein. Dann zieht es einen eher in die Besenkammer während der Weihnachtsfeier, als Friede, Freude, Mutterkuchen zu Hause und mit wirklichen Gefühlen verbunden zu erleben. Männern fällt das Differenzieren zwischen reinem Triebabbau und Liebe ohnehin viel leichter. Wenn dann eine komplikationsfreie Situation winkt, wie die mit der jungen Mitarbeiterin, die sowieso keinen Freund haben möchte oder es sich zumindest einredet und auf verheiratete oder liierte Typen abfährt, kann es dazu kommen, dass ein Mann fremdgeht.

... wird in Ausschnitte gegafft, über Sex geredet und der Internetporno gestartet

Wenn der Sex zu Hause mehr oder weniger komplett ausbleibt, dann wird nicht nur gerne jedem Hintern nachgegafft, sondern auch jeder erdenkliche Freiraum genutzt, um, wenn auch nur als getarntes »Freiwild«, irgendwie einen kleinen Blick in den Ausschnitt der Gesprächspartnerin zu erhaschen (meistens dann, wenn sie gerade zwinkert oder kurz wegschaut), oder mit ungelenken Plattitüden versucht zu baggern, eine Art seelenloses Balz-Sparring, denn eigentlich geht's um gar nichts, weil wir ja gar nichts wollen, außer eine Prise Anerkennung per Augenaufschlag während der kollegialen Kaffeepause, vielleicht. Eventuelle Fremdgehvarianten lasse ich hier mal außen vor.

Männer ohne Sex reden oft über Sex und geben damit ihr Geheimnis ungeschickt preis. Außerdem scheint es ihnen zu gefallen, junge Frauen wie Abiturientinnen oder Studentinnen als nächste Gebärmaschine ins Visier zu nehmen, nachdem sie ja nun bereits eine Frau geschwängert haben und ihrem natürlichen Drang der Vermehrung weiter folgen wollen. Ein wohl eher unbewusst ablaufendes Programm.

Folglich finden sich Männer gerne auf Straßenkreuzungen bei der Unfallaufnahme durch die Polizei wieder, weil sie gerade aufgrund der 100 x 100 Meter großen H & M-Bikini-Werbung dem DHL-Kurier die Vorfahrt genommen haben. Oder sie hocken nachts oder wenn die Partnerin abends ausgeht, am Computer und surfen auf Seiten wie youporn.com herum, wo es Pornos for free in allen erdenklichen Ausschweifungen gibt. Von japanischer Knebeltechnik bis zum Anpinkeln ist alles dabei, und Papa sitzt davor. Womit wir auf sehr unelegante Art und Weise bei den Faktoren sind, die uns Kerlen vielleicht den Bock auf den Kick am Rechner geben, aber insgesamt eben doch eher rauben und uns abstumpfen

lassen. Denn eben die mediale Fleischbeschau, der Mann gnadenlos unentwegt ausgesetzt ist oder besser, die er instinktiv und wie ein Getriebener sucht, und die ständige Verfügbarkeit einer Flut an erotischem Bild- und Filmmaterial versaut unseren Verstand und verwirrt uns starke Geschöpfe zunehmend. Gerade Internetpornos erfreuen sich einer riesigen Fangemeinde, die immer öfter reif für den Gang zum Psychoklempner ist. Die Reizüberflutung raubt die Lust, vor allem, wenn sie im stillen Kämmerlein vorm Rechner bereits befriedigt wurde oder wenn aufgrund der unzensierten Bilder und Streifen im Kopf gar nichts mehr geht. Der Tipp vom Fachmann: Computer aus und sich lieber abends der Realität, nämlich dem eigenen Partner zuwenden, der nicht willenlos alles mit sich machen lässt.

Wie bekommst du den havarierten Kahn wieder auf Kurs?

Sex-Zeitfenster mit Anklopfen

Es gibt sicherlich nicht viele Vorteile, wenn man wie ich ohne Vater aufgewachsen ist, aber eine Sache ist mir glücklicherweise auf diese Weise erspart geblieben: Ich habe meine Eltern nie beim Sex erwischen müssen!

Früher oder in anderen Kulturen haben Familien oftmals alle in einem einzigen Raum gelebt, und die Kinder wurden dabei nicht nur bei einem »Outdoor«-Trip gezeugt, sondern im heimischen Bett mit den bereits vorhandenen Kids als unerwünschte Zaungäste. Heute ist das für die meisten von uns völlig undenkbar. Und am Samstagmittag mit einem Sechsmannzelt durch die Wohnung am Kinderzimmer vorbeizuschweben, um mit Mama im Schlafzimmer eine Nummer zu schieben, ist auch nicht so elegant, wenn die

Kleinen bereits laufen und vielleicht sogar sprechen können. Kinder reagieren bei dem Anblick ihrer kopulierenden Eltern zumeist eher panisch und verängstigt, weil sie das Gestöhne und Geächze sowie das schnelle Gewackel nebst Bauchgeklatsche ihrer Eltern gar nicht einordnen können. Ältere Kinder sind primär peinlich berührt, lernen sie ihre Sexualität gerade selbst erst kennen. Zwar können sie sich sehr gut ungelenke Pettingzuckungen mit der hübschen Klassenbesten vorstellen, aber Mama und Papa nackt beim Poppen zu sehen – Oh Gott-oh-Gott-oh-Gott …

Verständlich. Die Bilder brennen sich ins Hirn, und noch Jahre später als Erwachsener erzählen die Leidtragenden von dem furchtbaren Anblick, obwohl sie den Sinn und Zweck des Knatterns mittlerweile verstanden haben. Sie selbst würden es aber niemals vor ihrem Kind tun.

Meine Frau und ich übrigens auch nicht. So viel will ich ruhig preisgeben, wobei ich das nicht so problematisch sehe, wenn das Baby erst ein paar Wochen oder wenige Monate alt ist und eh noch nicht richtig versteht, was gerade in seiner Umgebung passiert, meine Frau ist da jedoch strikter, oder heißt das in diesem Fall »prüder«?! Jedenfalls nix zu machen. Warten also, bis das Kind oder die Kinder schlafen oder für offiziell eingeräumte Zeitfenster der Ungestörtheit sorgen. Das klappt am allerbesten, wenn du deinen Kindern dein Bedürfnis nach Ruhe und Zeit für dich bzw. für euch erklärst. In diesem Zeitraum darf es nicht stören. In dringenden Fällen mindestens aber anklopfen. Geht dein Kind den Deal ein, solltest du ihm im Umkehrschluss ähnliche Rechte einräumen, sollte es das Bedürfnis danach haben. Gerade jüngere Kinder mit drei bis vier Jahren mögen das Neue, das Spielerische daran, plötzlich an Türen anzuklopfen. Zeit für eure Zweisamkeit bietet sich natürlich auch gut am Tag an, vorzugsweise am Wochenende. Samstag- oder Sonntagmorgen wird von

vielen als beliebter Slot für Schlafzimmerakrobatik genutzt. Zukünftig könnte also die neue Marschroute lauten: Vor 9 Uhr ist das Schlafzimmer tabu. Sollte irgendwas sein, anklopfen. Bedenke aber, dein Kind muss, um diese Vorschrift einzuhalten, die Uhr bereits lesen können.

Sex woanders

Neue Sex-Zeitfenster am Morgen oder Abend für sich einzurichten fällt oft schwer, ist man noch oder schon wieder völlig erledigt. Der Knoten platzt aber meistens, geht es erst mal wieder so richtig zur Sache. Dann ist jegliche Müdigkeit und Erschöpfung wie weggeblasen, und die Lenden zucken zum Bodybeat des Partners. Groggy fühlt sich am nächsten Tag wegen des geringeren Schlafpensums keiner, im Gegenteil, beide sind energiegeladen bis zum Anschlag! Da Hanna zum damaligen Zeitpunkt in unserem Bett schlief, sind wir aufs Sofa umgezogen. Es lassen sich natürlich auch andere Orte aufsuchen wie die Besenkammer, das Badezimmer oder der Dachboden, wenn es euch aufbockt. Nur zu! Verbreitet unter den Eltern mit Sexleben ist auch der Quickie! »Mama und Papa holen mal kurz die Einwegflaschen aus dem Keller! Gleich wieder da, Schatz!« Es bieten sich auch spontane Beischlaftreffen in der Küche, Speisekammer oder auf der Party im Garten an, da können die Kinder schon für einen klitzekleinen Moment unbeaufsichtigt sein, oder ihr seid sowieso mit Babysitter unterwegs. Ich sag nur: Ran an den Speck! Der Tag hat 24 Stunden, und streiche jetzt mal die Regel aus dem Kopf, dass alles immer ordentlich und kontrolliert ablaufen muss, brecht die Routine auf und macht's einfach!

Sex dank Babysitter

Du hast Eltern, die sich darum reißen, auf euer Kind aufzupassen? Hurra, dann lade sie ein, bei euch den Abend zu verbringen, während ihr nicht da seid und stöhnend an einer Felsmauer oder im Gebüsch hängt. Klasse! Ein Babysitter ist immer eine fantastische Lösung. Ist der Kinderhüter im Haus, raus mit euch: schön essen gehen, einen geheimen, romantischen Ort aufsuchen und picknicken oder, ganz verwegen, einfach für drei Stunden ein Hotelzimmer in eurer Stadt mieten, natürlich auch gerne die ganze Nacht, kommt ja immer drauf an, ob das mit eurem Kind klargeht. Dort zauberst du die Flasche Champagner/Prosecco/Asti Spumante/Kölsch/Hefeweizen/Becks aus dem Täschchen, Kerzen an und, wie wir beim Fernsehen sagen: »3, 2, 1... Bitte!«

Beziehungspflege – Dein Maßnahmenkatalog

Die Beziehung pulsiert, blüht, lebt – Bingo! Dann wollen wir mal das Schmuckstück auf Hochglanz polieren und mit vielen kleinen Kniffen und Tricks unter Brüdern wertstabil halten.

Talk To Men

Reden tut gut, mit dem Partner, aber auch mit anderen Männern, Vätern, mit denen es einen Austausch gibt, wo du dich verstanden fühlst. Ihr könnt gerne der 21-jährigen Kellnerin auf den Hintern gaffen, solange es aus der Dynamik entsteht und nicht dazu verkommt, dass ihr euch wie ein Fußballverein bei der Ballermannsause völlig vergaloppiert. Das »innere Kind« kann ruhig mal wieder kräftig Luft schnappen und blöde Sprüche bringen, denn dadurch kannst du diese Seite dosiert ausleben. Dann aber husch ins Körbchen und wieder erwachsen sein. Alles andere wird sonst peinlich.

Talk To Your Woman

Dem Partner Redezeit einräumen, und zwar ununterbrochen. Er darf drei bis fünf Minuten einfach mal sagen, was er denkt, was ihn gerade bewegt, was ihn glücklich macht, ihn sorgt, ihn motiviert usw. Wichtig ist, dass das Gesprochene nicht unterbrochen oder kommentiert bzw. bewertet wird. Es geht darum, den anderen mal wieder wahrzunehmen, ihn zu sehen, seine Gedanken zu hören. Es geht um all das eben, was auf der Strecke bleibt im Alltag.

Das muss nicht täglich stattfinden, es sollte aber eine Institution in eurer Beziehung werden.

Kuscheln kann jeder

Es hat sich ausgekuschelt, mein Freund! Paare verkommen mit den Jahren zu bizarren »Kuschelfummlern«, die miteinander vor Freunden, auf Partys und vor dem Kind ein bisschen »show«-kuschelfummeln (was sicherlich gut, schön und auch vorbildlich ist), aber zugleich glauben, damit ihren »Sexpart« erfüllt zu haben. Nein, habt ihr nicht! Dauerkuscheln ist zwar nett anzusehen, aber wie Petting: Es fehlt was! Irgendwann muss das nackte Fleisch wie ein Doppelwhopper ohne Käse aufeinanderliegen, und Samen soll fließen. Die Bettdecke weggeworfen, den Slip an die Lampe gepfeffert, ein irres Körperteilgewirr verknotet sich immer weiter, und dazu röhren aus der Tiefe des Raumes sirenenhafte Brunftlaute, die die Nachbarn zum Onanieren animieren – das sind die Bilder, die Momentaufnahmen, die ihr erschaffen müsst. Kuscheln kann jeder!

Nur Kuscheln macht weder dich noch deine Partnerin dauerhaft zufrieden. Irgendwann fliegt euch das pure Gefummel um die Ohren. Also Schluss mit dem »Wattebäuschchen-Quatsch«, sonst drohen wie oben beschrieben »Sublimierungen«, das heißt schöpferische Tätigkeiten statt Sex. Gut vielleicht für die Gesellschaft,

aber nicht für euch, macht das Geknatter doch jede Menge Spaß. Merke dir einfach: Geilheit muss ausgelebt werden!

Fehlt dir die Lust, formuliere es! Arbeite dabei mit einer Skala von null bis zehn.

»Ich bin supergeil« = 10

»Ich bin scheintot« = 0

So könnt ihr auf unkomplizierte Art und Weise spielerisch über anstehenden oder ausbleibenden Sex sprechen. Deutet sie eine »6 bis 7« an, lässt sich durchaus schon an ihrer Hose nesteln. Fragt sie dich und du antwortest »Null«, greift sie garantiert lieber in die Süßigkeitenkiste als an deine verschimmelte Seegurke. Zu oft mit Zahlen aus dem unteren Viertel der Skala zu antworten ist natürlich beknackt, aber wenn es so ist, dann könnt ihr jetzt zumindest darüber reden und euch austauschen. Vielleicht bockt dich ja ein anderer Dress auf. Wer weiß?!

Der Abend zu zweit

Sind die Knallchargen endlich im Bett, und ihr habt etwas Zeit füreinander übrig, dann kocht etwas Leckeres zusammen und/oder trinkt ein Glas argentinischen Malbec. Redet über den Tag, was euch bewegt hat, was außerordentlich schön war, und plant vielleicht ein tolles Event wie einen Ausflug mit oder ohne Kinder, oder sprecht über den nächsten Urlaub. Aber auch über Dinge, die euch stören, solltet ihr sprechen oder über eure Wünsche und Sorgen. Um einander nah zu bleiben, ist es immer wichtig, den Partner und dessen Sichtweisen zu kennen und zu verstehen.

Liebesbotschaft

Das Zahnpasta-Herz am Badezimmerspiegel, ein kleiner Zettel auf dem Frühstückstisch, die außerplanmäßige Mail mitten im Arbeitstag oder ein handschriftlich verfasster, richtiger Liebesbrief –

eine kleine Aufmerksamkeit wie ein verbaler oder symbolischer heißer Kuss. Natürlich auch das spontan per Fleurop aktivierte Blümchen. Diese Dinge kommen im Alltag immer zu kurz.

Bleifrei tranken und streitfrei schlafen

Geht mit guten Gedanken ins Bett! Wer sich vor dem Schlafen streitet und nicht mehr versöhnt, legt sich mentale Steine aufs Herz. Das ist nicht gut und stört den wichtigen Schlaf. Deshalb nehmt euch lieber noch mal kurz in den Arm, denkt an die schönen Momente, sozusagen die »Highlights des Tages«, Küsschen und gute Nacht. So bekommt ihr eher Lust auf den Trip ins Schlafland und träumt auch weiterhin von einer gemeinsamen Zukunft zu zweit.

Einander ehren

Den Partner feiern. Das zweite Kind ist im Kindergarten eingewöhnt – das lässt sich doch mit einem ausgiebigen und schönen Frühstück zu zweit feiern. Im Bett oder in einem tollen Frühstücksrestaurant. Eine bestandene Prüfung, ein abgewickeltes und abgeschlossenes Projekt, die Beförderung, endlich die Kündigung oder der Einstieg in einen ganz neuen Job oder in die Selbstständigkeit – gib ein kleines Fest zu Ehren deiner Herzensdame und lass sie hochleben. Das zeigt ihr, wie sehr du sie schätzt.

Dress For Love-Success

Meidet den »Haute Couture«-Look aus der Kleiderkammer und tragt einen normalen bis nett anzusehenden Dress – glaub mir, es tut eurer Beziehung gut. Stilikonen in Wellnesshosen mit ausgewaschenen Longsleeves, dazu Haare wie ein geplatzter Igel und Mundgeruch, erinnern zwar an die »Fraggles«, vertreiben aber auf Dauer deine bessere Hälfte.

Selbstliebe

Nur wer sich selbst geil findet, kann auch andere geil finden. Eine gewisse Portion an Eigenliebe ist daher empfehlenswert. Dazu gehört, mit sich selbst im Reinen zu sein, zu wissen, was man will und nicht will, sich zu pflegen und zu stylen, seine Neigungen und Interessen weiterhin als eigenständiges Wesen zu wahren. So viel Selbstständigkeit macht attraktiv, und dies mögen beide Seiten aneinander.

Ihre schöne Seite

Selbst wenn sie gerade auf Toilette war und in ihrem Windschatten eine ganze Ländereien ausrottende Geruchswolke hinter sich herzieht, die selbst Zwerghasen würgen lässt, halte dir ab und an die schönen Seiten deiner Partnerin vor Augen, und schätze dich glücklich, diese Frau an deiner Seite zu wissen. Ihr süßes Lächeln, ihre tollen Eigenschaften, wieso hast du dich ausgerechnet in sie verliebt? Sollte es sich bei der Beziehung allerdings um das größte Missverständnis deines Lebens handeln oder war die Alte die einzige weit und breit, die dich genommen hat, dann gib diesem Gedanken vielleicht nicht zu viel Raum und freue dich wenigstens darüber, dass du so süße Kinder hast.

Gefühlsreanimation

Der erste Kommentar einer Frau beim Blättern in gemeinsamen Fotoalben lautet immer: »Mann, sah ich da noch jung aus.« Aber genau deshalb schaut ihr euch dieses gute Stück ja auch an. Fotos von gemeinsamen Reisen, Feiern oder anderen Events sind immer ein Kurztrip in die Vergangenheit, der alte Gefühle wiederbelebt.

Spielchen treiben

Gesellschaftsspiele sind ja ziemlich analog, aber immerhin schaut man sich dabei noch ins Gesicht und kann an Mimik und Gestik erkennen, was das Gegenüber empfindet. So weit sind die digitalen Games ja dann doch noch nicht. Es ist tatsächlich ein riesiger Spaß, nach gefühlten 200 Jahren mal wieder ein Brettspiel mit der eigenen Frau zu spielen. Je nach Art des Spiels muss hier geflunkert oder scharf nachgedacht und kombiniert werden. Vielleicht ist aber auch Aktivität oder wirtschaftliches Denken gefragt. Ganz sicher wirst du deine Frau jedoch in einem anderen Licht sehen, sie von einer ganz anderen Seite aus betrachten dürfen, einer, die du vielleicht sogar richtig »scharf« findest. Eventuell ist sie aber auch zu blöd, um auch nur ein Tortenstückchen in den Trivial-Pursuit-Kuchen zu stecken, dann kannst du dich ja immer noch mit ihrem Aussehen trösten.

Nostalgie-Abend

Der Abend für euch. Es muss nicht immer gleich das Madonna-Prinzip sein und Sex im Terminkalender stehen. Dieser eine Abend in der Woche ist eurer Liebe gewidmet. Es geht in das Restaurant eures ersten Dates, ihr taumelt verliebt händchenhaltend die Promenade entlang oder fahrt stundenlang mit Dosenbier oder ayurvedischen Grünteegetränken bestückt durch die Stadt, redet über eure Beziehung und deren Qualität und Vorteile, spaziert, macht Fotos, cruised halt herum.

Jahresbilanz

Wo steht ihr, und wo wollt ihr hin? Was habt ihr schon alles erlebt? Durch welche Täler seid ihr gegangen, welche Siege habt ihr gefeiert? Wer mal Bilanz zieht, die gemeinsame Zeit und Erlebnisse Revue passieren lässt, steigert das Zusammengehörigkeitsgefühl.

Sündige Momente

Was habe ich mich über Madonnas wöchentliches Date zum Poppen mit Guy Ritchie aufgeregt und sie als einen echt gefühlskalten Roboter abgestempelt – heute kann ich ihr zu dieser Idee nur gratulieren. Inzwischen empfehle ich das Verabreden zu einem, sagen wir mal, »sündigen Moment« selbst weiter und lebe es auch.

Keine Glotze

Nach einem heftigen Kinder-Actiontag bietet das Abhängen vor dem Fernseher eine willkommene Entspannung, da es von den Alltagsthemen ablenkt. Zugegeben, manchmal ist man einfach nur froh, wenn man seine Ruhe hat und stumpf in die Glotze schauen kann, aber so kommen wir in der Bikinizone nicht ein Stück weiter. Um es untenrum also mal wieder zum Wummern zu bringen, sorgt ein nettes Abendessen zu zweit mit Kerzenlicht und der gemeinsamen Erinnerung an das frühere, satte Sexleben miteinander für einen schönen Auftakt zum Beischlaf. Also, nicht lang fackeln, leg das Buch jetzt zur Seite und los!

Nachwort

Nachwort mit praktischem »Fünfklang« plus Abenteuernote

Vielen Dank für deine Aufmerksamkeit! Wir sind am Ende des Intensivkurses angelangt, und ich würde jetzt mal behaupten: Du bist gut gerüstet für die Zeit von jetzt bis zur Einschulung. Was du hier an Themen nicht findest, kannst du vermutlich auf www.papatogo.de entdecken (garantiert sogar!), oder du wartest auf einen dritten Teil dieser Buchserie für Väter.

Bevor ich dich jetzt entlasse, will ich dir jedoch nicht meinen praktischen »Fünfklang« für den Umgang mit deinem Kind zwecks einer Zukunft mit Mehrwert vorenthalten. Eine Art »Creme de la Creme«-Regelsammlung, die noch mal kurz die wesentlichen Grundsätze einer vorbildlichen Vaterschaft mit Geschmack und Genuss auf allen Seiten formuliert und zusätzlich mit einer würzigen Abenteuernote abschließt. Du kannst dir gerne die Schlagwörter dazu auf einen Zettel pinnen und ihn dir in deine Geldbörse stecken oder sie dir einfach in dein Handy tippen. Sie sich immer mal wieder zu Gemüte zu führen ist auf alle Fälle ratsam.

1. Locker bleiben!

Egal was auch passiert, wenn dein Kind nervt, schreit, eine Revolution anzettelt, sich verweigert, schlagt oder sabotiert – bleib locker! Zwing dich dazu, mit erstaunlicher Gelassenheit zu kontern, bis dein Bewusstsein vollends akzeptiert hat, dass diese Reaktion, ers-

tens: dich am schonungsvollsten behandelt und zweitens: deinem Geist eine klare Entscheidungsmöglichkeit einräumt. Auf die Taten deines Kindes hast du vielleicht nicht sofort eine Antwort parat, eine kluge Idee, eine passende Reaktion – das ist normal! Nimm dir ein paar Sekunden und wäge ab: Ist ein »Nein« hier sinnvoll oder am Ende Blödsinn? Danach entscheide, und sei konsequent. Du musst konsequent sein! Nur so kann dein Kind lernen und du von Erziehung sprechen.

2. *Lass es spielen!*

Gib deinem Kind monumentalfilmlange Zeiträume zum Spielen und zum Sich-Ausprobieren, ohne dass es mit Erwartungen, Zielen, Absichten oder anderen Ideen konfrontiert wird. Langeweile ist für das Hirn besser als der verfrühte Sprach- und Wissenschaftskurs. Zugegeben, Kinder lernen rasend schnell, aber das Allerwichtigste vor der Einschulung ist das Beherrschen der Grundzutaten wie Laufen, Sprechen, Klettern oder die gesamte Palette eines anständigen Sozialverhaltens. Schenk dir die kindliche Frühförderung, wenn du spürst, dass dein Kind dem nur Folge leistet, weil es meint, dem »Außen« gerecht werden zu müssen. Der langfristige Schaden daraus lautet nämlich »Lernfrust«, da es nur auf deinen Wunsch »reagiert« hat, statt aus Lust am Lernen und aus Interesse zu lernen. Der Gelangweilte besorgt sich seinen Spaß selbst und entdeckt dabei neue und weitere Fähigkeiten. Oft glauben wir Väter jedoch, unseren Kindern zeigen zu müssen, wie man viel aus sich und seinem Leben herausholt. Damit tun wir ihnen keinen Gefallen! Sie sind kleine Anarchos in Strumpfhosen, sie sind freier als jeder Erwachsene, frei im Ursprung des Wortes. Sie buhlen ständig darum, selbst Verantwortung übernehmen zu können, haben eigene Ziele, Träume, Wahrnehmungen, Erfahrungen, Erinnerungen und Fähigkeiten. Diese wachsenden Persönlichkeiten

verdienen es, nicht angerührt, sondern geschont und geschützt zu werden wie ein UNESCO-Weltkulturerbe. Das Hirn deines Kindes dankt es dir.

3. Investiere Zeit!

Du musst und darfst mit deinem Kind viel Zeit verbringen! Tanzt! Singt! Und du: Erzähle ihm Geschichten! Eigene, die von anderen, auswendig vorgetragen oder vorgelesen. Wenn ihr die nächsten Jahren allein diese drei Dinge tut, verspreche ich dir, dass aus deinen kleinen Tigern ansehnliche Prachtexemplare werden, die selbstbewusst und mit einem Urvertrauen gesegnet über diesen Planeten schlendern werden. Mehr geht einfach nicht! Nur als Beispiel: Du schaffst beim Vorlesen einer tollen Geschichte eine entspannte Atmosphäre, dein Kind kommt runter, ist voll konzentriert und klebt dir an den Lippen. Es lebt die Emotionen so mit, wie du sie vorträgst. Es ist traurig, heiter, begeistert, erschüttert und vollends gebannt! Sein Gefühlskostüm ist in permanenter Schwingung, dabei ist der kleine Strolch ganz nah bei dir, mit dir zusammen eine Einheit. Enger kannst du dich nicht mit deinem Kind verschweißen. Gerade diese innige Bindung ist der Garant für Wachstum und Entwicklung sowie für den Sprung in ein Fass voller Selbstvertrauen und Freiheitsgefühl.

Ich weiß, der von mir geforderte hohe Zeitaufwand im Alltag ist immer ein Spagat zwischen Kind und Karriere. Ich behaupte aber auch nicht, dass es einfach ist. Wir müssen alle Opfer bringen, wenn wir die Vaterschaft eingehen, doch, glaube mir, es zahlt sich langfristig aus, wenn wir gerade jetzt Zeit in unsere Kinder investieren und für sie da sind. Sind sie nämlich nicht mehr kleine, sondern große Kinder, ist ihre Problemhäufigkeit geringer als bei Kindern, die in den ersten Jahren eine eher überschaubare Bindung zu ihren Eltern hatten. Dadurch erhalten deine Frau und du

später also mehr Zeit für Arbeit, Sport, Spaß und Spiel. Der Zeitinvest, davon mal abgesehen, dass er einem auch so sehr viel Lebensfreude bereitet, sollte für dich daher mit zu den obersten Prioritäten gehören!

4. *Lass dein Kind dein Lehrmeister sein!*

Menschen lernen am besten, wenn sie begeistert sind. Das ist bei Kindern so wie bei uns Erwachsenen. Wir sind am Tag vielleicht einmal begeistert, Kinder bis zu 50-mal, was daran liegt, dass für uns nicht mehr so vieles neu ist und wir Erwachsenen einem gesellschaftlichen Druck und äußeren Vorgaben ausgesetzt sind, die das Nachgeben des Lernimpulses vereiteln. Starte jetzt deine persönliche Neuabfüllung des Kopfes, und mache dein Kind zu deinem Lehrmeister! Kinder sind kleine große Buddhisten – sie leben den Augenblick und nur den Augenblick. Sie lassen sich von den simpelsten Dingen inspirieren und holen dir auch ein Stück aus deiner Vergangenheit zurück, indem sie dir Momente bescheren, die dir selbst als Kind begegneten und dich glücklich machten. Sie schaffen es, die Freude an Alltäglichem, den Spaß am Entdecken und am Kreieren zu reanimieren. Das ist eine gigantomanische Welle an Eindrücken, die uns, lassen wir es zu, dauerbetört und fasziniert. Die einfachen Dinge im Leben sind zurück. Für uns aus einer anderen Perspektive. Und so bereichern sie nicht nur »Klein«, sondern auch »Groß« erneut.

5. *Lebt gesund und aktiv!*

Dreier Zutaten bedarf es, um sich Vater eines kerngesunden, glücklichen und ausgeglichenen Kindes nennen zu dürfen:

1. viel Bewegung, ganz gleich bei welchem Wetter – mindestens zwei Stunden raus an die frische Luft »und Action!«,

2. dazu eine gesunde Ernährung mit wenig Süßem und Fettigem, dafür viel frischem Obst und Gemüse,
3. und täglich eine ordentliche Mütze voll Schlaf in einem gut gelüfteten Zimmer bei einer Temperatur von 18 Grad.

Kümmerst du dich redlich darum, habt ihr mehr von einem zufriedenen Familienleben und weniger Alltagsstress durchs Kranksein.

PLUS »Abenteuernote«: Reise, Reise

Jahresurlaub auf Mallorca oder eine Woche Sylt im August? Nein, ich spreche von einer Fernreise, die mehr als zwei Monate andauert und euch in ein Land führt, das ihr gemeinsam als Familie erobert. Vielleicht der subjektivste aller unerbetenen Tipps, die ich dir zum Ausklang unterjubeln will, aber einer, der wirklich nachhaltig wirkt und eine Familie sowohl die Grenze der Belastbarkeit als auch die Grenzenlosigkeit der Freude spüren lässt. Wir sind für zweieinhalb Monate nach Argentinien gegangen. Romy war vier und Hanna ein Jahr alt. Es gibt sicherlich einfachere Alter, um so eine Abenteuertour zu starten – aber gerade durch die Strapazen und die Mühen, die es kostet, seine Kinder durch ein Land zu »tragen«, war dieser Kurz-Ausstieg auch so besonders und so unvergesslich. Die Reise hat uns zu einem eingeschworenen Familiencluster werden lassen, mit emotionalen Ausbrüchen in alle Richtungen. Dominiert wurde sie jedoch von Gefühlen purer Freude und Momenten des ganz großen Glücks.

Sollte es dir und deiner Familie irgendwie möglich sein, vielleicht noch vor der Einschulung – geht ja auch in der Schulzeit, ist aber irgendwie dann doch schwieriger, und macht man es dann wirklich noch? – eine einzigartige Reise zu unternehmen, dann möchte ich dir das hiermit von Herzen empfehlen. Vielleicht geht ein Sabbatical oder eine unbezahlte Auszeit!? Ich schicke dir ger-

ne unsere erprobte Reiseroute, schreibst du mir an christian.busemann@gmail.com. Mehr zum Trip findest du sonst aber auch auf der »papatogo«-Internetseite.

Gut, jetzt hast du gemerkt, dass du dir eigentlich das Lesen des gesamten Buches hättest schenken können, hättest du gleich die letzten Seiten aufgeschlagen. Aber wie immer: Die ausführliche Liebe zu den Themen steckt im Detail.

Dir weiterhin eine prall gefüllte Wundertüte an Erlebnissen mit deinem Kind oder deinen Kindern! Sie sind das größte Geschenk in deinem Leben. Bist du dir dieser Tatsache bewusst und trägst du die Liebe für deine Kinder in deinem Herzen, dann bist du auch bereit, in einem wunderbaren Überfluss Glück zu empfangen und Dankbarkeit zu spüren. Du bist ein Vater, du bist ein Glückspilz! Das ist vollkommen.

Und damit »Tschüss!«.

Register

Der Crashkurs für moderne Väter

Dieser Schnellkurs hilft werdenden Vätern die drei Ks – Kinder, Kicker, Karriere – zusammen mit der Partnerin im eigenen Leben zu integrieren. Kurz und knackig, mit hilfreichen Tipps, wichtigen Hinweisen, aufmunternden Worten und viel Humor. Kurzum: das ideale Geschenk für Väter in spe!

288 Seiten
ISBN 978-3-442-17113-2

www.goldmann-verlag.de
www.facebook.com/goldmannverlag

GOLDMANN
Lesen erleben